本丛书受南京大学人文研究基金资助

本书获浙江师范大学学术著作出版基金资助

本书是国家社科基金重点项目"民国粮政通史"
（23AZS018）的阶段性成果

中国经济抗战研究
（1931—1945）

马俊亚 主编

国民政府
全国粮食管理局研究

王荣华 郑王荟 著

中国社会科学出版社

图书在版编目（CIP）数据

国民政府全国粮食管理局研究／王荣华，郑王荟著．—北京：中国社会科学出版社，2024.2

（中国经济抗战研究：1931－1945）

ISBN 978－7－5227－1954－2

Ⅰ.①国⋯　Ⅱ.①王⋯②郑⋯　Ⅲ.①粮食—管理—研究—中国—1931－1945　Ⅳ.①F329.06

中国国家版本馆 CIP 数据核字（2023）第 114195 号

出 版 人	赵剑英
责任编辑	刘　芳
责任校对	李　敏
责任印制	李寡寡

出　　版	中国社会科学出版社
社　　址	北京鼓楼西大街甲 158 号
邮　　编	100720
网　　址	http://www.csspw.cn
发 行 部	010－84083685
门 市 部	010－84029450
经　　销	新华书店及其他书店
印　　刷	北京明恒达印务有限公司
装　　订	廊坊市广阳区广增装订厂
版　　次	2024 年 2 月第 1 版
印　　次	2024 年 2 月第 1 次印刷
开　　本	710×1000　1/16
印　　张	25.5
插　　页	2
字　　数	380 千字
定　　价	139.00 元

凡购买中国社会科学出版社图书，如有质量问题请与本社营销中心联系调换

电话：010－84083683

版权所有　侵权必究

总　　序

2015年前后，教育部人文社会科学重点研究基地南京大学中华民国史中心确立了"亚太抗战与民族复兴"为"十三五"重大项目总体规划的主攻方向。中国学界公认，1931年到1945年的15年间，日本侵略造成中国伤亡3500多万人员，直接经济损失约1000亿美元，间接经济损失约5000亿美元。基于这一历史事实，本课题"中国经济抗战研究"被列为五个子课题之一。因此，本课题的设计是南京大学中华民国史中心集体智慧的结晶。2017年，本课题获得立项，成为教育部人文社会科学重点研究基地重大项目（项目批准号：17JJD770009）。本丛书即这一课题的最终成果。

1931年9月18日，日本侵略者开启对中国东北的侵略，1937年开始全面侵华。从抗战开始迄今，中国抗战的研究成果斐然，但对这场战争的许多经济问题仍有进一步深入探究的必要。

日本无疑是亚洲在工业、军事方面（"器物"层面）近代化最成功的国家，加之武士道传统，使得近代日本军人的地位急剧提高。与此同时，日本没有进行与"器物"层面相对应的精神层面的近代化，日本各阶层，尤其是底层民众没有真正吸收近代启蒙以来的人文意识、人道思想以及核心的文明价值；没有确立国家的发展在于提高本国民众的福祉，进而惠及全人类的宗旨。

"器物"层面的畸形近代化极大地增强了日本国家的战争力量，但并没有升华整个日本民族的精神境界，反而拉低了其民族认知，兽化了其民族性格。20世纪二三十年代，面对畸形发展的军人势力、社会极端狂热分子和片面的媒体煽动，日本并没有行之有效的程序化体制和厚实的理性力量加以制约，少数理性政治家和知识分子被污名化为全民公敌，愚昧无知、投机欺诈被视为真诚爱国，全社会处于民族主义偏执狂之中。

近代日本上下把岛国忧患意识演化为野蛮时代的丛林思维，把国家间的经济竞争等同于动物界的弱肉强食，时时以战争思维来解决中日之间的分歧。

对于不同的国家而言，军事力量永远是参差不齐、强弱不一的。那些抱着"弱则挨打，强则打人"的观念者，是全人类之公敌，与现代文明谬以千里。当少数野心政客和无良知识分子灌输战争思维和启动不义战争时，一个最基本的常识就是：本国所有民众都成为被这帮伤天害理之徒所绑架的人质。可惜的是，严重缺乏常识的民众往往视这类伤天害理之徒为英雄或圣徒。

日本侵略战争无疑是痛深创巨的历史教训，是日本民族的巨大悲剧，也是其他亚洲国家应该千万引以为戒的。

日军侵占中国土地后，从工业、农业、矿业、牧业、渔业、金融、贸易、税收、交通、通讯等多方面进行掠夺和破坏，以壮大自己的经济势力，打击中国的抗战力量。中国沿海企业大多被破坏和劫占，少数中国内迁企业蒙受巨大的损失。战争的迫切性使这些民生企业不得不服从战时需要，改变企业的社会和自然属性，承担更大、更多的义务和成本。最终结果只能是中国民众遭受物资短缺的困难和质次价昂的各类工业品，国家的综合实力无形地消散，人民生活水平一落千丈。日军占据农村后，大肆烧杀、强征夫役、大量捕杀耕畜、破坏农具，造成农业生产耕作失时，许多县份主要农产品产量不及战前半数。农村副业经济，包括蚕业、林业、棉业、渔业和手工业等均惨遭破坏。这场侵略战争打断了中国不少农村地区的现代化进程，阻断了刚刚起步的乡村改良建设和社会发展。

抗战期间，中国人民的经济牺牲仅从通货膨胀方面可管窥一斑。诚然，抗战时期的通货膨胀与国民政府屡被诟病的执政能力有相当的关系，但主要是日军的劫掠、破坏以及战争本身的巨大消耗所致。1937年6月，南京国民政府在保有关内绝大部分国土和完整的经济体系的条件下，法币的发行额140720.2万元；1945年8月，在重庆国民政府仅保有西南一隅、经济体系残破不堪的情况下，法币发行达55691000万元。后者是前者的396倍，这就难怪中国民众手中的纸币以惊人速度贬值。极其严重的通货膨胀为全民抗战作了一个非常具体的注脚。可以说，抗战期间法币蒸发的价值，可视为被中国政府筹征用于抗战的全民奉献。那个时代的任何一个使用过法币的中国人、任何一个使用过法币的中国家庭，均为抗战做出过伟大的牺牲，为这个国家承受过巨大的重负。而这个牺牲和重负都是日本侵略所强加的。

历来好战分子从来不敢告诉本国民众的一个最基本而又铁一般的事实，就是一场现代战争的财政耗费，以及这些耗费的主要部分是由本国民众分担的；更不敢去计量本国民众分担这些耗费对其生活水平的影响。好战分子只会以一次次所谓的胜利，甚至是虚假的胜利来刺激民众的盲从心理，营造愚昧的狂欢。

即便日军在全面侵华战争初期取得了巨大的军事胜利，但在前33个月最具军事优势的时期，月均损失战机26架；在1940年前11个月中，月均被击沉战舰（艇）19艘。日本全面侵华三年花费的军费达230亿日元，超过甲午战争和日俄战争总和的10多倍。到1941年3底，日本预计发行赤字公债310亿日元。而1939年日本全部国民所得仅为210亿日元，该年公债总额达215亿日元。太平洋战争爆发后，1941年12月7日到1944年10月24日，日军在太平洋战场确证被击沉的战舰560艘，可能被击沉245艘，被击伤450艘；非战斗船舰被击沉1310艘，可能被击沉340艘，击伤1280艘。日军飞机被击毁5575架，可能被击毁787架。巨额的军费开销造成日本的通货膨胀，使日本百姓与中国民众同样承受沉重的负担。

研究中国的经济抗战是理解抗日战争史非常重要的一环，也可以对中国人民在抗战中所遭受的牺牲进行更准确的量化。

在本课题研究过程中，王荣华和许峰任劳任怨地承担了大量的组织、协调等各式各样的烦琐工作，课题的完成和出版凝聚了他们两位的心血。

季静、王福华、张天政均是在已承担繁重的科研和教学任务的情况下，不辞辛劳地投入到本课题的研究中。

　　刘芳编辑很早就关注本课题的研究，从多方面提供了极大的帮助；对本丛书的出版，更是付出了莫大的辛劳。

　　我的首届博士生王春林虽然现在自己承担着指导博士生的重任，仍然为本课题的完成花费了无数的时间和精力。

　　不过，由于资料分散，时间紧迫，许多问题没有充分展开论述。而且多方原因导致集体讨论次数较少，各子课题之间的有机关联也较弱。总之，竭诚欢迎方家提出批评意见，以助我们完善和改进。

马俊亚

目 录

绪 论 ……………………………………………………………（1）

第一章 全国粮管局成立前的管理机构及其政策 …………（6）
   第一节 战前粮食管理机构 ……………………………（7）
   第二节 战时农本局的兼管 ……………………………（33）
   小 结 ……………………………………………………（56）

第二章 全国粮食管理局的成立 ……………………………（58）
   第一节 全国粮管局成立的背景 ………………………（58）
   第二节 全国粮食管理局的成立 ………………………（109）
   小 结 ……………………………………………………（141）

第三章 全国粮食管理局的粮政推行 ………………………（143）
   第一节 粮食调查、征集与储运 ………………………（146）
   第二节 粮食市场管理与粮食分配 ……………………（200）
   第三节 全国粮食会议 …………………………………（226）
   第四节 其他粮食管理政策 ……………………………（251）
   小 结 ……………………………………………………（273）

第四章 全国粮食管理局的裁撤 ……………………………（277）
   第一节 粮食危机进一步加剧 …………………………（277）
   第二节 "平价大案"的影响 …………………………（283）

第三节　国民党派系斗争的影响 …………………………（288）
　　小　　结 ……………………………………………………（294）

第五章　对全国粮食管理局的评价 ………………………（296）
　　第一节　全国粮食管理局的作为 …………………………（300）
　　第二节　全国粮食管理局的不足 …………………………（314）
　　小　　结 ……………………………………………………（325）

结　论 ………………………………………………………（327）

参考文献 ……………………………………………………（333）

后　记 ………………………………………………………（398）

绪　　论

邦以民为本，民以食为天。粮食是人类社会赖以生存和发展的基本生活资料，是关系国计民生的重要战略物资，无论古今中外，粮食问题都是关系人类生存、国家存亡、社会进步的重大问题，对国家的政治、经济、人口和社会发展均有举足轻重的影响。如何对粮食进行有效管理、保障粮食安全是任何国家与政权无法回避的重大课题。近代中国作为农业人口大国，粮食及粮食管理的重要性不言而喻，"其重要实可谓在庶政之端。安定农村，巩固国防，关联至为密切"①。尤其是战时，粮食管理尤为重要。

关于设置机构对粮食进行管理，孙中山早年曾有过设想，"执行机关之下，当设多少专局，随地方所宜定之……而其首要则在粮食管理局"，即主张设置"粮食管理局"，实行粮食公卖，② 这一思想是战时粮食公卖论者之圭臬。但对于如何设立机构、怎样进行管理，孙中山并未详细论述。民国初年的一些学者及政府官员只能根据中国古代及外国政府管理粮食的经验，"摸着石头过河"。南京国民政府建立初期，社会各界尤其是地方政府对粮食管理问题表现出强烈的关注，并自发设立了名目繁多的地方机构与组织。然而，中央政府对于如何管理全国粮食并未形成总体构想，除了在个别年份、个别省份因灾荒救济、军事需要等原因建立临时管理机构，实施局部小规模的措施

---

① 胡鸣龙：《非常时期之县政》，中华书局1937年版，第48页。
② 中国国民党中央执行委员会编印：《国父关于粮食问题的遗教》，1941年9月，第1页"编辑弁言"；甘乃光编辑：《孙文主义讨论集》，孙文主义研究社1925年版，第122页。

外，全国粮食仍以自由流通为主，全国性粮食管理机构并未建立。

抗战全面爆发前，有的学者指出了设立中央层级的粮食管理机构的重要性与必要性，认为"若间接和粮食问题有关的政策，或应彼此合作的事业，亦可由这中心机关和各个执行者设法衔接，以谋整个问题的解决，然则此项中心机关应如何产生？揆诸目前情形，似宜扩大实业部现有农业司组织，正式成立农业署，运用优越的人力和财富，而谋这项重大使命的完成"，"组成农业署，似为中国农业改进上的重要问题"①。除了民间的声音，政府部门对于是否设立专门管理机构，意见未能统一，尽管个别人士呼吁设立由政府主导的专门粮食管理机构，改变各省、市、县各自为政的局面，由政府切实履行管理粮食的重任，但并未引起应有的重视。

抗战全面爆发后，民族危机空前严重，虽然中国已被迫走向战争，但粮食供应问题并不突出，甚至1937年至1939年多数省份是丰年，如1937年湖北各地粮食丰收，"鄂食粮本年绰有余裕"，通城县新谷170万市石，每市石新谷价格低至1.7元，鄂东数县则低至1.5元，仍无人购买。② 1937年7月23日，实业部部长吴鼎昌发表讲话，对全国主要农产数量有所提及："目前中国粮食问题供给，绝对不成问题。"③ 1938年四川也是大丰收，7月15日至8月15日重庆每市石白米的趸售价格由10.4元跌至9元，小麦由5.8元降至5元，次月白米与小麦价格又继续下跌，分别降低1.1%及4.0%。④ 此外，成都、南充、贵阳等重要粮食市场价格指数也较前半年有所下降。⑤ 国统区多省粮食丰收，粮价相对平稳乃至下跌，"军粮来源充裕，不论

---

① 乔启明、蒋杰：《中国人口与食粮问题》，中华书局1937年版，第136—144页。
② 《鄂粮食管理局今开始办公》，《新闻报》1937年8月2日第8版；《鄂本年各地丰收，粮食管理局今日成立》，《时报》1937年8月2日第3版。
③ 《实业部部长吴鼎昌谈民食问题》（1937年7月），中国第二历史档案馆藏（以下不再一一注明），实业部档案，档案号：四二二（2）—2423，第1—3页。
④ 杨蔚：《粮价与粮食问题》，《经济汇报》第4卷第7期，1941年10月1日，第2页。
⑤ 王洪峻：《抗战时期国统区的粮食价格》，四川省社会科学院出版社1985年版，第4页。

是军政部、后方勤务部购备屯储还是部队就地采购都比较容易"①。1939年,后方多个省份粮食丰收,产粮大省"川、湘丰收,尤较往年为甚;皖、赣秋禾,亦甚正常"②。粮食部政务次长刘航琛在晚年接受"中央研究院"近代史学者访问时,也曾忆及1939年四川农时相济,农业大丰收,因之粮价大跌,米价非常便宜。③ 1939年,安徽粮食丰收,稻谷过剩1200万市石,剩余之米有500万市石以上,宣城每市石食米低至9角而无人过问。1938、1939年后方丰收之际,粮食问题主要表现为谷贱伤农,甚至有些地区出现因丰成灾现象,蒋介石曾代电行政院、财政部、农本局等,转饬主管机关,迅即大量收购、抢购余粮。④

随着全面抗战的推进及战区扩大,从1939年年底、1940年年初开始,各地粮价开始普遍趋涨,"川省粮价于二十八年年底,已露上涨端倪,二十九年正月间各地粮价更呈剧增之现象"⑤。据日本的调查,四川乐山食物类物品价格指数如果以1937年为100的话,至1939年底涨至189.8。⑥ 成都粮价上涨亦非常迅速,根据金陵农学院农业经济系的调查,1937年每市石零售米价平均为11.85元,1938年为11.15元,1939年为12.35元,1940年猛涨至52.35元。如以1937年每市石米平均指数为100,1938年因丰收稍降,为88.9,1939年为98.5,1940年骤涨至400多,上涨4倍有余。⑦ 1940年3月初,成都及周边各县米价连日飞涨,从不缺粮的成都甚至发生抢米

---

① 张燕萍:《抗战时期国民政府军粮供应评析》,《江苏社会科学》2007年第4期。
② 《战区各省食粮收购办法大纲》(1939年—1940年),台北:"国史馆"藏(以下不再一一注明),行政院档案,档案号:014—040504—0090,第1—42页。
③ 沈云龙、张朋园、刘凤翰访问,张朋园、刘凤翰纪录:《刘航琛先生访问纪录》,九州出版社2012年版,第86页。
④ 《安徽省临时参议会请该省地方银行及农本局贴放款项以便抢购余粮有关文书》(1939年9月—1940年5月),中国第二历史档案馆藏(以下不再一一注明),经济部档案,档案号:四—12577,第3—11、60—61页。
⑤ 朱汇森主编:《粮政史料》(第四册),台北:"国史馆"1989年版,第120页。
⑥ 上海日本大使馆特别调查班编印:《四川省农村物价统计表》,1943年,第16—17页。
⑦ 潘鸿声编著:《成都市附近七县米谷生产与运销之调查》,四川省政府建设厅印发,时间不详,第27页。

之事。尤其是1940年6月枣宜会战后，交通阻滞，灾害频仍，军事威胁更甚，民众心理恐慌，后方粮食危机凸显，军粮民食供应从因丰成灾到多地频现粮食危机，这迫使国民政府必须转换粮食管理理念、成立专门机构、制定强力政策以应对从丰收到危机的巨大转变。

在战局日趋紧张的局面下，国民政府将战前甚嚣尘上的"统制经济"理念应用于实践，试图推动战时经济体制的转型。为了应对粮食危机，树立抗战建国的根基及稳定政权，国民政府意识到需要设立一个管理粮食的专门机构，以集中开展粮食统制，摆脱困局，重新考虑调整此前管理权限分散、重叠，无法及时统一调动的粮食行政机构，将兼管粮食业务的农本局的职能弱化，积极商讨组织纲要，挑选管理人员，并在各省及有关机构的配合下，快速地架构起一个在结构和层次上都明显不同于以往的粮食管理机构——全国粮食管理局（以下简称全国粮管局）进行粮食管理，这是国民政府粮政机构从兼管转向专门管理之始。

1940年8月，全国粮管局正式设立。成立于危难之际的全国粮管局，鉴于四川粮食问题的严重性及其重要的战略位置，将管理区域主要锁定在四川地区，不仅配合农林部的增产计划，更积极举办粮情调查、筹办军粮民食、加强仓库建设、增强运输能力、完善市场规则、制定控价办法、稳定军粮供应、调剂公教民食等，从产销储运各方面着手进行管理工作。与此同时，为更好地掌握全国粮情，扩大粮政推行范围及推动粮政向基层扎根，1941年2月，全国粮管局召集各省粮食管理负责人及有关机构代表来渝开会、共商对策，其他粮政措施亦逐渐推行。

全国粮管局虽在"万众期待"下建立起来，但实际运行时间比较短暂。从1941年4月开始，国民政府就计划扩组粮食管理机构，成立粮食部以取代全国粮管局。1941年7月，全国粮管局裁撤，粮食部成立。全国粮管局设立未久即被裁撤，原因是多方面的。从管理效果而言，成效不高，粮价持续上涨，民众生存危机进一步加剧。从派系关系来看，其裁撤少不了孔系在背后"做手脚"，如"平价大案"一事，直接冲击到全国粮管局内部，也是导致其裁撤的一个直接原因。此外，全国粮管局局长卢作孚等人的粮食管理措施与国民政府管理粮食的决心也并不匹配，无法满足国民政府立竿见影的强烈要求。

全国粮管局的设立是国民政府粮食管理机构的转折点，自此国民政府有了中央层级的专门的粮食行政机关。这一时期，粮食流通逐渐从"自由"向"统制"过渡，粮食管理被纳入战时经济体制。不过，全国粮管局受权力、人力、物力、财力等多方掣肘，并未达到必须短期内取得实效的预期目标，其出台的粮食政策主要针对四川地区，没有实现兼顾全国的目标。

第一章　全国粮管局成立前的管理机构及其政策

南京国民政府主政期间，对全国粮食的管理理念与政策逐渐经历了从自由向统制、从兼管机构到专管机构的极大转变，其标志则是全国粮管局的成立。但这一转变实属不易。从 1927 年 4 月南京国民政府建立到 1940 年 8 月全国粮管局成立，粮食管理机构与政策演变可以分为两个阶段，一是 1927 年至 1937 年抗战全面爆发前，粮食管理首先从地方省市开始，经过社会各界的讨论与尝试，传导至中央政府个别部门，个别部门出于军事需要与救济民食的需求，将目光转向此前较少关注、当然也不擅长的新领域——粮食管理，反映了一个政权在建立初期仍不成熟的特点。国民政府各部门对粮食管理的认识与意见极不统一，政策缺乏针对性与全局观，地方主义膨胀，地方势力离心力强而向心力弱，中央政府欲号令四方而不得，权威有待强化，反映在粮食管理方面则是建立管理机构的努力并未达到预期成果，长期拖沓、反应迟钝，政出多门、效率较低，这些都反映出战前国民政府在构建现代民族国家、进行社会动员、有效治理国家等诸多方面仍处于探索阶段。

第二个阶段从 1937 年 7 月抗战全面爆发至 1940 年 8 月全国粮管局正式成立。抗战全面爆发后，国民政府面临的军事、政治局面更为复杂，粮食问题短期内虽未凸显，甚至表现为"因丰成灾"，但因战略上认识不足、缺乏大战经验、缺少全盘规划而制定的粮食政策，在自然灾害、战区扩大、交通阻断、社会恐慌心理蔓延等因素综合作用下出现粮食危机。对此国民政府作出了积极调适，将此前的兼管机构合并裁撤，建立新的专门管理机构，开启了粮食管理从自由放任到有力统制的新阶段。

第一章　全国粮管局成立前的管理机构及其政策

第一节　战前粮食管理机构

一　地方呼声及举措

南京国民政府建立后，先后经过"二次北伐""东北易帜"，完成了形式上的全国统一。但长期战乱和连年灾荒使得东南粮食产区粮食难以自给，西南各地更为严重，西北地区灾荒频现，许多民众食不果腹。① 社会各界讨论粮食问题及呼吁对粮食进行管理的声音渐增，各省市相关部门对粮食问题的讨论益多，甚至纷纷自行设立粮食管理机构，从地方利益出发，对本省县市粮食进行调查统计与盈虚调剂。

作为首都，南京的粮食管理机构成立较早。1928年12月，南京市社会局将救生局改组为南京市粮食管理所，公布该所管理章程。根据章程，该所职掌包括"粮食统计之搜集，运输与储存之设计，买卖方法之改良，价格之调查及评定，分配之调剂，义仓之筹设，与监督指导"②。南京粮管所成立后，对粮食数量调查、粮价评定、粮食营养检定、粮食指数编定等工作投入较多，这些措施对稳定新生政权、改善民生颇有助益。其后，上海、天津、广州等特别市亦相继设立类似机构。③ 1929年8月21日，南京市政会议修正通过《南京特别市粮食业

---

① 胡汉民：《怎样解决民食问题》，《农声》第128期，1929年12月31日，第1页。
② 《南京特别市粮食管理所章程》，《建国月刊》第2卷第2期，1929年12月，第140—141页；《京市粮食委员会成立，扶助粮食管理所解决民食问题》，《中央日报》1929年10月23日第3版；《粮食管理所近讯》，《中央日报》1929年8月27日第3版；《修改粮食管理所章程》，《首都市政公报》第43期，1929年9月15日，第9页；南京市地方志编纂委员会、南京粮食志编纂委员会：《南京粮食志》，中国城市出版社1993年版，第317页。
③ 《南京特别市粮食管理所章程》，《建国月刊》第2卷第2期，1929年12月，第140—141页；《南京粮食管理所化验谷类营养分量》，《工商半月刊》第1卷第17号，1929年9月1日，第19—20页；《各地粮食管理局之联络》，《新闻报》1929年7月13日第8版。广州粮食管理所成立于1930年5月12日，李应南为所长。参见《广州设立粮食管理所》，《时报》1930年5月12日第2版；《粮食管理所组织成立案》，《市政公报》第356期，1930年6月20日，第92—93页。1929年4月22日，行政院指令上海特别市政府，谓其呈缴粮食委员会简章暨粮食业登记规则"均属民食问题中治标要务，所拟简章规则尚妥洽，应准备案"。参见《令上海特别市政府呈缴粮食委员会简章暨粮食业登记规则请鉴核由》，《行政院公报》1929年第42号，1929年4月27日，第39页。

登记规则》，对本市粮食业进行登记。同时，该所聘请南京市商会、商民协会、粮食业团体代表、粮食研究专家等 11 人为委员，着手成立粮食委员会。23 日，南京粮管所粮食委员会正式成立。① 南京市社会局亦积极组织相关团体，召开粮食会议，商讨本市粮食问题。② 在筹设粮食委员会期间，南京粮管所鉴于首都粮食管理与全国各地粮食关系密不可分，遂萌生成立全国性民间粮食管理组织——中华全国粮食管理协会的想法，"其目的专为调查各地粮食概况，及研究管理方法，与夫其他一切有关粮食生产分配及营养之事项"③。但南京粮管所此一想法未获其他各省市粮食管理机关响应，遂不了了之。1932 年 2 月，南京市设立粮食评价委员会，由该会根据全市各种粮食行情每周评定一次价格，粮管所地位渐有下降。6 月 8 日，在南京市政府第 211 次市政会议上，市政府以该所"成绩毫无，市民政府，均无利益"及节约经费为名，通过《粮食管理所应如何紧缩案》，由社会局派员接收，将粮管所予以裁撤。④ 粮管所被撤销后，南京粮食管理业务由社会局与粮食评价委员会接管。1936 年 3 月，社会局为促进首都米市筹备事宜，设立首都米市设计委员会，其任务有三，一是关于米市筹备工作、调查设计事项，二是关于米市各项规章研究审议事项，三是米市推进筹议及协助解决事项，第三事项与社会局兼管。⑤ 1937 年 1 月，南京粮管所

---

① 《南京特别市粮食业登记规划》，《首都市政公报》第 43 期，1929 年 9 月 15 日，第 2—3 页；《市立粮食管理所设置粮食委员会，聘定专家十一人》，《民国日报》1929 年 10 月 21 日第 2 版；《京市粮食委员会成立，扶助粮食管理所解决民食问题》，《中央日报》1929 年 10 月 23 日第 3 版；《首都成立粮食委员会，解决民食恐慌并辅助粮食管理所》，《大公报》（天津）1929 年 10 月 26 日第 4 版。

② 《京市社会局各团体粮食会议》，《农业周报》第 3 号，1929 年 11 月 3 日，第 75 页。

③ 《粮食管理所近讯：市政会议修改章程，附设粮食委员会》，《中央日报》1929 年 8 月 27 日第 3 版；《市粮食管理所发起全国粮食管理协会，上海市社会局首先赞同，开行政合作上的新纪元》，《中央日报》1929 年 9 月 19 日第 3 版。

④ 《成立粮食评价委员会案》，《南京市政府公报》第 101 期，1932 年 2 月 15 日，第 33 页；《京市粮食管理所撤销》，《新闻报》1932 年 6 月 16 日第 4 版；《裁撤粮食管理所案》，《南京市政府公报》第 109 期，1932 年 6 月 15 日，第 37 页。

⑤ 《首都米市设计委员会组织规则》，1936 年 3 月 3 日核准施行，《南京市政府公报》第 166 期，1936 年 6 月，第 13—14 页；南京市地方志编纂委员会、南京粮食志编纂委员会：《南京粮食志》，第 317 页。

各项章则全部被废除。①

1929年3月，上海社会局在举办本市区粮食业登记的同时，组织上海特别市粮食委员会，制定简章，鼓励粮食生产，改善米粮质量，调剂粮食分配，节制粮食消费，评议粮食价格，筹建义仓，调查、宣传粮食管理等。② 5月，上海粮食委员会修正了该项简章，将社会局、财政局、公安局、土地局、米行业、米店业、碾米业、杂粮业、面粉业、南北市经售米商及多名专家均纳入粮食委员会，其职权大为加强。③

除了比较重要的都市，各省对于设立粮食管理机构亦非常热衷。作为缺粮省份，浙江省管理粮食动议提出较早。1927年12月，杭州市政府、杭州总商会、杭州城区米业公会、杭县县政府等11家单位组织杭州市粮食评议会，制定章程，以从事"筹济民食、持平米价、鉴定升斗、整齐档子"等有关粮食事项。1928年8月，杭州市粮食评议会建议浙省府加强对浙省米粮的管理，禁止本省米粮出境。④ 10月，一直主张设立粮食统计机构的浙省府委员庄崧甫赴临海、黄岩、温岭调查后，"觉粮食统计局有迅予设立之必要"。之后，庄氏曾赴南京，向国民政府提议进行全国粮食统计。⑤

1929年10月，浙江平湖全县代表大会、萧山县执委会等从民生主义、管理粮食进出口等方面，亦建议1931年年底前在浙江全省普

---

① 《废止前粮食管理所各项章则案》，《南京市政府公报》第173期，1937年1月，第71页。

② 《上海特别市粮食业登记规则》，《上海特别市政府市政公报》第20期，1929年3月，第69—70页；《上海社会局规划民食问题，举办粮食业登记，组织粮食委员会》，《工商半月刊》第1卷第6期，1929年3月15日，第19—21页。

③ 《修正上海特别市粮食委员会简章》，《上海特别市政府市政公报》第22期，1929年5月，第71—72页。

④ 《杭州市粮食评议会章程》，《市政月刊》第1卷第12期，1928年12月1日，第96—97页；《杭州市粮食评议会请禁浙省米粮出境》，《时报》1928年8月26日第3版。

⑤ 《庄崧甫调查临黄温三县民食，着手组设粮食统计局》，《新闻报》1928年10月29日第8版；《立法委员庄崧甫明日赴京，奉蒋主席命规划首都之造林事业，拟向中央条陈办理全国粮食统计》，《新闻报》1928年11月26日第13版。

遍设立粮食管理局，①并且"非归公督理不可"②。对于此一建议，有人亦提出不同意见，认为中国粮食缺乏的最大原因，"既在战争土匪水旱虫害，则消弭内乱，治平土匪，兴办水利，研究虫害，以开生产之源，乃为当今急要之图"，而全国普遍设立粮食管理局却"对于上述各种病因，无直接治疗之法"，如果遍设，则会"徒多添数千万分食之人"，无形中增加农民负担，因此，仅主张在全国主要产粮区域或重要粮食交易市场设立管理局，并"设一中央管理局"，以调节粮食流通。③应该说，这一看法较有见地，也符合实际情况。

1927年6月，湖北省府召开粮食会议，组织物价调查委员会，调查粮食存储数量。随着粮食问题突出，1929年9月，武汉市政府设立武汉粮食维持会，"以维持武汉民食为宗旨"，从事粮食管理。④9月，芜湖等地成立粮食检查所或登记机关，从事粮食管理业务。之后各省市虽不甚积极，但亦有零星机构出现。1931年9月，河北省设立民食调剂委员会，"以考核河北省各县食粮盈亏，督饬设法调剂"为目的，并订有《河北省民食调剂委员会章程》。⑤1932年2月，河南洛阳设立粮食管理会；9月，浙江宁波呈请设立粮食管理局。其他各地类似机构亦复不少。⑥但各省市乃至各县设立的粮食机关，大多出于维护本地利益，"太过趋于地域主见"，而中央政府则"漠不注

---

① 《浙省执委会议决呈请中央设立粮食管理局》，《民国日报》1929年9月23日第4版；《交核浙江平湖县代表大会建议设立粮食管理局一案拟照本部预定方案进行请查照转陈由》，《内政公报》第2卷第10期，1929年11月，第9—10页；《萧山县执委会请设立粮食管理局》，《浙江党务》第104期，1929年10月10日，第5—6页。

② 《粮食管理局设立动机》，《新闻报》1930年7月19日第9版。

③ 《民食问题与粮食管理局》，《新河南》（南京）第9期，1930年8月10日，第29—30页。

④ 《汉口食粮问题，汉口市商之粮食会议》，《益世报》（天津）1927年6月8日第8版；《武汉粮食维持会》，《大公报》（天津）1929年9月26日第3版；《省市政府等机关合组之粮食维持会简章》，《湖北省政府公报》第99期，1930年6月16日，第34—36页。

⑤ 《河北省民食调剂委员会成立案》（1931年9月—1935年3月），实业部档案，档案号：四二二—1770，第7—14页。

⑥ 《沪市另设粮食登记机关》，《中央日报》1930年9月30日第3版；《粮食管理会决在洛阳设立》，《大公报》（天津）1932年2月10日第3版；《宁波请设粮食管理会》，《新闻报》1932年9月22日第8版。

意",缺乏全盘考量与总体规划,"偶遇恐慌,手足无措,每每遽下违反政经原则之法令,如禁运限价等政策,此种不彻底之解决,实无异益增其恐慌程度与惹起社会上纠纷耳"①。可以说,此时各地粮食管理机构的设立尚处在自发阶段。

各省关于设立粮食管理机构的讨论与实际举动,亦引起了国民政府的重视,1929年10月、1930年7月,《中央日报》曾多次刊文予以关注,尤其是关于设立全国性粮食管理机构的提议问题。② 全国性粮食管理机构究应由谁设立,这在国民政府看来是首要问题。按照南京粮管所筹设中华全国粮食管理协会的想法,该协会"不隶属于任何行政机关"③,即超然于政府管理之外,这显然是国民政府所不愿看到的。因此,1930年七八月间,国民政府内政部曾训令湖南、云南、绥远等15省民政厅,对于本省及各县"有无设立管理粮食机关,及其组织之规定、职权之限制"等进行详细调查。④ 根据调查结果,各省市县"有已设立民食委员会或粮食委员会者,有已设粮食管理局或所者,有已设米粮评价委员会者,有设立义仓社仓者"⑤,不一而足。1931年2月,国民政府行政院对于各省设立此类机构的做法,似有考虑,令各省市政府调剂民食,甚至有在中央政府层面设立粮食管理局的提议,但随

---

① 东林:《粮食管理机关之商榷》,《中央日报》1929年10月3日第3版。
② 东林:《粮食管理机关之商榷》,《中央日报》1929年10月3日第3版;《各省县设立粮食管理局》,《中央日报》1930年7月17日第3版。
③ 《市粮食管理所发起全国粮食管理协会,上海市社会局首先赞同,开行政合作上的新纪元》,《中央日报》1929年9月19日第3版。
④ 《内部咨查粮食管理机关》,《新闻报》1930年8月9日第13版;《令湖南、云南、绥远等各省民政厅:关于各省县设立粮食管理局一案令仰克日查明具复由》,1931年3月27日,《内政公报》第4卷第3期,1931年4月,第10页;《关于查明所属有无设立管理粮食机关案情形呈复省府文》,1930年8月29日,《广东民政公报》第69—70期合刊,1930年9月30日,第99页;《民政厅呈复本市有无设立管理粮食机关及其组织之规定职权之限制遵报请察核由》,1930年9月1日,《汕头市市政公报》第61期,1930年10月1日,第13—15页。
⑤ 《令璧山县县政府:转内政部咨设立粮食管理局一案》,《璧山县县府公报》第5—6期合刊,1930年10月,第13—20页。江苏青浦县亦设有粮食管理委员会。参见《青浦县开粮食管理委员会》,《江苏农矿》第15期,1931年8月10日,第7页。

后亦无下文。① 7月,长江流域发生史无前例的大水灾,此次江淮大水灾"不仅超过中国苦难历史中任何一次水灾,而且也是世界历史中'创纪录的大灾'"②,江淮流域"上下千里,泛滥洋溢,洪水浸淫,庐舍荡然,流亡沟壑,民叹其鱼,悽怆怛恻,极人世惨酷之悲境,未有如今日之甚者也"③。在如此严重的灾害侵袭下,粮食供应问题更为突出,设立机构进行粮食管理的议题再次被人们所关注。在受灾严重的湖南省,民政厅厅长曹伯闻指令浏阳县县长柏式诺,设立粮食管理局,对该县粮食进行管理,以维民食。④ 同时,浙江省亦有设立粮食管理局计划。⑤ 贵州省粮食产量不丰,"大稔之年,仅能自给"。1937年3月,贵州省政府提出设立民食调节委员会,由省主席、民政厅厅长、贵州省国民党党部特派员、财政厅厅长、建设厅厅长、省赈务会委员、农村合作委员会委员、县商会会长及公正士绅组成,并拟定《贵州省民食调节委员会组织章程》。对此,实业部农业司极表赞成。⑥

各省市县之所以对于设立粮食管理机构如此热衷,除了灾荒因素、确需管理救济之外,原因也是多方面的。首先,孙中山曾有设立粮食管理局之言论,⑦ 并将之作为首要之举,显示出卓越政治家进行

---

① 《调剂全国民食,将设粮食管理局》,《民国日报》1931年2月27日第3版。
② [美]阿瑟·杨格:《一九二七至一九三七年中国财政经济情况》,陈泽宪、陈霞飞译,中国社会科学出版社1981年版,第423页。
③ 周美华编注:《蒋中正总统档案:事略稿本》(12),台北:"国史馆"2004年版,第4—5页。
④ 《调剂全国民食,将设粮食管理局》,《民国日报》1931年2月27日第3版;《浙江拟设粮食管理局》,《工商半月刊》第3卷第22号,1931年11月15日,第7页;《指令浏阳县县长柏式诺呈报设立粮食管理局由》,《湖南民政刊要》第22期,1931年7月,第17页。
⑤ 《浙江拟设粮食管理局》,《工商半月刊》第3卷第22号,1931年11月15日,第7页。在浙江省提出设立粮食管理局不久,遂着手筹设本省相应机构。1934年5月,拟组设全省粮食管理局;8月,浙省府又将名称改为粮食管理处,9月又改为粮食管理局,并于9月中旬成立。参见《浙将设全省粮食管理局》,《中央日报》1934年5月31日第2版;《浙省府议决组设粮食管理局》,《中央日报》1934年8月18日第3版;《浙粮食管理局中旬成立》,《民报》1934年9月1日第2版。
⑥ 《贵州省民食调节委员会组织章程》(1937年3月—4月),实业部档案,档案号:四二二(2)—1813,第3—5页。
⑦ 中国国民党中央执行委员会编印:《国父关于粮食问题的遗教》,第1页"编辑弁言";甘乃光:《孙文主义讨论集》,第122页。

第一章　全国粮管局成立前的管理机构及其政策

国家治理的敏锐眼光，也是贯彻其民生主义的具体体现。根据孙中山的理论与著述，南京国民政府1929年6月修正公布《县组织法》第16条，规定各县得呈准设立粮食管理局，"专理调节粮食职掌，照总理之所昭示，在需的方面，必须调查地方之人口，在供的方面，更须调查地方之出产。同时调查每人平均之食粮，以定需要粮食多寡，调查生产费之大小，以定谷价之高下"①。《县组织法》的出台，为各省市县设立相关机构提供了政策依据。因此，各省市县设立粮食管理机关可谓有理有据、有法可依。

其次，各省市设立粮食管理机构，可以"为己所用"。兹举安徽为例。1931年1月，安徽省废除厘金制度后，原设米捐局亦被裁撤。安徽省府为谋抵补起见，在该省米粮集散中心芜湖设立安徽省输运米照稽查处，规定每石食米征收米照捐6角，但这一规定招致米商一致反对。3月31日，稽查处被撤销，米照捐亦同时停收。②之后，此事沉寂下去。1932年4月，安徽省府以财政厅、民政厅名义呈文行政院，申请将稽查处改为粮食管理局，谓此事已经皖省府第266次会议议决，"准如拟办理"。6月21日，得知此事的安徽商业联合会呈文皖省府，谓稽查处与粮食管理局"性质截然不同"③，明确表示反对。11月3日，安徽旅沪同乡会、旅沪学会向国民政府反映安徽省粮食管理局巧立名目、征收米税的问题，"当事者殊得意洋洋，而皖民则膏髓全枯矣"④，并申请撤销该省粮管局。4日，财政部命令安徽省府即行裁撤。之后，安徽省粮管局随即被撤销。安徽省粮管局的设立与裁撤，一方面反映了地方当局与商业机构之间在粮食问题、税收问题等经济利益方面的争夺，省方借助手中行政权力，不顾商民利益急于

---

① 《总理遗教中之粮食管理》，江西省政府经济委员会汇刊第一集《江西经济问题》，1934年，第483—495页。
② 《安徽米照稽查处撤销，以前登记仍欲征收，禁运米粮出口，设粮食管理局》，《时报》1931年4月2日第2版。
③ 《呈省政府准秘书处抄送商联会请撤米粮查禁一案请查照核办呈复已改粮食管理局并请维持指充筑路经费原案》，1932年6月21日，《安徽建设公报》第40期，1932年6月30日，第21—22页。
④ 《请撤销皖粮食管理局》，《民报》1932年11月3日第1版。

求成、杀鸡取卵的做法招致民众普遍反对,最终以国民政府出面干涉而作罢,但即使到了11月中旬及12月上旬,安徽省各界、各公共团体亦对此耿耿于怀。① 另一方面,该事件反映了国民政府对于粮食管理并不抱支持态度,亦未采取措施引导皖省府走上管理粮食的正轨,而是比较简单地命令裁撤,这也从侧面说明了国民政府此时的粮食管理态度是比较消极的。

最后,社会各界对引发当时中国粮食问题的另一个主要因素——外粮输入警惕性较高,欲通过本国粮食管理来防止外粮倾销、利益外流。近代以来,中国进口米谷一项向来占重要地位,1898年至1931年间,米谷进口常与棉纱、棉货、液体燃料、糖、固体燃料、钢铁等货物不相上下,数量不可谓不多。② 洋米凭借价格低、质量好、数量多、运费低及税捐少等优势,大量外销至中国,③ 据统计,1928—1932年洋米进口数量分别为:1928年,12656154担;1929年,10822805担;1930年,19892784担;1931年,10740810担;1932年,21386444担。衡诸1912年至1927年进口洋米数据,"虽非逐年顺序增加,然实有增加之趋势",而"洋米输入现发挥其倾销力量,霸占一部分国内粮食市场"。有的学者根据上述数据测算,得出中国每年输入的粮食总额占各类商品的13%以上,可谓是"巨额"粮食输入使得国内粮食市场极不稳定。④ 因此,为了抵制洋米洋粉的大量倾销,首当其冲的东南各

---

① 《财部令撤皖粮食管理局》,《新闻报》1932年11月5日第9版;《皖各界电商会反对皖省米照捐,誓死力争撤销粮食管理局,请沪银行勿受押筑路路债》,《上海商报》1932年11月17日第3版;《皖省各公团请停征米捐,撤销粮食管理局,组织扩大请愿团》,《中央日报》1932年12月8日第3版。这一点与河南颇为相似,据河南省主席刘峙向行政院报告,"河南自裁厘以后,一切米粮捐税概已免除"。参见《内政部、实业部核议调剂米粮价格办法案》(1931年5月—1935年2月),实业部档案,档案号:四二二—1751,第7页。
② 中国通商银行编:《五十年来之中国经济:1896—1947》,台北:文海出版社1983年版,第189页。
③ 张心一:《今年粮食问题的一种研究》,《统计月报》第1卷第9期,1929年11月,第1—19页。
④ 《粮食管理政策之商榷》,《经济旬刊》第1卷第12—14期合刊,1933年10月11日,第11页;刘谷侯:《中国粮食问题》,《建国月刊》第2卷第2期,1929年12月,第79—93页。

省市倾向于设立粮食管理机关、改订粮食进口税则，实行自我保护。①但是，与地方政府强烈的管理粮食的观念与举措相比，国民政府并未认识到实行全国粮食管理的重要性与必要性。

二 国民政府建立初期的粮食管理

国民政府成立后，行政院下设农矿部、工商部管理全国经济行政事务。1929年，因民食供应困难，上海市市长张群表示，上海非产粮地区，粮食来源极为有限，为保证民食的充分供应，维护社会安定，保持物价稳定，除设立粮食委员会之外，并呈请国民政府迅速设立全国粮食调剂机关。②国民党中央执行委员会政治会议非常重视张群的建议，1929年11月13日，经第204次政治会议决议，组织民食委员会，由行政院院长担任委员长，内政、财政、交通、铁道、农矿、工商各部部长为委员。民食委员会"直隶于政治会议，专任研究计划，调节民食及发达农产事宜"，负责提出粮食政策方案；筹备召集全国粮食会议，实施民食救济；征集各省有关粮食生产、分配、消费的情况，对粮价、农业灾荒等进行调查。③民食委员会是国民政府首次组织的官方背景的粮食管理机构。

1930年11月12—18日，国民党三届四中全会在南京举行。在此次会议上，有人提议设立中央粮食管理局，"负调剂全国粮食之全责，暨经营粮食之进出口""负改良粮食生产方法之设计全责"，以维民食而裕国库。根据该项提案，中央粮食管理局直隶国民政府，中央粮

---

① 1929年8月，上海粮食委员会委员吴觉农向社会局提出改订杂粮进口税则，以调剂米价、解决民食的提案。8月底，市长张群将该提案转呈国民政府行政院，请其"采择施行"。这一举动可以反映地方政府的粮食管理理念已发生转变。参见《呈行政院：为转呈粮食委员会议决改订粮食进口税案请采择施行由》，《上海特别市政府市政公报》第30期，1929年9月10日，第90—91页。

② 《上海市长张群为解决上海食粮困难问题致中央政治会议呈》，1929年10月9日，中国第二历史档案馆编《中华民国史档案资料汇编》第5辑第1编"财政经济"（八），江苏古籍出版社1994年版，第824—826页。

③ 《中央政会通过民食委员会组织条例》，《湖北省政府公报》第72期，1929年11月24日，第23页。

管局成立后,应将其他各种粮食机构全部裁并,以收统一指挥之效。各省市亦设立粮食管理局,隶属于该省市政府,受中央粮食管理局指导监督,各县市设立县市粮食管理局,隶属于该县市政府,受省市粮食管理局指导监督。18日,国民党三届四中全会第七次会议通过该提案。①

12月,国民政府决定将农矿、工商两部合并为实业部,② 孔祥熙、陈公博、吴鼎昌三人先后担任部长。1931年1月,国民政府公布《实业部组织法》,实业部下辖林垦署、总务司、农业司、工业司、商业司、渔牧司、矿业司和劳工司,设署长一人,司长七人,③ 其中农业司是主管农业粮食的主要机构,内设中央农业实验所、中央农业推广委员会、全国稻麦改进所等附属单位。

民食委员会设立未久,由于其在实际运行中涉及中政会、行政院、各省部会等多方势力,运作中出现重复的事权关系,不仅产生权力的控制问题,也导致行政效率低下。因此,1931年3月,中政会通过了蒋介石等人的提议,撤销了民食委员会。④ 全国粮食管理机构的设置遂搁置下来。

关于如何实施粮食管理,国民政府内部及社会各界意见分歧较大。南京粮管所主任吕家伟撰文指出,"夫立国之本,生存之义,与经济之权,从时代事实理论……国家管理粮食,实势所必需",并且认为"专设机关,以司管理之责,则又为事实与理论所必需"⑤。有名为东林者,亦赞同设立统一的粮食管理机关,"中央政府自应设立一统筹全局之机关,以监督与调剂一切",各省粮食管理机关应一律撤销,"以一事权而省靡费",将粮食管理收归国营,"政府与人民

---

① 《设立中央粮食管理局以维民食而裕国库案》,1930年11月18日第七次会议通过,《浙江党务》第111—112期合刊,1930年12月30日,第64—66页。

② 《工商部咨知改并实业部》,《江苏省政府公报》第621期,1930年12月17日,第52—53页。

③ 《实业部组织法》,《立法院公报》第26期,1931年2月,第136—143页。

④ 徐德刚:《训政初期国民政府的民食调控机制》《历史教学》(下半月刊)2011年第12期。

⑤ 《本市粮食管理之意义及其计划书》,《中央日报》1929年6月26日第4版。

对此关系国家存亡之粮食分配,应有正之确(正确之)认识与相当之法令,此实为不可移易之论"①,因为"平时与战时之粮食管理,殊有密切之联系",如果"管理粮食,平素无施行之基础,则一遇战时,纵有严格之法令,亦不足以收宏效"②,此一观点亦为的论。即就当时某些学者观点来看,"全国粮食,由最高权力机关之政府,审察各地实际状况,而为之全盘计划,以谋粮食之均足"③。1931年4月21日,对于安徽省民政、财政两厅此前设立粮食管理局的提议,行政院在复函中明确指出:"粮食分配关系全国,自应由中央通盘筹划,酌盈剂虚,断不能省自为政……所请设立粮食管理局之处,断难准行。仰即遵照,将议决案撤销。"④ 立法院认为,"管理粮食之目的,应在调正粮食之产销,以谋民食之均足。以言根本计划,实与清查户口、整理耕地有关;以言方法之必要,亦须先注意于交通与财力之状况,移盈益亏,全赖交通……皆为管理粮食之先决问题",而"多设机关,位置冗员,多分场所,供人垄断,非徒无益,且增其害"⑤。1932年10月,陈果夫、熊式辉先后提出调节民食办法,就陈所提十项办法而言,包括在收成较好县份设置或恢复积谷,并以积谷为主要工作;国民政府选择粮食汇集之处设立调节粮食的总储备仓库;向美国续借大宗粮食;银行开展粮食抵押业务;禁止粮食浪费,奖励粮食储蓄;应用关税政策,防止外粮倾销;禁止粮食私运出口等等。对陈所提方案,中央政治会议、实业部颇表赞同。12月21日,内政部邀请实业部、财政部等进行会商,建议设立民

---

① 东林:《粮食管理机关之商榷》,《中央日报》1929年10月3日第3版。
② 杨礼恭编著:《粮食管理篇》,正中书局1938年版,第4页。
③ 洪瑞坚:《全国粮食运销局之使命》,《是非公论》第28期,1937年1月5日,第3—10页。
④ 《令安徽省政府:呈为民财两厅提议设立粮食管理局经提会通过请鉴核备案由》,《行政院公报》第247号,1931年4月25日,第30页。
⑤ 《粮食管理法草案审查报告》,《立法院公报》第51期,1933年7月,"立法院各委员会审查报告"第4—6页。

食委员会,专负民食设计及管理之责。① 可以说,无论政府部门还是社会各界,对于是否设立及由谁设立全国粮食管理机构的意见殊不统一。

12月10日至15日,行政院召开第二次全国内政会议。在此次会议上,与会代表所提议案达492件之多,关于粮食问题的提案仅有六件,可见,无论是从会议主题还是有关粮食问题的方案看,粮食问题并非此次会议关注的重点,不过各项提案涉及粮食平价、各省粮食互相流通、调剂粮食及移民、推广仓储制度等,内政部认为"均应分别采择施行,以维民食"②。会议指定民政组统筹办理关于粮食提案,主要是"厘定全国粮食状况"③。民众对此次会议颇多关注,并希望"一切议案应求其能实行","一切决议应注重具体办法",避免"会而不议,议而不决,决而不行"④。会后,各省分别对本省粮食管理机关、粮食供求现状、粮食价格、粮食运输、粮食存储等作了初步调查,并上报内政部。此次调查是南京国民政府成立后首次开展的较大范围的粮食调查,有其积极意义。但调查内容极为简单,有些省份填写的资料也较为简略,如绥远省民政厅的报告就十分简略,关于"粮食营业",该厅的答复是"查本省关于粮食营业并未着实登记调查,至于粮商囤积、酿酒、碾白等事,虽经督饬限制取缔,然并无若何具体办法。所示报告各款,暂付阙如"⑤。由此可见,此时的国民政府还未认识到粮食问题的重要性及对全国粮食进行综合管理的必要性,国民政府的粮食管理之路道阻且长,全国的粮食管理仍处于各自为政阶段。

---

① 《陈果夫提议调节民食案》(1932年10月—1935年3月),实业部档案,档案号:四二二—1783,第9—14、66—67页。
② 《咨各省、市政府:内政会议决议关于民食事项各案请查照办理》,1933年1月14日,《内政公报》第6卷第4期,1933年1月27日,第329—336页。
③ 《内政会议昨晨通过卫生礼俗民政各案,促进卫生机关扑灭地方疾病,确定礼义廉耻保存善良风俗,厘定粮食状况完成各省公路》,《松报》1932年12月13日第2版。
④ 师连舫:《希望于第二次全国内政会议者》,《时代公论》第37号,1932年12月9日,第19—21页。
⑤ 《关于粮食及社会救济事业应行报告各要点》,《绥远民政刊要》第1期,1933年3月,第31—34页。

第一章 全国粮管局成立前的管理机构及其政策

1933年2月初，鉴于粮食形势的严峻性，为改进民食行政，内政部呈文行政院，提出在实业部之下设立中央粮食管理署，以便开展粮食调剂、粮食市场指导监督、粮食价格评定、粮食运输、粮食储备、粮食来源扩充、粮食饥荒救济、粮食调查与登记等事项，并将拟具的《粮食管理政策草案》一同呈览。① 2月15日，行政院训令实业部，并说明正在拟定粮食管理法等相关草案。4月，国民政府责令财政部、交通部、铁道部、内政部、实业部会同拟定粮食管理法草案，拟成立中央粮食管理局。《粮食管理法草案》议定了实施程序，对粮食运输、价格、消费、制造、储备、调查及登记等内容都做了相应的规定。草案呈请国民政府设立粮食管理署，隶属于实业部，并附设粮食设计专门委员会，由各关系部门派员参加。同时，要求在粮食产销地区划分粮食管理区，但"在粮食管理区未划定以前，各省市得设立粮食管理委员会"②。草案完成后，提交立法院进行审议。

立法院对《粮食管理法草案》的审议保持非常审慎的态度，在将该草案交付法制委员会、经济委员会共同审查的同时，先后另外加派多名专家参与，并一度特意加派立法委员马寅初"加入审查"③。18日，草案审查完竣，提交行政院、立法院审议。④ 立法院在第三届第18次会议审议时，认为"其中有事属可行者，有宜从缓举办者"，可行条款包括第8、9、12—15、18—21、25、27条中涉及粮食贸易、运输、提倡节食、禁止酿酒、限制运费、改进运输方法、设立义仓、举办粮食调查统计等，"此事皆属可行且有急切推行之必要者"；县、乡、镇设立仓库的，如条件暂不具备的，可以缓办；而设立中央粮食管理局、粮食划区管理、划分中央与地方粮食市场、政府制定粮食价

---

① 《实部组粮食管理署》，《钱业月报》第13卷第9号，1933年9月15日，第11页；《〈粮食管理政策草案〉内部向政院提案之全文并定日内召集各部审查》，《中央日报》1933年2月9日第2版。

② 《行政院关于粮食管理法及其实施程序的训令》，1933年2月15日，中国第二历史档案馆编《中华民国史档案资料汇编》第5辑第1编"财政经济"（八），第827—836页。

③ 《中央粮食管理局》，《农业周报》第2卷27期，1933年7月3日，第387页；《加派马委员寅初审议粮食管理法草案由》，《立法院公报》第49期，1933年5月，第6页。

④ 《粮食管理法审查完竣》，《民报》1933年4月19日第3版。

格等,"此皆本案重要之点,事属创举,繁重难行。按之国内目前情形,似非所宜"。也就是说,立法院认为设立全国性粮食管理机构的条件并不成熟,从社会各界态度来看,在立法院审议期间,多家媒体均发文表示关注,颇希望该法案能够通过审议。① 但是,立法院最终裁定"所拟《粮食管理法》此时尚无制定之必要"②。《粮食管理法》审议未获通过,内政、实业两部仍不甘心,5月25日,内、实两部及全国经济委员会再次对粮食管理法草案进行修改完善,将原先拟定的成立中央粮食管理署的条文完全移除,又删减了部分条款,此次修改可以说是定案。③

修改后的《全国粮食管理法》共计25条,分为总则、管理组织、粮食贸易、粮食运输、粮食价格、粮食储备、粮食调查及登记、附则8章。其中第2章第3条规定,粮食管理由行政院组织粮食管理委员会主持办理,行政院根据全国各地粮食产销情形划区管理。对于各省粮食管理权限,《粮食管理法》规定:各省市县政府及其他机关对粮食的管理,非经粮食管理机关许可,不可擅设查验机关。④ 但是,《粮食管理法》实施效果并不明显,许多省市反在当年秋收后便出现了麦产滞销问题。未几,粮食管理委员会撤销,粮食统制权交予中央国民经济委员会。⑤

---

① 《立法院审议中之粮食管理法》,《盐政周刊》第2卷第8期,1933年5月13日,第13—15页;《粮食管理法将由立法院通过》,《时报》1933年6月28日第2版。
② 《粮食管理法草案审查报告》,《立法院公报》第51期,1933年7月,"立法院各委员会审查报告"第4—6页;《呈国民政府粮食管理法草案经决议无制定之必要录案呈请鉴核由》,1933年7月17日,《立法院公报》第51期,1933年7月,"公牍"第3—5页。
③ 《修正粮食管理法,内实两部及经委会拟定》,《银行周报》第20卷第21期,1936年6月2日,第17—18页;《内实两部及经委会修正粮食管理法》,《新闻报》1936年5月26日第4版。
④ 《全国粮食管理法》,《中国农民银行月刊》第1卷第7期,1936年7月30日,第1—3页。正式公布的《全国粮食管理法》与讨论时的草案差别较大。在草案中,新设的粮食管理机构名称为"粮食管理局",直隶于实业部;对于各省管理权限,草案规定各有三个方面,一是积谷,二是取缔粮食不正当消耗,三是中央粮食主管机关特别委托办理的事项;对于划区管理,草案规定,在粮食管理区未划定以前,各省市县可以暂充粮食委员会。参见《粮食管理法草案》,《农业周报》第2卷第15期,1933年4月10日,第204—206页。
⑤ 《粮食管理委员会撤销》,《农业周报》第2卷第42期,1933年10月16日,第659页。

第一章 全国粮管局成立前的管理机构及其政策

根据《粮食管理法》第 8 章第 24 条"本法施行细则另定之"的规定，国民经济计划委员会专门委员研究会粮食管理组先后于 1936 年 7 月 25 日、9 月 12 日召开会议，研究制定粮食管理法原则。①1937 年 2 月，《粮食管理法原则草案》公布。②

《粮食管理法》是南京国民政府制定的第一部对粮食进行系统管理的行政法规，但其过于简单，仅有 200 字左右，即使作为粮食管理大纲仍嫌简单。这一情况反映了国民政府对粮食管理略有头绪而尚未能窥其门径，也未能意识到粮食问题的复杂性。对于"近代之一新事业"③，作为执政未久的国民政府来说，并未做好充分应对"新事业"挑战的准备。战前粮食管理法规及经验的极大缺失，也为战时粮食管理挖了一个巨大的深坑，而填平这个深坑却花费了国民政府极大的精力。

面对 20 世纪 30 年代中国农村经济状况残破、农业资金面临极大困难的局面，加上"赣鄂则'匪患'连绵，陕甘则赤地千里。沟壑展转，惨不忍言。以此抗日，则实力不济。以此'剿匪'，则滋蔓难图"④，一些对此深有体认的学者、官员提出"救济农村""复兴农村"的口号。1933 年 4 月 11 日，在行政院第 96 次会议上，汪精卫提议组织委员会，以救济农村，筹议救济办法，会议决议由内政、实业两部会同行政院秘书处、政务处组设新的机构，主要从事农业金融、农业技术、粮食调剂、水利建设等工作。在第 97 次会议上，新设机构拟定名为农村复兴委员会。⑤ 14 日，以上各部、处审查组织救济农村委员会办法，之后经过多次商讨，28 日正式成立，新设组织

---

① 《国民经济计划会粮食管理组开会，推员起草粮食管理法原则，由各委研究粮食统制问题》，《中央日报》1936 年 7 月 26 日第 4 版；《国民经济计划会讨论粮食管理法原则，经逐条修正通过》，《中央日报》1936 年 9 月 13 日第 3 版。
② 中央国民经济计划委员会粮食管理组：《粮食管理法原则（草案）》，《国民经济建设》第 2 卷第 2 期，1937 年 2 月 15 日，第 3—4 页。
③ 《粮食管理政策草案全文》，《银行周报》第 17 卷第 25 期，1933 年 7 月 4 日，第 25 页。
④ 《汪院长邀请各委员来京开会电》，《农村复兴委员会会报》第 1 号，1933 年 6 月，第 3 页。
⑤ 《本会设立之经过》，《农村复兴委员会会报》第 1 号，1933 年 6 月，第 1—2 页。

定名为农村复兴委员会。根据农复会章程，"行政院正副院长，暨有关系之各部部长，（内政，财政，实业，交通，铁道）为当然委员，院长兼任委员长"，各领域专家学者亦复不少，阵容堪称豪华，一时无两。农复会分为农村、金融、农业、技术、粮食、调剂、水利七组，并设立若干专门委员会。之后，各省亦相继成立分会。①

农复会成立时，时人对之寄望颇高，谓其"集国内各方专门人材，与全国经济力量，从事农村复兴之研究与实行，成效当必有可观者"②。然而，农复会下属各机构的业务"一为调查与研究，以其结果或建议于行政院，或备行政院之查考咨询，或刊布以供众览"，"二为联络与促进，即调查全国各公私机关之工作，为之联络，并设法予以促进及鼓励"③，农复会渐成为行政院的咨询机构，这确乎应验了时人的一种担忧："历来政府为国家要政，亦曾屡次召集会议以讨论，设立机关以执行矣。观其会议之纪录，非不完善也。观其机关之房屋，非不堂皇也。而会议之效果乃仅存于记录，机关之设施亦仅在于房屋，实际上固无若何成绩可言。是以会议迭开，机关林立，而国政之停顿与废弛也如故。"④ 因此，在农复会1936年被裁撤时，有人刊文开篇即感叹："善乎！行政院之裁撤农村复兴委员会也。"⑤ 农复会裁撤后，建立全国性的农贷机构以统筹、调剂农村金融成为必然，这为后来成立农本局提供了经验。

如果说安徽省政府设立粮食管理机构是为了增加本省财政收入，

---

① 《农村复兴委员会组设经过记事》，《农业周报》第2卷第18期，"农村复兴专号"上，1933年5月1日，专18—专19页；《鲁省府组织复兴农村委员会》，《安徽民政公报》第29期，1933年10月20日，第13页；《农村复兴委员会河北省分会成立》，《天津棉鉴》第4卷第1—6期合刊，1934年12月1日，第466—467页；旭光：《农村复兴委员会之组织与工作》，《力行》第2卷第6—7期合刊，1933年7月1日，第191—197页。

② 旭光：《农村复兴委员会之组织与工作》，《力行》第2卷第6—7期合刊，1933年7月1日，第191—197页。

③ 《行政院农村复兴委员会廿二年度工作报告》，《农村复兴委员会会报》第2卷第2期，1934年7月26日，第162—165页。

④ 《对农村复兴委员会感言》，《经济旬刊》第1卷第1期，1933年6月1日，第6—7页。

⑤ 王玮：《裁撤农村复兴委员会感言》，《合作月刊》第8卷第1期，1936年1月15日，第4页。

第一章 全国粮管局成立前的管理机构及其政策

那江西省粮食管理机构的设立则完全是出于军事目的。为了"厉行封锁，制'匪'死命"，"顾念赣民久处于水深火热之中"，并解决国民党"剿匪"部队的军粮问题，江西省政府承国民政府军事委员会委员长南昌行营之命，于1933年7月22日设立国民政府军事委员会委员长南昌行营江西粮食管理局，该局直隶于南昌行营，由江西省府委员、经济委员会主任委员萧纯锦任局长。①

该局"纲目分为六项"：封锁、调查、收买、储押、运销、积谷，其中"封锁"位于首位，即为"'剿匪'军事"服务为其第一要务。该局下设办公室及第一、第二两科，办公室掌理文书起草、编审等工作，视察员12人，负责考察相关各县粮食统制、调剂盈虚等；第一科负责粮食调查、统计及督察、奖惩，第二科负责粮食籴粜、屯储、分配、调节、运销。②

表1-1　国民政府军事委员会委员长南昌行营江西粮食管理局薪饷

职别	额数	单计（元）	合计（元）	备注
局长	1			兼职不支薪
副局长	1			兼职不支薪
秘书	1	120	120	
科长	2	120	240	
视察	12	80	960	
办事员	1	80	80	

---

① 《江西粮食管理局成立经过及工作概况》，《经济旬刊》第1卷第12—14期合刊，1933年10月11日，"专载"第1—6页；《赣省实行粮食管理，设江西粮食管理局通盘规划，疏通积滞、保障民食兼筹并顾，将从调查入手并组织运销公司》，《大公报》1933年11月2日第9版。

② 《赣粮食管理局厉行封锁匪区》，《中央日报》1933年9月22日第3版；《江西粮食管理局成立经过及工作概况》，《经济旬刊》第1卷第12—14期合刊，1933年10月11日，"专载"第1—6页；《江西粮食管理局组织规程》，《经济旬刊》第1卷第12—14期合刊，1933年10月11日，"法规"第1—6页。

续表

职别	额数	单计（元）	合计（元）	备注
一等科员	2	100	200	
二等科员	2	80	160	
三等科员	4	50	200	
庶务员	1	50	50	
会计员	1	50	50	
一等书记	1	50	90	
二等书记	1	40		
电务员	1	40	40	
一等录事	3	30	90	
二等录事	4	24	96	
一等传达	1	11	11	
二等传达	2	8.5	17	
一等工役	1	11	11	
二等工役	8	8.5	68	
薪饷			2223	
公费			300	
津贴			200	正副局长各100元
合计			2983	

资料来源：《国民政府军事委员会委员长南昌行营江西粮食管理局薪饷表》，《江西省政府公报》第65期，1933年10月20日，第28—29页。

从表1-1可以看出，作为一省粮食管理机关，江西粮食管理局总计50人，规模并不算小，上至局长、下到工役"五脏俱全"，这也反映出南昌行营对管理江西粮食问题非常重视，其之所以如此重视，只不过妄图通过严格管理赣省尤其是苏区粮食，来达到封锁苏区的目

第一章 全国粮管局成立前的管理机构及其政策

的,进而扑灭中国苏维埃运动。

江西省粮食管理局根据南昌行营制定的《国民政府军事委员会委员长南昌行营江西省粮食统制暂行办法》,先后制定、颁布《江西粮食管理局组织规程》《江西粮食管理局发给粮食运输证规则》,除对该局组织详细规定外,并实行粮食凭证运输办法,管理措施较为严格。① 该局设立后,即派员分区视察,督察各县政府封锁苏区,并在各县收购、抢掠、焚烧米谷,以图断绝中华苏维埃共和国的粮食来源。②

10月20日,蒋介石召集浙、赣、皖、湘、鄂、豫、粤、沪八省市代表及国防设计委员会、四省农民银行代表,在南昌召开粮食管理会议,以讨论粮食救济、流动农村金融、"沟通产销,及恢复各级库储"为名,实际上是进一步加紧封锁苏区经济。③ 在此次粮食会议上,蒋同时指出,粮食问题关系民食国防,应有统筹控制之方,但各省现状却是盈虚难以调剂,价格无法调节,加之近年来"灾象迭见,而洋米倾销……种种矛盾,莫甚于此",更有甚者,"农村破产,国本垂危",而究其原因,系"国家对于粮食行政,向无嵩管机关之所致",因此造成"既缺全盘统计,复鲜调查统计,仅有被动之应付,迄无主动之设施,一任省县各自为政,支离涣

---

① 《国民政府军事委员会南昌行营江西省粮食统制暂行办法》,《江西省政府公报》第65期,1933年10月20日,第15—20页;《江西粮食管理局组织规程》,《经济旬刊》第1卷第12—14期合刊,1933年10月11日,"法规"第6—7页;《江西粮食管理局发给粮食运输证规则》,《经济旬刊》第1卷第12—14期合刊,1933年10月11日,"法规"第7—8页;《南昌行营江西粮食管理局规定各县搬移米谷实施办法》,1933年12月15日呈准备案,《军政旬刊》第7期,1933年12月20日,第1—2页。

② 《赣粮食管理局厉行封锁匪区》,《中央日报》1933年9月22日第3版;《江西粮食管理局成立经过及工作概况》,《经济旬刊》第1卷第12—14期合刊,1933年10月11日,"专载"第1—6页;《不让敌人抢去一粒谷！宁化边区损失许多米谷,战区边区的同志们警觉起来!》,《红色中华》第202期,1934年6月14日第2版。

③ 《全国粮食管理会议,本市米商提出调节民食意见书,市府派吴桓如等出席参加,行政院令积谷防荒》,《沪农》第1卷第5期,1933年11月1日,第27页;《蒋召开粮食管理会,救济谷贱,流通农村金融》,《民报》1933年9月7日第2版;《加紧封锁苏区经济,召集各省粮食会议》,《红色中华》第117期,1933年10月9日第4版;洪瑞坚:《全国粮食运销局之使命》,《是非公论》第28期,1937年1月5日,第3—10页。

散，险象环生"。于是，蒋于11月19日致电全国经济委员会，建议在经委会内设立粮食统制委员会，以从事粮食管理。① 全国经委会同意蒋此项提议，并且在蒋的大力推动下，这一提议很快付诸实施，其中江西省粮食管理局发挥了重要作用。

12月初，江西粮食管理局制定粮食统制计划，拟分三期实施。15日，公布《南昌行营江西粮食管理局规定各县搬移米谷实施办法》；21日，公布《江西粮食管理局仓库保管暂行办法》；29日，公布《江西粮食管理局粮商登记细则》。1934年年初，江西粮食管理局颁布《南昌行营江西粮食管理局屯米永丰接济藤田特别区平粜办法》，② 这一系列粮食管制办法的实行，确实给苏区政权带来了极大威胁。尽管苏区政府采取了诸多积极措施保护粮食，如中央苏区政府工作人员为节省粮食，从1932年3月14日起警卫连士兵每日吃两餐饭，从16日起，其他工作人员也同样吃两顿饭，减少办公经费四分之一，以帮助红军；增加杂粮种植面积；组织秋收队帮助农民割禾。③ 此外，动员人民群众"在敌人后方截获敌人的粮食外"，还进行搬运粮食的战斗动员，甚至连小脚妇女也动员起来，"把所有的粮食搬到指定的中心区，妥当的保存"。但面对1932、1933年苏区因灾荒导致粮食歉收的状况以及强敌环伺、处心积虑发动的第五次"围剿"，苏区损失数量不菲的粮食，如1934年6月初，福建宁化县仓库报告，至14日，全县共损失谷子1700余担，或"被团匪烧去"，或"被匪

---

① 《电全国经济委员会依据粮食会议决议案电请设立粮食统制委员会办理粮食统制及仓库等事项并祈电复》，1933年11月19日，《军政旬刊》第4期，1933年11月20日，第5页；《商讨组织粮食统制会》，《农业周报》第3卷第31期，1934年8月10日，第670页。

② 《江西粮食管理局统制粮食计划》，《中行月刊》第7卷第6期，1933年12月，第109—111页；《江西粮食管理局粮商登记施行细则》，1933年12月29日核准，《军政旬刊》第8期，1933年12月30日，第839—840页；《南昌行营江西粮食管理局屯米永丰接济藤田特别区平粜办法》，1934年1月4日核准，《军政旬刊》第9—10期合刊，1934年1月20日，第93—94页；《江西粮食管理局拟订各县区公正殷实绅商垫款协办平粜接济民食奖励办法》，1934年4月19日核准，《军政旬刊》第19—20期合刊，1934年4月30日，第1321—1322页。

③ 《中央政府工作人员节省粮食帮助红军》，《红色中华》第14期，1932年3月16日第6版；定一：《两个政权—两个收成》，《斗争》第72期，1934年9月23日，第12—20页。

抢去"，中央苏区统辖区域亦大大缩小。①

1934年7月，经过近一年的"围剿"，蒋介石自认为取得了很大的战绩，胜利在握。23日，蒋对江西省一年来的粮食管理作了一个总结，谓已取得相当成绩，可以告一段落。26日，蒋介石训令撤销江西粮食管理局，粮食封锁事务由南昌行营第二厅第五课接办，收购米谷、代办军粮事项责成四省农民银行与江西分行负责办理。② 8月24日，南昌行营颁布《江西省粮食统制办法》，意在从根本上"断绝'匪区'粮食之供给，并平准粮价，调节民食"。该办法共计10章34条，对管理机关、运输、买卖、屯储等均有规定，尤其对于屯储规定甚详。③

江西省粮食管理局可以说是国民政府战前为了军事目的而专门设立的省级粮食管理机构，军事色彩颇为明显，军事活动结束后，粮食管理机构亦相继裁撤。但就全国来说，仍旧缺乏中央政府层面的粮食管理机构，自国民政府建立以来时隐时现的粮食问题仍未解决。

在蒋介石1933年10月召集的八省市粮食会议上，南昌行营对于地方粮食管理曾有决议，在全国经济委员会内设立粮食统制委员会，并请各省市人员参加。南昌会议"在原则上虽有所决定"，但并"未得切实办法"。不过，上海市会议代表拟订的粮食产销运输具体办法呈送蒋介石审阅后，蒋随即责令上海市代表顾馨一着手组织粮食产销

---

① 《搬运粮食的战斗动员》，《红色中华》第202期，1934年6月14日第2版；《不让敌人抢去一粒谷！宁化边区损失许多米谷，战区边区的同志们警觉起来!》，《红色中华》第202期，1934年6月14日第2版；《万泰的小脚妇女也动员起来了》，《红色中华》第202期，1934年6月14日第2版。据统计，1932—1934年中央苏区平均收成只有常年六成，如兴国县1932年为五成，1933年为六成五，1934年为七成，平均为六成一；博生县1932年为五成，1933年为六成五，1934年为七成，平均为六成；最高的为新泉县，三年均为七成六。参见定一《两个政权—两个收成》，《斗争》第72期，1934年9月23日，第12—20页。

② 《一年来之江西粮食管理》，《中央周报》第321期，1934年7月30日，第8—9页；《训令江西粮食管理局，令为该局亟应裁撤仰予七月三十一日办理结束具报》，《军政旬刊》第28—29期合刊，1934年7月31日，第26—27页；《训令江西省政府，令为江西粮食管理局现已定期结束仰转饬所属知照》，《军政旬刊》第28—29期合刊，1934年7月31日，第28页。

③ 《江西省粮食统制办法》，1933年8月24日南昌行营颁发，《陕西省地方政务研究会月刊》第1卷第8期，1934年11月，第119—128页。

机关。① 各省原有粮食机关，仍旧办理，如未设置粮食管理机构的，"应有相当组织"，"总以有完全负责，管理粮食事项之机关为主"②。

12月初，为了"继续南昌会议未竟之功"③，上海市豆米行业同业公会主席顾馨一，上海市政府代表吴恒如、周鸣冈依据南昌行营粮食会议旨意，呈文国民政府军事委员会委员长蒋介石，申请筹组粮食运销机关。6日，浙江省政府、浙江全省商业联合会、上海豆米业公会、上海市政府、上海杂粮公会、江苏全省商业联合会、江西省政府及湖北、安徽、河北、湖南的代表26人，在上海南市萃秀堂召开了中国粮食运销局筹备会，"对于筹组粮食运销机关，及认股事宜，互相交换意见"④。7日，仍在萃秀堂召开正式会议，通过了该局的章程草案，组织设立筹备处，推定顾馨一为主任，并开始办公。根据《粮食运销局暂行组织章程》，运销局系"财政部承行政院之命设置，"办理全国粮食运销事宜，其下设购销科，职掌粮食采购与销售、粮价平准与调节、粮食买卖委托、粮食抵押借款及买卖粮食款项的审核；仓储科掌理仓库建筑、粮食屯储之监核与消防、寄存粮食之保管、管理仓库员工、仓储粮食之核算、地方仓储之考核；运输科掌管粮食运输之管理与调度、联络与接洽、技术与设备、费用核算及检查监督；调查科负责统计粮食产销数量、调查粮食市场情况、调查国内粮食供需状况、审核国外进口粮食、研究粮食运销、审核粮食质量及管理粮商。⑤ 中国粮食运销局"以救济农村，调节粮价，便利运销为宗旨"，主要从事"设置

---

① 《粮食运销局在沪成立之经过，八省市粮食会议详记》，《益世报》（天津）1933年12月10日第4版。

② 《训令六十一县县政府：奉省政府转行粮食会议关于组织粮食统制机关各案决议纪录一案仰即遵照切实办理仓储具报由》，《安徽民政公报》第32期，1934年1月20日，第89—94页。

③ 洪瑞坚：《全国粮食运销局之使命》，《是非公论》第28期，1937年1月5日，第3—10页。

④ 《顾馨一等呈报组织中国粮食运销局成立经过之原呈》，《军政旬刊》第8期，1933年12月30日，第862—863页。

⑤ 《粮食运销局暂行组织章程》，1934年11月8日，《财政日刊》第2028号，1934年12月13日，第1—4页；《粮食运销局暂行组织章程》，1934年12月8日公布，《安徽民政公报》第32期，1934年1月20日，第160—162页。

堆栈，运销粮食"业务。21日，蒋介石就此事作了回复，肯定了粮食运销机关的必要性。① 上海市市长吴铁城对成立粮食运销机关极表欢迎，称其"实为本市荣幸之事"②。著名政治学者钱端升对设立粮食运销机构亦颇为期望，称"这是仁政，我们深盼能早日见诸事实"③。1934年1月9日，行政院第142次会议上，与会人员咸认为设立粮食运销局"事关救济农村，调节粮价，洵属当务之急，且案经南昌行营核准备案"，决议筹备粮食运销局，先由各商筹股，由财政部主办，并召集实业、内政、交通、铁道各部及农村复兴委员会商讨计划。④

在筹集商股时，"各省财政均感支绌"，即使蒋介石令湘、鄂、苏、浙、皖、冀、粤各省府"迅予筹垫"⑤，但仍"筹款困难"，截至5月初，距上海筹备处成立已达半年有余，而仅有赣、鄂、皖、沪等省市筹得35万元，与商款目标100万元相去甚远，"以致粮食运销局成爲（为）无形停顿状态"，"殊觉遗憾"⑥。顾馨一遂于5月间赴赣请示蒋，蒋决定改为官办，"纯粹由政府经营"，资本则扩增为400万元，其中100万元为建筑仓库之用，其余300万元为购粮资本。同时扩大组织，在各地遍设粮食运销局分处，并交由财政部负责全部业务。⑦ 7月，身兼农复会专门委员

---

① 《筹组中国粮食运销局案》，《军政旬刊》第8期，1933年12月30日，第861—870页；《粮食运销局筹备处开始办公》，《夜报》1933年12月8日第1版。
② 《粮食运销局在沪成立之经过，八省市粮食会议详记》，《大公报》（天津）1933年12月10日第4版。
③ 钱端升：《救灾与粮食运销局》，《益世报》（天津）1934年8月30日第1版。
④ 《财政部请实业部派员会商设立粮食运销局案》（1934年10月—1937年5月），实业部档案，档案号：四二二（2）—1744，第4页；《筹组粮食运销局案》，1934年1月9日行政院第142次会议，《农村复兴委员会会报》第8期，1934年11月26日，第4—5页。
⑤ 《粮食运销局商股，蒋令各省筹缴》，《上海商报》1934年2月24日第1版；《粮食运销局股东会议延期》，《时报号外》1934年1月14日第1版。
⑥ 《八省粮食运销局股款不足成立难，所收款项不及原定半数》，《益世报》（天津）1934年3月13日第4版；《八省市粮食运销局改归官办》，《中央银行月报》第3卷第6期，1934年6月，第1339页。
⑦ 《八省市粮食运销局改归官办》，《中央银行月报》第3卷第6期，1934年6月，第1339页；《八省粮食运销局全部业务决归官办》，《合作月刊》第6卷第6期，1934年6月15日，第21页；《八省粮食运销局全部业务决归官办，中央认拨百万作为资本，各省所缴商股概行退还》，《新闻报》1934年5月21日第11版。

的顾馨一呈文农复会委员长汪精卫,建议设立粮食运销局,"以维民食,而调剂米价",并附呈《粮食运销局营业计划大纲草案》。17日,行政院第169次会议讨论此一提案,决议交由内政、财政、实业三部及农复会审查。审查结束后,21日复提交行政院会议,行政院会议决定"由政府设立粮食运销局,由财政部主办,并召集实业,内政,交通,铁道各部暨农村复兴委员会会商计划"①。也就是说,试图组织商办运销局的设想未能达成后,在政府支持下,运销局开始转向官办。

  财政部部长孔祥熙对于运销局非常重视,加之浙江、江苏、上海等地旱灾严重,察哈尔、绥远水灾亦重,粮食调剂任务紧急,密派人员分赴产米各地切实调查产量、价格,并先行委托中央银行办理购买、存储事宜。财政部"对于内部组织,即开始筹划",商请上海银行界与粮食业负责人从中协助。② 根据财政部规划,该局除设立一名局长"掌理一切局务"外,还另设专门委员会,研究米粮运销问题;设立参议会,由财政部、内政部、实业部、交通部、铁道部及全国经济委员会、农村复兴委员会等派员参加。③ 然而,在财政部筹办期间,虽然社会各界、新闻媒介一再追踪、催促,但进度仍亦较慢,甚至在9月有传闻该局"将缓办"或撤销。④ 9月18日,蒋介石致电汪精卫,谓本年大旱为灾,"各地正苦谷贵伤民",请其尽快成立粮食运销局,以调节盈亏

---

  ① 《财政部请实业部派员会商设立粮食运销局案》(1934年10月—1937年5月),实业部档案,档案号:四二二(2)—1744,第4页;《设立粮食运销局案》,《农村复兴委员会会报》第2卷第3期,1934年8月26日,第325—329页。

  ② 《财政部请实业部派员会商设立粮食运销局案》(1934年10月—1937年5月),实业部档案,档案号:四二二(2)—1744,第12页;《粮食运销局改由财部主办》,《经济旬刊》第3卷第10期,1934年10月5日,第8—9页;《粮食运销局,孔在沪积极筹设》,《中央日报》1934年8月3日第3版。

  ③ 《财政部正积极筹设粮食运销局,沪设总局,各地设分局,内部人选现尚未定夺》,《上海商报》1934年11月30日第3版;《组织中国粮食运销局,八省粮食会议之决议》,《银行周报》第17卷第48期,1933年12月12日,第1—5页。

  ④ 《粮食运销局将缓办》,《中行月刊》第11卷第3期,1935年9月,第120页;洪瑞坚:《全国粮食运销局之使命》,《是非公论》第28期,1937年1月5日,第3—10页。

第一章　全国粮管局成立前的管理机构及其政策

而维民食。① 之后，行政院以粮食问题重要，且丰歉不一、盈虚调剂事所必需，遂责令财政部重新筹办。财政部旋即承行政院命令，成立粮食运销局，派委员分赴各产粮地区调查产量、价格，并委托中央银行办理存储事宜。同时召集会议拟具《粮食运销局暂行组织章程草案》。② 10月24日，财政部会同实业、内政、交通、铁道各部及农复会召开筹备会，会议则由孔祥熙主持，并函请中央银行派员参加，讨论筹备事宜，决定粮食运销局仍设于上海，不日将成立。③ 11月24日，财政部将《粮食运销局暂行组织章程草案》提交行政院，行政院第187次会议通过该章程。④ 12月8日，财政部公布了在上海筹备处所订章程基础上修改而成的《粮食运销局暂行组织章程》。

根据《粮食运销局暂行组织章程》，粮食运销局设局长一人，综理局务，设置购销、仓储、运输、调查四科，各科科长各一人掌理各科事务，秘书一至二人负责文书、出纳、会计、庶务及一切不属于其他各科的事项。购销科：粮食采购及销售、粮食价格之平准及调节、买卖粮食之委托、粮食抵押借款、买卖粮食款项之审核；仓储科：仓库之建筑及其工程设计、屯储粮食之监核及消防、粮食寄存、代藏及堆押品之保管、仓库员之监督与管理、仓储粮食之核算、地方仓储事务之考核；运输科：粮食运输之管理及调度、粮食运输之联络及接洽、粮食运输之技术及设备、运输费用之核算，粮食运输之检查与监

---

① 《代电行政院电请转饬财政部克速成立粮食运销局以维民食》，1934年9月18日，《军政旬刊》第35期，1934年9月30日，第39页。
② 《行政院呈报设立粮食运销局办理经过情形，并抄呈粮食运销局暂行组织章程》，1934年12月15日，朱汇森主编《粮政史料》（第一册），台北："国史馆" 1988年版，第59页；《财政部请实业部派员会商设立粮食运销局案》（1934年10月—1937年5月），实业部档案，档案号：四二二（2）—1744，第14页。
③ 《财政部请实业部派员会商设立粮食运销局案》（1934年10月—1937年5月），实业部档案，档案号：四二二（2）—1744，第13—14页；《粮食运销局明日开筹备会》，《民报》1934年7月23日第2版；《粮食运销局将在上海设立》，《中央日报》1934年7月28日第2版。
④ 《行政院呈报设立粮食运销局办理经过情形，并抄呈粮食运销局暂行组织章程》，1934年12月15日，朱汇森主编《粮政史料》（第一册），第59页；《财政部请实业部派员会商设立粮食运销局案》（1934年10月—1937年5月），实业部档案，档案号：四二二（2）—1744，第14页。

督；调查科：粮食产销数量之统计、粮食市场商情之调查、国内粮食供需状况之调查、国外粮食进口之审核、粮食运输之研究、粮食质量之审核、经营粮食行商之征信及登记事项。① 行政院对于运销局局长人选格外慎重，几经考虑，迟至1936年12月始由财政部派郑宝照担任，汤国桢为副局长。②

1934年4月，国民党中央执行委员会政治会议委员刘峙、朱家骅、陈立夫、周启刚在会上提出议案《拟统制全国粮食办法纲要，以促农村复兴而资安内攘外案》。在提案中，四人对"民食之如何均足，粮食之经济压迫如何减除，粮食之价格如何调和，粮食之生产额如何充裕，粮食之品质如何改进……诸大端"均有所涉及，并提出欲解决以上问题，"均非有全国通筹中枢，协谋整个支配措施细大不捐泛应由当之宏猷巨规不为功"，意在主张设立全国性粮食统制机关——全国粮食统制委员会，并草拟《统制全国粮食办法纲要》，对全国粮食统制委员会的组织、任务、系统等提出了详细规划。该纲要先后提交全国经济委员会、孔祥熙等进行审查。经委会认为，粮食生产、分配、消费等毫无疑问应由国家统制，统制粮食亦为必要之举，但"平时似可从缓"，且其所订办法应加以补充。经委会审查意见认为，首先办理调查统计工作，对粮食生产、分配、消费等实行统制。同时成立粮食统制设计委员会，隶属行政院，专门管理粮食统制事务。受此提案影响，8月，经委会有实行粮食统制之计划。③ 然而，粮食统制仍停留在纸面。12月下

---

① 《财政部请实业部派员会商设立粮食运销局案》（1934年10月—1937年5月），实业部档案，档案号：四二二（2）—1744，第16—21页；《粮食运销局暂行组织章程》，1934年12月8日财政部公布，《法令周刊》第243期，1935年2月27日，第17—18页；黄霖生：《抗战三年之粮食行政》，《东方杂志》第37卷第14期，1940年7月15日，第6页。

② 《财政部请实业部派员会商设立粮食运销局案》（1934年10月—1937年5月），实业部档案，档案号：四二二（2）—1744，第40页。

③ 《行政院与实业部关于实行全国粮食统制的往来函》，1934年4月14日—12月26日，中国第二历史档案馆编《中华民国史档案资料汇编》第5辑第1编"财政经济"（八），第849—859页；《全国经济委员会实行粮食统制》，《外部周刊》第24期，1934年8月27日，第11—12页。

旬，实业部等再次讨论该提案，并致函行政院秘书处，认为可以先筹设粮食设计委员会，由设计委员会负责筹议。因此，这一提案遂成具文。

1935年3月，财政部又以"经济人才尚未集中"为由，"暂不开办"粮食运销局，并委托中央银行筹备。中央银行接手筹备事宜后，推进亦较缓慢。9月，又有传言缓办，而另订办法。但所谓"办法"仍杳无音信。①

11月，国民党五全大会决议设立中央国民经济计划委员会，开展国民经济建设运动。国民经济会下设国际贸易国营组、金融统制组、粮食管理组、土地组等19组，委员达322人，委员兼专员71人，专员173人，共计566人，其中粮食管理组14人。② 从1936年6月下旬至11月中旬，国民经济计划会专门委员会粮食管理组先后召开多次会议，决议中央及地方粮食管理机关组织原则，起草粮食管理法原则，研究粮食统制问题、粮食运销管理及统制办法、粮食消费管理及统制办法等事项。③ 不过，全国粮食管理机构仍未设立，直到农本局成立，粮食管理才渐有眉目。

第二节　战时农本局的兼管

一　设立之初的粮食业务

为更好实现农业金融界的分工合作计划，特别是农村金融的调

---

① 《粮食运销局暂行组织章程》，《财政公报》第82期，1935年1月1日，第5—8页；《粮食运销局暂不开办之原由，经济人才尚未集中，委托中央银行筹备》，《民报》1935年3月11日第1版；《粮食运销局决定缓办，正在磋商另订办法》，《时报》1935年9月4日第2版。
② 《中央国民经济计划委员会》，《国民经济建设》第1卷第1期，1936年9月15日，"国民经济建设运动消息"第1—3页。
③ 《国民经济计委会粮食组首次会》，《新闻报》1936年6月25日第8版；《中央国民经济会专委粮食管理组昨开二次研究会》，《民报》1936年7月26日第3版；《国民经济计划会专委会粮食管理组开会，通过粮食储备办法纲要》，《中央日报》1936年10月14日第4版；《中央国民经济会粮食管理组开会》，《时报》1936年11月12日第3版。

剂，时任实业部部长吴鼎昌提出联合国内各银行共同设立农本局的想法，1936年4月13日，吴召集上海金融界人士，在上海银行俱乐部邀请银行界领袖谈话，提出农本局办法大纲，①"宣示创设农本局，以为救济农村金融"②。

6月16日，行政院会议通过《农本局组织规程》，25日国民政府公布，实业部遂派政务次长刘维炽、常务次长周诒春、总务司长严慎予、农业司长徐廷瑚、合作司长章元善为筹备委员，于7月1日组织筹备处。③ 在全国银行界的赞助下，农本局仿照美国联邦农业金融局的组织而成立，正式成立时间为1936年9月15日，④ 其宗旨为"调整农业产品，流通农业资金，藉谋全国农村之发达"⑤。"其组织体制，亦'不是纯粹的公家企业机关，或私人企业机关，系作为一种公私合作之组合'"，即为"政府监督下官民合组的农村救济事业机

---

① 郑林庄：《论农本局》，朱汇森主编《粮政史料》（第一册），第117页。
② 《农本局组织规程》，《国闻周报》第13卷第25期，1936年6月29日，第1—2页；漆琪生：《由农本局之创立论我国农村金融问题》，《文化建设》第2卷第10期，1936年7月10日，第11—22页。
③ 《农本局筹备处成立，实部派刘维炽等为筹备委员，银行公会转函参加银行查照》，《金融周报》第2卷第2期，1936年7月8日，第26页。
④ 周焕：《论农本局的工作》，《政问周刊》第36号，1936年9月2日，第11—13页；许宗仁主编：《中国近代粮食经济史》，中国商业出版社1996年版，第203页。关于农本局成立，有的学者认为是1936年春。参见颜解放、陆思慈《在农本局总经理任内》，载唐国良主编《穆藕初：中国现代企业管理的先驱》，上海社会科学院出版社2006年版，第151页；农本局原计划7月1日成立，但时间太过匆忙，遂推后至7月10日，但仍未成立。参见余醒民《农本局能胜任救济农村之责乎？》，《经济评论》第3卷第6期，1936年6月30日，第1—8页。另有9月17日的说法。兹根据多项档案记载，应为9月15日。参见《农本局及所属农业调整处、福生庄决算报告》（1937年10月—1939年12月），经济部档案，档案号：四—19058，第3页；《农本局一九三七至一九三九年度决算报告书》，经济部档案，档案号：四—15909，第28页。
⑤ 《农本局组织规程》，《中央周报》第427期，1936年8月10日，第4—5页；根据时人的不同观点，农本局之设立，主要是为银行另谋出路，"最近银行方面因为货币政策改变，外汇转稳；又因统一公债的发行，公债市场发生变动，资本的活动范围大为缩小，于是就不得不要求'转向'另寻出路。农本局的设立，就是吴鼎昌先生做了实业部长后，所想出来的一条投资的出路！"参见西《实业部筹设农本局》，《申报每周增刊》第1卷第17期，1936年5月3日，第396页。

关","农本局之盈亏，由政府负之"①。

根据其组织规程，农本局主要业务有两大类，一为农产，一为农资。前者包括农产品仓储，代政府买卖农产品，农产品运销，抵押农产品的处置，农产品改进及调整事务。也就是"积极的使固定之农产货物与农民资产，活动而容易资金化，藉以救济我国农村金融，畅销农产，拯救农民，并改善从来农村金融的机构"②。农本局成立后，任命何廉为总经理，并设立理事长一人。③ 时人指出，"农本局之制度，在我国为首创，或目为政府行政机构之一部，或视若公私合营之企业"，其组织"既较过去各种农村金融机关为完整，而其活动亦较一般农村金融机关，更为有力"，"可算是一个加强力量，扩充范围的积极实施"④。

---

① 漆琪生：《由农本局之创立论我国农村金融问题》，《文化建设》第 2 卷第 10 期，1936 年 7 月 10 日，第 11—22 页；肇民：《实业部筹设农本局》，《汉口商业月刊》新第 1 卷第 2 期，1936 年 7 月 10 日，第 1—3 页。

② 漆琪生：《由农本局之创立论我国农村金融问题》，《文化建设》第 2 卷第 10 期，1936 年 7 月 10 日，第 11—22 页。

③ 根据相关记载，由政府派 11 人，公私银行推举 10 人，共 21 人组织理事会，负责局务全责。并由政府就理事中简派总经理一人，协理二人，承实业部之命，综理局务，各省重要地方则设分局，县设专员，办理地方农村金融事务。参见漆琪生《由农本局之创立论我国农村金融问题》，《文化建设》第 2 卷第 10 期，1936 年 7 月 10 日，第 11—22 页。农本局最初简派陈振先为总经理，钱新之、邹秉文为协理。参见周焕《论农本局的工作》，《政问周刊》第 36 号，1936 年 9 月 2 日，第 11—13 页；《农本局理事等人选国府发表》，《山东合作事业指导月刊》1936 年 8 月号，出版时间不详，第 25 页。1936 年 8 月 11 日，行政院第 274 次会议决议简派孔祥熙、蒋作宾、吴鼎昌、张嘉璈、俞飞鹏、秦汾、徐廷瑚、钱天鹤、蔡无忌为农本局当然理事，陈振先、徐恩曾、徐新六、胡筠、叶琢堂、周作民、钱永铭、赵棣华、王志莘、吴希之、邹秉文、吴震修、张佩绅、王绍贤为理事。参见《行政院会议派定农本局理事，陈振先为该局总经理，钱永铭、邹秉文为协理》，《金融周报》第 2 卷第 8 期，1936 年 8 月 19 日，第 23 页。根据《农本局理事会章程》，农本局设立理事长，9 月 15 日第一次理事会上，推举孔祥熙为理事长。参见《农本局理事会章程》，1936 年 10 月 1 日部令公布，《实业公报》第 300 期，1936 年 10 月 10 日，第 32 页；《农本局理事会章程》，1936 年 10 月 1 日实业部公布，《法令周刊》第 329 期，1936 年 10 月 21 日，第 4 页；《农本局理事会，九月十五日开首次会，推孔祥熙任理事长》，《山东合作事业指导月刊》1936 年 9—10 月号合刊，出版时间不详，第 32 页。

④ 英：《农本局之前途成败论》，《农业周报》第 5 卷第 18 期，1936 年 5 月 15 日，第 381—382 页；漆琪生：《由农本局之创立论我国农村金融问题》，《文化建设》第 2 卷第 10 期，1936 年 7 月 10 日，第 11—22 页；沈松林：《中央设立农本局之检讨》，《晨光周刊》第 5 卷第 21 期，1936 年 6 月 7 日，第 2—5 页。

农本局资金主要分为固定资金、合放资金与流动资金三种，固定资金3000万元，由国民政府每年拨给600万元，自1936年起分五年拨足，每年决算时如有亏损，则予以补足；合放资金由各参加银行自1936年起，年缴600万元，即3000万元由参加银行共同分担，周息8厘，由农本局保本保息。流动资金无定额，由银行选举的理事随时审定。① 另外，农本局如认为有必要时，可发行农业新债，由国民政府提供担保。②

农本局成立后，积极办理合作金库、筹设全国农仓系统、开展农业生产贷款，但在全面抗战爆发以前，农本局的各项事务还是处于准备阶段，实施的范围和力度还存在局限。正如时人对其提出的不同意见，如农本局地位问题、资金来源问题、农本局的盈亏却由政府负责，或者反对农本局"自身经营农产品的买卖，和扶植农产品的买卖者"，或对银行界在农本局中的地位予以质疑，认为"银行界在整个组织中只处于为客的地位，只是一个通融资金的户头"③，等等。随着战局变化，国民政府对形势的认识逐渐深化，相应理念、政策、机构多有变化与调整，农本局亦渐成为"用业务方法来施行政府统制工作之机关"④。

农本局成立之初，拟定的工作计划纲要包括四个方面，一是改良农业生产品；二是提倡农业合作金融机关，建设各省专营合作银行；三是建立全国农业仓库网；四是促进农产运销、调剂农村与都市间的资金流通，训练农村服务人员。⑤ 可见，农产、农资为农本局两大业

---

① 《农本局组织规程》，《国闻周报》第13卷第25期，1936年6月29日，第1—2页；《实业部筹设农本局》，《实业部月刊》第1卷第2期，1936年5月31日，第216页；《农本局办法大纲》，《中行月刊》第12卷第6期，1936年6月，第176—177页；程元斟：《农本局计划与其效果之预测》，《明日之中国》第1卷第3期，1936年6月16日，第150—154页。

② 《农本局办法大纲》，《中行月刊》第12卷第6期，1936年6月，第176—177页。

③ 朱通九：《评计划设立中之农本局》，《政问周刊》第25号，1936年6月17日，第5—9页；程元斟：《农本局计划与其效果之预测》，《明日之中国》第1卷第3期，1936年6月16日，第150—154页；郑林庄：《论农本局》，《独立评论》第206期，1936年6月21日，第14—20页。

④ 翁文灏：《在本局总理纪念周训话》，《农本月刊》第56期，1942年1月，第3页。

⑤ 《农本局拟定推进工作计划纲要》，《社会经济月报》第3卷第12期，1936年12月，第69页。

务。农本局成立后未久，恰遇全国农产收获总量"远过上年"，除个别杂粮略有不足之外，"稻米较去岁约增收百分之四，小麦百分之八，棉花百分之四十七，大麦百分之三"，可以说是丰年。但四川等有些地方仍出现缺米情况。实业部认为，川省之所以缺粮，此系调节不当、分配不均，致使各地粮价有上涨之势，必须发挥农本局作用，制定粮食调节方案，以资调节。① 卢作孚、刘航琛于10月间筹款100万元，向农本局接洽在芜湖一带购囤食米，以备四川米荒。实业部随后亦于12月16日令农本局迅派专员分赴豫、陕、川一带调查缺粮实况及各地丰收储粮数量，以作调剂之用。② 同时，农本局与全国稻麦改进所合作，由该所借款收购改良稻麦种子予以推广，又与徐州麦作试验场合作，设立麦种繁殖场2处，并与江南铁路农场合作，在安徽宣城设立改良稻种推广区，辅助农民办理改良稻米生产及加工运销业务。③

1936年10月，社会各界对于其有无成立的必要性，又有讨论。与此同时，国人对粮食问题的关注度亦持续上升，很多学者从多个角度论述粮食管理的重要性。许璇在《粮食问题》一书中，从世界各国人口问题出发，论述了粮食的生产、自给及统制问题，并对美国、意大利、英国、日本等国家的粮食统制政策与措施有所介绍。④ 根据《国民经济建设》杂志的统计，1936年全国刊发出版的讨论粮食问题的论著达150种，除去14篇讨论德国、苏联、日本的论文，讨论中国粮食问题的论著达136种，可以说"甚为热烈"⑤。社会各界对粮

---

① 《政院后日开会商粮食问题，实部昨令农本局迅拟方案并调查》，《民报》1936年11月17日第3版；《实业部令农本局调节粮食》，《社会经济月报》第3卷第12期，1936年12月，第68页；《实部令农本局拟具调节粮食方案》，《行政研究》第1卷第3期，1936年12月5日，第593页。

② 《防止川省米荒，农本局以款百万在芜湖一带囤米》，《阳春小报》1936年10月27日第2版；《实业部令农本局调节粮食》，《社会经济月报》第3卷第12期，1936年12月，第68页。

③ 农本局研究室编印：《经济部农本局概况》，1942年12月，第5页。

④ 许璇：《粮食问题》，商务印书馆1935年版。

⑤ 《民国二十五年份粮食论文索引》，《国民经济建设》第2卷第2期，1937年2月15日，"索引"第1—6页。

食问题的热切关注，也逐渐对国民政府当局设立粮食管理机构、制定明晰的政策产生了些许推动作用。

12月，国民政府行政院认为运销局"设置殊有必要"，确定任命郑宝照为局长，汤国桢为副局长。① 12月25日，全国粮食运销局正式成立，并开始办公，地址位于上海公共租界小沙渡路534号。② 运销局总局设于上海，各重要城市设立分局，初定资本为200万元，其中国民政府拨借款项100万元，其余100万元分为1万股，每股100元，"以招募粮食产销各地之商股为原则"③，该局设有股东会，依《公司法》召开股东会议。后经费增至400万元，其中100万元为运销资本，300万元用于建筑各地仓库，以江西九江为大米产销重要码头，斥资40万元建设仓库。④ 从性质来看，中国粮食运销局性质为亦官亦商。

运销局成立后亦想有所作为，曾与农本局合作，购米运川，以救济川省灾民。⑤ 1937年3月20日，粮食运销局邀请福隆、泉丰裕、震源溪等6家米行谈话，了解上海市粮食情形。⑥ 3月下旬，中国粮

---

① 《财政部粮食运销局已在本市成立》，《大公报》（上海）1936年12月29日第7版；侯坤宏：《抗日战争时期粮食供求问题研究》，团结出版社2015年版，第162页。郑曾任南京上海银行经理，广九、京沪、沪杭甬、平汉、北宁等铁路局副局长、车务处处长等职。参见《财政部粮食运销局已在本市成立》，《大公报》（上海）1936年12月29日第7版。

② 《全国粮食管理局有无成立必要正会商中》，《时报》1936年10月29日第8版；《财部昨邀请关系各部开会，讨论应付粮食问题，均感有成立全国粮食运销局必要，禁粮出口将由财政部关署审核办理》，《时报》1936年11月1日第6版；《财政部粮食运销局公告第一号》，《新闻报》1936年12月29日第5版；《粮食运销局在沪开始办公》，《中央日报》1936年12月29日第3版；《财政部粮食运销局，业已成立，局址在本市小沙渡路五三四号》，《立报》1936年12月29日第5版。

③ 《筹组中国粮食运销局案》，《军政旬刊》第8期，1933年12月30日，第21—30页。

④ 《筹组中国粮食运销局案》，《军政旬刊》第8期，1933年12月30日，第21—30页；《财政部筹设全国食粮运销局》，《田家半月报》第2卷24期，1935年12月15日，第3页。

⑤ 《实业部农本局与财政部粮食运销局奉命采购白糙米粮，运重庆救济平粜川省灾民》，《上海报》1937年3月23日第6版。

⑥ 《财政部粮食运销局宋科长订期邀集各米商谈话由》，《福建省闽侯县商务月刊》第3卷第3期，1937年4月，第72页。

第一章 全国粮管局成立前的管理机构及其政策

食运销局与农本局曾沿江而上,共同采购100万担食米,救济川省灾民。①

1937年年初,财政部采纳经济专家意见,拟采用官商合办形式,设立全国粮食管理局,管理局拟将局址设于上海,各产米区遍设分局。孔祥熙对此"颇表赞同",并拟定三项办法,一是官商合股组织,资本数目另定;二是由政府监督设立,主事人员由政府委派;三是运销事宜由参加的行商负责。财政部复与实业部会商,吴鼎昌亦到沪邀约上海米业负责人顾馨一、陈子彝等商谈,多数米商亦极表赞成,但亦有不同声音,或者主张将总局设于全国中心地点而非仅为消费市场之上海。②但可惜的是,设立全国粮食管理局的构想并未成为现实。

对于财政部、实业部设立粮食管理机构的新想法,一些专家亦建言献策。1937年1月初,农业经济专家林熙春③接连在《中央日报》发表三篇文章,系统论述了粮食管理的设想。首先,对于机构之设立,林氏针对目前粮食管理中存在的问题,列举了煌煌12项理由,一是粮食市场组织不健全,二是交易太过分散,三是粮商垄断操纵,

---

① 《实业部农本局与财政部粮食运销局,奉命采购白糖米粮,运重庆救济平籴川省灾民》,《上海报》1937年3月23日第6版。

② 虎头:《官商合办粮食管理局,米商因利害关系分成两派》,《上海报》1937年1月19日第3版;《财部主办粮食管理局》,《合作月刊》第7卷第12期,1935年12月15日,第61页;《财政部拟在沪设立粮食管理局》,《益世报》(天津)1936年1月19日第2版;衡夫:《粮食商人对粮食管理局之意见》,《福尔摩斯》1937年2月7日第2版。

③ 林熙春,农业经济专家,曾发表多篇关于农业、粮食方面的论著,尤对首都南京的粮食问题及农本局农业仓库问题比较关注,论述较多,如《南京粮食调查》(《粮食调查丛刊》第2期,1935年2月15日,与孙晓村、廖逢秦合著)、《芜湖米市调查》(《粮食调查丛刊》第2期,1935年2月15日,与孙晓村合著)、《农本局农业仓库网之机构及其实施(一—六)》[《大公报》(上海)1935年12月17—22日连载]、《以合作为中心之农业仓库网》(《合作事业》第2卷第1—2期合刊,1940年2月1日)。另有其他文章《长江下游五大米市米谷供需之研究》(《中山文化教育馆季刊》第2卷第2期,1935年4月,与孙晓村合著)、《粮食问题严重化中米粮成本加重过程之研究(附表格)》(《中山文化教育馆季刊》第2卷第4期,1935年12月)、《我国米谷生产统计之检讨(附表)》(《社会经济月报》第2卷第3期,1935年3月)、《粮食运销之调查方法》(《国际贸易导报》第8卷第6号,1936年6月13日)、《今日西南各省之食的问题(附表)》(《时代精神》第1卷第4期,1939年11月10日)等。

四是粮食品级繁杂，五是运输制度不良，六是粮食金融不能调剂，七是国内粮食产销情形隔阂，八是粮食价格统制不易，九是苛杂陋规太多，十是贩卖费过于复杂繁重，十一是粮食堆存机关不健全，十二是各地粮食不能自由流畅。随后，林对粮食管理局的任务、目的进行了阐述。林熙春认为，粮食管理工作是本身具有整体性，诸如生产、价格、贸易、运销、消费等问题均是息息相关的，各项管理措施应统筹兼顾而不可偏废。粮食管理又具有很强的时间性，平时与非常时期自应区别对待。因之，粮食管理的任务包括11个方面，一是粮食业的登记管理及组合，二是取缔各种交易陋规，三是取缔粮食市场投机，四是调查并公布粮食市场供需情形，五是调查并公布粮食行市，六是公布并决定粮食限价，七是运用粮食平准基金平衡粮价，八是推进农仓事业，九是推进、监督全国各仓积谷事项，十是推行粮食检验制度，十一是应在非常时期限制粮食交易额。林氏进一步指出，为了有效应对纷繁复杂、变动不居的粮食问题，粮食管理局应组织简单化、权力集中化、机能动态化，并在管理局下设管理处、设计处、调查处，各有职掌，综合运用，"对于粮食之管理，始有把握，粮食问题之症结，始可消除，平时以及非常时期将发生不好之影响，亦可减轻，粮食问题，亦可得而解决"①。林熙春的系列文章论述系统而全面，可以看作战前学者粮食管理思想的集中体现，《中央日报》予以关注发表说明其比较认同林的看法，也希望能引起当局的瞩目。不过，从林熙春日后的活动轨迹来看，政府并未为其提供更为广阔的舞台，其粮食管理思想亦只是报纸杂志的点缀。

2月初，实业部提出，所拟成立的粮食管理局额定资本1000万元，由官商各半征募，为了慎重推进，实业局向各省市粮食团体征询意见，以便"共同策商进行筹备事宜"。财政部对于设立粮食管理局态度较为积极，已在重要粮食市场如长江流域的芜湖、九江、汉口、

---

① 林熙春：《设置粮食管理局刍议》，《中央日报》1937年1月3日第4版；林熙春：《设置粮食管理局刍议（二）》，《中央日报》1937年1月4日第3—4版；林熙春：《设置粮食管理局刍议（三）》，《中央日报》1937年1月5日第4版。

第一章 全国粮管局成立前的管理机构及其政策

宜昌、镇江、安庆、上海、南京等建立并完成了多座仓库,并于1936年秋开始收储农产,并计划在青岛、广州等滨海口岸城市再添设农产仓库。①

就在中央国民经济计划会、财政部、实业部等部门还在开会讨论成立全国性的粮食管理机构时,②七七事变爆发,全面抗战拉开了序幕。

1937年8月,南京市社会局为调剂民食、办理购储事宜及应付非常时期需要,6日,与实业部代表开会,决定七件事项,其中之一为组织南京市民食委员会,并拟定《南京市民食委员会组织大纲草案》。根据该大纲草案,民食委员会由实业部、南京市政府、南京警备司令部、首都警察厅、军事委员会资源委员会、农本局、南京市社会局各一人组成,主要职责有六:一是筹集款项,二是调查存粮及粮价,三是选购粮食,四是仓储与保管,五是运输与分配,六是评定粮价。9日下午,南京市民食委员会正式成立。10月30日,南京民食委员会因军事委员会第四部首都食粮管理处成立,所有调查、统计等一切事宜移交首都食粮管理处办理。③从社会局管理首都民食到军委会下属部门接管,这一变化反映出国民政府逐渐向战时体制转变。

1938年2月2日,中国粮食运销局奉行政院汉字第791号训令,归并农本局。7月18日,正式完成交接手续。④该局从筹备到成立历时近3年,起到的作用十分有限。"中国粮食运销局,为我国唯一之粮食初步统制机关。"其设立目的,"正欲走向统制之路,虽无统制

---

① 《筹设粮食管理局,实业征询米商意见》,《新闻报》1937年2月6日第14版。
② 《国民经济会专委会粮食管理组开会,通过粮食统制办法纲要三种,将与以前通过各案送中政会》,《中央日报》1936年11月12日第4版;《上海粮食管理局现正草议设立办法》,《新闻报》1936年12月3日第11版;向荣:《以确切需要调剂盈虚,粮食管理局不久将成立》,《福尔摩斯》1936年12月17日第2版。
③ 《南京市民食委员会组织大纲草案、会议纪录及该市非常时期之粮食准备等文书》(1937年8月—10月),实业部档案,档案号:四二二(2)—1821,第3—10页。
④ 《粮运销局归并于经济部农本局接收案》(1938年3月—10月),经济部档案,档案号:四—8637,第27页;《令行政院、监察院:据本府主计处呈核财政部以粮食运销局事务已移交农本局接收办理,拟将该局预算余额归还第一预备费之内俾资应用一案令仰转饬查照由》,《国民政府公报》渝字第82号,1938年9月10日,第6—7页。

之名,亦可谓之统制之准备"①。其实,从粮食运销局的设立与裁撤也可以看出,国民政府战前十年的粮食管理理念很不清晰,摇摆不定,缺乏坚定明确的粮食管理思想。总体来看,战前国民政府虽然萌生了设立粮食管理机构的想法,但并未真正成立全国性粮食管理机构,而是处于探索阶段。在实际运行过程中,并未达到预期的目标和效果。不过,社会各界的关注、政府部门的讨论等反映了国民政府对粮食管理的探索,为全面抗战后的粮食管理机构的调整和改革奠定了基础。

二 福生庄粮食业务

抗战全面爆发后,各地为应对粮食问题,均采取不同措施,农本局亦积极介入。1937年,农本局曾与江西省农矿工商调整委员会合组"江西省调整米谷联合办事处",双方投资125万元,农本局注资100万元,江西省政府负担25万元,联合经营米谷。② 联合办事处组织较为完善,手段也较灵活,成绩较他省为优。1938年,江西省粮食丰收,浙粤两省相继向赣采购,赣省府为防止省内粮食波动,遂有"不得允许装运出省之事"③。1938年3月,农本局特派员视察长沙湘米运销情形,之后决定收购湘米,并派员驻长沙办理,4月中旬开始收购湘米运济广东。但因运粤困难,仍将所购之米点交农本局长沙专员办事处,以备军民食粮。但"此项购销工作,非有专办之灵活机构,实不足以迅赴事功,委托及合营机构,俱欠灵活"④。1939年1月,江西省政府开始实行米谷输出管理,规定:凡出省米谷,无论军粮民食,统由工商管理处战时贸易部代办;贸易部于各产粮地区分设

---

① 洪瑞坚:《全国粮食运销局之使命》,《是非公论》第28期,1937年1月5日,第3—10页。
② 《农本局一九三九年六月及一九四〇年二月份业务报告并有关文书》(1939年12月—1940年7月),经济部档案,档案号:四—12493,第70页;《战区各省食粮收购办法大纲》(1939年—1940年),行政院档案,档案号:014—040504—0090,第10页。
③ 《战区各省食粮收购办法大纲》(1939年—1940年),行政院档案,档案号:014—040504—0090,第9—10页。
④ 《中华民国二十七年农本局业务报告》,1939年1月,第64页。

第一章　全国粮管局成立前的管理机构及其政策

采购所，自行采购，即贸易部输出组专门负责赣米购销。然而，江西省政府对省内粮食未予管理，贸易部虽负责采购，但仍需借重粮商，而贸易部所采取的统制出口措施在一定程度上妨碍了粮商利益，粮商缺乏合作诚意，导致粮食市场仍为其所操纵，若干措施无法有效实施。① 有鉴于此，农本局与江西省政府签订《推进江西省农产物运销合作办法》，负责所有盈亏并担保农本局本息。这是农本局较大规模开展粮食购销业务概况。

抗战爆发初期，国民政府于1937年10月29日在国民党军事委员会设立农产调整委员会（简称农整会）。根据《农产调整委员会实施办法》，农整会"承军事委员会委员长之命，并受主管部之指导，对于全国农产事业负促进调整之责，并予以资金运输之协助及补助其亏损"，主要侧重于国内农产市场。② 农整会成立时，资金为3000万元，职责有九个方面：收购棉花、收集花生米果及花生油、合作收购湖南稻米、合作收购江西稻米、福建省政府请拨款调整食粮土糖、广东省营糖厂借拨资金、购米运川储备、与中国农民银行合作收押陕黔川农产、扩大收购陕棉。③ 农整会委托中国棉业公司及通成公司，组设棉业办事处，总处设于上海，各产地分设分支处，办理全国剩余棉花收购事宜。④ 国民政府迁渝后，中棉公司与通成公司因局势恶化，"屡请解除契约"⑤，农本局遂与之解除了代理棉业办事处收购棉花的合约，紧缩机构，遣散原有工作人员。原任棉业办事处业务科长、中棉公司业务襄理吴味经遂建议另起炉

---

① 江西省粮食管理局编印：《江西省粮食管理概况》，1941年1月，第1页。
② 《农产调整委员会实施办法》，1937年10月29日军委会颁布，江西省政府秘书处法制室编印《中央战时法规汇编》（下），1939年10月，第48—49页；《农产调整委员会实施办法》，《会务旬报》第50期，1937年12月11日，第5—6页。
③ 《农产调整委员会归并农本局接收有关文书》（1937年10月—1938年2月），经济部档案，档案号：四—8642，第22—47页。
④ 《农本局及所属农业调整处、福生庄决算报告》（1937年10月—1939年12月），经济部档案，档案号：四—19058，第33页；《农产调整委员会归并农本局接收有关文书》（1937年10月—1938年2月），经济部档案，档案号：四—8642，第23页。
⑤ 《中华民国二十七年农本局业务报告》，1939年1月，第64页。

灶，成立新的棉业运销机构，以满足战时后方军民甚为殷切的花、纱、布尤其是对棉布的需求。

1938年2月1日，农产调整委员会奉令归并农本局，农本局接收农产调整委员会业务后，将之改组为农业调整处，即以非常时期调整农业事务为中心工作，意在调整农产盈虚，平衡农产供需，进而稳定战时物价，购销范围被以粮食与棉花为限，继则兼及纱、布，营运基金为3000万元。① 其购销范围最初为食粮与棉花，后扩展至纱、布。随着业务增多，须成立专门机构对之进行经营。1938年6月底，农产调整委员会结束，经济部与农本局采纳了吴味经的建议，将农产调整委员会下设的棉业办事处进行改组，成立专门机构办理棉纱、棉布及相关业务。② 农本局遂自设机构，自营运销，福生庄应运而生。

福生庄是隶属于农本局的一个重要业务机构。在筹设期间，其初定名称为福生公司，1941年1月底才正式定名为福生庄。关于其名称确定过程，史料有如下记载。1938年8月20日，农本局总经理何廉向经济部呈送《福生公司组织章程草案》，该章程草案共10条，对福生公司的名称、资金来源、业务范围、人事安排等作了初步规划。22日，经济部接到章程后，进行了简单讨论。23日，经济部农林司将章程草案报送经济部商业司合办事业监理委员会，请其对福生公司之名是否适当再予以讨论。对于农本局新设机构的名称问题，商业司非常慎重，并提出不同意见，认为其由农本局单独拨资经营，并秉承农本局办理各项业务，"显系该局之一种附属事业，与公司法规定之营利团体不同，不应用公司名义"，并援引富华贸易公司为例，认为其与富华公司之组设相似，均为战时权宜之计，在法律上尤其与《公司法》各项规定存在较多抵牾之处。农林司同意商业司意见，亦提出该公司资金达千万元之多，如何运用以应需要而收调整实效，似应由该公司先

---

① 《农本局及所属农业调整处、福生庄决算报告》（1937年10月—1939年12月），经济部档案，档案号：四—19058，第3页；农本局研究室编印：《中华民国二十八年农本局业务报告》，1940年1月，第93页。

② 农本局研究室编印：《经济部农本局概况》，1942年12月，第9页。

拟具计划书及概算书，再行决定。24日，农林司将该意见报送经济部参事厅，参事厅亦认为，福生公司组织章程并非依公司法各项规定草拟，依照商业登记第18条，不得用公司字样。①之后，名称问题遂搁置下来。但福生庄的各项业务并未因此受阻，而是照常进行。

1940年1月18日，农本局将《福生公司组织章程草案》修订为《福生庄组织章程草案》，再次报送经济部。22日，参事厅在审查了《福生庄组织章程草案》后回复："查兹本局此呈福生庄组织章程，大致尚无不合，相应送请贵厅核示意见"。31日，经济部指令农本局，"准备备案"。至此，福生庄的名称才正式确定下来。②

福生庄之成立，"一方改良人民经济生活，一方发展工商事业，充实军国要需，利于抗战建国"③。"本庄之使命，端在农产调整"，农产品之收购政策，侧重于国内物资之保储，以免资敌；销售政策致力农产供需之调剂，以免失平。④ 福生庄脱胎于农业调整处，而农业调整处系由农整会改组而来，因此，福生庄业务范围受农整会影响较巨。福生庄调整之农产主要包括粮食、棉花、棉纱及棉布四项。粮食购销业务因受农本局影响，开展得最早。其业务范围如下：办理原棉纱布之购销调节，办理食粮与其他农产购销调节，农本局委托办理之

---

① 《农本局呈送福生庄组织章程草案及有关文书》（1938年8月—1940年1月），经济部档案，档案号：四—30053。根据国民政府1929年12月26日公布、1931年7月1日施行的《公司法》，一般公司须有2名以上股东，股份公司须有7名以上股东，存在以营利为目的的"商行为"。参见王效文编著《公司法》，商务印书馆1938年版，第6页。福生庄未设有股东，且不以营利为目的，关于这一点，1939年12月，福生津庄负责人曾言，该庄收购棉花意在调整供需、救济农村而非以营利为目的。参见经济部工矿调整处、经济部农本局《关于发给福生庄免税证明的往来函》（1939年12月28日），重庆市档案馆藏，经济部工矿调整处档案，档案号：0020—0001—00064—0000—015—000，第15—17页。富华贸易公司设立于1940年5月13日，隶属于财政部贸易委员会，系一特种有限公司，主要业务为"茶叶、桐油以外之一切输出物资之产制运销等业务"与"美洲以外各国输入物品之采购运销业务"。参见《富华贸易公司组织规程》，《中央银行经济汇报》第2卷第11期，1940年12月1日，第1414页。

② 《农本局呈送福生庄组织章程草案及有关文书》（1938年8月—1940年1月），经济部档案，档案号：四—30053。

③ 《四川省璧山县织户胡守信等呈控农本局福生庄经理丁沛涛违法失职恃势凌我请予彻惩案》（1942年3月—1942年4月），经济部档案，档案号：四—12961，第17页。

④ 《农本局一九三七至一九三九年度决算报告书》，经济部档案，档案号：四—15909，第96页。

其他事项，"期以商业组织，办理调整工作，而谋购销运存各项业务之合理进行"①。

福生庄直隶于农本局，总公司地址随农本局所在地为转移，可根据营业需要在国内重要地点设立分支庄。根据《福生庄组织章程》第五条规定，福生庄设经理一人，副经理一人，总稽核一人，稽核二至四人，秘书一人，科长三人，必要时可以设置副科长，另有办事员、助理员、练习生若干人。经理、总稽核、稽核、会计科长由农本局委派，副经理、秘书、分支庄主任由经理提请农本局任用，其余人员均由经理委派并请农本局备案。②总庄根据业务需要，在各生产集合地点设立分庄，各分庄设主任一人，事务繁忙时可加派副主任。分庄之下有支庄，支庄设主管员一人，由农本局直接委派。据曾经被派至西北地区采购棉花的夏少泉、桂毓秀、李聪、任鸿烈、马鸣滔、荣炳铨等人回忆，福生庄人员构成主要有四类，一是中国棉业公司系统人员。吴味经，福生庄业务以棉货为主，所以福生庄创办之初，主要借重中棉公司的力量。二是商品检验局技术工作人员。棉花检验。三是何廉南开学生。据农本局局长何廉回忆："1938年中期是农本局在重庆的全盛时期……有许多很得力和忠实的助手，多数是我从南开大学经济学院和商学院我自己的学生中选出来的。"③四是由福生庄自身培养出来的人员。④福生庄随着业务范围扩大，人员亦增加不少，1938年底为190人，1939年6月增至399人。⑤1939年下半年，福生庄有棉花庄、纱布庄、粮食庄、运输庄共计44庄，职员共计516

---

① 《中华民国二十七年农本局业务报告》，1939年1月，第64页。
② 《农本局呈送福生庄组织章程草案及有关文书》（1938年8月—1940年1月），经济部档案，档案号：四—30053。
③ 何廉：《何廉回忆录》，朱佑慈等译，中国文史出版社2012年版，第143页。
④ 夏少泉、桂毓秀、李聪等：《中国棉业公司福生庄抗战期间经营陕棉业务的回忆》，政协陕西省委员会文史资料委员会编《陕西文史资料》第23辑，陕西人民出版社1990年版，第140—141页。
⑤ 《农本局及所属农业调整处、福生庄决算报告》（1937年10月—1939年12月），经济部档案，档案号：四—19058，第101页；《农本局一九三七至一九三九年度决算报告书》，经济部档案，档案号：四—15909，第177页。

第一章　全国粮管局成立前的管理机构及其政策

人。其中总庄78人，分支庄438人。① 当然，随着战局变化，一些面临潜在风险的分支庄相继撤销或合并，如1939年上半年即有衡阳、常德等庄合并；亦有因业务方针改变而撤销或合并的，如太和、绵阳、凤翔、武功等分支庄；或在其他地方新设，如新樊、遂宁等庄。②

为了解决粮食储藏、运销，福生庄因地制宜，建有多个粮食分支庄。截至1938年年底，福生庄所建粮食分支庄有万县、合川、渠县、巴县、成都、泸县、绵阳等12庄，运输庄计有宝（鸡）、广（元）、宜（宾）、松（坎）等庄。③ 据记载，1938年福生庄共有13个分支庄参与粮食收购运销，其中四川省有11个，以购销米谷为主、小麦为辅，其中米124027.32市石、谷509176.05市石，仅万（县）庄、巴（县）庄购销小麦14183.11市石；陕西省参与的有2个，即凤（翔）庄与宝庄，全部购销小麦，总额达202890.52市石。

此外，农本局亦参与军粮收购。战前军粮供应由军需署直接负责，军需署是军政部直属单位，1928年11月设立，由总务处、会计司、储备司、营造司和审核司组成，管理全国陆海空军军需一切事宜。④ 抗战全面爆发后，军政部于1937年8月在陕、豫、鄂、粤、赣、川六省成立军需署，召集有关专家研究副食品，携带口粮品种，管理屯购办法，拟具管理粮食大纲，并奉军事委员会命令颁发《非常时期粮食调节办法》，整理扩建各地备荒储粮，设立采购委员会，集中采购粮秣。⑤ 嗣后，军事委员会认为战区粮食如不控制，反以资敌，遂与经济部会同拟定颁行《战区粮食管理办法大纲》，各战区长官司令部粮食管理处亦随之成立。抗战初期，国民政府对于粮食管理并无

---

① 《农本局一九三七至一九三九年度决算报告书》，经济部档案，档案号：四—15909，第191—192页。
② 《农本局及所属农业调整处、福生庄决算报告》（1937年10月—1939年12月），经济部档案，档案号：四—19058，第101页。
③ 福生庄：《福生庄1938年度决算报告》，重庆市档案馆藏，中国银行重庆分行档案，档案号：02870001011960000040000，第40页。
④ 《军政部军需署条例》，《行政院公报》"特刊号"，1928年11月，第44—47页。
⑤ 贾廷诗、陈三井等记录，郭廷以校阅：《白崇禧口述自传》上，中国大百科全书出版社2008年版，第285页。

通盘计划，对于军粮供应，仅由各战区司令长官部设置粮食管理处，专司军粮购买及运输等事宜。1937年7月，军需署与农本局签订协议，代购军粮。截至1938年年底，先后从南京、南昌、长沙、汉口、上海等地购米415425包又8818.61石，面粉142755袋，交拨米259077包又8818.61石，面粉132385袋，余由农本局自行处理。① 1938年年底，农本局与第一战区战时粮食管理处签订合约，贷款60万元，代其购入米麦约5万包。

为免谷贱伤农及资敌起见，农本局拟定《战区各省食粮收购办法大纲草案》呈送行政院，提请讨论并付诸实施。1939年9月25日，行政院、内政部、军政部、财政部、经济部、农本局六部门就大纲草案进行审议。② 福生庄奉上级命令大量收购，所订收购计划为购谷100万市石、小麦25万市石。5月，为配合第二期抗战屯粮计划，农本局参加了屯粮监理委员会组织，协助屯粮事宜。为了完成此一目标，粮食购销分湖南、江西、四川、陕西四区办理。1939年，福生庄为办理川陕两省粮食购销，在川省长江流域巴县、泸县、李庄、宜宾、白沙、忠县、万县、涪陵，嘉陵江流域合川、渠县、南充，成都平原成都、绵阳、泸江、新津、金堂赵家渡及陕西武功、凤翔等地，设立分支庄，以收购、加工谷麦。

农本局粮食购销业务方式分为两种，一是"地域之调整"，即将邻近战区粮食运至安全地点，或将生产有余地点粮食运至消费中心地；二是"季节之调整"，即在粮食收获、粮价较低季节，尽量采购储备，"以为青黄不接，粮价高涨时期调整之用"③。之后，购销业务

---

① 中国第二历史档案馆：《抗战初期国民党政府经济部农本局代购军米运川史料二则》，《民国档案》1987年第2期。

② 《安徽省临时参议会议长江炜等为请借拨款项购储米粮统筹运销事电呈国防最高委员会蒋委员长、行政院院长孔祥熙、经济部部长翁文灏。附二：行政院复国防最高委员会秘书厅函（抄送战区各省食粮收购办法大纲）》，1939年9月30日，秦孝仪主编《中华民国重要史料初编——对日抗战时期》第4编"战时建设"（三），台北：中国国民党中央委员会党史委员会1988年版，第764页；《战区各省食粮收购办法大纲》（1939年—1940年），行政院档案，档案号：014—040504—0090，第8页。

③ 《办理粮食购销近况》，《农本》第19期，1939年6月30日，第7页。

第一章　全国粮管局成立前的管理机构及其政策

有所扩大，进货数量颇巨，约可分为四类，一是福生庄自办粮食购销业务，二是农本局与各省区合作的粮食购销业务，三是协助第二期抗战屯粮，四是购储四川省新谷。福生庄自营购销地区以四川稻谷为主，1939 年上半年，福生庄购米 431374.06 元，较上期增多 247.81%，谷计进货 1618598.6 元，较上期增加 217.31%，购进面粉 246 元。① 1939 年 6 月，在南充、泸县、宜宾、李庄、合川、渠县、忠县等购谷 33084.81 市石，均价为 3.57 元，售出 74.40 担，加工 6382.8 担，截至 6 月底，结存谷 558483.32 担。本月大米并无购进，仅在成都、重庆、白沙、绵阳等处售出 3769.19 担，加工大米 3027.52 担，截至 6 月底，共存米 63378.63 担。② 1939 年下半年米谷均有购入，仍以谷为主。遵义购米 822.56 市石，价值 5498.7 元，别处未有购入，仅及 1939 年上半年的 1.27%；购谷总量为 35299.275 市石，价值 129496.52 元，仅抵上期百分之 8%，分别在南充购进 27099.78 市石，价值 101734.63 元；合川购进 2961.90 市石，价值 8496.84 元；李庄购进 2679.60 市石，价值 9288.28 元；涪陵购进 1547.585 市石，价值 6659.69 元，其余泸县、遵义、渠县等地稍有购进，而小麦收购则完全停止。结存大米续有售出，本期售出 44184.947 市石，收入 547154.06 元；谷本期售出 9407.37 市石，收入 24073.45 元；宝鸡仅存之小麦全部售出，共 23919.241 市石，收入 241321.47 元。③

1939 年 6 月，福生庄在川省购谷 33084.8 担，截至 1939 年 6 月底，结存谷 486122 余市石，价值 1871375 余元；食米 45794 余市石，价值 458764 余元；小麦 26010 市石，价值 202971 余元。该年上半年，福生庄粮食类售货收入为 258933 余元，占上半年总收入的 3.73%，因之亏

---

① 《农本局一九三七至一九三九年度决算报告书》，经济部档案，档案号：四—15909，第 178—179 页。
② 《农本局一九三九年六月及一九四○年二月份业务报告并有关文书》（1939 年 12 月—1940 年 7 月），经济部档案，档案号：四—12493，第 66—69、16—18 页。
③ 《农本局一九三七至一九三九年度决算报告书》，经济部档案，档案号：四—15909，第 195—198 页。

损不小，达 173338.47 元，其中大米亏损 93434.77 元、稻谷 89853.9 元、小麦 49.79 元。① 自 1939 年 11 月起，农本局收购四川新谷业务与四川省粮食管理委员会合并，组建了四川购粮委员会，粮食购销即由该会负责。四川购粮委员会成立后，在重要粮食输出及集散市场直接收购粮食，对于重要市场的粮食供给，"亦力谋由收购地点随时运存储备"，以平抑粮价、调节供需。② 该会购销基金 600 万元，屯储垫头 167 万元，统由国库拨给，另由四行贷款 670 万元，福生庄在川省各地购屯米谷小麦共计 40 余万市石，已悉数交由该会。③ 截至 1939 年年底，米结存 2148.773 市石，价值 17570.55 元，谷结存 480149.995 市石，价值 1834206.85 元，副产品结存价值共计 8224.09 元，小麦、面粉均无结存。以上农产品总计结存 25415110.1 元。④

1940 年 9 月底，传闻自 10 月 1 日起农本局全部粮食业务归并全国粮管局，原有购粮委员会亦同时归并，之后全国所有有关粮食问题，将由粮食局全盘负责办理，而农本局主要侧重于合作金库与仓库两方面。⑤

从 1936 年 9 月成立至 1940 年 9 月传闻业务合并，农本局在四年多的时间里发挥了较大的作用，这一点有目共睹。但亦需指出的是，面对纷繁复杂、变数较多的粮食问题，农本局所承办的平价粮食业务也是弊端丛生，经过徐堪（时任财政部政务次长兼四联总处秘书长）、谷正纲（时任国民政府社会部部长）、张厉生（时任党政工作

---

① 《农本局一九三七至一九三九年度决算报告书》，经济部档案，档案号：四—15909，第 178—182 页。

② 《农本局收购川省食粮近状》，《经济汇报》第 1 卷第 3 期，1939 年 12 月 1 日，第 28 页。

③ 《农本局业务概况》（1939 年），经济部档案，档案号：四—15914，第 19—20 页；农本局研究室编印：《中华民国二十八年农本局业务报告》，1940 年 1 月，第 119 页；农本局研究室编印：《经济部农本局概况》，1942 年 12 月，第 10 页；《农本局一九三七至一九三九年度决算报告书》，经济部档案，档案号：四—15909，第 193 页。

④ 《农本局一九三七至一九三九年度决算报告书》，经济部档案，档案号：四—15909，第 196 页。

⑤ 《农本局主管粮食业务下月移交粮管局，今后专营合作金库与仓库》，《大公报》（香港）1940 年 9 月 27 日第 5 版。

第一章 全国粮管局成立前的管理机构及其政策

考核委员会秘书长）、戴笠等人密查，违规之处甚多，不仅虚糜巨额平价资金，助长米价，而且致使物价腾贵，违反政府平价政策。平价购销处处长章元善，农本局总经理、全国粮管局副局长何廉，农本局副局长蔡承新等均被牵连，甚至翁文灏亦提出辞职请求，朝野震动极大，军事委员会委员长蒋介石对此极为重视。1941年1月初，国民政府成立平价购销处、农本局业务及账目清查委员会，拟先清查平价购销业务及账目，之后再继续清查农本局、福生庄业务及账目。① 15日，清查委员会向蒋密呈清查结果，认为农本局有五点、福生庄有一点不合规定。虽然清查结果并未指向福生庄粮食业务，但陈布雷在19日所拟并上报的处理方案中，仍旧提出改组农本局，将粮食部分划归全国粮管局管理。22日，蒋介石致电翁文灏，通报了清查农本局、福生庄的做法与结果，同时责令农本局改组。1月31日，农本局召开理事会，决定遵令改组。2月4日，农本局理事长孔祥熙、翁文灏呈复蒋介石，"饬知农本局应予改组，此后应专管纱布棉花"，"农贷部分移归中国农民银行接办，有关粮食部分移归全国粮食管理局接管"。9日，蒋致电孔、翁二人，"所拟改组农本局办法可准照办"。18日，孔电呈蒋，就改组详细事宜进行报告，粮食业务划归全国粮管局。至此，福生庄粮食业务全部结束。②

农本局总经理何廉对粮食管理颇多微词，曾发表过这样的言论："既然给农本局强加上购米的任务，但又不提供所需的资金，指派它定量分配的任务而不给它法定权力，许多问题一边解决一边产生，而我们却为众矢之的！"在何廉看来，农本局的粮食控制措施或许存在问题，但这些问题的产生根源则不能归咎于农本局本身，如实物土地税还未实行，政府手中不掌握足量余粮；作为半政府、半私营组织机构，农本局本身权力有限，无法同重庆需要粮食的各种机关单位打交道；农本局预

---

① 《徐堪呈请将彻查平价购销处等业务及帐目案原举发文件检发下会（1941年1月3日）》，载陈谦平编《翁文灏与抗战档案史料汇编》（下册），社会科学文献出版社2017年版，第624页。

② 《农本局改隶财部，即改为花纱布管制局》，《大公报》（重庆）1943年2月9日，第3版；陈谦平：《翁文灏与抗战档案史料汇编》（下册），第629—633页。

算过少,并面临被削减的窘境;政府对农本局业务的干涉及随意逮捕工作人员;等等。同时,何廉也产生了一个新的想法,"催促政府设置一个单独的粮食管理局"。并且据何本人后来所回忆,早在1938年何任职经济部次长时,即已提出建议,成立一个粮食管理组织。①

三 其他粮食机构及其业务

全面抗战爆发后,各省情况不一,对于粮食管理机构的设置亦反应不一,差别较大,湖北、湖南等省是较早设立的省份。湖北省政府为管理战时粮食、调剂民食,令建设厅组设湖北省粮食管理委员会,并由该会设立粮食管理局,1937年8月1日管理局正式在汉口成立,管理局下设七组,计总务、仓库、生产、检验、会计、业务、运输。之后,湖北各县市相继成立分局及粮食委员会,并公布《湖北省粮食管理局分局组织通则》与《湖北省粮食委员会组织规程》,拉开了战时粮食管理的序幕。② 湖北省粮食管理局采用官督商办原则,下设粮业公司,资金总额暂定100万元,其中官股占三成,商股占七成,并与湖南省接洽粮食管理事宜。③ 15日,湖南设立粮食管理会。④ 18日,安徽省政府计划在芜湖成立粮食管理委员会,并派员至芜湖办理米粮商号登记,由各地方银行在各县照价收购后存储在省府农仓,产米较少县份则禁止米粮运出省境。⑤ 1938年5月12日,国民政府军事委员会训令各战区主管机关,筹设战时粮食管理处,"专司战区内军民粮食之运销及储备,以供战时需要,并免资敌"。次日,军委会

---

① 何廉:《何廉回忆录》,朱佑慈等译,第159—160页。
② 《鄂粮食管理局今开始办公》,《新闻报》1937年8月2日第8版;《鄂本年各地丰收,粮食管理局今日成立》,《时报》1937年8月2日第3版;《湖北省粮食管理局分局组织通则》,《湖北省政府公报》第330期,1937年8月23日,第38—39页;《鄂缜密管理食粮,由生产到消费统由政府支配,集各机关首领组粮食管理局》,《大公报》(上海)1937年7月27日第10版。
③ 《鄂粮食管理局设立粮业公司》,《中央日报》1937年9月17日第2版;《鄂派员抵湘,接洽粮食管理事宜》,《中央日报》1937年9月6日第2版。
④ 《本省粮食管理会成立》,《湖南农讯》第44期,1937年8月20日,第8页。
⑤ 《皖省府在芜组织粮食管理会》,《中央日报》1937年8月21日第4版。

颁布《各战区粮食管理办法大纲》。① 21日，江西省政府根据此一命令，很快筹设战时粮食管理处。② 其他各省成立相应机构的时间较晚，如福建省于1939年3月1日在建设厅下设粮食管理局，任万德懿为局长，"专司其事"，管理局下设秘书室及两科，地址位于福州中山路泉山古迹内。③ 云南省直到1939年6月才成立粮食管理处，11月成立粮食管理委员会及各地分会。④

对于各省设立的粮食管理机构，多数民众对其寄予了颇高的期望，漳州民众得知福建粮食管理局成立后，对该局曾言道："报载全省粮食管理局将行成立，在这各县粮食统制，未能表现效能的时候，这是个好消息……此后，本省粮食当再不会如前失了调节，我们谨祝全省粮食管理局之成功"⑤。甚至有的省份将粮食管理的著作如杨礼恭编著《粮食管理篇》列为中等学校的特种教材，作为课堂教学的内容。该书作者有感于"我国自抗战发动以来，粮食问题似尚未引起朝野之深切注意"，且存在"混乱庞杂情形"，于是从粮食调查与统计、粮食生产管理、分配管理、消费节约、制造与储藏等方面，并参考其他国家战时粮食管理政策，以深入浅出的文字对抗战初期中国的粮食问题进行了一个"检讨"，意在提醒政府当局高度重视，呼吁政府将之纳入"强度统制之下，充分发挥其最高之效能"。而将粮食著作引入学校，则是将当时中国这样一个人口大国的粮食现状、粮食管理、粮食问题及其探索与思考等这些"大社会"才会直面的问题、理念，带进中学校园这个"小社会"，并传输给在不久的将来会面对

---

① 《军委会筹设战时粮食管理处》，《银行周报》第22卷第19期，1938年5月17日，第1页；《军委会令筹设战时粮食管理处》，《新闻报》1938年5月13日第6版；《各战区粮食管理办法大纲》，武汉行营转电知照经本府于5月13日训令所属知照，《湖北省政府公报》第361期，1938年6月15日，第17页。

② 《省府组粮食管理处》，《江西农业》第1卷第2期，1938年7月1日，第76页。

③ 《成立粮食管理局》，《闽政月刊》第3卷第6期，1939年2月28日，第44页；《设立粮食管理局》，《闽政月刊》第4卷第1期，1939年3月31日，第89页。

④ 《云南粮食管理处正式成立》，《经济动员》第3卷第2—3期合刊，1939年7月15日，第145页；《粮食管理委员会组织简章及分会大纲》，《经济动员》第3卷第11—12期合刊，1939年11月30日，第1317—1318页。

⑤ 田：《全省粮食管理局》，《方面军》第1卷第4期，1939年3月25日，第72页。

此一问题的青年学生。①

各地设立粮食管理机关，对本省粮食进行管理，无疑是很有必要的，而且从战争业已爆发的角度来说，粮食已成为战略物资而非普通商品，各省进行粮食管理非但必要而且重要。但这也容易造成另一个后果，"一省有一省之禁，一县有一县之禁"②，全国粮食的盈虚调剂并无统筹规划，即所谓"只见树木，不见森林"。而各地粮食管理机构的管理理念、人员、水平等参差不齐，极易出现广东民食调节委员会意欲调节粮食而实际效果却恰恰相反的情况，"人民一点也没有得到好处，徒供一小撮官商朋比分肥"③。

除此之外，中央农业实验所与全国稻麦改进所也随国民政府西迁而向后方转移，这使全国农业研究重心转移到了西南地区。1938年1月，全国稻麦改进所并入中农所，在四川、湖南、广西、云南、贵州等省设立工作站，分派技术人员常驻各站，协助后方各省政府办理农业改进工作。④ 1938年5月行政院核准《全国农业推广实施计划纲要》，决定设立农产促进委员会作为中央推广组织。农产促进委员会下设总务、技术二组，其中技术组负责督导各省推广工作，训练推广督导人员，计划推广事业，调查推广效果及研究改进推广方法等。同时为增加推广效果，农产促进委员会商请中央农业实验所派遣技术人员，兼任该会推广专员及督导员，⑤ 共同为粮食增产出谋划策以稳定抗战经济力量。

为适应抗战需要，调剂粮食供求，并防止资敌起见，内政部、军

---

① 杨礼恭编著：《粮食管理篇》。在该书版权页标有"中等学校特种教材"字样，该书1940年1月又以《战时粮食管理》之名出版。有斐：《〈粮食管理篇〉中等学校特种教材》，《战时中学生》第1卷第7—8期合刊，1939年8月1日，第230—231页。
② 周焕：《论农本局的工作》，《政问周刊》第36号，1936年9月2日，第11—13页。
③ 上海市政协文史资料委员会编：《上海文史资料存稿汇编》第4—5辑"经济金融"，上海古籍出版社2001年版，第32页。
④ 刘荣志、向朝阳、王思明主编：《当代中国农学家学术谱系》，上海交通大学出版社2016年版，第40页。
⑤ 《全国农业推广实施计划纲要》，秦孝仪主编《抗战建国史料——农林建设》（二），台北："中央"文物供应社1985年版，第139—140页。

政部、经济部与后方勤务部会商拟具《各战区粮食管理办法大纲草案》《各战区粮食管理处组织规程草案》。1938年4月，国民政府军事委员会公布《各战区粮食管理办法大纲》《各战区粮食管理处组织规程》。此外，同年6月颁布的《非常时期粮食调节办法》对非战区各省的粮食管理也规定了相应的调节办法。不过上述各项粮食管理的措施并未作具体的实施。

随着战争的持续，粮食问题开始日益显现出来，为控制日益高涨的粮价，国民政府除了开始调整粮食机构外，鉴于发展农林事业对于社会时局的重要性，于1940年7月将经济部农林司扩充改组为农林部，直接隶属行政院，负责管理全国农林行政事宜，目的在于协助其他粮政机构策进粮食生产。①

抗战全面爆发后，西南地区的粮食供应压力陡增，一方面由于国土日蹙，粮食供应区域缩小，所需粮食不能不倚重西南数省；另一方面，由于国民政府迁移重庆，四川逐渐成为政治、军事及经济中心，人口密集，粮食需求大增，因此国民政府对于四川粮食问题加以注意，并积极进行管理。战事发生后，四川省成立"粮食调整委员会"，在全省设调查处26处，并招考人员从事粮食调查工作，是四川粮食管理机构的雏形。② 1938年，粮食调整委员会改为粮食调查委员会，调查市场由原来的26处增为30处，但由于"组织简单，经费支绌，工作进行，颇多困难"，因此1939年又改为粮食管理委员会，但工作仍偏重调查方面，调查市场又增为40个，并按其性质分为消费、集散、输出三类，分别实施调查。随后，粮食管理委员会为扩展工作，改为物价平准处，专注于物价平准事宜，但由于粮价波动剧烈，粮食业务日益繁巨，亟应加强粮食机构。四川省1940年9月28日遵照国民政府颁布的省粮食管理局组织规程，将粮食管理委员会中的平准处改组为粮食管理局。

---

① 万仁元、方庆秋、王奇生编：《中国抗日战争大辞典》，湖北教育出版社1995年版，第293页。
② 许廷星：《四川粮食管理机构合理化问题》，《四川经济季刊》第1卷第2期，1944年3月15日，第149—150页。

虽然国民政府积极进行粮食管理机构的推进，但从整体来看，这些机构在业务上多有重叠，机构责任界限模糊，管理范围相对有限，对粮食管理政策的执行力度不足，因此面对日益严重的粮食问题，无法进行有效的控制。为平抑粮价，解决军粮民食供应困难的问题，稳定后方秩序，保障抗战的经济基础，国民政府必须健全粮食管制机构，通过设立专门的粮食行政机关为粮食"量"与"价"的统制及管理搭建平台。

小　　结

从国民政府成立到抗战全面爆发，再到全国粮管局成立，在十余年的时间里，国民政府并未成立专门的全国性粮食管理机构，全国各地的粮食管理均属自发行为，由地方政府负责，而有些地方政府并未设立相关机关，如河南省"米粮向未设立管理机关，米粮生产与消费亦无确实调查"①，这就使得各地粮食管理机构极不统一、各自为政，而中央政府也无法对各地粮食管理机构行使管理之权，相应地不能形成统一的管理体制并取得统一的管理效果，从而使中央政府无从得知各地的粮食状况及管理情况，不能从全国层面进行统筹。如果说这一情况在战前尚属情有可原，那抗战全面爆发后国民政府对粮食的管理仅象征性地通过个别文件，而听之任之、未真正执行，则显得非常不合时宜，这也招致了不少批评。据国民政府军事委员会委员长侍从室第六组组长唐纵1941年9月24日的日记记载："居里（国民政府顾问——引者注）批评我国物价问题，谓任何国家当战事初起，即宣布统制办法。而我国战争初期，听其自然，及暴涨不已，始行统制，而奸商巨贾已大量囤积，以致法令失效，势必引起社会极度不安。"② 粮价为物价之基础，物价大肆上涨

---

① 《内政部、实业部核议调剂米粮价格办法案》（1931年5月—1935年2月），实业部档案，档案号：四二二—1751，第6页。
② 公安部档案馆编注：《在蒋介石身边八年——侍从室高级幕僚唐纵日记》，群众出版社1991年版，第229页。

反映了粮价的剧烈上扬,如果政府不实行严格管理,则粮物价格将陷入恶性循环。

当然,我们可以有理由认为,1937、1938 两年是全国年景好、农业丰收之年,甚至一度出现谷贱伤农的情况,粮食供应并不成问题,但其实更应该清醒地认识到,毕竟此时处在战争状态,而且战区还在不断扩大,粮食主产区仍有不断陷落的趋势,武汉会战之后,抗战呈现出持久之势。在持久战的新形势下,粮食供应是否还会像此前一样充足平稳,这对于国民政府来说是一个很大的考验。这种考验不只体现在战火的蔓延,而且还有自然灾害、人口大量内迁、交通日益困难、海外粮源减少等方面,这些因素均会对粮食供应形成威胁,再加上粮户惜粮不售、奸商囤积居奇等人为因素,则粮食危机在所难免。为了应对粮食危机,成立专门机构对粮食进行管理势在必行。

第二章　全国粮食管理局的成立

　　成立全国性的粮食管理机构，对全国粮食进行管理，对于国民政府来说是新的工作与挑战，尤其是在粮食供应问题较为突出之时，成立专门机构有其必然性。全国粮管局成立背景颇为复杂，可以从统制经济理念的兴起、国民政府对统制经济的态度、粮食危机日益严重三个方面考察。这些因素综合促成了全国粮管局的成立，其中粮食危机爆发并日益严重是其中最为关键的因素。

　　在决定成立全国粮管局时，国民政府对其主管人员也有较为细致的考量，主管人员既要熟悉后方尤其是四川省情，还要有广泛的社会交往，以有利于粮食管理工作的开展。当然，个人立场也是需要考虑的因素。

第一节　全国粮管局成立的背景

一　统制经济理念在中国的兴起

　　"统制经济"是与"自由经济"相对立的一种理念，它主张国家通过强制性的干预和管理来协调社会经济发展或应对重大经济问题。"统制经济"一词最早出现于第一次世界大战期间，当时欧美各主要资本主义国家为保障战时军需生产与供应、稳定民众生活，对国民经济各部门采取非市场化控制，实行战时统制经济体制。"一战"结束后，这种以战争为目的的统制经济也随之结束，自由主义的经济体制又恢复活力。[①]

[①] 陈雷：《经济与战争：抗日战争时期的统制经济》，合肥工业大学出版社2008年版，第2—3页。

第二章 全国粮食管理局的成立

1929年一次空前的经济危机在美国爆发，随后席卷整个资本主义世界，促使各国不得不寻找新的经济出路。罗斯福采取国家干预经济的手段来稳定社会秩序；希特勒加强国家对经济的统制以摆脱危机；墨索里尼法西斯主义的经济统制使意大利避免了经济危机的严重冲击，而苏联第一个"五年计划"也使其快速成长，国民经济发展迅速。

刚结束长期军阀混战的中国，社会仍动荡不安；自然灾荒频发，农村生产日益减退；封建势力对中国经济的影响还是很大，新式的轻工业不能独立发展，重工业则在萌芽状态之中。同时，对外贸易入超数额年年增加，帝国主义列强为转嫁经济危机，加深了对中国的经济侵略，使得大量白银外流，造成经济混乱。[①] 1931年日本发动"九·一八"事变，以武力侵占东北全境，并建立伪满洲国傀儡政权，此后战火不断。1932年，日本在上海挑起事端，引发"一·二八"事变，并将魔爪伸向中国华北地区，造成大片国土沦陷，军事和经济形势危急。在"统制经济"成为世界潮流的背景下，中国也不可避免地受其影响，为寻求国难出路，抵御外来入侵，实现民族振兴，知识分子纷纷著书立说，"统制经济"一词开始在各类经济论著中被频繁地提及。同时受"节制资本"思想的影响和现实政治的需要，[②] 国民政府也试图加大对经济的干预力度，以缓和当前的混乱局势。

统制经济到底何时引入中国，尚不得而知。20世纪30年代，"统制经济"理念开始在中国流行，成为当时社会极为"时髦"的名词，甚至成为经济建设的一条"新路"。为稳定国内局势，加强政府对政治经济的控制权，蒋介石及其他上层人员将"统制经济"由理论付诸实践，并对当时社会经济的发展产生重要影响。

战前有人认为它还是新名词，"是目前一个最时髦的名词"[③]，"近年来，'统制经济'和'计划经济'，于世界经济论坛上，成了一

---

① 因铭：《统制经济与中国经济的出路》，《平明杂志》第2卷第19期，1933年10月1日，第16页。
② 张华：《浅析刘大钧的统制经济思想》，《中外企业家》2011年第15期；冼荣熙：《统制经济之艰难与阻力》，《时代公论》第92—93期合刊，1934年1月1日，第17页。
③ 周宪文：《资本主义与统制经济》，中华书局1933年版，第1页。

个很时髦的名词"①,"采为政策,见诸实施,尚为新试验"。何为统制经济?郑独步认为,"就是国家以协调国民生活,发展国家经济为目的,对于国民经济行为的总体,加以合理的统制,而扫除全国经济行为的矛盾与冲突"②。周宪文认为统制经济又名计划经济,或某种程度上的战争经济,是"人类在一指导意志之下,为获得并使用生活资料所有的计划行为",或者说在国家指导之下的计划经济。周宪文甚至认为,以"打开目前经济难关为目的的"统制经济的实行及其各项活动的开展会加剧各国之间的竞争,"乃是未来世界大战的警钟"!因此,不但无补于"时艰",反而会促使时局更趋于严重。③ 统制经济的目的是"求社会经济的平衡",是"一种达到社会经济平衡发展的方策"④。李超英亦指出,"这两个名词,没有多大的分别,一而二,二而一,计划经济和统制经济,同是与自由经济对立的东西,用国家的力量,以协调国民的生活,来发展国家的经济为目的,作成有计划的经济来统制,对于国家经济的行为种类及范围,加以合理的限制,使各经济单位的利益,归于全体的利益,而扫除自由经济的矛盾与冲突",其区别在于计划经济"是就计划的本质而言",是"静的状态",统制经济"是就计划在执行时的形态而言",是"动的状态"⑤。新中国建设协会会员赵正平认为,实施统制经济必须具备五项条件,一是"必须藉极大之政治统制力以行之";二是"必须藉简捷之政制机构以行之";三是"必须集国家大部分之财力,对于生产的建设,能举积极的经营或奖进援助之功";四是"必须有极忠实之负责人员,与极精密之调查统计,极便利之交通机关以为辅佐";五是"必须有自由之赋税制度,与国内外资本之自由运用"。而战前有人认为中国其时采用的统制经济并非真正意义上的统制经济,实际上

---

① 李超英编著:《抗战建国纲领研究·经济篇》,独立出版社1939年版,第7页。
② 叶乐群:《全国经济统制之情况及其效果》,新中国建设学会出版科1936年版,"会序"、"郑序"第1页。
③ 周宪文:《资本主义与统制经济》,第1、66—67页。
④ 叶乐群:《全国经济统制之情况及其效果》,"郑序"第1页。
⑤ 李超英编著:《抗战建国纲领研究·经济篇》,第8页。

当时中国尚不具备实行统制经济的条件,这也代表了该会对统制经济及当时中国经济形态的一般看法。①

1931年9月,马寅初在中国经济学社演讲中提到:将共产主义与资本主义取长舍短,"一面作有计划之生产,一面保留私产制度",创造第三种途径。② 1932年9月,在杭州召开的中国经济学社第九届年会上,围绕"国难时期的经济问题",许多社员对国家干预政策表示向往。同年10月,武堉干在《实施统制经济》一文中提到,"我觉得今后中国要自救的话,至少需要定下一个基本原则:便是'彻底改造政治,然后实施统制经济'"③。此后,"'统制经济'和'计划经济'等名词,在国内刊物上,成了很时髦的题目"④,"一般经济学教授不在讲坛上纵谈'统制经济'就不足以显其本色的样子"⑤,社会上"统制经济""计划经济"等词"一似雨后春笋,到处怒茁"⑥。周宪文1933年9月对资本主义各国与统制经济的关系、统制经济在欧美各国的起源与发展及日本的统制经济进行了详细介绍,并主张中国应实行统制经济。⑦ 李超英对此也持赞成态度,认为统制经济是一种国家协调政策,其以"和平的手段,来改造经济,用国家的力量,统制一国经济全部的行为,使劳资协调,物资充足,分配平均,内足以救济民生,外足以增强抗战力量",而且与孙中山主张"用和平而

---

① 叶乐群:《全国经济统制之情况及其效果》,"会序"。

② 《资本主义欤共产主义欤》,《马寅初全集》(第5卷),浙江人民出版社1999年版,第376页。

③ 孙大权:《中国经济学的成长:中国经济学社研究(1923—1953)》,上海三联书店2006年版,第245—246页。

④ 张素民:《统制经济与计划经济》,《复兴月刊》第1卷第12期,1933年8月1日,第1页。

⑤ 克己:《风靡世界的经济统制论》,《东方杂志》第30卷第9号,1933年5月1日,第36页。

⑥ 吴德培:《统制计划技术三种经济与中国》,《银行周报》第17卷第48期,1933年12月12日,第31页。从1933年12月20日至24日,《中央日报》连续刊载何廉关于"计划经济"的演讲。参见何廉《计划经济》,《中央日报》1933年12月20日第3版;何廉《计划经济(续)》,分别见《中央日报》1933年12月21、22、23、24日,均为第3版。

⑦ 周宪文:《资本主义与统制经济》,第22—72页。

不用革命的手段的要义相符合"①。

可见,"统制经济"思潮在中国问世之初,时人对其概念的理解是混淆不清的,中山大学教授黄元彬认为孙中山是计划经济的鼻祖,"是计划经济的一个最早的发明人",并称《建国大纲》与《实业计划》是一套最详尽最切实的建设新中国的经济计划。② 经济学教授马寅初、何廉、周宪文,工商界名流穆藕初、报社社长吴鼎昌③等人,将"统制经济"等同于苏俄等社会主义国家的计划经济,甚至认为两者本质是一致的,只是翻译不同而将两者混用。另外,经济学者张素民、吴德培、陈长蘅、报刊主编诸青来等人认为"统制经济"与"计划经济"是有严格区别的。他们从理论概念上将二者进行界定,以"国家干预论"来区分"统制经济"与"计划经济",从而简单地认定"如该国为社会主义国家,则其经济干涉为'计划经济';如该国属于资本主义国家,则其经济干涉为'统制经济'"④。因此,当时社会对统制经济既有持怀疑态度者,也有主张提倡者。

1. 抱持怀疑

虽然"统制经济"成为1930年代最为时髦的名词之一,但也有不少学者对此持批判的态度,对当时政府是否具备实施条件,是否具有实施必要表示怀疑。有人认为,中国产业没有现代化,不仅金融资本的脉络没有深入产业界中,连产业界的组织基础也没有,凭空实施统制经济则一定失败;中国政治及社会的机构,都是一盘散沙,没有实行统制经济的集中力量;帝国主义的资本侵略已经深入中国各领域,不许中国自然自在地从事建设,也不允实施统制经济。⑤

---

① 李超英编著:《抗战建国纲领研究·经济篇》,第10页。
② 黄元彬:《我对国父生平与思想的认识:计划经济的鼻祖》,《满地红》第3卷第4期,1941年3月10日,第8页。
③ 1926年吴鼎昌买下王郅隆办的《大公报》,并与胡政之、张季鸾组成新记公司《大公报》社,自任社长,同时兼任《国闻周报》和国闻通讯社社长。参见贾树枚主编《上海新闻志》,上海社会科学院出版社2000年版,第695页。
④ 易仲芳:《南开经济研究所"经济学中国化"研究(1927—1949年)》,华中师范大学出版社2015年版,第218页。
⑤ 罗敦伟:《中国统制经济论》,新生命书局1934年版,第106页。

经济学教授唐庆增被认为是"于统制经济高唱入云之际，彼仍持自由经济如故"之人。① 他认为中外不同之处很多：从经济上看，中国是农业国，经济组织尚未达到欧美的境界，因此"欲使中国之现代化，决不能在短时期内，一蹴而就"②。此外，他还从政治、社会、教育、心理等角度，分析了中国现代化的障碍，这从侧面反映了中国要实行统制经济还有重重困难。历史学家陈序经力主"经济个人主义"，他特别欣赏梭罗的观点，即"除了个人让给政府的权利外，政府无权压迫任何个人的身体与财产"③，从人权的角度来阐述其与"统制经济"思想的对立。社会活动家丁文江也反对"统制经济"，认为中国根本不具备实施"统制经济"的条件，除非满足三项条件：要有真正统一的政府；收回租借、取消不平等条约；行政制度先要彻底的现代化，不然不如实行"放任经济制度"④。

此外，社会学者冯瑜文表示中国早就困在帝国主义的铁栏中，所有国营产业大半受帝国主义的牵制（如铁路借款、押款等），经济上受帝国主义的支配，政治上受其"指导"。他发出感慨："谁能统制？为谁而统制？真滑天下之大稽……民治，党治的名词，也玩到厌倦了，派系的争持还是没法解决，不如干干脆脆集诸一人之身，抬出这块时髦的招牌以便为所欲为罢了！统制经济在中国，就是这样的一回事！"⑤

2. 主张实行统制经济

但是，随着国内形势的变化，许多学者开始对"统制经济"持肯定的态度，希望能借此加强国民政府的整体实力，来控制不断恶化的局势。

---

① 夏炎德：《中国近百年经济思想》，商务印书馆1948年版，第179页。
② 唐庆增：《中国生产之现代化应采个人主义》，《申报月刊》第2卷第7期，1933年7月15日，第59页。
③ 李平民、汪堂峰主编：《走出"亚细亚"，回归"亚细亚"——中国经济社会发展研究》，上海财经大学出版社2010年版，第170页。
④ 丁文江：《实行统制经济的条件》，《独立评论》第108号，1934年7月8日，第18—20页。
⑤ 冯瑜文：《"统制经济"在中国》，《抗争》第2卷第21期，1933年9月30日，第4页。

著名报人、政治经济学家罗敦伟认为,"中国如果要图自救,而且要更进一步求富强的方策。那末,统制经济政策的实施,不仅为及时的主张,而且是必然的途径"。他从中国经济构造的特质、中国各种经济动向、中国国难及国际动乱、中国文化及意识形态、国防建设五方面阐述了统制经济的必然性。① 他认为,虽然中国实施"统制经济"尚存在许多弱点,但恰恰也是转机,中国可以利用资本主义世界的危机,借用外国财力及技术完成建设。同时,"中国文化的散漫和民族资本的弱小既说明统制经济的必要,又可减少实行的阻力"。他甚至还提出成立经济统制的"参谋本部",以执行统制经济的最高权力。②

作为民国四大经济学家之一的刘大钧在《经济政策意见书提要》中提到,"欲施行经济政策,实现有计划、有系统的经济建设,非统制经济不为功"③。刘大钧在《中国今后应采之经济统制政策》提出施行"统制经济"的对象问题,他认为中国面临的最大病症就是经济脉络的壅塞,因此贸易、交通与金融作为全国经济的脉络必须加以统制。④ 陈长蘅主张在三民主义的领导下,并行"计划经济"与"统制经济"。他希望国家通过实行"计划经济"及"统制经济"完成民族与民生建设,一方面充实民族自身力量以提升国家安全能力,另一方面创立健全的经济制度使民众享有自由平等的经济生活。为此,他提出中国并行"计划经济"与"统制经济"的纲领,对交通、农业、矿业、工业、土地、课币金融、外贸、消费、人口及其他公私经济设定计划,并表达了统制意见。⑤ 吴鼎昌在学理和事实上都是有条件赞成的,他认为国民政府能明了自身的弱点,拟具合理的具体计划,逐

---

① 罗敦伟:《中国统制经济论》,第89—105页。
② 张连国:《20世纪30年代中国统制经济思潮与自由主义者的反应》,《历史教学》2006年第2期。
③ 张华:《浅析刘大钧的统制经济思想》,《中外企业家》2011年第15期。
④ 刘大钧:《中国今后应采之经济统制政策》,《经济学季刊》第7卷第1期,1936年6月,第1—15页。
⑤ 陈长蘅:《民生主义之计划经济及统制经济》,《经济学季刊》第5卷第4期,1935年3月,第83—96页。

步进行。① 从整体上看，虽然他对于"统制经济"的态度相对保守，但确是流露出期待的倾向。同时，吴鼎昌强调的条件也反映了他希望政府能下定决心尽快行动，构建一个有力的实施平台，将"统制经济"实施贯彻。著名政治学者钱端升对于粮食问题亦十分关心，尤其是各地发生灾荒之后，他忧心忡忡地指出，在中国这样一个人民生活"皆甚穷苦"，粮食消耗极大的国度，"在承平的时候，因为交通不便，捐税繁重，米商居奇，缺粮地方人民的命运已与灾民相近；一遇灾荒，则灾区的人民自然更会感觉到粮食缺乏昂贵的苦处"。因此，不独发生灾荒后统制粮食很有必要，"即在承平时候，粮食也有统制的必要"。钱氏接着指出，政府统制粮食的目的，"在使全国各处的人民俱不缺乏粮食，而价格也可均衡，最多也不过随某地一般生活程度的高下而稍有变化"。在这里，钱氏点出了粮食统制的两大关键，一是保障粮食数量充足，二是保持粮食价格稳定，成立粮食运销局担负粮食统制重任，使得粮食生产与消费"收支适合"，以有余济不足，"两相挹注，才得其公"②。杨礼恭对于粮食统制的态度是比较坚决的，在中等学校特种教材的《粮食管理篇》中，杨氏根据抗战的形势与趋势，对粮食管理的必要性、重要性做了深具前瞻性的分析与研判。他分析道："目前抗战为期尚暂，粮食问题之严重并未尽情表现，因之国人对实施粮食管理，或尚未感迫切之需要，实则大谬不然。盖我政府长期抗战，早具决心，抗战延长，战区扩大，势所必然。若必待粮食发生严重问题时再谋补救，恐已噬脐无及矣。"因此，杨礼恭坚决主张从以下四个方面从速制定战时粮食"基本政策"：一是"确实调查粮食生产与消费量，俾作实施粮食统制与管理之根据"；二是"规定最低限度的增产办法，其计划庞大，难收实效者暂时从缓"，如可以集中力量发动难民垦荒，推广多产食用作物，扩张耕地面积，增加土地生产力；三是厉行粮食节约运动，如"禁限酿造，限制饲料使用，限制精米细粉碾制"，同时在民间推动"废止朝

---

① 吴鼎昌：《统制经济问题》，《银行周报》第17卷第37期，1933年9月26日，第5页。
② 钱端升：《救灾与粮食运销局》，《益世报》（天津）1934年8月30日第1版。

食，供用杂粮，提倡食粥"等减食运动；四是"健全运输机构，统制粮食市场与价格"，以"调剂民食、充实军用"。杨氏并专门用一章的篇幅论述第一次世界大战中各国粮食政策之得失，其用意至为明显，直指"粮食统制"，即在战时之中国应仿效"一战"时的协约国，对粮食实施强力统制，通过保障粮食供应来为战争胜利提供坚实保证。① 应该说，杨礼恭1938年关于统制粮食的观点及其所提出的举措，与当时的全国的粮食状况并不相适应，因为1937、1938两年年景很好，正是所谓粮食"因丰成灾""谷贱伤农"之年，就连政府当局也被这一丰收景象所迷惑，而对此前所制定的管理粮食的零星法令、举措未坚决执行，更未在战争甫一爆发之时便采取管制政策，这一点就连国民政府的美国顾问居里也认为不可思议。② 然而，"旱则资舟"、未雨绸缪，古训昭彰，杨礼恭从分析中外有关粮食与战争关系的历史中得出的预判，可谓极具战略眼光。之后，随着粮食问题日益严重、危机频发，杨礼恭等人主张的粮食统制政策亦成了国民政府应对粮食危机的法宝，也是中国抗战取得胜利的有力保障之一。

总之，虽然部分学者对"统制经济"思想并不赞成，但无法否认的是，经过学界的鼓吹，"统制经济"思想以一种"强势"的态度在中国兴起。而由于当时的社会状况，国民政府上层也逐渐认为"统制经济"对于国家建设与抗战进行有重要意义，故而在政策制定中积极采取统制手段，以增强政府对整个局面的控制力。

3. 统制经济渗入国民政府决策

在社会各界对"统制经济"进行全面探讨的浪潮中，人们的视角已不单单停留在释义和号召层面，更多地转向对具体统制内容和统制方式的研究。鉴于"统制经济"思想与当时国民政府的发展企图相合，许多政府高层对此极为重视和提倡，甚至开始将"统制经济"与实际政策法规相融合。

1931年12月，陈公博继任实业部长，在其指导下，实业部制定

---

① 杨礼恭编著：《粮食管理篇》，第129—130页。
② 公安部档案馆编注：《在蒋介石身边八年——侍从室高级幕僚唐纵日记》，第229页。

《实业四年计划》(1933—1936)。他在撰写该计划序文中,明确提出采用"统制经济",放弃自由经济的主张。① 因此,在陈公博主导下的实业计划,"确定在政府通盘筹划下,将粮食、棉花、煤炭等重要产业物资统制起来,达到生产与消费、供与求的平衡",试图通过统制手段建设民族经济,摧毁封建割据经济,谋求中国统一的经济。该计划的中心思想主要在于"利用国家权力,实行经济统制,以巩固中央集权"②。

1933年5月,财政部部长宋子文奉命代表国民政府参加世界经济会议,历访各国当局,历时4个月,考察了欧美各国经济情况。③ 在回国抵沪的轮船上,他发表了自己对"统制经济"的主张。在目睹欧美经济、文化、国防突飞猛进的情况下,宋更感慨国内形势的严峻,认为"立国之道,惟在以国民经济为中心,而以国家全力维护与发展之,同时冀望全国上下,化除成见,集合全国之资力物力与人才,以友邦建设之精神,为救国唯一之途径"④。不久,庐山会议召开,蒋介石、汪精卫、宋子文、孙科等人研讨后,决定扩大全国经济委员会,⑤ 作为施行"统制经济"的中心机关,并计划下设棉业、丝业、粮食、煤业、矿业等统制委员会来推进统制事业的发展。⑥

此外,蒋介石很早就产生了统制工商业进而垄断全国经济的意图,他在为复兴社所拟的宗旨中便包括了"统制工商"的主张。1935年4月,他在贵阳发表谈话,提倡"国民经济建设运动"以谋

---

① 陈公博:《序四年实业计划初稿》,《国际贸易导报》第5卷第8期,1933年8月31日,第3—4页。
② 高德步:《百年经济衰荣》,中国经济出版社2000年版,第79页;朱印郸:《实施实业部"实业四年计划"的管见》,《政治评论》第81期,1933年12月14日,第79页。
③ 《宋子文欧美归来》,《社会新闻》第4卷第21期,1933年9月3日,第320页。
④ 《财长宋子文氏抵沪盛况》,《中央周报》第274期,1933年9月4日,第12页。
⑤ 徐元长:《统制经济与中国》,《求实月刊》第1卷第1期,1933年10月15日,第18页。
⑥ ＳＷ:《论中国的统制经济》,《社会主义月刊》第1卷第9期,1933年11月1日,第3—5页。

国民经济之健全发展。① 12月，国民党五届一中全会通过《确定国民经济建设计划大纲》，确定"建设国民经济，必须为全盘之统制"②。1937年2月19日，国民党五届三中全会通过《中国经济建设方案》，规定："中国经济建设之政策，应为计划经济，即政府根据国情与需要，将整个国家经济如生产、分配、交易、消耗诸方面，制成彼此相互联系之精密计划，以为一切经济建设进行之方针。"③ 从蒋介石的经济建设手段可以看出，他的真实动机是在日军侵华步伐不断加快，民族生存危机日益严重的背景下，希望不改变原有的所有制经济格局，利用统制的方式来建立起国家垄断资本主义的经济体制，增强其控制政治局势的经济实力，用"建设统一"来保障其"政治统一"④。

随着全面抗战的爆发，国统区面积日渐减少，日军占领的地区多为富庶之地，对中国工业和农业都造成了严重打击。因此，"尚滞留于'放任'与'统制'之争"的经济措施渐有所改变。⑤ 国民政府一面调整措施来处理紧急经济事务，一面谋划确立战时统制经济体制以稳定社会秩序，动员全国人力、物力、财力以保障抗战胜利。⑥ 从1937年8月开始，国民政府相继颁布了一系列政策与法令，⑦ 8月18日，国民政府颁布了《统制战时粮食管理条例》，其中第三条规定，

---

① 郑会欣：《战前"统制经济"学说的讨论及其实践》，《南京大学学报》（哲学·人文科学·社会科学）2006年第1期。
② 徐建生：《民国时期经济政策的沿袭与变异（1912—1937）》，福建人民出版社2006年版，第55页。
③ 浙江省中共党史学会编印：《中国国民党历次会议宣言决议案汇编》（第二分册），1985年，第295页。
④ 何虎生：《蒋介石传》，中国工人出版社2015年版，第204页。
⑤ 《国家总动员会议工作报告》（1942年9月12日—1943年2月3日），台北："国史馆"藏（以下不再——注明），国民政府档案，档案号：001—047330—00003—001，第23页。
⑥ 陈雷：《经济与战争：抗日战争时期的统制经济》，第106页。
⑦ 为有效实施统制经济，国民政府加强立法，先后颁布《非常时期安定金融办法》（1937年8月）、《统制战时粮食管理条例》（1937年8月）、《战时农矿工商条例》（1937年12月）、《非常时期工矿奖励暂行条例》（1938年12月）、《非常时期禁止进口物品办法》（1939年7月）、《巩固金融办法纲要》（1939年8月）等，为统制经济的实施提供了依据。参见陈雷、戴建兵《统制经济与抗日战争》，《抗日战争研究》2007年第2期。

第二章　全国粮食管理局的成立

宜在行政院下设战时粮食管理局，负责管理生产、消费、储藏、价格、运输及贸易、统制及分配等事项。此外，必要时在各省市重要地点设分局，直隶于管理局。①但此条例仅有5条，亦极简单。之后，计划在全国范围内逐步推行贸易统制、资源统制、粮食统制、金融统制等措施，②"统制经济"似已成为该阶段抗战与建国的核心思想。

随着淞沪会战的失利，南京已经暴露在日军的炮火下，10月29日，国民政府在南京召开国防最高会议，确定将重庆为国民政府驻地。1937年10月，军事委员会扩充组织，在第四部下设农产、工矿、贸易3个调整委员会，其中农产调整委员会负责管理粮食的生产、收购、销售、储存及运输，并在一定程度上予以资金运输的协助及补助。③农产调整委员会虽负有粮食管理的责任，但它的主要工作还是组织土特产品的出口和运销业务，④粮食工作因为国民政府的西迁未能及时开展，并在之后的机构改组中被调整合并。⑤

11月20日，国民政府发表了移驻重庆办公的宣言，"为适应战况，统筹全局，长期抗战起见，本日移驻重庆，此后将以最广大之规模，从事更持久之战斗"⑥，为此粮食管理机构随之西迁。1937年12月，南京失陷，战争有扩大和持久的趋势。为适应战时体制，次年1月，国民政府公布《修正行政院组织法》及《经济部组织法》，将实业部改组为经济部，任命翁文灏为经济部部长，原有实业部的林垦署

---

① 《战时粮食管理办法》（1937年—1940年），行政院档案，档案号：014—040504—0015，第9—15页；《中华民国法规辑要》（第2册），1941年，第26页；《国府公布战时粮食管理条例，将设立专局通盘统制》，《金融周报》第4卷第7—8期合刊，1937年8月25日，第27页。

② 齐海鹏、孙文学、张军编著：《中国财政史》（第3版），东北财经大学出版社2015年版，第354页。

③ 《农产调整委员会实施办法》，《会务旬报》第50期，1937年12月11日，第5—6页。军事委员会第四部亦有调查之责，1937年9月—11月，军委会第四部派员赴江苏、江西、湖南调查粮食生产事宜。参见《军事委员会第四部派员赴江苏、江西、湖南等省接洽食粮生产事宜报告》（1937年9月—11月），实业部档案，档案号：四二二—2102。

④ 王洪峻：《抗战时期国统区的粮食价格》，第123页。

⑤ 郝银侠：《社会变动中的制度变迁——抗战时期国民政府粮政研究》，中国社会科学出版社2013年版，第18页。

⑥ 《国民政府移驻重庆宣言》，《江西地方教育》第100期，1937年12月1日，第16页。

及合作司归并经济部农林司。① 同时，农本局也转而隶属于经济部，直接控制粮食的收购运销及举办各类农产贷款，总局随西迁而移至重庆。鉴于战时后方各省农业经济的重要性，国民政府开展了以西南各省为业务中心区域的计划，希望增加战时生产，充实抗战力量。农本局成立之初，其事业范围本身就较为广泛，经济部成立之后，又将农产调查委员会归并改组为该局的农业调整处，并接收原属财政部的粮食运销局。② 虽然该局在粮食管理的组织层面有所提升，但并未改变其对粮食管理的单一性，更多侧重于监管方面，无论在组织建设、经费管理、业务实施等方面都存在明显不足。农本局虽然对农村经济及农业金融制度有不容忽视的作用，但其"一无资金，二无人手，三无政治权力"③，无法完成政府要求的粮食控制，平价效果并不理想，而农产调整委员会并入农本局后，业务范围的模糊更是影响了农本局的正常工作。1938年2月1日，毛雏科长请示经济部次长何廉，谓经济部成立后，已接到行政院训令，前由军事委员会提出设立战时粮食管理局之事，是否在经济部设立？4日，何廉回复称，"关于设立粮食管理局一案，尚待考虑，此时暂从缓议"④。4月1日，国民党临时代表大会通过《中国国民党抗战建国纲领》，确定"经济建设，以军事为中心，同时注意改善人民生活，本此目的，以实行计划经济奖励海内外人民投资，扩大战时生产"，成为国民政府抗战时期"统制经济"的重要方针。⑤ 同年10月，国民政府颁布《非常时期农矿工商管理条例》，作为后方统制经济的基本法规，其中规定47种农工矿主要产品为战时管理物品，粮食作为重要战略物资也在列，同时经济部

---

① 《经济部时代之农业行政组织——农林司》，《世界农村月刊》第2卷第1期，1948年1月16日，第42页。
② 朱汇森主编：《粮政史料》（第一册），第129页。
③ 何廉：《何廉回忆录》，朱佑慈等译，第157页。
④ 《经济部关于设立粮食管理局有关文书》，经济部档案，档案号：四—8894，第2—4页。
⑤ 中国国民党浙江省党部编印：《中国国民党历届全国代表大会宣言集》，1938年，第80页。

提出对于指定的物品需要设专门的机关进行管理。① 1939 年 1 月 29 日，国民党五届五中全会宣言中提到，经济建设作为抗战胜负、建国成败的关键所在，需要根据战争形势及战时人民生活的需要，分清轻重缓急，"实行统制经济，调节物质之生产消费"②。至此，统制经济政策基本得以确立。

1940 年 7 月初，国民党召开五届七中全会，在这次会议上，粮食问题成为主要讨论的问题，对于平抑物价提案较多，如蒋介石、陈肇英、卫立煌、徐恩曾、谷正纲、孔祥熙等人均有提案。③ 会议通过全国粮食管理政策，建立各级管理机构的提案。之后，最高国防会议特别召集了三次粮食会议，详细商讨"机构与办法"，决议：第一，制定全国粮管局组织规程，设置全国粮管局，统筹全国粮食的产销、储运、调节供求关系等事项，各省设立省粮食管理局，管理全省及调剂各县粮食，各县成立县粮食管理委员会，主任委员由县长兼任，副主任委员由省派，在乡镇设立粮食干事。第二，军粮应该统筹，至少要为前方作战部队全部统筹，并且决定每年在收获时期将全年所需军粮一次办妥。第三，管理粮食要从市场做起，然后逐步扩展至生产地区，最后达到农村，将全部粮食动态掌握在粮食管理人员手中。④ 各级组织的完备，目的在于积极解决现有粮食困难问题，积极"预作未来的根本准备，以便配合持久抗战，确立未来国家对于粮食管理的根本基础"⑤。然而，短期内抽调大量人员充任乡镇干事，任事前并须加以训练，无论人员、时间均较紧张，尽管全国粮管局责令各县赶印教材、加速训练，能在 1941 年 1 月 "全数设置"，但仍不得不在空置期内暂时借助宪兵力量以充任。即使每位乡镇干事设置、到任以后，

---

① 李珪主编：《云南近代经济史》，云南民族出版社 1995 年版，第 498 页。
② 荣孟源主编：《中国国民党历次代表大会及中央全会资料》（下册），光明日报出版社 1985 年版，第 548 页。
③ 秦孝仪主编：《中华民国重要史料初编——对日抗战时期》第 4 编 "战时建设"（三），第 193—243 页。
④ 全国粮食管理局编印：《全国粮食会议报告》，1941 年 6 月，第 19—20 页。
⑤ 卢作孚：《全国粮食会议开幕词》，载凌耀伦、熊甫编《卢作孚文集》，北京大学出版社 1999 年版，第 525 页。

宪兵"仍可继续执行协助职务"。12月初，蒋指示重庆卫戍区总司令部刘峙、卢作孚及张群，各乡镇干事如有缺乏，可请宪兵暂代。刘峙随即派遣宪兵第三、十二两团协助，第三团担任江津、合江、璧山、永川等七县任务，重庆附近16县由第十二团负责，1—7日先后进驻。合江宪兵队密报，县长张懋彝为人狡猾异常，处事敷衍，对全国粮管局派往该县的视察员刘平衡十分傲慢，张称病不会客，刘往访五次而不得一见；武胜、涪陵两县县长更为无礼，对派往宪兵竟推诿不见。①

驻涪陵第三团第八连排长张玉书12月8日报称，宪兵队1日到达涪陵县，张2日即往访该县许协揆县长，但许以躲避突袭为借口，将县府公办地点移至城南郊外，且每日住所不定，联络会晤困难，张接连多日往访未能谋面，县长只命县粮管会秘书许悟生出面接见。许张二人交谈时，许秘书初只询以与粮政无关问题，张遂抬出"乃奉行钧座命令办理粮管问题"，冀以施压。许答：贵排士兵既然无事可做，彼等往河边码头梭（应为逡——引者注）巡，防止无采买证者购买米粮及无运输证者意图偷运。张要求县府对此下达执行命令时，许又谓"此乃临时，俟后再说"。张对许县长、许秘书之行径作为极为不满，满腹牢骚称：自到该县以来，县长未获一晤面，且有关人员许悟生此次会外，均未一见面，似此竟置职等于无用之地，粮管问题如何谈得推进？9日，张终与许县长得见，许县长谓此前曾有服务宪兵何魁连长部下驻涪，但何连长对人对事"诸多不妥"，此次又派宪兵进驻，

---

① 《粮政（三）》（1940年9月6日—1946年8月5日），国民政府档案，档案号：001—087000—00003—008，第65—94、45—56页。合江宪兵队记载该县长姓名为张樊彝，查《合江县文史资料选辑》第4辑（政协四川省合江委员会、合江县县志编纂委员会1985年8月编印）及《泸州市志》（泸州市地方志编纂委员会编，方志出版社1988年版，第1263页），所记均为"张懋彝"，"樊"应为"懋"之误。另据卢中人1940年所记父老之言，称张"平易近人，少官僚气，与人言，谦而有礼，恭敬诚恳，温雅有学者风度。其为政不鹜高远，不假吹求，兴复市廛，因陋就简，与民休养生息。不汲汲于功利，不取悦于上司"。参见卢中人《张懋彝在合江县长任内的散闻》，《合江县文史资料选辑》第4辑，第94—95页。王玉娟称其任合江县长后决心清正为官，但因卷入地方党派之争，最终心力交瘁病逝。参见王玉娟《民国川省县长的铨选与考绩》，四川大学出版社2014年版，第172页。

"恐难发生效力",意在拒绝张排长所部进驻,并已电请全国粮管局另请指派他部担任。① 何魁连长部下与该县情形到底如何,或发生怎样的不妥之事,限于资料无法得知,但以另派他部为名、拒绝宪兵进驻的意图则是明显的。这从宪兵进驻后所开展的工作即可得到证明。

各县宪兵队领命而来,任务繁杂,可分为公开与秘密或直接与间接两种,公开、直接任务常由各县根据情况指定,如据驻长寿第三团第八连排长罗远鹏称,该宪兵队到达10日后,由该县县长卢起勋指定任务有二,一是取缔部队拦购粮食,并派兵至乡镇要道巡查;二是派兵长驻沿河街道,协助县粮食管理委员会调查粮食状况。第十二团驻璧山宪兵队的任务,由当地县长王仕悌指定为彻查陈谷,调查米商是否登记,军人有无抢购等。另据驻忠县宪兵队第三团第八连排长12月6日报告,其公开任务包括五个方面,一是监督与辅助县粮食管理委员会行使职权,二是稽查取缔粮食行栈私自买卖、购运粮食及抬高物价、囤积居奇,三是稽查取缔部队机关团体私买或抢购粮食,四是稽查取缔驻忠县部队有无拦路强买拉夫情形,五是调查全县各乡镇粮食出产、消费情形及有无囤粮不售或倚势舞弊情形,此外,宪兵队对于忠县征购军粮及每月供应重庆食米数量亦须予以监督。② 从公开层面来看,驻县宪兵是奉命派驻某县,须听从县长指挥,从而更好地宣传、执行粮管法令,属"协助"地位。

除了这一公开任务,驻县宪兵还肩负"秘密调查大户及粮食管理各种真相"的秘密使命,对粮食管理、"党政社会诸情形"从事"间接调查"③。如前所述,蒋命令各县呈报大粮户5—10家,这对于自然条件优越、田地广阔、粮产丰富的川西平原各县来说,并不能真实反映大粮户数量,如果各县虚报、瞒报,则更不易得到确数。

---

① 《粮政(三)》(1940年9月6日—1946年8月5日),国民政府档案,档案号:001—087000—00003—008,第96—97页。
② 《粮政(三)》(1940年9月6日—1946年8月5日),国民政府档案,档案号:001—087000—00003—008,第94—99、52页。
③ 《粮政(三)》(1940年9月6日—1946年8月5日),国民政府档案,档案号:001—087000—00003—008,第54、99页。

对此，行政院经济会议秘书长贺耀组也认为灌县呈报5户、双流17户"是否确实，不无疑问"①。因此，借助宪兵等力量继续密查实有必要，由驻县宪兵密查大粮户是对各县主动呈报300市石粮户的补充。如果说大粮户数最终会定格为户数、粮额等数字的话，而"粮食管理真相"的范围则宽泛得多，地方管理机关工作作风是否松懈，地方人民是否阻挠粮政推行，粮政宣传效果是否符合预期，是否乱发采购证或未经许可大肆采购粮食，部队及补训处是否擅自在地方拦购米粮等也是宪兵密查内容，并且须由宪兵团长、宪兵队队长定期撰写密查报告，或上报全国粮管局，或密报卫戍区总司令部。对于更为严重的"真相"，如县长及各经公务人员假借粮管业务贪污舞弊情节重大且有实据者，土豪劣绅阻挠粮管工作及富商巨室收购囤积抬价者，宪兵团长可"直报"于蒋核办。对于另一"真相"，即地主富户可能会将存粮转移至佃户等处，蒋亦有思虑，并于12月11日分别向卢作孚、张群致电，要求二人"特别注意"，如有告密者，应将"赏项速发"。果不出蒋所料，所驻合川宪兵队报告，该县第三区来滩镇粮民潘霖之年收租谷900余石，其中500石存于龙石镇孙家场各佃户家中；白沙场杜少美年收租谷600余石，并接连购囤千余石，将陈谷200余石分存各地自做米房中；第四区大河坝易殿臣则利用生产合作社为掩护。②

　　宪兵对上述各县种种情形的报告，侍从室自然不能坐视不理，一方面转知川省府对各县办理粮政状况严加考核，必要时议处撤职；另一方面，告知宪兵团长，由团长直接与不合作县份县长接洽，劝其消除疑虑。③

　　7月11日，在国防最高委员会召集的粮食会议上，重庆市市长吴

---

① 《粮政（二）》（1940年8月16日—1941年11月18日），国民政府档案，档案号：001—087000—00002—006，第75页。
② 《粮政（三）》（1940年9月6日—1946年8月5日），国民政府档案，档案号：001—087000—00003—008，第54—56、82页。
③ 《粮政（三）》（1940年9月6日—1946年8月5日），国民政府档案，档案号：001—087000—00003—008，第65、54—56页。

国桢主张应该加强粮食统制。① 随着局势的变化，国民政府"一方面亟力提倡粮食增产，一方面积极加强粮食管理以掌握粮源，调节供需以平抑粮价"②，为此对粮食机构进行了逐步调整，希望充实国力，支持抗战建国。1940年8月，粮食收购运销工作便转到新成立的全国粮管局手中。③ 在全国粮管局成立后，蒋也表达了统制粮食的观点，认为"不许自由买卖为法则也"，因为"在此紧急生死关头，若不破除经济学说上正统派自由贸易观念，则所谓管理者必等于纸上谈兵，必误大事"。这一点，贺国光、何浩若等人亦赞同，认为在战时经济体制下，一切不合时代要求的理论，一切不合抗战需要的主张，均应放弃。④

除此之外，中央农业实验所与全国稻麦改进所也随国民政府西迁而向后方转移，这使全国农业研究重心转移到了西南地区。1938年1月，全国稻麦改进所并入中农所，在四川、湖南、广西、云南、贵州等省设立工作站，分派技术人员常驻各站，协助后方各省政府办理农业改进工作。⑤ 1938年5月行政院核准《全国农业推广实施计划纲要》，决定设立农产促进委员会作为中央推广组织。农产促进委员会下设总务、技术二组，其中技术组负责督导各省推广工作，训练推广督导人员，计划推广事业，调查推广效果及研究改进推广方法等。同时为增加推广效果，农产促进委员会商请中央农业实验所派遣技术人员，兼任该会推广专员及督导员，⑥ 共同为粮食增产出谋划策以稳定抗战经济力量。

---

① 《粮食管理机构组织办法案》（1940年—1941年），行政院档案，档案号：014—040504—0025，第25页。
② 《前言》，秦孝仪主编《抗战建国史料——粮政方面》（一），台北："中央"文物供应社1987年版，第1页。
③ 张跃庆等主编：《经济百科辞典》，中国工人出版社1989年版，第79页。
④ 薛月顺编辑：《蒋中正总统档案：事略稿本》（44），台北："国史馆"2010年版，第257—258页；《赋税（一）》（1940年），蒋中正"总统"文物档案，档案号：002—080109—00011—003，第20页。
⑤ 刘荣志、向朝阳、王思明主编：《当代中国农学家学术谱系》，第40页。
⑥ 《全国农业推广实施计划纲要》，秦孝仪主编《抗战建国史料——农林建设》（二），第139—140页。

国民政府全国粮食管理局研究

为适应抗战需要,调剂粮食供求,并防止资敌起见,内政部、军政部、经济部与后方勤务部会商拟具《各战区粮食管理办法大纲草案》《各战区粮食管理处组织规程草案》。1938年4月,国民政府军事委员会公布《各战区粮食管理办法大纲》《各战区粮食管理处组织规程》。大纲共33条,第3条规定在各战区设立战时粮食管理处,隶属所在地战区司令长官部,并在其主管区域范围内选择适当地点设立分处。第19条规定:"战区粮食管理处得直接办理粮食之采购、加工、储藏及配销事宜。或委托仓库、合作社、商号或其他相当机关团体代办,以供军粮民食,并平衡粮食价格。但不得以营利为目的。"同时第22条规定:"战时粮食管理处于必要时,得在粮食重要市场斟酌实际情形,妥慎规定粮食之最高或最低价格,以防止投机操纵。"① 同时,要求各战区在4月底前(后展至5月15日)均设立战时粮食管理处,并拟具计划后上报。② 对于战时粮食管理处所需经费,则由各战区与省政府分摊负担,并先在第一、二、三、五战区试办。③

此外,同年6月颁布的《非常时期粮食调节办法》对非战区各省的粮食管理也规定了相应的调节办法。不过由于1938年后方粮食普遍丰收,粮食供应尚不感困难,粮价普遍稳定,甚至有个别地区低落,因此后方各省对上述各项粮食管理的措施并未作具体的实施。④

就农业管理机构而言,1937年、1938年之交有实业部(主管农、工、商、矿、渔牧、林垦、劳工、合作等行政)、全国经济委员会(主管水利、公路、公共卫生建设事宜)、军事委员会第四部(主管

---

① 《战区粮食管理办法》(1937年—1940年),行政院档案,档案号:014—040504—0015,第16—64页;《为转发各战区粮食管理办法大纲及战时粮食管理处组织规程仰知照》,《湖北省政府公报》第361期,1938年6月15日,第3—4页;重庆市档案馆编:《抗日战争时期国民政府经济法规》(下册),第321—323页。
② 《战区粮食管理办法》(1937年—1940年),行政院档案,档案号:014—040504—0015,第16—64页;《为转发各战区粮食管理办法大纲及战时粮食管理处组织规程仰知照》,《湖北省政府公报》第361期,1938年6月15日,第3—4页。
③ 《战区粮食管理办法》(1937年—1940年),行政院档案,档案号:014—040504—0015,第60—64页。
④ 陈雷:《抗战时期国民政府的粮食统制》,《抗日战争研究》2010年第1期。

第二章　全国粮食管理局的成立

轻工业、贸易、农业等动员事宜）、军事委员会第四部农产调整委员会（主管农产调整事宜），在全国粮管局成立之前，与粮食有关的机构有行政院各战区购粮委员会、军事委员会战区屯粮监理委员会、经济部平价购销处、军政部军粮总局、农本局农产调整处、四川粮食管理委员会、四川购粮委员会、川康建设期成委员会各办事处，行政院各战区购粮委员会负责监理抢购湖南、江西、安徽等省粮食任务；军粮总局掌理全国部队、军事机关、学校军粮现品或委托购办计划、筹备事宜；农本局有关粮食业务属于农产运销；农业调整处是调整农业生产与农产运销，都是没有管理职权的。① 可以说"名目繁杂，关系重叠，步调凌乱"②。

对于如何设立机构，何廉认为，"要管理，必先调查登记，兹事体大，非有真正执行机构不可。不仅应有这个机构，并且要予这个机构以充分的职权，俾能彻底执行其任务"③。早在1938年10月，即有人建议国民政府中央应设立战时粮食管理局，各省设立战时粮食管理分局，各县设立战时粮食支局，支局掌管各该县的食粮运销、调节事务，各县的粮食调节由省分局掌理，各省的粮食调节则由中央粮食管理局主持。各县运销情形，逐日上报各省，各省再上报中央，可达盈虚互济、供求平衡。④

何廉曾试图说服经济部长翁文灏，由翁向行政院提出设立粮食管理局，以征收实物土地税。"这是控制粮食供应和分配的唯一办法。"⑤ 对于设立专门的机构，嵇祖佑、经济部次长秦汾、吴国桢均

---

① 《粮食管理机构组织办法案》（1940年—1941年），行政院档案，档案号：014—040504—0025，第18—22页。
② 齐植璐：《十年来之经济建设》，载谭熙鸿主编《十年来之中国经济》，中华书局1948年版，第1189—1190页。
③ 《粮食管理机构组织办法案》（1940年—1941年），行政院档案，档案号：014—040504—0025，第22页。
④ 李超英编著：《抗战建国纲领研究·经济篇》，第23—24页。
⑤ 何廉：《何廉回忆录》，朱佑慈等译，第162、164页。有时人将田赋征收实物表述为"收获课税法"，"谓以土地总收获为标准，就总收获中征收若干分，作为赋税之方法"。参见丘汉平《战时田赋兼用收获课税法之我见》，载陈明鉴编《田赋改征实物论集》，福建省银行经济研究室1941年版，第6页。

表赞同。吴国桢认为，新设立的机构"要有钱，又有权"①。

为从积极方面实施管理，国民政府于 1940 年 8 月 1 日设立全国粮管局，9 月 12 日，全国粮管局对原有规程作了修正。②四川省在 9 月 28 日遵照中央颁布的省粮食管理局组织规程，"就原有省物价平准处之一部，改组为粮食管理局"③。

虽然国民政府积极推进粮食管理机构的设立，但从整体来看，这些机构在业务上多有重叠，机构责任界限模糊，管理范围相对有限，对粮食管理的执行力度也不足，正如戴笠 1940 年 11 月向蒋介石所言，全国粮管局"亦已颁布紧急管理实施办法，但迄今徒然一纸空文，并未见诸实行"④。经济会议秘书处亦言："目前所最急需者，厥为加强执行力量。"⑤ 执行力量有限，面对日益严重的粮食问题，则无法进行有效的控制。

二 1940 年粮食危机的爆发

粮食作为关系国计民生的重要物资，对之进行管理符合以民为本理念。战前，国民政府根据形势变化不断尝试设立、调整粮食管理机构，以适应对军粮民食的调控。全面抗战爆发初期，国统区粮食问题并不严重，军粮民食的供应基本可以得到满足，粮价也相对平稳，甚至有些地方出现跌落情况。⑥ 1937 年，湖北各地粮食丰收，"鄂食粮

---

① 《粮食管理机构组织办法案》（1940 年—1941 年），行政院档案，档案号：014—040504—0025，第 26 页。
② 《全国粮食管理局组织规程》（1940 年 7 月 30 日），重庆市档案馆藏（以下不再一一注明），重庆市政府档案，档案号：0053—0002—00358—0000—042—000，第 42—43 页；重庆市政府、行政院秘书处：《关于修正全国粮食管理局组织规程条文的训令、公函》（1940 年 9 月 12 日），重庆市政府档案，档案号：0053—0002—00255—0000—010—000。
③ 陈大维：《抗战以来四川粮食之回顾》，《中国行政》第 1 卷第 4—5 期合刊，1941 年 5 月 30 日，第 57 页。
④ 《赋税（一）》（1940 年 11 月），蒋中正"总统"文物档案，档案号：002—080109—00011—005，第 39 页。
⑤ 《赋税（一）》（1941 年 4 月 10 日），蒋中正"总统"文物档案，档案号：002—080109—00011—007，第 69 页。
⑥ 徐可亭先生文存编印委员会编印：《徐可亭先生文存》，1970 年，第 110 页。

本年绰有余裕",通城县新谷 170 万石,每市石新谷价格低至 1.7 元,鄂东数县则低至 1.5 元,仍无人购买。① 1938 年,四川粮食大丰收,据农林部中央农业实验所估计,达致"最高收成",米谷总量达 15590 万市石。② 7 月 15 日至 8 月 15 日重庆每市石白米的趸售价格由 10.4 元跌至 9 元,减低 13.5%,同时小麦趸售价格由 5.8 元降至 5 元,跌落 13.8%,次月白米与小麦价格又继续下跌,分别减低 1.1% 及 4.0%。③ 此外,成都、南充、贵阳等重要粮食市场价格指数也较前半年有所下降。④

但是,1939 年夏秋之际,各地的粮价开始普遍趋扬,"川省粮价于二十八年年底,已露上涨端倪,二十九年正月间各地粮价更呈剧增之现象"⑤。从粮价下跌到粮价上涨,后方粮食问题逐渐凸显。自 1940 年春开始,后方各省无论省会城市还是中小城市,均突然出现粮食短缺,粮价高涨。根据金陵农学院农业经济系的调查,成都 1937 年每市石零售米价平均为 11.85 元,1938 年为 11.15 元,1939 年为 12.35 元,1940 年猛涨至 52.35 元。如以 1937 年每市石米平均指数为 100,1938 年因丰收,稍有下降,为 88.9,1939 年为 98.5,1940 年骤然上涨至 400 多,涨了 4 倍多。⑥

各地粮价之所以激增,其重要原因是粮食总量有所下降,据农林部中央农业实验所估计,1931—1937 年,川、鄂、湘、赣等 12 省米谷总量平均为 715000000 市石,1938 年为 754000000 市石,1939 年为 763000000 市石,1940 年为 666000000 市石,减少近 1 亿市石。1940 年亦为四川"收成较差"年份,米谷总量仅为 88600000 市石,

---

① 《鄂粮食管理局今开始办公》,《新闻报》1937 年 8 月 2 日第 8 版;《鄂本年各地丰收,粮食管理局今日成立》,《时报》1937 年 8 月 2 日第 3 版。
② 《赋税（二）》（1941 年）,蒋中正"总统"文物档案,档案号:002—080109—00012—003,第 23 页。
③ 杨蔚:《粮价与粮食问题》,《经济汇报》第 4 卷第 7 期,1941 年 10 月 1 日,第 2 页。
④ 王洪峻:《抗战时期国统区的粮食价格》,第 4 页。
⑤ 朱汇森主编:《粮政史料》（第四册）,第 120 页。
⑥ 潘鸿声编著:《成都市附近七县米谷生产与运销之调查》,第 27 页。

较上年减少62500000市石。① 据武汉大学经济学会1940年调查，四川嘉定粮食零售价格亦上涨较剧，如以1937年指数为100，到1939年12月增至151.2，1940年10月粮食价格指数达884.0，上涨了8.8倍。每市斤上等米平均价格从1937年0.077元涨至1939年年底的0.112元，1940年则有两次突涨，一次是5月，从4月底的0.185元涨至5月初的0.34元；一次是10月，其中10月份涨幅最大，从9月底的0.489元涨至10月初的0.685元，10月下旬再涨至8角左右，有几日甚至高达9角。② 据日本大使馆所做的调查，四川乐山食物类物品价格指数如果以1937年为100的话，至1939年年底涨至189.8，1940年年底涨至1109.8，至1941年7月时，已涨至2817.1，涨幅达28倍多，上涨速度十分惊人。③ 有人认为，成都或四川米荒是"人造米荒"④。《中央日报》社论对于1940年一二月间的物价尤其是米价，在新谷行将登场之际，反而"超越常规的飞涨"现象，用了"这不能不算是令人惊疑的奇事"的表述。⑤ 据重庆市社会局局长包华国从武胜县得到的消息，1940年7月初，武胜县几天之内每斗米价已从2.5元陡涨至5.0元。⑥

除了四川省，其他省份个别大城市因粮价上涨而严重影响人民生活及社会稳定，甚至小县城也出现抢米现象。湖南滨湖南县粮价节节上涨，1939年9月每市石为2.45元，11月为3元，1940年3月为4元，9月为5.5元，11月为6.8元，1941年1月为7元。一年时间增长了1倍余。如在粮产不丰、消费县份，则增长更速。⑦

---

① 《赋税（二）》（1941年），蒋中正"总统"文物档案，档案号：002—080109—00012—003，第23—24页。
② 国立武汉大学经济学会编：《四川嘉定战时物价特刊》，1940年12月30日，第7—13页。
③ 上海日本大使馆特别调查班编印：《四川省农村物价统计表》，1943年，第16—17页。
④ 章柏雨、汪荫元：《各国农产物价统制实施》，商务印书馆1946年版，第110页。
⑤ 《社论：平定物价的根本观念》，《中央日报》（重庆）1940年8月10日第2版。
⑥ 《粮食管理机构组织办法案》（1940年—1941年），行政院档案，档案号：014—040504—0025，第28页。
⑦ 全国粮食管理局编印：《全国粮食会议报告》，第60页。

第二章　全国粮食管理局的成立

表2-1　各重要城市粮物价指数（1937年上半年=100）

		1937年	1938年	1939年	1940年	1941年
成都	物价	100.0	113.0	182.8	580.9	1525.4
	米价	95.2	88.8	99.2	419.4	2053.6
桂林	物价	105.2	128.6	236.3	460.9	1013.7
	米价	98.0	130.0	189.0	323.0	1001.2
贵阳	物价	105.8	166.1	308.2	620.1	1253.5
	米价	85.1	63.1	122.1	333.3	932.7
昆明	物价	106.8	164.5	396.4	1006.9	2055.6
	米价	98.0	133.0	385.3	1182.7	1693.0
衡阳	物价	104.1	158.6	279.8	452.7	1020.4
	米价	101.7	126.7	235.0	368.3	1916.2
赣县	物价	103.3	118.4	156.4	356.9	845.4
	米价	98.0	91.0	100.0	464.4	1303.3
西安	物价	105.1	136.6	230.3	503.4	1104.4
	米价	104.0	116.0	245.3	537.7	1020.4
兰州	物价	109.7	154.8	218.3	391.4	1030.6
	米价	106.7	120.4	173.6	273.1	870.3

资料来源：王泰管：《当前粮价问题概观（附表）》，《粮食问题》第1卷第3期，1944年12月25日，第34页。

从表2-1可以看出，虽然1938年成都和赣县粮价略有下降，但从整体趋势而言，各重要城市物价和粮价指数均同时不断攀升，而且随着物价的上涨，米价也不断上涨，1937年平均粮价指数为98.34，而1940年平均粮价指数为487.74，比1937年平均增长了4倍。特别是从1940年开始，两项指数开始成倍增加，其中成都、贵阳、昆明、赣县、西安等省1939—1940年粮价指数增长幅度高于物价，而昆明、赣县、西安的粮价指数开始反超物价。还有资料表明，如果以1930—1936年平均粮价为100，后方20个城市的统计指数，1938年12月为130，1939年12月达220，1940年6月涨至424，半年之中，平均粮价几乎上涨1倍。同一时期，全面物价上涨幅度为159%，整体而言，粮价上涨速度已经超过物价全面增长速度，足见粮价问题的严重性。①

在粮食产量下降，市场粮食紧张，粮价持续上升的情况下，多地出现抢米风波。1939年3月，"成都大小各报不断发表文章，要求政府'平抑米价'，'封仓平粜'，市郊一些地方连续发生贫民群集抢米和'吃大户'的事情"。14日，国民党为打击共产党，故意制造了新南门抢米事件，并煽动群众去抢米，由于当时民众心理恐慌，确实有许多人争先恐后去抢米。② 3月12、13日，郫县、新津即有抢口袋、抢米之事发生。14日，从不缺粮的成都发生抢米风潮，黄季陆指出，"根据各方提得情报研判，完全是由中共'匪党'从中策动，共产党在四川曾经组织了一个春荒暴动委员会，就是抢米风潮的策动者"，并污蔑共产党要借米价高涨之名烧毁全城的银行、仓库、米铺、饭馆，造成整个社会的不安，破坏社会。③ 四川黑市米价每市石有超过400元的，"今年粮食问题，愈形严重"④。

1940年3月22日，"最近云南担米涨至一百二十元，幸未出事。但福建则发生抢米风潮"⑤。1940年春，昆明发生米荒，是由少数大地主投机倒把造成的。为了解决此一问题，何廉先赴昆明再赴越南河内，与龙云及云南省银行行长、云南锡业工业公司负责人缪云台商

---

① 王洪峻：《抗战时期国统区的粮食价格》，第140页。关于1940年粮食是否歉收，时人亦有不同记载，录此备考。沈雷春等援引中央农业实验所报告，认为该年川、滇、黔、湘、鄂、宁、青、甘、陕、赣、桂、粤、闽、浙14省夏季收获可达最好年成收获的七成，并指出该数字"尚是估计数字，实际收获当比此数字大"，"足以证明中国二十九年粮食的大丰收"。参见沈雷春、陈禾章编著《中国战时经济建设》"农业"，世界书局1940年版，第39—40页。

② 成都市委党史研究室编：《抢米事件》，成都出版社1991年版，第4、82页。

③ 黄肇珩、胡有瑞、徐圆圆等记录：《孔祥熙先生百年诞辰口述历史座谈会纪实》，载陈鹏仁主编《百年忆述——先进先贤百年诞辰口述历史合辑》（一），台北：近代中国出版社1996年版，第293—294页。

④ 《赋税（一）》（1940年），蒋中正"总统"文物档案，档案号：002—080109—00011—003，第16页。

⑤ 公安部档案馆编注：《在蒋介石身边八年——侍从室高级幕僚唐纵日记》，第123页。

议，从河内进口大米至昆明，之后与法国铁路总监谈妥，运米至昆明市场，解决了昆明米荒。①

军粮采购也出现困难。1940年3月，第三战区司令长官顾祝同致电行政院，谓自1939年10月以来，米价腾涨不已，甚至有价无市，军民采购极感困难。② 四川省政府委员兼粮食管理委员会主任委员嵇祖佑在1940年7月11日的粮食会议上，曾介绍之前四川军粮的购买情况，谓1940年川省府令县长办理军粮，并规定军粮按照市价购买，但县长并未切实办理，原因之一即领款手续麻烦，1939年9月的购粮款到12月份才领得支付通知书，其时适逢实行公库法，手续更为烦琐，直至1940年2月才拿到钱。四川曾有两次购买军粮，一是正值谷价最低之时，大户人家均在市场售卖，采购者比较容易购得。二是责成县长、专员负责采购，但专员的做法是"今天来请示，明天来请示，延迟复延迟"，错过了米价最低的时间，而无法购足，继之采取摊购之法，农户不堪其扰。但摊派仍不敷采购数量，遂指定某家保留若干数量粮食，以备采购，在此过程中，"误用封仓字样"，民怨四起。所以，国防会秘书厅在1940年7月14日讨论军粮与民食的管理问题及起草《各级粮食管理机构组织要领》时，多数人同意将"原有中央各机关中之购办军粮、管理民食部分（职权及人事）应一律并入管理局"③，此处所说的"管理局"，即指即将成立的全国粮管局。

粮食危机的出现，其原因是多方面的。根据金陵大学农业经济系师生研究，成都米价上涨原因有九个方面：各地歉收；收获时期各方争购；囤积者多；宜昌沦陷；黑市影响；生产力减少；运输费用昂贵；居间商人过多；工资高涨。④ 各种原因中，除了宜昌沦陷与各地

---

① 《何廉谈滇省民食问题》，《政治建设》第2卷第5期，1940年4月，第82页。
② 《省属粮政单位组织规程（一）》（1937年—1941年），行政院档案，档案号：014—040503—0005，第21页。
③ 《粮食管理机构组织办法案》（1940年—1941年），行政院档案，档案号014—040504—0025，第24—25、42页。
④ 潘鸿声编著：《成都市附近七县米谷生产与运销之调查》，第27—30页。

歉收属于客观原因外,其他各项因素都可以通过管理而收效。

1. 粮食减产

全面抗战爆发后,最为直接的影响就是国统区耕地面积逐渐减少,良田荒废。华北平原、长江中下游及珠江下游地区等是国内重要的粮食产区,大部分遭到了日军的摧毁,据1939年1月农本局的调查,被毁的耕地面积达40余亿亩。① 据农林部常务次长钱天鹤估计,我国沦陷区总面积约占28%,"但稻米产量损失却达1/3,高粱1/4,小米1/5,玉米1/2,薯类2/5,小麦3/4,豆类1/3"②。因此,重要粮食产区沦陷对于粮食供应来说打击巨大。

大后方虽是战时重要的粮食生产区,但大量农村壮丁被征调到前线,且后方的建设事业不断地吸收农村劳动力,导致农村青壮年劳动力源源外流,农业所需劳动力日渐减少。③ 据统计,1940年四川总人口约计4600万,其中男性占2400万左右,④ 除去城市男性人口和农村男童及老人,实际农村壮丁数量远远小于2400万。1940年1月,四川省出征壮丁达90万以上,同时还有20万川军出川抗战,总计超过全川壮丁的1/7,而为逃避兵役弃田到城市谋生的农村壮丁又数倍于调训壮丁。⑤ 因此,人口不足容易造成春播和秋收不及时,影响农业生产。

受自然灾害的影响,各地粮食生产也受到一定影响。1939年夏秋,安徽、河北、河南及云南部分地区发生水灾,各县大量良田被淹,即将秋收的粮食也付诸东流,冀中区受灾村庄粮食损失占全年粮食总收获量的67%。⑥ 山东水旱相接,沿海受海啸侵袭,许多地区遭

---

① 董长芝、马东玉主编:《民国财政经济史》,辽宁师范大学出版社1997年版,第279页。
② 郝银侠:《社会变动中的制度变迁——抗战时期国民政府粮政研究》,第45—46页。
③ 任扶善:《战时农工问题》,《新经济半月刊》第5卷第6期,1941年6月16日,第126页。
④ 四川省档案馆编:《抗日战争时期四川省各类情况统计》,西南交通大学出版社2015年版,第31页。
⑤ 陆大钺:《抗战时期国统区的粮食问题及国民党政府的战时粮食政策》,《民国档案》1989年第4期。
⑥ 魏宏运主编:《华北抗日根据地纪事》,天津人民出版社1986年版,第115页。

到风、雹、蝗等灾害的袭击,同时山西东南部、西北部亢旱,部分地区遭受虫灾,粮食多被祸害。1940年春夏,陕西"始以旱荒,继以雹灾,再加上风、霜肆虐,使广大地区大受损害",同时,湖南、广东、江西等部分地区出现了水旱频繁、虫害相继的情形。①

表2-2　　　　1936—1941年粮食产量与消费量差额变化（单位：千市担）

	1936年	1937年	1938年	1939年	1940年	1941年
产量	2488760	2304321	1520221	1525495	1472236	1361891
消费量	2310219	2310219	2310219	2310219	2310219	2310219
差额	178541	-5898	-789998	-784724	-837983	-948328

资料来源：秦孝仪主编：《抗战建国史料——粮政方面》（一），第90—92、228页。

根据表2-2可知,1937年到1940年的粮食产量大约为2304321000市担、1520221000市担、1525495000市担和1472236000市担,在粮食总量减少的情况下,假设消费总量不变,分别缺粮5898000市担、789998000市担、784724000市担和837983000市担,足可见粮食危机程度的加深。值得注意的是,表2-2中所列的各年粮食产量中包含了甘薯、大豆、粟子等难以作为主食的杂粮,因而实际缺粮数量远大于表2-2中所示。

此外,有学者提出,农业贷款的受益群体与放款时间值得深思。一方面富农、中农接受农贷的机会比贫农多,而且富农接受的贷款数额也远大于贫农,加上相关工作人员贪污舞弊,这使得农业贷款难以真正落实到急需的群体。② 农业贷款的放款时间也未尽配合粮食作物生产期,一般农贷机关放款时间"大多偏重在岁尾年头……极易被农

---

① 李文海等主编：《近代中国灾荒纪年续编（1919—1949）》,湖南教育出版社1993年版,第519—540页。
② 郭敏学：《农业贷款与农民贫富之关系》,《农业推广通讯》第2卷第12期,1940年12月,第41—45页。

民用作清理债务或办理年事,其与粮食生产纵有关系,亦微乎其微"①,这在一定程度上阻碍了粮食生产及收获。

2. 囤积居奇

在战争状况下,社会常有一种病态的现象,"尤其是生活必需品昂贵与食粮的飞涨"②,乘机取巧的人利用时机,渔利肥己。全面抗战以后,战区扩大,国民政府及各机关、工厂先后迁往重庆,后方人口剧增,城市粮食需求增加。而受物价、货币、利欲刺激,一般农民存在待价而沽的心理,把粮食藏匿起来,不到市场出售。③据永川宪兵队12月初调查,一般粮户不愿将谷米出售,其原因有二,一是待价而沽,二是对法币缺乏信心。④"积粮的地主认定秋收要减少,粮价可以看涨,于是抬高出售价,或减少出售量",而一些"由外面逃到后方来的游资,遇到滇缅路的封闭,少了弋取高利的机会,乃相率跑入农村,收买粮食,囤积居奇"⑤。粮食散存于民间,市场粮食缺乏,奸商大户乘机操纵,一些贪官污吏利用其特殊地位,巨量囤积,营私舞弊,大发国难财。⑥据经济部、四闻总处等调查,重庆囤积居奇虽甚少,但泸州、合川、成都、新都、温江等处,"颇闻有购储居奇情事"⑦。江北县舒家场周国昌一年内购囤了120市石的麦子,江

---

① 姚公振:《农业贷款与粮食增产之配合问题》,《中农月刊》第4卷第3期,1943年3月30日,第32页。

② 《严惩囤积居奇者》,《后方勤务》第2卷第23—24期合刊,1940年,第1页。

③ 《贺耀组、何浩若拟呈粮食问题训词纲要及为实施粮食管理告川省民众书》(1940年9月),蒋中正"总统"文物档案,档案号:002—080109—00011—003,第8页;《四川省粮食问题——蒋委员长为彻底实施粮食管理告川民众书》,《财政评论》第4卷第4期,1940年10月,第135页。

④ 《粮政(三)》(1940年9月6日—1946年8月5日),国民政府档案,档案号:001—087000—00003—008,第65页。

⑤ 陈正谟:《米谷生产成本调查及川粮管理问题》,中山文化教育馆1940年版,第24、26页。

⑥ 安尊华等:《抗战时期贵州田赋研究》,知识产权出版社2015年版,第100页。

⑦ 《粮价平抑办法(二)》(1940年—1948年),行政院档案,档案号:014—040504—0058,第21页。

津县白沙镇士绅古明顺两个月就囤购了 490 市石的米谷。① 还有"杨全宇事件"所提到的"勾串大川银行重庆分行经理欧书元、合川万福臻粮行经理李佐臣，冒用重庆福民面粉厂名义，购囤小麦数百石之多"②。总之，受上述因素影响，市场上出现人为性缺粮的情况，粮价非理性地高涨。与此同时，消费者恐日后价格上涨，以讹传讹，也开始竞相购买，更加大了市场压力，也加剧了供需矛盾，导致抢购米粮风潮迭生。重庆市社会局长包华国在 1940 年 7 月中旬曾指出，"现在做米粮生意的，有许多不是商人"，包将这种商人称为"非正式商人"，也就是张群所说的"半官半商"，这些人"即常常藉政治上的力量来操纵市场"③。1940 年 7 月 24 日，蒋对四川省成都省党部主任委员黄季陆指示：一是准备对粮食管理局工作之宣传，二是密查囤户，尤其对于党政军各界囤积者，更应彻查密呈。并把这项工作放于与禁烟、兵役、清剿同等重要地位。④ 福建省福鼎县狡猾富户，则"藉以低价收买"，普通农户寅吃卯粮。⑤ 因此，囤积居奇是导致粮价上涨的重要因素。

3. 运济困难

抗战全面爆发后，随着沦陷区迅速扩大，交通运输破坏严重。随着日军侵入腹地，交通路线大多被日军占有，且自动或被动破坏的数量日益增加，导致重庆地区及接近重庆的各产粮地区，粮食向后方运输感到困难。后方各省也因长江航区缩小、水路运输多遭切断、工具人力欠缺导致运济出现问题；即使能够运到，日益增加的成本也并非

---

① 陆大钺：《抗战时期国统区的粮食问题及国民党政府的战时粮食政策》，《民国档案》1989 年第 4 期。

② 虽然有学者提出杨全宇是受其侄贺某连累，并受贺国光诬陷的，但也从侧面反映了当时确实存在奸商、官吏囤积居奇的现象。参见政协四川省西充县委员会文史资料研究委员会编印《西充文史资料选辑》第 7 辑，1988 年，第 63 页。

③ 《粮食管理机构组织办法案》（1940 年—1941 年），行政院档案，档案号：014—040504—0025，第 38—40 页。

④ 薛月顺编辑：《蒋中正总统档案：事略稿本》（44），第 97 页。

⑤ 福建省农林处统计室编：《福建省各县区农业概况》上册，福建省政府统计处 1942 年版，第 74 页。

一般消费者所能负担。同时因不能计程运达，接济不及时，容易发生群情恐慌。①

从1939年起，日军出动飞机千架，对战时首都重庆实施了长期的狂轰滥炸，②除了造成房屋及粮食等易燃物资烧毁严重外，联通各地的道路亦损毁严重。1940年5月1日，日军发动宜昌战役，为配合地面进攻，改变了对重庆的轰炸战略，将零散轰炸"升级"为大轰炸。③而宜昌撤守导致江运被阻断，滨湖余粮不能转运，使依赖川省接济的鄂西军粮民食出现严重供求失调。④

广东、福建、浙江等省均为缺粮省份，幸赖各省拥有沿海的地理优势，因此可以仰赖洋米接济。但随着沿海海口被敌人封锁，洋米进口量减少，来源短缺，军粮民食大受影响。为此，国民政府积极谋划省际调剂，在抗战期间，四川、湖南、江西并称为后方三大产粮区，政府极力调动赣米、湘米对缺粮省份或周边省份予以救济，⑤但因日军不断入侵，交通路线受阻，导致省际粮食运转调剂不畅。

4. 货币因素

抗战期间，由于主要税源地区不断丧失，财政赤字日益严重，国民政府试图依靠增发不兑现的法币作为弥补财政的手段。1936年年底，法币发行总额还只有12亿元；1937年开始印发数额逐渐增加，至1940年年底，已共计发行79亿元，与1936年相比增加了6倍以上。1939年1月，国民党五届五中全会批准了孔祥熙等增发法币政策，这也使得法币从缓慢膨胀阶段进入到恶性膨胀阶段。⑥

---

① 尚义：《如何解决粮食问题》，《东南经济》第3期，1941年3月，第67页。
② 卞修跃：《侵华日军反人道罪行研究》，团结出版社2015年版，第9页。
③ 陈应明、廖新华编著：《浴血长空：中国空军抗日战史》，航空工业出版社2006年版，第197页。
④ 《国民政府粮食部关于检送有关粮政工作报告的公函》，1945年4月12日，中国第二历史档案馆编《中华民国史档案资料汇编》第5辑第2编"财政经济"（九），江苏古籍出版社1997年版，第361页。
⑤ 张树军主编：《中国抗日战争全景录》（江西卷），江西人民出版社2015年版，第183页。
⑥ 杨荫溥：《民国财政史》，中国财政经济出版社1985年版，第157页；袁远福、缪明杨编著：《中国金融简史》，中国金融出版社2001年版，第165页。

日本方面通过印制大量伪钞来加速通货膨胀。他们利用伪钞购买军用物资，并通过军票兑换真正的法币，将真伪法币混合使用，不仅加速法币贬值，打击法币信誉，扰乱中国金融，还窃取各种物资以补己之需。①

此外，一些贪官污吏和大资本家为方便逃避资金，用法币大量购买外汇，②使得法币价值不断下跌，物价上涨。有鉴于此，很多农民觉得将法币存储至银行不如囤积稻谷来得安全，而消费者急于购买粮食，故会以高价购买，亦推高了市场粮价。

5. 成本增加

1940年起，通货膨胀日益加剧，百物昂贵，造成粮食生产成本及民众生活成本大幅增加。四川地区1939—1940年自耕农每市石米的生产成本由12.6元涨为23.8元；而地主每市石租谷成本由3.6元提高到6.7元，地主每市石租米成本也从7.2元涨至13.4元。③一方面，由于农村劳动力减少，雇工工资不断上涨，特别是物产丰富、交通便利、人员缺乏的地区工价益高，即使是边远贫瘠地区人工尚不十分缺乏的县份，工价也远比战前要高。④据调查，1940年的工资与1937年相比，平均增加了3倍多，1937年长工的年工资各省平均为53.21元，而到了1940年则涨到了180.56元；短工工资则从平均每月的7.49元涨至25.69元。⑤另一方面，为弥补人力不足，各地普遍借用或租用耕牛，导致耕牛等畜力价格上涨，成本随之增加。物价上涨，民众的生存成本不断增加，农民、地主、粮商等顾及生产或进价成本，粮食出售价格自然随着一般物价亦步亦趋，不断上涨。

---

① 戚厚杰：《谍影：日本侵华中的间谍秘档》，台海出版社2013年版，第208页。
② 杨培新：《中国通货膨胀论》，山西人民出版社2015年版，第108—109页。
③ 陈正谟：《米谷生产成本调查及川粮管理问题》，第19—21页。
④ 《二十九年农工工资调查》，《四川省农情报告》第3卷第11期，1940年11月15日，第14页。
⑤ 秦孝仪主编：《抗战建国史料——粮政方面》（四），台北："中央"文物供应社1988年版，第400页。陕西、甘肃两省农村雇工工资增加速度与幅度均比较明显。参见乔启明、蒋杰《战时后方各省粮食增产问题》，农业促进委员会1942年版，第27页；主计部统计局编印：《中华民国统计年鉴》，1948年6月，第92页。

6. 国民政府重视不足及处理失当

1937年7月至1940年8月，国民政府主要采取粮食自由流通的政策，粮食贸易仍由粮商自由买卖。国民政府虽先后颁布《统制战时粮食管理条例》（1937年8月）、《各战区粮食管理大纲》（1938年5月）、《非常时期粮食调节办法》（1938年6月）、《非常时期评定物价及取缔投机操纵办法》（1939年2月）、《取缔囤积日用必需品办法》（1939年12月）等办法，但因全面抗战初期粮价稳中有降，并未产生严重问题，蒋介石针对粮食问题很少公开表态，对于粮食的态度还是以"放任"为主，对上述法令中的粮食管理"并未切实执行"①，且"地方自给色彩殊浓"②。各省县之间划分界限，彼此封锁、各自为政的情况严重，盈亏调剂难以顺利进行。

此外，蒋介石在《为实施粮食管理告川省同胞书》中提到，1939年9月因粮价有下跌趋势，政府下令"拨巨款，令农本局在川收购粮食，来维持一定的谷价，今春又决定农贷一万万元，来充裕农村的经济"③，这也在一定程度上加速了粮价上涨及粮食危机的发生。1940年九十月间，仍有全国粮管局官员如主任秘书卢郁文认为"中国经两大丰年，粮食绝对有余"④，可见对粮食供应问题认识存在极大不足。

7. 战局的影响

1939年5月之后，日军轰炸以重庆、成都、昆明、桂林、贵阳、西安、兰州、曲江等后方城市为主要目标，1939年12月26日，日军航空兵团第一飞行团第九十八战队对重庆进行了推测轰击，这是抗战

---

① 粮食部在工作报告中提到"顾其时战区范围尚小，交通亦尚便利，产粮丰富区域及广大之农村均在我控制之下。粮食既不虞匮乏，粮价且多低落。故上述各项措施中之粮食管理并未切实执行"。参见《国民政府粮食部关于检送有关粮政工作报告的公函》，1945年4月12日，中国第二历史档案馆编《中华民国史档案资料汇编》第5辑第2编"财政经济"（九），第361页。

② 吴传钧：《中国粮食地理》，商务印书馆1946年版，第154页。

③《蒋委员长发表："为实施粮食管理告川省同胞书"》，1940年9月11日，秦孝仪主编《中华民国重要史料初编——对日抗战时期》第4编"战时建设"（三），第50页。

④《调整全国食粮，卢郁文谈粮管局之工作，各省县将分设管理机关》，《农业院讯》第1卷第22期，1940年10月1日，第7页；《调整全国食粮卢郁文谈粮管局之工作，各省县将分设管理机关》，《大公报》（重庆）1940年8月19日第2版。

爆发后日军对重庆的第一次轰炸。据日军记载:"战果虽不明,但从敌人的无线电信判断,给了敌人极大威胁。"① 1940 年,敌机以政略轰炸为主,战略轰炸为辅,共空袭全国各地 2069 次,机数 12767 架次,投弹 50118 枚,炸死 18829 人,伤 21830 人,损毁房屋 107750 间。② 本年一二月以袭击西南交通线为对象,轰炸滇越铁路沿线,三四月着重破坏浙赣交通,5 月全力攻击重庆,展开了以挫折中国抗战意志为目的的"101 号作战",方针是压制军事、政治中心的航空力量,摧毁重要设施,时间从 5 月中旬起的三个月,第一期针对重庆,第二期针对成都。5 月 17 日为预定对重庆进行有计划轰炸的第一天。实际轰炸自 5 月 18 日开始,1939 年 1 月 7 日实施第二次攻击,1 月 10 日为第三次攻击,1 月 15 日为第四次轰炸。至 9 月 13 日告一段落,共派出飞机 2023 架次,投掷炸弹 10021 枚,且多为燃烧弹。

1940 年 5 月 26 日—30 日翁文灏日记载,日机每天轰炸重庆,26 日三批敌机轰炸重庆,投弹 624 枚,落江水中者犹不在内。27 日轰炸自上午九时到下午三时,造成大量损失。26—30 日,卫戍司令部报告,敌机 387 架,炸弹 1294 枚,伤人 865 人,死人 526 人。③ 6 月,日机对重庆又展开大规模轰炸,宣传部部长王世杰在日记中记述 6 月份日机轰炸重庆的概况。④

面对粮价飞涨的局面,国民政府在分析原因的基础上,采取了一些措施,以遏制粮价过快上涨。1940 年 3 月 16 日,军委会委员长蒋介石致电行政院副院长孔祥熙,同时分别向川黔两省政府、经济部、农本局、四联总处、重庆市政府等颁发手令,"严饬切实取缔"囤积

---

① 日本防卫厅防卫研究所战史室:《中国事变陆军作战史》第 3 卷第 2 分册,田琪之、齐福霖译,宋绍柏校,中华书局 1983 年版,第 34 页;《日军大规模轰炸重庆前四次轰炸报告书》,1939 年,四川省档案局(馆)编《抗战时期的四川——档案史料汇编》(中),重庆出版社 2014 年版,第 943 页。
② 何应钦:《八年抗战》,台北:"国防部"史政编译局 1982 年版,第 334 页。
③ 翁文灏著、李学通、刘萍、翁心钧整理:《翁文灏日记》(下),中华书局 2014 年版,第 480—488 页。
④ 王世杰:《王世杰日记》手稿本,第 2 册,台北:"中央研究院"近代史研究所 1990 年版,第 286—299 页。

居奇，行政院也应采取"紧急有效之处置为要"，规定自即日起，各省县应将存粮调查清楚，作有计划的销售，将米价降为40元；自即日起至秋收前，禁止各银行、合作社购押米谷；如发现囤积者，则米谷充公，相关人员以操纵市价、扰乱治安之罪严惩不贷；除接近战区各省，后方各地停止抢购粮食，并将余粮随时出售应市。蒋介石得知重庆燃料价格及其他日用品物价亦逐步飞涨后，对此非常不满，甚至怀疑经济部、重庆市政府迭次所报有误，有意粉饰，"政府当局有无实行取缔？及现在有无有效处置办法？……平价购销处规定资金，曾否拨付？该处现由何人主管，如何办理？"手令均限即刻送达。并且蒋坚定地认为，"此中显有大户奸商囤积居奇，藉端抬价"，并限20日之前回复。① 蒋如此震怒，以上各省部局处长官均不敢怠慢，18日下午，相关机构在经济部开会，商讨平定粮价、物价事宜。商讨结果有二，一是由经济部主稿，会同各机关回复；二是由四联总处拟订具体平价办法，上呈后迅即实行。20日，四联总处秘书长徐堪将所拟12项办法呈上备览。

为了平息众怒、安抚民众及打压囤积居奇行为，蒋介石将成都市市长、大川银行董事长杨全宇以在任官员囤积粮食罪名处死，上演了一场曹操借粮官王垕人头以平军心的"好戏"②。这一事件被何廉称为"不会解决问题的"暴力事件。事件背后反映的处理危机的思维是蒋介石作为武人独裁者，习惯于通过杀人以立威，正如何廉所言："委员长认为粮食市场可用强制力量来稳定。他认为砍掉几个人的头就能够威慑大多数人，使他们按照政府的要求做。"③ 就像蒋事后所说："我们赏罚一个人，并不是仅仅赏罚他个人的本身，而是要使其影响能及于全国全省。换句话说，就是罚一人要使全国或全省的人都知所警惕。"④

---

① 《粮价平抑办法（二）》（1940年—1948年），行政院档案，档案号：014—040504—0058，第9—13页。

② 高少儒：《蒋介石枪毙成都市长》，载成都市群众艺术馆编《成都掌故》，四川大学出版社1998年版，第73—80页。

③ 何廉：《何廉回忆录》，朱佑慈等译，第164、160页。

④ 《蒋委员长出席全国粮食会议讲："管理粮食应注意之事项"》，1941年2月24日，秦孝仪主编《中华民国重要史料初编——对日抗战时期》第4编"战时建设"（三），第63页。

杨全宇虽被杀立威,但这一案件确实反映出严重的粮荒。

粮食危机出现后,其影响波及社会各个领域与阶层,对人民生活产生极大影响,甚至成为威胁抗战胜利的重要因素。

粮价高涨影响最为深切的就是一般公教人员,因他们的收入为定额,无法轻易随物价上涨,因此负担很重,为紧缩个人及家属的生活费用,不得不牺牲营养水准。一般中小学老师的待遇不高,薪水大约50元,① 独身的教师尚可勉强维持生活,负荷着家庭重担的教师,生活极为困苦,即使是薪金较为丰厚的大学教师也不免陷入困境。

表2-3　云南昆明大学教授的薪津及薪津实值（1937—1941）

时间	生活费指数	薪津约数（元）	薪津实值（元）
1937年上半年	100	350	350.0
1937年下半年	108	270	249.5
1938年上半年	115	300	260.8
1938年下半年	168	300	178.5
1939年上半年	273	300	109.7
1939年下半年	470	300	63.8
1940年上半年	707	300	42.4
1940年下半年	889	330	37.1
1941年上半年	1463	400	27.3
1941年下半年	2357	770	32.6

资料来源:王文俊主编:《国立西南联合大学史料》(四)"教职员卷",云南教育出版社1998年版,第562页。

引者说明:因行文需要,该表仅截取1937—1941年数据。

---

① 张华一:《改善小学教师生活之具体方案》,《上海周报》第3卷第9期,1941年2月22日,第260页;莎零:《大众之声:改善教师生活》,《大众生活》第23期,1941年10月18日,第562页。

从表 2 – 3 可以明显发现，在 1939—1940 年，一般教授的工资（薪津约数）基本保持稳定，但生活费指数却在大幅度增加，薪津在生活消费中的实际价值不断下降，1940 年上半年，他们的待遇与战前相比被削减了 88%，甚至连应付全家生活都是问题。《吴宓日记》中提到一件事，吴宓致函杨宪益劝其就聘浙大，职位为副教授，月薪 280 元，并转达 J. B. Taylor，其女儿 Gladys 若兼任浙大职位可得月薪 200 元。① 因此，与 1940 年上半年物价相比较，大学教授想要维持以往相对"闲适"的生活方式是比较困难的。陈寅恪先生的两首诗更是反映 40 年代教授们的生活状况："淮南米价惊心问，中统钱钞入手空，""日食万钱难下箸，月支双俸尚忧贫"②。由于大学教授大多没有资本、不能经商，不会种田、不能归农，面对物价上涨，为维持家庭经济，③ 有些甚至"挪用储蓄、借债度日、典卖衣物等等"④。

1940 年 8 月 3 日，《中央日报》刊发了一则较大字号消息，题目为"川省府制止米价黑市，社会局扩大公卖业务，渝市食米无虞"⑤，紧接着其下的"渝市简讯"中，即刊登了另一则消息："……物价高涨声中，大学助教，生活清苦，中大全体助教，近向学校当局请求救济，谅能如愿以偿。"⑥ 很显然，这一报道的目的性非常明显，即以中央大学教师申请救济的请求将被满足为例，凸显"渝市食米无虞"。但不可否认的是，这则消息却透露了另一个信息，即中大助教尚且处在申请救济的边缘，那普通民众则更差。

除大学教授外，一般公务人员的生活也非常艰苦。"单靠薪俸过生

---

① 吴宓著，吴学昭整理注释：《吴宓日记》（第七册），生活·读书·新知三联书店 1998 年版，第 168、173 页。
② 陈明远：《文化人的经济生活》，文汇出版社 2005 年版，第 216 页。
③ 谢文炳：《大学教授的悲哀》，《星期评论》（重庆）第 41 期，1942 年 2 月 14 日，第 8 页。
④ 黄方刚：《战时后方的家庭经济》，《星期评论》（重庆）第 41 期，1942 年 2 月 14 日，第 8 页。
⑤ 《川省府制止米价黑市，社会局扩大公卖业务，渝市食米无虞》，《中央日报》（重庆）1940 年 8 月 3 日第 3 版。
⑥ 《渝市简讯》，《中央日报》（重庆）1940 年 8 月 3 日第 3 版。

活的公务员，尤其是低薪阶级，以一日之所得已不足维持其个人一日生活，如果家口繁多，或者家运多艰，则窘迫情形，可想而知。"① 王子壮在1940年2月4日的日记中无奈地倾诉道："昨由部带薪水归，约略计之，本月又不敷甚巨。盖因过阴年已先借三四百元，本月又须为铎、昭两人交学费，约二百元。余八百余元之薪金，如何能济此月之用。不得已借款一律不还，并嘱清，竭力撙节家用。盖物价高涨，支应浩繁，如不克己，则最难关日重，终将无法得渡也。"王子壮认为自己在"公务员中亦为收入较高，以人多物贵，痛苦至此。其他一般普通之公务员在生活上，必更感重大之威胁也"②。王子壮的记载只不过是广大后方公教人员的一个缩影，而作为陪都，重庆的各类生活成本增长幅度更大。

表2-4　　　　　1937—1941年重庆市生活费用指数统计

时间	总指数	食品类	衣着类	燃料类	房租类	杂项类
1937	106	106	111	103	106	108
1938	120	107	166	143	129	137
1939	197	150	345	294	209	246
1940	607	578	948	711	474	497
1941	1970	2200	2420	1780	1080	1350

资料来源：孔敏：《南开经济指数资料汇编》，中国社会科学出版社1988年版，第354—356页。

原表说明：1936年7月至1937年6月为100。

引者说明：为行文需要，本表只选取了1937—1941年数据。

从表2-4可以看出，在所统计的重庆市食品、衣着、燃料、房租及其他各类与生活紧密相关的物资中，从1937年开始，各项指数

---

① 胡馨芳：《解决低级公务员生活问题》，《胜利》第107期，1940年11月30日，第6页。

② 王子壮：《王子壮日记（1937—1952）》（第六册），台北："中央研究院"近代史研究所2001年版，第35、127页。

均一路上涨，尤其是1940年之后，可谓处于飙升状态，与1937年相比，增幅最少的房租类大约增长九倍，最多的衣着类增幅达20倍。中小工厂面临破产的危险，工人遭受粮价高涨的压迫。虽然工人的工资有所提高，但远不能追上粮价上涨的程度，其生活备感拮据。中小工厂也须面对人力与物力成本增加的现实，而所出售的价格未必能与成本同比例增长，因此常有不能维持经营而趋于倒闭的事情发生。同时，一般企业为节省开支，只好解雇工人，导致失业率快速攀升，不利于社会的稳定。①

此外，粮价的高涨加速了农村的两极分化。表面上看米价上涨有利于农民收入的增加，改善其生活，但贫农、佃农因收益分配不均仅能糊口，甚至有些佃农因地主收回农田，雇工自耕，导致失去谋生的土地，生活更为困难。少数富农和地主却掌握大量粮食，获得的收入并未投入耕地改良，反而从事投机交易，更是助长了粮价的上涨。②

值得注意的是，粮食危机在影响民众生产生活的同时，也对军粮供应产生不利影响。国统区粮价的暴涨及米粮的缺乏，直接导致军粮筹集出现问题。"军志有云：'石城十仞，汤池百步，无粟不能守'。诚以粮食为军队战斗力之源泉，士饱马腾，足以杀敌制胜，饥兵羸卒，必终败北无疑。"③ 从1940年2月起，士兵月发主食费4元、副食费3元、饷3元，共为10元，④ 可以想象士兵生活的艰难，这极易导致军心不稳，无法全心投入战斗。

1940年4月，在参政会第五次会议上，物价问题成了财经领域的众矢之的，相关提案比比皆是，参政员罗衡等提《请政府迅速采取有效办法调节粮食供求藉以平衡物价而安定人心案》，沈钧儒等提《请政府严格取缔投机垄断并抛售屯积米谷平抑物价以求民困而固后方

---

① 秦孝仪主编：《抗战建国史料——粮政方面》（一），第223—224页。
② 杨寿标：《粮价与农民经济》，载濮孟九主编《战时粮价特辑（粮情周报百期纪念特刊）》，粮食部调查处1943年版，第28—29页。
③ 张桂编著：《我国战时粮食管理》，正中书局1944年版，第1页。
④ 何应钦：《何上将抗战期间军事报告》，周谷城主编《民国丛书》第2编（32），上海书店1990年版，第310页。

案》，王世颖等提《抑平物价政府应紧急处置案》，胡景伊、黄炎培、陈豹隐、张澜等提《请政府从速确定平抑物价计划改进统制物价方法并调整主管物价机构案》，褚辅成等提《请政府速筹平准物价妥善办法以维民生建议案》等，多达12项，几乎占到全部25项提案的半数。① 而作为物价变动重要基础的粮价，更是成为国民政府重点讨论的议题。蒋介石曾有如下言词：1940年6月间，宜昌失守，英法惨败，久旱不雨，物价飞涨，西南交通被封锁，敌机轰炸不断，陪都及其他各地人心惶惶，粮价日涨，各地抢米风潮迭起，"当此之时，环境险恶，比任何时期为甚"②。也正如农本局拟具的《战区各省食粮收购办法大纲》言："连年迭告丰稔，难保明年不被荒歉，万一不幸而言中，今所虑其过剩者，即将患不足。"③

1940年7月6日，国民党第五届七中全会上，蒋介石提议在行政院下设立经济作战部，将经济部改为工商部，专管工商及矿业，经济作战部下设粮食管理处、贸易委员会、物资调节处、敌伪封锁处、物价委员会及各战区经济委员会。在此次全会第五次会议上，经济组审查委员会提出，对于战时粮食管理，尤须建立强有力机构，使公正廉明人员主持粮食生产消费事务。④

20日，行政院核准成立粮食管理委员会，通过《行政院粮食管理委员会组织规程》，规定该会目的为调剂民食、平定粮价。关于粮食管理委员会组成人员，规程规定由行政院院长及粮食相关机构中指定五至九人为委员，其中一人为主任委员。设秘书长一人，秘书、总干事、干事、视察员、稽查员等人由委员会任命。委员会下设总办事处，下设各组，处理日常事务。粮食管理委员会成立后，至当年12

---

① 国民参政会秘书处编印：《国民参政会第五次大会纪录》，1940年，第92—112页。
② 蔡盛琦主编：《蒋中正总统档案：事略稿本》（45），台北："国史馆"2010年版，第278—279页。
③ 《战区各省食粮收购办法大纲》（1939年—1940年），行政院档案，档案号：014—040504—0090，第8页。
④ 《中国国民党五届七中全会经济组审查委员会提出对于财政经济交通报告之决议案》，1940年7月6日中国国民党五届七中全会第五次会议通过，秦孝仪主编《中华民国重要史料初编——对日抗战时期》第4编"战时建设"（三），第217页。

月底先后制定的条例规程、章则办法、特种规定共计27种（其中9种组织规章、18种管理办法）、50种证照表式。①

1940年11月15日，戴笠向蒋介石报告了11月11日参加全国粮管局召集会议的情况，据戴笠分析，近期粮价飞涨原因有六：第一，各县乡镇阻挠粮食流通，为完成征购军粮任务而封闭仓库；第二，中央各机关部队如兵工署各厂及军需署被服厂派员下乡，大批囤购，甚至高价争购；第三，《告四川民众书》中曾限定1939年陈谷如在1940年10月15日前不出售，则一律充公，但并未见充公，这也助长了民众、粮商囤积之风，且损害了政府威信；第四，农村经济活跃，农家不必急于出售余粮；第五，征购军粮、办理积谷、捐献军粮、学米、米津、优待谷名目繁多，导致囤粮者增多；第六，各县驻军就地征购，甚至有拦路购买、转卖牟利之事，致使粮商不敢运粮上市。②12月6日，宪兵第十二团驻邻水县特务连排长杜天培报告，新二十九师八十六团在该县购米100市石，运往长寿县；第九荣誉军人教养院虽已发军粮，但上峰准其购贩粮食。③

在粮食危机日益严重时，委员长侍从室第四组陈方在1941年5月呈复蒋的签呈中建议："今日对粮食问题，决不应再有政府应否管制之争议，应研究政府宜采用如何管制办法。"④也就是说，无论是政府还是主管机关，应该抛弃此前关于自由流通与强力管制之间的分

---

① 行政院粮食管理委员会编印：《行政院粮食管理委员会法规汇编》，1940年12月。
② 《赋税（一）》（1940年），蒋中正"总统"文物档案，档案号：002—080109—00011—003，第21—30页；《赋税（一）》（1940年11月），蒋中正"总统"文物档案，档案号：002—080109—00011—005，第38—40页。据载，四川省政府将部分积谷拨用优待谷后，本省积谷数量截至1940年4月仅存2885847.296市石，与一户一市石标准相差较巨，1940年11月拟定《二十九年度各县市区办理仓储注意事项》《四川省各县市整理仓储暂行办法》，通令各县继续募集与整理。这项政策与鼓励粮户售粮不无抵牾之处。参见《粮政（三）》（1940年9月6日—1946年8月5日），国民政府档案，档案号：001—087000—00003—004，第31—35页。
③ 《粮政（三）》（1940年9月6日—1946年8月5日），国民政府档案，档案号：001—087000—00003—008，第85—86页。
④ 《赋税（二）》（1941年5月14日），蒋中正"总统"文物档案，档案号：002—080109—00012—005，第48页。

第二章　全国粮食管理局的成立

歧与争议,而坚决地奉行统制经济,建立战时经济体制,以求得管理粮食的实际效果。

三　酝酿成立粮食管理机构

全国性粮食专职管理机构的出现并非偶然,它是经过战前反复讨论与尝试,适应战时特殊情况并契合时代主题的抉择,多方力量、多重因素、多重背景促成了这一机构的出现。四联总处深入研讨经济学家孔雪雄的视察报告后,对其设立中央粮食管理局的提议表示赞同,并向国民政府建言。在随后召开的国民党五届七中全会上,国民政府筹设粮食管理机构的想法以提案的形式正式亮相,并引起与会人员的关注。蒋介石趁此下令,要求国防最高委员会召开粮食会议,细化粮食管理方案,商讨粮食机构组设问题。在国防最高委员会秘书长张群的推动下,粮食会议初步确定了全国粮管局的组织纲要及四项粮食管理办法。

1940年1月,四联总处派遣农业经济学家孔雪雄前往后方各地视察屯粮、资金贴放及地方金融情形。在近3个月的考察中,他发现粮食情况变动剧烈,原来的丰灾谷贱转瞬变为粮价高涨,各地甚至出现粮荒,因此采购屯粮的计划施行困难,江西、浙江、安徽、河南各地的屯粮数量竟连原定数额的一半都未达到,严重影响抗战。为此,他从机构、运输、屯储等方面提出管理军粮民食的想法。特别是在机构管理方面,"目前各地购粮委员会及粮食管理处,责任概不专一,人员亦多系调用",他认为这是粮政工作进行迟缓、管理松懈、效果不佳的最大原因。因此,孔雪雄向四联总处建言:"窃以为宜设中央粮食管理局,专责统筹计划全国粮食之调查统制事宜。各省分设省粮食管理处,秉承中央意旨,办理军粮民食之分配、购运,屯储等事。"同时,他建议将各地购粮委员会及战区粮食管理处的某些组织撤销,将粮食管理及屯粮事项完全交由省粮食管理处统一责成办理,并调动各方有关机关参与,提高粮食行政的灵活性及有效性。[①]

---

① 《孔雪雄关于视察各地屯粮情形等的报告》,1940年4月30日,重庆市档案馆、重庆市人民银行金融研究所编《四联总处史料》(下),档案出版社1993年版,第235—236页。

5月25日，四联总处秘书处根据孔雪雄提交的报告，组织召开第10次理事会议，讨论各地屯粮贴放工作。与会人员一致认为，粮食问题作为军需民生的大事，绝非临时管理机构所能胜任，必须做好通盘规划，这就需要有专门的管理机关负责屯储调节。为此，四联总处向国民政府建议："现有各省区粮食管理处一律改组，均隶属于中央粮食管理局之下，以打破过去粮食区域封锁之恶习，使粮食生产有无相通，供求平衡，非省县所得而私。"① 在多方提倡下，用专门机构来增强粮食行政力量的想法，逐渐进入政府上层的规划之中。

在设立专门的粮食管理机构前及其设立初期，各省有关田赋征收事宜的文件，大多报送内政、财政两部备案。如1940年5月28日，陕西省政府制定的《陕西省各县征收田赋章程》，在省府委员会第198次会议决议通过后，"咨内政、财政部备案"②。各地粮食行政管理较为紊乱，效率低下。兹举两例。1940年5月7日，浙江省政府制定《浙江省粮食管理办法》，将之呈送行政院鉴核备案。6月13日，行政院院长谕"交经济部核复"，6月30日，经济部部长翁文灏致函行政院秘书处，"此案似可交由第三战区经济委员会核议"。7月12日，行政院收到回复后，另谕"交第三战区经济委员会核复"。8月27日，第三战区经济委员会将《浙江省粮食管理办法修正意见》共计五条呈送行政院。行政院收到修正意见时，已是9月13日，而全国粮管局已于8月1日正式成立，行政院遂于26日将修正意见转饬全国粮管局核办。10月11日，全国粮管局函复："查省粮食管理局组织规程、县粮食管理委员会组织通则早奉院会通过，公布施行在案，似应由院转令该省政府根据该项组织规程、通则，先将原有省县粮食管理处改组为省粮食管理局、县粮食管理委员会"，并未对管理办法及修正意见作出明确答复。24日，行政院指令浙江省政府，遵

---

① 《秘书处关于屯粮工作未甚满意应如何改善案的说明》，1940年5月25日，重庆市档案馆、重庆市人民银行金融研究所编《四联总处史料》（下），第239—240页。

② 《陕西省各县征收田赋章程案》（1941年），行政院档案，档案号：014—040201—0110，第8页。

照全国粮管局意见执行。① 从这一事件可以看出,从 5 月上旬呈报管理办法至 10 月下旬做出最终答复,时间长达 5 个多月,涉及部门包括浙江省政府、行政院、经济部、第三战区经济委员会、全国粮管局五个部门,尽管处于战时这一特殊时期,但粮食管理的重要性是不言而喻的,其效率之低仍难免被诟病。

再如江苏省粮食管理办法的核复经过。1940 年 5 月 20 日,江苏省府主席韩德勤向行政院呈报了该省制定的《非常时期江苏省各县查禁粮食出口出境暂行办法》及《江苏省各县管制境内粮食暂行办法》,7 月 2 日,行政院秘书处"拟交财政、经济两部核复"。8 日,行政院正式通知财、经两部核办。但 10 月 12 日行政院才收到经济部的公函,并且经济部在公函中明确表示:"现时全国粮食管理局,业经成立,本案关于粮食管理部分,拟请发文该局核议,以期周密。" 21 日,行政院秘书处再次将两项办法交由全国粮管局核复,而行政院最后收到该局回复公函时,日期为 11 月 16 日。25 日,行政院指令江苏省府"准予试办"②。从该省呈送办法到行政院最终作出处理结果,时间逾半年之久,距行政院第一次下发时间已达 4 月有余,即就行政院第二次下发,也将近一个月。战时交通阻隔,效率低下似情有可原,这恰说明建立专门的粮食管理机构、提高粮政效率的必要性。

7 月 1 日,国民党在重庆召开五届七中全会。③ 会议由蒋介石主持,历时 8 天,全面讨论了党务、政治、军事、外交、财政、经济、

---

① 《省市粮食管理办法(一)》(1940 年—1948 年),行政院档案,档案号:014—040504—0017,第 1—23 页。

② 《粮食流通管制办法(一)》(1940 年—1948 年),行政院档案,档案号:014—040504—0021,第 15—35 页。该两项办法被批准实行不久,江苏省粮食情形已发生较大变化,该省遂于 1941 年 1 月 22 日呈请废止《非常时期江苏省各县查禁粮食出口出境暂行办法》及《江苏省各县管制境内粮食暂行办法》,并制定《江苏省战时物产调整处农产品统制办法》,请求备案。参见《粮食流通管制办法(一)》(1940 年—1948 年),行政院档案,档案号:014—040504—0021,第 36—49 页;《江苏省战时物产调整处农产品统制办法》,《江苏省政府公报》第 10 卷第 38 期,1940 年 9 月 20 日,第 6—7 页。

③ 《中国国民党第五届中央执行委员会第七次全体会议纪要》,《中央党务公报》第 2 卷第 28 期,1940 年 7 月 20 日,第 45 页。

教育、内政、交通等各项报告,"尤以关于战时经济问题研究至为详尽"①。此次会议决定仿照欧美各国增设经济作战部,"冀于军政机构方面,尽善尽美,将见战时经济,有更严密的擘画,以帮助军事的成功"②,因此,经济作战部的设立被提上日程。

蒋介石提出,政府需要设置统一决策和集中管理的机构,以完成调节管制的任务。在实际运作中,虽然各经济部门都有各自的主管机关,"但在平时行政体系之下,为应付战时需要,往往随事设置临时补苴,初无整个之计划,以致机构歧出,名目繁多,责任不清,事权不一,重叠矛盾,牵制摩擦之弊,因之而生"。因此,为适应抗战时局,国民党中央认为需要确立战时经济行政体系,将现有机构进行调整,增强国民政府政策制定与督导执行的统一性。有鉴于此,国民党七届五中全会决议在行政院下增设经济作战部,并设置战时经济会议,同时要求在经济作战部下设粮食管理处、贸易委员会、物资调节处、敌伪封锁处、物价委员会及各战区经济委员会,以协调各部门工作,提高分工合作的效能。③

与此同时,本次全会讨论并修正通过了中央检查委员黄绍竑等11人提出的《请确定全国粮食管理政策并建立各级管理机构案》。七七事变以来,国民政府颁布了一些粮食管理的条例及办法,但由于各地境况不同,实施办法未能一致,甚至未能真正实施,使之成为具文。在交通运输日益困难的情况下,国民党中央对各省"掌控度"不够,导致各地更注重自身利益而缺乏全局意识。各地的粮价存在一定差异,而中间商及囤户乘机操纵,更直接影响了军粮民食的供应调节,甚至容易造成社会治安问题,妨碍抗战大局。因此,为更好推行粮食政策,黄绍竑等人认为需要"统一机构,加强管制,不分界限,调剂

---

① 《时事评述——七中全会》,《华侨先锋》第2卷第2期,1940年7月16日,第1页;《五届七中全会》,《前线日报》1940年7月11日第3版。

② 《五届七中全会》,《前线日报》1940年7月11日第3版。

③ 《蒋总裁交议拟于行政院增设经济作战部并设置战时经济会议加强经济行政效率适应长期抗战需要案》,1940年7月6日,秦孝仪主编《中华民国重要史料初编——对日抗战时期》第4编"战时建设"(三),第210—211页。

第二章　全国粮食管理局的成立

有无"，即确立全国粮食管理政策并建立各级粮食管理机构，对各地各级粮食进行统筹管理。为此，黄绍竑等人着重强调《统制战时粮食管理条例》，"战时粮食管理局直隶于行政院，各省市重要地点设分局直隶于管理局，其管理之事项，包括生产、消费、储藏、价格、运输、贸易、统制及分配"，希望国民政府重视，并加快此项政策的落实。①

在国民党五届七中全会召开期间，国防最高委员会曾奉令召集相关人员对粮食问题进行商讨，出台了具体方案，配合国民党中央对战时经济行政体系进行调整，并逐步架构起一个专门管理粮食的机构，尝试将各省独立分散的粮政权力向中央政府集中，并且从进度来看，在蒋介石的推动下，成立机构事宜进展非常迅速。

7月2日，蒋介石下达机秘甲字第3022号手令，"妥定粮食管理调节具体办法，并组织粮食管理局主持办理"。该手令内容为：

张秘书长：

　　军政部，军粮委员会，经济部，农本局，川省粮食管理委员会、民政厅、建设厅各主管官，会同川康建设期成会会员与经济、交通各部次长，限本月七日以前到重庆，由张秘书长召集会议，妥定粮食管理调节具体办法，并组织粮食管理局主持办理，其局长定为一人，副局长三人或改为委员会，由会长与副会长负责办理，其组织原则可照所附意见书，酌核损益，拟定具体条文，期能切实行施也。

　　　　　　　　　　　　　　　　　　中正

　　　　　　　　　　　　　　　　　　七月二日②

这则手令虽不长，但信息却非常丰富。第一，蒋的目标是成立

---

① 《请确定全国粮食管理政策并建立各级管理机构案》，1940年7月6日，浙江省中共党史学会编印《中国国民党历次会议宣言决议案汇编》（第三分册），1985年，第65—66页。
② 《粮食管理机构组织办法案》（1940年—1941年），行政院档案，档案号：014—040504—0025，第9页。此处"张秘书长"指国防最高委员会秘书厅秘书长张群。

粮食管理局，作为管理粮食的专门机构；第二，责成相关机关共同协进，但由国防最高委员会秘书厅厅长张群负责，张群作为蒋之袍泽与亲信，应是推进此项工作的合适人选；第三，蒋对新机构的架构做了初步设计，并且有明确的时间与任务，这也反映出这一问题已到了非解决不可的地步。张群接到蒋的手令后，随即着手召集讨论会，致电致函相关机关负责人参加讨论，参加人员计有军政部军粮总局局长熊仲韬，农本局总经理何廉，四川省政府委员兼粮食管理委员会主任委员嵇祖佑，后方勤务部部长俞飞鹏，重庆市市长吴国桢、社会局局长包华国，川康建设期成会成都办事处主任李璜，泸县办事处主任黄炎培，雅安办事处主任林虎，经济部次长秦汾，交通部次长卢作孚，四川省民政厅厅长胡次威，战区购粮监理委员会主任委员潘宜之，平价购销处处长吴闻天等。国防最高委员会秘书厅召集的粮食会议先后共召开三次，目的在于"妥定粮食管理调节具体办法，并组织粮食管理局主持办理"①，即张群所说的，"一个是机构，一个是方法"②。

7月6日，蒋介石在国民党七中全会上，再次强调了粮食问题及设立专门粮食管理机构的重要性，并将之与"革命精神"联系起来，认为"现在我们革命十余年，各级粮食管理机关，迄未设立，这就表示我们没有革命精神，没有认清实行民生主义之重要"③。因此，管理机构的设立与民生问题的解决息息相关，"粮食管理机构之设立，以求民生问题之解决"④。

第一次粮食问题讨论会。第一次讨论会于7月11日下午4点半

---

① 朱汇森主编：《粮政史料》（第一册），第241—243页。
② 《粮食管理机构组织办法案》（1940年—1941年），行政院档案，档案号：014—040504—0025，第19页。
③ 《半年来工作之检讨与中枢机构之调整》，1940年7月6日出席五届七中全会讲，秦孝仪主编《先总统蒋公思想言论总集》卷17"演讲"，台北："中央"文物经销社1984年版，第390—391页。
④ 薛月顺编辑：《蒋中正总统档案：事略稿本》（44），第10页。

召开。① 会议主席张群在会议伊始强调，会议讨论方向主要围绕粮食机构及其管理方法，希望利用黄炎培向蒋介石递交的粮食调节意见书、黄绍竑等11人的提案及军粮总局送来的提案，仔细研究机构改革问题，同时制定符合时势的办法。此外，他提出，无论是否增设机构，必须提高粮政工作的效率，避免革变机构带来不必要的纠纷。②

何廉依据其粮食管理经验，认为国民政府虽设置了许多粮食管理机构，但多属兼管。他结合农本局在实际运作中的不足，提出必须设置一个充分掌握职权的机构来执行管理粮食的任务。黄炎培从基层建设的角度来看待粮食问题，他表示国民政府要想防微杜渐，必须从地方做起，"纵的方面由下而上，有整个的组织系统，横的方面是要构成一个组织网，彼此密切的联系"，这样才能成立一个顶好的机构。包华国对重庆的粮食情况表示担忧，希望能针对急迫的问题给出解决办法。吴国桢强调，"中国经过三年抗战，已证明了放任政策的不合时宜，而应该要渐渐的加强统制"，建立一个有钱有权的新机构。嵇祖佑也从四川因办军粮而招致抑价封仓事件中认识到健全执行机构并充实经济的必要性。秦汾对比了中外粮政实施情况，认为应架构起一个统一的组织机构，以畅通传达通道，提升政令通行速度，增强各层实施效力。此外，李璜提议政府加强官吏监督，减少其本身的弊病，并使民众了解政府，了解抗战需要，推动粮食办法的施行生效。③

---

① 《粮食管理机构组织办法案》（1940年—1941年），行政院档案，档案号：014—040504—0025，第18—19页；黄炎培著，中国社会科学院近代史研究所整理：《黄炎培日记》（第6卷：1938.8—1940.8），华文出版社2008年版，第308页。根据此次粮食会议第一次会议记录中会议主席张群的发言，似乎此次会议在11日召开也非事先确定，因为张群在发言有如下言词："刚才官邸（应指蒋介石官邸——引者注）曾来电话询问明天何时开会。"张群所指"明天"应为12日，也就是说，对此次会议非常重视、"或者要亲临有所指示"的蒋介石事先并不知道11日要召开粮食会议，如果会期确定，秘书长张群肯定会报告蒋介石。参见《粮食管理机构组织办法案》（1940年—1941年），行政院档案，档案号：014—040504—0025，第18—19页。

② 朱汇森主编：《粮政史料》（第一册），第250—252页。

③ 《粮食管理机构组织办法案》（1940年—1941年），行政院档案，档案号：014—040504—0025，第25页；朱汇森主编：《粮政史料》（第一册），第250—255、257—259页。

第一次讨论会对军粮问题也有涉及。现行的军粮采购大部分是委托粮食管理处办理，各地购粮分会也承担一部分。俞飞鹏介绍了湖南、江西、广东、福建、广西、贵州、陕西、河南、四川九省的军粮办理情况，他认为"军粮比民食还要紧，绝对不能藉口民食来拒购军粮"。熊仲韬认为，军粮与民食具有连带性，胡次威和林虎也表示军粮与民食不能分开，应该兼顾。胡次威设想"中央应设一个统筹的机构，省的粮食管理委员会应使充实，县不设机构，责成县长去做，但须与地方法团领袖及公正士绅切实合作"①。

第一次讨论会的主要目的在于交换意见，与会者"差不多都承认在过去中央是没有这种的组织"②，即没有全国性专门管理粮食的机构。各省虽有，但也不健全。根据各方发言可以发现，在机构问题上，大家普遍主张将各地原有的组织统一起来，在中央政府层面设立一个专门的粮食管理机构以发挥管理调节的效力。③ 会议最后，经卢作孚提议，与会人员推选黄炎培、何廉、卢作孚、嵇祖佑、胡次威、熊仲韬六人起草粮食管理机构和粮食管理调节的具体办法，以供下次开会时讨论。④

12日上午7时，经黄炎培召集，何廉、卢作孚、嵇祖佑、胡次威、严宏基（军粮总局代表）等人在农本局（生生花园）进行粮食会议小组会，此次小组会历时16小时，草拟《各级粮食管理机构组织要领》《救济目前军粮民食办法》《本年秋收后军粮民食统筹办法》《粮食管理局之筹备及其在四川购粮进行步骤》，⑤ 一同交付第二次粮食问题讨论会商讨。

第二次粮食问题讨论会。13日下午4点半，张群主持召开第二次讨论会，以黄炎培等人的小组会议报告作为此次会议讨论的主要

---

① 朱汇森主编：《粮政史料》（第一册），第256—258页。
② 《粮食管理机构组织办法案》（1940年—1941年），行政院档案，档案号：014—040504—0025，第30页。
③ 朱汇森主编：《粮政史料》（第一册），第259页。
④ 张守广：《卢作孚年谱长编》（下），中国社会科学出版社2014年版，第861页。
⑤ 黄炎培著，中国社会科学院近代史研究所整理：《黄炎培日记》（第6卷：1938.8—1940.8），第309页。

内容。黄炎培首先对起草粮食管理机构的要点做了说明，他表示，应在中央设立粮食管理局，新设立的粮食管理局隶属于行政院，管理局中所有局长以下的各级职员均须专任，以防止中央各机关调人兼任，出现因责任不专导致办事效率低下的情况，并将购办军粮和管理民食的责任一律并入管理局，做到事权统一。而在各省，原来的组织可以不必取消，只需调整机构，使上下之间能够彼此联系，必要时可适当增加人员、扩大权力、充实经费，以弥补原有组织的不足。而在县级行政区域，不额外成立机构，粮食管理由县政府全权负责。从黄炎培的发言中可以看出，小组会议成员所设计的各级粮食管理机构，确实从上至下建构起一个密切联系的通道，但各省之间管理机构名称的不统一及县政府职掌事务的多元性仍值得商榷。随后，李璜表示省、县两级还需加强，省级机构要进一步充实，以加强省对县的管理与帮助，而县级机构要做好基层工作，处理好与地方士绅的关系，为粮食管理提供助力。最后，张群提出新成立的粮食管理机构应当采取单一制，他要求省级管理机构统一名称，市县虽不另设机构，由市县政府负责，但须明确规定地方协助人员的名义，即以发动党团来协助还是另由其他社会组织来协助。同时，他认为将"各级粮食管理机构组织要领"的"要领"二字改为"纲要"更为妥帖。①

除此之外，对于粮食调节，个别参会人员也发表了意见。嵇祖佑特别说明《本年秋收后军粮民食统筹办法》中的"折征"及"摊购"两种办法，认为与市场购买相比，这两种办法更易采集余粮、减轻民众恐慌心理。胡次威补充了军粮集中的办法，同时建议："在旱灾严重的县份，应查明情形免于集中，或减少集中数量；在有大批驻军的地方，集中的军粮，应就地拨充军食。"包华国提议制定粮食市场管理办法，加强米粮业同业公会组织，完善公会制度，严格管理米粮商贩。同时，张群也主张加强粮食同业公会，并由三民主义青年团来担

---

① 《粮食管理机构组织办法案》（1940年—1941年），行政院档案，档案号：014—040504—0025，第30页；朱汇森主编：《粮政史料》（第一册），第260—262、264页。

任经济警察的工作。① 这些意见实际是各方从不同角度推动粮食统制理念具体化的表现。

关于工业同业公会，1938年1月13日经济部就已制定了《工业同业公会法》，该法案共11章60条，对同业公会的设立、会员、职员、会议、经费等作了详细规定，"凡制造重要工业品之工厂有同业两家以上时，应依本法组织工业同业公会……其会内各业不得单独组织工业同业公会"，且某些行业已率先设立。②

第三次粮食讨论会。14日上午7时，举行第三次讨论会，该次会议主要议定了《各级粮食管理机构组织纲领》《救济目前军粮民食办法》《本年秋收后军粮民食统筹办法》《粮食市场管理办法》《粮食管理局之筹备及其在四川购粮之进行步骤》五项内容。

在机构设置方面，《各级粮食管理机构组织纲领》规定中央设立全国粮管局，直隶国防最高委员会，原有中央各机关中关于购办军粮、管理民食的机构，一律并入全国粮管局。全国粮管局负责整个军粮民食工作，对粮食购储、分配及调节进行管理，取缔囤积居奇并筹备必需资金。各省设省粮食管理局或充实原有机构组织，隶属于省政府，并受全国粮管局的指挥、监督。各市县的粮食管理由县市政府全权负责，同时在各县市设置粮食调节协进会，聘请地方法团领袖及公

---

① 《粮食管理机构组织办法案》（1940年—1941年），行政院档案，档案号：014—040504—0025，第30页；朱汇森主编：《粮政史料》（第一册），第262—264页。"经济警察"或"经济秘密警察"一词何时在中国首次出现，目前尚不清楚，1938年的《东方杂志》曾介绍了日本的经济警察制度，其职责为"专司监查与强制人民遵行经济统制之各项法令"。参见《监查物资动员的"经济警察官"》，《东方杂志》第35卷第13号，1938年7月1日，第26页。随后，亦有人专文介绍了日本的经济警察制度。参见育宣《日本的经济警察制度》，《中国青年》第1卷第6期，1938年12月21日，第11—12页。在中国，伪北京特别市公署警察局于1939年7月设立经济警察。参见"北京特别市公署警察局"设置经济警察办法》，《市政公报》第56期，1939年7月中旬，第5页。1940年3月23日，即汪伪政府成立前一周，"苏北行政专员公署"训令苏北地区各县（市）警务（察）局内添设经济警察股。参见《苏北行政专员公署训令：令各市县、维持会添设经济警察之件》，《苏北公报》第11期，1940年5月1日，第154—157页。在战时大后方，"经济警察"一词亦屡有出现。

② 《工业同业公会法》，1938年1月13日公布，秦孝仪主编《中华民国重要史料初编——对日抗战时期》第4编"战时建设"（三），第630—641页。

正士绅若干人为会员，共同协助管理。① 各级粮食机构搭建的粮食行政关系网，对于摆脱现实粮食困境具有重要意义。

在粮食收集方法方面，《救济目前军粮民食办法》主要适用于四川，要求立即筹办川省各市县的存粮调查及登记，规定已购军粮集中办法、鼓励商运办法及办理平粜办法。《本年秋收后军粮民食统筹办法》规定粮食采购采用"以实谷折征田赋及摊购两种办法"。《粮食市场管理办法》主要从公会组织、粮食价格、消费团体、粮食机关、地方团社等方面来加强粮食市场的管理。鉴于四川地区特殊的战略地位及粮食情况的急迫性，《粮食管理局之筹备及其在四川购粮之进行步骤》规定1940年7月以前为全国粮管局的筹备时期，由中央组织筹备委员会督导进行，确定机构具体成立时间为8月1日，并要求按时段完成应办事项。②

经过三次粮食问题讨论会议，国民政府初步确定了全国粮管局的组织纲要及各级粮食管理机构的职权，从制度层面为"迎接"新机构做好了准备工作。同时，此次会议确定了三项管理原则，即设立各级管理机构，以便配合持久抗战，确立未来国家对于粮食管理的根本基础；为避免军队与民间纷扰起见，决定军粮应该统筹；管理粮食要从市场做起，然后再逐步扩充至粮食生产地区，最后到达农村，将全部粮食动态掌握在粮食管理人员手中。③ "政策只是理论本体，推进此理论本体到实践途径的活力，是机构。"④ 这三项原则对后来全国粮管局的工作产生了重要的指导作用。

第二节　全国粮食管理局的成立

随着国民政府的西迁，为"巩固和发展"抗战的需要，国民政府

---

① 朱汇森主编：《粮政史料》（第一册），第267—269页。
② 朱汇森主编：《粮政史料》（第一册），第269—275页。
③ 《全国粮食会议报告》（1941年6月），经济部档案，档案号：四—15665，第27—28页。
④ 贺耀组：《八中全会关于经济的指示》，《中央周刊》第3卷第37期，1941年4月17日，第11页。

积极对大后方的农业生产进行开发建设，尤其关注各地的粮食供给情况。

为缓解四川乃至全国的粮食恐慌，国民政府上层开始计划在中央设立一个专门的粮食管理机构，健全各级粮食管理机构体系。国民党五届七中全会决议全国粮食管理政策和建立各级管理机构的提案。同时，最高国防会议要求组织粮食会议共同商讨建立粮食管理机构及其管理方法相关事项，通过3次粮食问题讨论会议，国民政府初步确定了建立全国粮管局的组织纲要及粮食管理办法。与此同时，张群等人从管理经验及人际关系出发，拟定了由卢作孚任全国粮管局局长，何廉、何北衡、熊仲韬为副局长，为全国粮管局做好了管理人员的配置工作。

在国民政府的推动下，全国粮管局的筹建工作逐步进行。一方面，从个人优势及人际关系出发，国民政府快速地完成了新建机构管理人员的配备工作。另一方面，为保障全国粮管局顺利运行，国民政府及地方各级政府也依照规定积极执行组建任务。

一 主管人员的选择考量

全国粮管局的制度框架虽已基本确定，但要担负、行使管理重任，使其更快地步入正轨，还需要加快确立管理人员。7月21日，经济部长翁文灏和张群商谈，拟定卢作孚为局长，何廉、何北衡为副局长。① 26日，张群就成立全国粮管局及相关事宜致函熊仲韬，称蒋介石决定派卢作孚担任局长，希望熊仲韬能协助卢作孚一起开展工作。② 对于管理局人员的人选，国民政府经过了一番考量，不仅考虑到个人的管理经验及其背后所涉及的利益，而且也从政府机构内部的人际关系予以考虑。

四川地区作为当时的政治、经济中心，战略地位十分重要，全国粮管局最为直接的目的是控制并解决四川的粮食危机。国民政府选择

---

① 李学通：《翁文灏年谱》，山东教育出版社2005年版，第220页。关于全国粮管局局长人选，另有消息称由俞飞鹏担任，何廉副之。参见《粮食管理局正进行筹备，下月可成立，将由俞飞鹏及何廉主持》，《大公报》（香港）1940年7月29日第3版。

② 张守广：《卢作孚年谱长编》（下），第863页。

卢作孚担任局长，与卢作孚的个人优势有直接关系，一方面是看重他在四川地区的影响力，另一方面则是因他在交通、乡村建设、粮食管理等方面的实践经验。

卢作孚，原名魁先，生于1893年，重庆合川人，出身于小商人家庭，小学毕业后到成都补习数学与英文，再未入正式学校，而是自学成才，曾开办补习学校，自己边教书边编著教材。杨森任四川永宁道道尹时，曾慕名聘请卢作孚担任道尹公署教育科长，整理川南教育，"颇有声誉"①。杨森升任川省督理后，卢作孚被任命为成都通俗教育馆馆长。1910年参加同盟会，从事反清保路运动，先后担任《群报》《川报》等编辑、主编、记者、社长等职。1925年，卢作孚弃学从商，回到合川，以50000元资本（实收股本8000元左右）在"航业消沉时"创办民生实业公司。②卢主张实业救国，并将该公司发展为抗战时期航运界的重要支柱。与此同时，卢作孚与四川军阀刘湘关系紧密，已是刘的得力助手，并被任命为北碚峡防局和川江航务管理处的主管，直接负责长江上游的重要航线。1929年，刘湘任命卢作孚担任川江航务管理处处长，1930年辞职。"未及八载，资本由八千增至二百余万，汽船由一艘，增至二十余艘，航线由川江而展长至上海。"③1935年冬，卢作孚出任四川省政府委员兼建设厅厅长，后又兼四川粮食调整委员会主任，主要从事粮情调查、仓库建设、粮食仓储及拟具增加粮食生产计划。他经常考察四川各地，对四川经济有整体了解，并"从事粮情调查，建仓储粮、拟具增加粮食生产计划，安定粮价"④，具有丰富

---

① 蔚然：《航业界后起之秀——卢作孚先生与其事业》，《交通职工月报》第2卷第9期，1934年11月，第1—6页。
② 文石：《航业巨子卢作孚》，《人物杂志》创刊号，1946年8月10日，第23—40页；《当代做大事的人——卢作孚先生》，《中外春秋》第2卷第2期，1944年2月1日，第23页。
③ 蔚然：《航业界后起之秀——卢作孚先生与其事业》，《交通职工月报》第2卷第9期，1934年11月，第1—6页。
④ 简笙簧：《卢作孚对重庆大轰炸粮价高涨的因应措施（1940—1941年）》，《中国经济史研究》2009年第4期。

的粮食管理经验。从他所著《四川建设施政纲领》中可以发现，他对粮食管理具有一定的见解。

七七事变后，卢作孚任交通部次长，主持水运。民生实业公司"首先动员起来参加战争"，"四川需要赶运四个师两个独立旅到前方去，公司便集中了所有的轮船，两个星期内，全数从重庆万县赶运到宜昌；紧跟着是上海、苏州、无锡、常州的工厂撤退，民生轮船以镇江为接运的起点，协助撤退，接着又从南京起，撤退政府的人员和公物，学校的师生，仪器与图书；从芜湖起，撤退金陵兵工厂，从汉口起，撤退所有的兵工厂及钢铁厂"。之后，民生实业公司又完成了多次运送任务。1938年，卢作孚担任交通部次长，积极主持部务，具有丰富的交通建设经验，尤其是航运方面，可谓资历深厚。与此同时，他所主持的"北碚模式"成为同时代乡村建设运动中不容忽视的一个范例。1939年时，民生实业公司有轮船116艘、30400吨，后又添购21艘，达137艘、36000余吨。① 抗战期间，航运局中川江一带，民生实业公司几乎是独力支撑。四川省粮食管理委员会成立时，卢作孚曾作为第一任主任委员。② 何廉也认为卢作孚是一个很好的人，在四川省很有名望，可以取得四川士绅的支持。③ 从卢作孚早年履历可以看出，卢作孚在四川、西南地区，在四川政经两界及国民政府有关部门已有较高声望，从而被时人称作"四川张謇""四川甘地"④。

卢作孚与政府之间的商业及政治利益也是国民政府选择其为局长人选的重要因素。全面抗战爆发后，卢作孚所创办的民生实业公司积极参与抗战，不仅调集大批船只帮助政府运送军队和粮食，而且在国

---

① 徐盈：《当代中国实业人物志——卢作孚》，《新中华》复刊第2卷第6期，1944年6月，第110—112页。
② 《粮食管理机构组织办法案》（1940年—1941年），行政院档案，档案号：014—040504—0025，第24页。该委员会成立于抗战全面爆发前，初名为四川省粮食调整委员会，由四川省政府秘书处、民政厅、财政厅、建设厅联合组织而成，1937年7月改为管理委员会。
③ 何廉：《何廉回忆录》，朱佑慈等译，第173页。
④ 俞洽成：《卢作孚先生访问记》，《长城》第1卷第7期，1934年4月1日，第127页。

民政府西迁之时，它又以全部力量承担大量的运输任务。在卢作孚领导下，民生实业公司甚至完成了宜昌大撤退。①晏阳初把这次撤退称为中国实业上的"敦克尔克"。国民政府正是考虑到其与民生实业公司所结成的利益关系，希望利用卢作孚在民生实业公司的影响力来更好地为粮食工作服务。同时，卢作孚在四川的一系列工作，不仅为他打下了社会根基，也为他积累广泛的人脉。在国防最高委员会召开的粮食会议上，参会人员曾提及调动地方士绅来推进粮政工作的问题，而卢作孚因早年在四川地区从事"教育救国"，赢得了一定的声望和荣誉。因此，国民政府让他指挥粮食管理工作，有利于减轻来自地方士绅的阻力，甚至可以利用其在四川地区的名望获得士绅们的支持。②

从副局长人选来看，国民政府亦有一定考虑。何廉1895年出生于湖南邵阳，幼时在"家馆""族馆"接受启蒙教育，1919年赴美学习经济学，其间参与编制物价指数、股票周期等课题的调查，后获耶鲁大学经济学博士学位，对前沿经济理论了解颇深。1926年，何廉学成回国后，受聘于南开大学，开始了在南开工作的第一个十年。同时，何廉开始从事田野研究及教学工作，他曾对国内劳工问题③、外汇问题④、物价问题⑤、政府经济政策与财政问题⑥、浙江等地的农产建设问题发表意见，认为建设中国经济，应侧重于农业方面，务必倍加关注。1936年8月，行政院政务处长蒋廷黻调任驻苏大使后，该

---

① 邓纯东、冯秋婷：《中华精神》（上），中央文献出版社2012年版，第122—123页。
② 何廉：《何廉回忆录》，朱佑慈等译，第188页。
③ 何廉：《劳工统计统制方法之研究》，《银行月刊》第6卷第9号，1926年9月25日，第1—20页。
④ 何廉：《三十年天津外汇指数及外汇循环》，《清华学报》第4卷第2期，1927年12月，第1361—1396页。
⑤ 何廉：《二十余年来我国已编之物价指数》，《银行月刊》第7卷第2号，1927年2月25日，第1—12页；《华北每周批发物价指数编制之说明》，《经济半月刊》第2卷第9期，1928年5月1日，第23—28页。
⑥ 《何廉博士关于中国经济政策之讲演》，《大公报》1927年5月21日第4版；《何廉博士关于中国经济政策之讲演（续）》，《大公报》1927年5月22日第4版；《南大教授何廉博士谈国民政府之财政概况》，《益世报》（天津）1927年7月24日第13版；《何廉讲演统制经济》，《中央日报》1933年12月18日第3版。

职务由何廉继任，何廉开始负责协调行政院所属各部门之间的工作，处理各省市与行政院财务、建设和军事等方面的事务，对各部门的工作内容非常熟悉，掌握了一定的人脉资源。① 1937 年 10 月，原农本局总经理陈振先辞职后，何廉兼任农本局总经理，工作重心转到了粮食管理方面，在军粮购储、大米购销、平衡米价、粮食分配等工作上积累了一定经验。他在回忆录里提到："由于我有粮食管理方面的经验，同时由于做粮食采购和分配工作的人多是来自农本局，我的责任更多的是经营管理。"这恰恰道出了他成为副局长的部分原因。1938 年 6 月兼任经济部常务次长兼农产调整委员会副主任委员，主管农业方面的工作。② 与此同时，他积极倡导、敦促国民政府成立专门的粮食管理机构，是全国粮管局的发起者之一。全国粮管局筹备时，国民政府拟任命何廉为副局长，既考虑到何廉在学界的地位及专长，也有利于全国粮管局与行政院各部门的工作往来，使双方互动更加顺畅。此外，他在被指派职务之前，就准备将农本局在重庆地区的适当物质条件全部移交给新组织，③ 这对全国粮管局前期工作的开展有十分重要的意义。

熊仲韬（1893—1965），字经略，江西新建人，毕业于北京陆军军需学校，是国民党有名的军需谋略家，曾任各级军需官。1933 年，他担任军事委员长南昌行营经理处处长，后任武昌行营、四川行营经理处长、中央军需署军需总监，由此足见其在军需管理方面的出色能力及军需整理建设的丰富经验。1940 年 1 月，军政部在重庆成立了军粮总局并任命熊仲韬为局长，开始专门负责军粮的管理工作，并掌

---

① 《特任蒋廷黻、王正廷为驻俄美大使，何廉为政院政务处长，梁龙升任驻捷克公使》，《中央日报》1936 年 8 月 26 日第 3 版；《行政院昨决议：蒋廷黻、王正廷任驻苏美大使，何廉继任行政院政务处长，派余汉谋兼中央军校校长》，《立报》1936 年 8 月 26 日第 1 版；何廉：《何廉回忆录》，朱佑慈等译，第 89—91 页。

② 《行政院昨决议，梁敬錞为甘财厅长，周雍能升沪市府秘书长，何廉兼任农本局总经理》，《时报》1937 年 10 月 20 日第 3 版；何廉：《何廉回忆录》，朱佑慈等译，第 125、173 页。1939 年 1 月，何廉辞去了经济部常务次长一职。参见《经济部常务次长何廉呈请辞职》，《经济部公报》第 2 卷第 4 期，1939 年 2 月 16 日，第 85 页。

③ 何廉：《何廉回忆录》，朱佑慈等译，第 178—179 页。

握重要的行政实权。与此同时,他还担任军需学校校长,开办军需训练班,培养了大量军需学员和干部,拥有大量军需人才资源及人情关系。① 因此,若有熊仲韬的加入,全国粮管局在军粮筹措方面便有了合适的管理人员。

此外,何北衡的能力、地位也很出众。何生于1896年,名恩枢,系罗江县人。何早年就读于绵阳中学堂,1924年毕业于北京大学法律系,经人介绍入刘湘幕中,曾任刘湘派驻洛阳吴佩孚军中代表,继在四川善后督办公署、江巴卫戍司令部、川东团务委员会等处任职。1926年6月民生实业公司成立后,卢作孚为董事长,何任副董事长,其在民生实业公司的地位可见一斑。1929年,卢任川江航务管理处处长,何任副处长。1930年,他继任川江航务管理处处长,极力扩张航务处的职能,扩大护航范围,建立护航大队,以确保航运安全。他还与外商轮船多次辩论交涉,打破了外轮垄断川江的局面,积累了一定的名声。② 1937年,何北衡任四川省建设厅厅长,在他的管理下,四川省矿业督导处、四川省电话管理处、四川省合作事业管理处、四川省农业改进所先后成立,农业实验研究及推广工作不断加强。1938年,他出任川康水利贷款委员会主任委员。1940年,该会并入四川省水利局,何出任局长,在此期间,他网罗了许多水利科技人才,并积极开展农业灌溉工程。③ 从何北衡的经历可以看出,他和卢作孚一样不仅具有充实的实践经验及丰富的管理经验与管理能力,在四川省内也具有一定的声望和实力,而且两人共事多年,关系很好。

国民政府将全国粮管局的筹备工作交由张群负责。在此过程中,张群在与翁文灏商拟全国粮管局管理人员时,除了考虑人员本身的能

---

① 《江西省人物志》编纂委员会编:《江西省人物志》,方志出版社2007年版,第411页;政协垫江县委员会文史资料委员会编印:《垫江县文史资料选辑》第3辑,1992年,第96页。

② 黄天涛、王朝华:《何北衡》,德阳市市中区政协文史资料委员会编印《德阳市市中区文史资料选辑》第5辑,1989年,第90—91页。

③ 袁嘉新:《何北衡》,严如平、宗志文主编《民国人物传》第9卷,中华书局1997年版,第323—328页;德阳市地方志编纂委员会编纂:《德阳市志》(下),四川人民出版社2003年版,第1946—1947页。

力外，也不免存有私心。受社会政治生态的影响，官场人际关系枝枝蔓蔓，形成各种利益集团，要想在其中生存，张群等人也不免要进入"圈子文化"之中。

南京国民政府成立后，一批旧的"政学系"成员投靠蒋介石，成为其亲信幕僚，"并与一些国民党官僚、政客、学者等，结成联盟"，逐渐形成"新政学系"，张群、翁文灏便是其中"新政学系"的重要成员。① 蒋介石主要依靠的支柱型派系有四家：党务靠CC系，军事靠黄埔系，行政靠政学系，外交靠亲英美系，各派系之间充满了争权夺利。② 在经济大权的争夺上，孔祥熙与"新政学系"冲突明显。

在平时工作中，孔祥熙作为财政部部长，时常给掌管经济部的翁文灏"使绊子"，导致经济部在建设资金和开展业务上受到限制。何廉曾自述："从一开始我就和政府里一批被称为政学系的人常有联系。这一批人包括有张群、吴鼎昌、张嘉璈、翁文灏、王世杰和熊式辉。黄埔系和CC系认为他们是与之对立的，孔祥熙对于我同这一批人有联系很是恼火。"③ 有时候孔祥熙还会正面作对。何廉曾表示需要财政部的支持，以控制重庆高涨的粮价，但孔祥熙直接回答"我们不能那样做，我们没有这笔钱"④。此外，农本局每年本应由政府拨款600万元，直到拨足3000万元为止，但编制1938—1939年预算时，财政部特别是财政部次长徐堪试图将预算减少一半。徐堪与孔祥熙是"一路人"，这里自然少不了孔的影子。⑤

面对全国粮管局这个大饼，张群和翁文灏阵线一致，尽可能避免孔的染指，即使徐堪资历丰富，单凭其与孔祥熙的关系就不会在他们

---

① 孙彩霞：《新旧政学系》，华夏文化出版社1997年版，第193页。
② 陈宁骏、欣辰：《蒋介石在大陆的那些事儿》，东南大学出版社2012年版，第146—147页。
③ 何廉自述中表明其并非为政学系成员，但在一些研究中还是将其归到政学系。参见杨者圣《国民党教父陈果夫》，上海人民出版社2017年版，第370页；政协湖南省邵阳市委员会文史资料研究委员会编印《邵阳市文史资料》第10辑，1988年，第120页；李敖：《李敖新语》，中国友谊出版公司2010年版，第107页。
④ 韩淑芳、张建安主编：《民国经济犯罪案》，群众出版社2006年版，第248页。
⑤ 何廉：《何廉回忆录》，朱佑慈等译，第165—169页。

第二章　全国粮食管理局的成立

的考虑范围内。相反，何廉作为翁文灏直属部下，又与政学系关系颇深，张群及翁文灏计划在管理局内部留用自己的人。此时，何廉恰因重庆米价问题与孔祥熙关系恶化，被迫辞去经济部次长一职，① 这也让他成为张、翁两人的第一选择。

为避免落人口实，也为打消蒋介石的猜忌，张、翁并没有选何廉为局长，而是挑选了立场和资历更为合适的卢作孚。一方面，由于孔祥熙对于卢作孚的民生实业公司十分觊觎，② 两人关系并不融洽，而何廉曾与卢作孚共事，彼此熟悉，双方各有"长处"，两人合作也会比较顺利。另一方面，卢作孚与张群、翁文灏关系不错。1938年，四川省主席刘湘病逝，蒋介石任命张群接替主席一职，但却遭到四川地方势力的强烈反对，甚至逼迫张群延缓任职。在卢作孚的调解之下，张群得以顺利入职。③ 卢与翁更是相识已久，1930年，卢作孚筹备中国西部科学院时便结识了翁文灏，并获得了翁文灏等一批科学界、工商界人士的支持。④ 1938年，卢作孚的天府煤矿股份有限公司在翁文灏的撮合下，与中福公司合作，重新组织并成立了"天府矿业股份有限公司"，实行"路矿合一"，共同打开了四川地区办矿的新局面。⑤ 因此，无论从人情还是立场考量，卢作孚都是一个适合的人选。

何北衡与卢作孚缘分深厚，他们长期共事，深得卢作孚的信任。同时，何北衡还曾与张群、翁文灏一起工作。1939年9月，西南实业协会总会在重庆成立，张群、何北衡为该会理事，何廉、卢作孚为监事。⑥ 此外，他们还共同参与了中国乡村建设育才院的工作，⑦ 彼此熟悉。此外，熊仲韬作为"新政学系"的成员，张群等人自然欢

---

① 刘维瑶主编：《古今中外宝庆人》（上），岳麓书社2005年版，第497页。
② 全国政协文史和学习委员会编：《孔祥熙其人其事》，中国文史出版社2017年版，第176—178页。
③ 苏智良：《中国抗战内迁实录》，上海人民出版社2015年版，第130页。
④ 刘兵：《多视角下的科学传播研究》，金城出版社2015年版，第254页。
⑤ 政协重庆市北碚区委员会文史资料委员会编印：《北碚文史资料》第3辑，1988年，第92页。
⑥ 《本会纪略》，《西南实业通讯》创刊号，1940年1月，第41—42页。
⑦ 《西南师范大学史稿》，西南师范大学出版社1990年版，第302—303页。

迎他加入全国粮管局。而蒋介石让熊仲韬协助卢作孚，更是反映了他对"新政学系"及全国粮管局的态度。何廉曾说，全国粮管局成立后，卢作孚与何廉并没有正式的分工，实际上卢负责"对外关系"，即与四川士绅打交道。①

为给新机构配备合适的管理人员，负责人张群和翁文灏从个体经验对机构的适配度及其所附带的利益价值出发，考量人情关系、个人立场，最终选择了卢作孚、何廉、熊仲韬、何北衡四人。7月30日，行政院第475次会议上，国民政府决定设立全国粮管局，②并在同日正式宣布卢作孚为全国粮管局局长，何廉、熊仲韬、何北衡为副局长，③国民政府第一个专门管理粮食的机构就此成立。

按何廉的说法，撤销农本局兼管粮食的任务，全国粮管局的成立是粮食管理正规制度化的体现，④标志着国民政府在粮食管理方面迈出了正确的步伐，也是何本人1938年以来主张成立一个单独的粮食管理局目标的实现。

二 组织建构多层并进

全国粮管局成立之初，所要处理的事务纷繁复杂，但各层组织的建立工作仍被摆在首要地位。在局长卢作孚的组织下，国民政府颁布了各类组织细则，各级粮食管理组织也先后搭建起来，全国性的专门

---

① 何廉：《何廉回忆录》，朱佑慈等译，第173页。
② 《行政院昨日决议，设全国粮食管理局，卢作孚任局长，何廉等副之，核拨工程费改善重要公路》，《中央日报》（重庆）1940年7月31日第2版；张守广：《卢作孚年谱长编》（下），第866页；《新任全国粮食管理局局长：卢作孚·何廉》，《东方日报》1940年8月7日无版次。不过，《东方日报》这篇报道对卢作孚的介绍却大多是错误的，如称卢作孚"卒业于北京大学，嗣为深造起见，复由四川省政府以官费派往美国留学，获得财政学硕士学位。归国后历任北大教授有年，十三年以后，北京政府逐渐式微，奉张直曹复把持政府，学术自由，无法享受，卢乃只身南下，前往广州参加国民政府，任广东省政府财政厅秘书，财政部司长等职。财长宋子文氏颇为器重"，等等。
③ 全国粮食管理局、重庆市政府：《关于派卢作孚为全国粮食管理局局长及何廉等为副局长的代电、训令》（1940年8月23日），重庆市政府档案，档案号：0053—0001—00030—0000—008—000，第8页。
④ 何廉：《何廉回忆录》，朱佑慈等译，第173页。

第二章 全国粮食管理局的成立

粮食管理体系逐渐形成。

1. 中央机构

"过去对于全国粮食之管理，分由数机关负责，故在行政上似欠统一"，国民政府为统筹全国粮食，先后谋划筹商，决定由行政院设立全国粮管局。① 1940 年 7 月 30 日，行政院院长蒋介石训令公布《全国粮食管理局组织规程》，其第一条规定：为统筹全国粮食之产销储运，调节其供求关系，设置全国粮管局。② 全国粮管局 8 月 1 日开始办公，根据《组织规程》，该局隶属于行政院，是全国粮食行政的最高机关。局长为卢作孚，简派；副局长为何廉、熊坤韬、何北衡，简派。③ 全国粮管局下设行政管制处、业务管制处、研究室、财务处及秘书室等专门机构，在各省设置省粮食管理局，隶属于省政府，县设置粮食管理委员会，隶属于县政府。"分负各该级地方政府粮食行政的责任。"县以下则间设乡镇粮食干事。④ "此为中国设专管粮食机关之始。"⑤ 同时，该规

---

① 吴承洛：《全国粮食管理局成立》，《时事月报》第 23 卷第 3 期，1940 年 9 月，第 85 页。

② 《全国粮食管理局组织规程及有关文书》（1940 年 7 月—9 月），经济部档案，档案号：四—9384；《粮管局所属单位组织规程》（1940 年 7 月 30 日—1941 年 6 月 13 日），行政院档案，档案号：014—040503—0004，第 82—84 页。1940 年 7 月 14 日，国防最高委员会秘书厅秘书长张群召集第三次粮食会议，对拟定草案进行决议时，曾将原草案"属于中央者"中的"一、中央设粮食管理局直隶于行政院"修正为"中央设粮食管理局直隶国防最高委员会"，但在公布时，此一条仍照原案公布。参见《粮食管理机构组织办法案》（1940 年—1941 年），行政院档案，档案号：014—040504—0025，第 42—44 页；《全国粮食管理局组织规程》（1940 年 7 月 30 日），重庆市政府档案，档案号：0053—0002—00358—0000—042—000，第 42—43 页；《为公布全国粮食管理局组织规程由》，《行政院公报》第 3 卷第 16—17 期合刊，1940 年 9 月 1 日，第 8—10 页。

③ 全国粮食管理局、重庆市政府：《关于派卢作孚为全国粮食管理局局长何廉等为副局长的代电、训令》（1940 年 8 月 23 日），重庆市政府档案，档案号：0053—0001—00030—0000—008—000，第 8—9 页；四川省第三区行政督察专员公署、四川省政府：《关于派卢作孚任全国粮食管理局局长、何廉等任副局长的令》（1940 年 9 月 10 日），重庆市档案馆藏（以下不再一一注明），四川省第三区行政督察专员公署档案，档案号：0055000100128000006000，第 6—7 页；《全国粮食管理局组织规程及有关文书》（1940 年 7 月—9 月），经济部档案，档案号：四—9384，第 13 页。

④ 徐堪：《中国战时的粮政》，《经济汇报》第 6 卷第 1—2 期合刊，1942 年 7 月 16 日，第 17 页；粮食部编印：《粮食部报告》，1941 年，第 7 页。

⑤ 《中国粮政概况》，1943 年，第 14 页。

程也对局内的人员编制作了详细的安排,具体情况见表2-5。

表2-5　　　　　　　　全国粮管局人员编制

职务		员额	职务		员额
局长		1人	业务管制处 (设3—5科)	处长	1人
副局长		3人		科长	3—5人 (每科1人)
秘书室 (设4科)	主任秘书	1人		科员	若干
	科长	4人(每科1人)		办事员	若干
	秘书	2—4人		雇员	若干
	科员	若干	财务处 (设2—3科)	处长	1人
	办事员	若干		科长	2—3人 (每科1人)
	雇员	若干		科员	若干
研究室 (设3—5科)	处长	1人		办事员	若干
	科长	3—5人 (每科1人)		雇员	若干
	科员	若干		主任技正	1人
	办事员	若干		技正	6—10人
	雇员	若干		技士	16—24人
行政管制处 (设2—4科)	处长	1人		专员	10—16人
	科长	2—4人 (每科1人)		视察	30—50人
	科员	若干		稽核	20—30人
	办事员	若干		顾问	若干
	雇员	若干			

资料来源:《全国粮管局组织规程》(1940年7月30日),重庆市政府档案,档案号:0053—0002—00358—0000—042—000,第42—43页。

全国粮管局由局长卢作孚综理局务,何廉、熊仲韬、何北衡三位副局长负责协助。局内下设秘书室、研究室、行政管制处、业务管制处、财务处，卢郁文为主任秘书，秉承局长、副局长之意处理局务，①张樑任为行政管制处长，李嘉隆为业务管制处长，翁之镛为财务处长，分别主管各处事务。②用卢作孚之子卢国纪的说法，"从就职之日起，我的父亲即着手建立自己的组织机构，仅仅过了两三个星期，就形成了从上到下的粮食管理体系"③。

秘书室负责事项较为繁杂，是各部门的桥梁，起到承上启下的润滑作用，主要职掌为文书的审核、拟撰、收发、缮校；印信及档案的保管；人事的甄别调查及审核；法规的编审和庶务的处理。研究室负责统计各地粮食的产销盈虚；研究各类粮食的品质、粮食加工的改良、粮食市场的改进及粮价稳定等事项；征集各种有关材料，为粮食管理提供参考数据与理论支持。行政管制处负责对各级粮食管理机构进行指导监督，并协助粮政的推行；调查及登记各地粮食产储运销情况；管理粮食市场及粮价平准。业务管制处则掌理全国军粮民食购销数量、地域分配及其他业务支配；对各地粮食运储、保藏进行协助与指导；对各地粮食加工调制进行规划与管理，同时监督好各地粮食的检验工作。财务处需要筹划、领拨与保管有关业务资金；设计好业务会计内容；编造和审定有关业务的预决算以及其他关于财务审核的事项。全国粮管局内部还设主任技正一名，协同技正、技士办理技术设计事务，并由专人来办理各项审核。同时，局内还设视察、稽核人员，依据上级命令和指挥执行相关职务。④

---

① 1940年7月29日，卢作孚、何廉就曾拜访翁文灏，希望能短期借调经济部参事卢郁文到全国粮管局担任主任秘书。8月5日，全国粮管局向经济部正式派送公函，考虑到全国粮管局的急需性及卢郁文的个人能力，8月7日经济部批准了全国粮管局的借调函。参见翁文灏著，李学通、刘萍、翁心钧整理《翁文灏日记》下，第513页；《全国粮食管理局借用经济部参事卢郁文为主任秘书案》（1940年8月—1941年7月），经济部档案，档案号：四—14329，第22—27页。
② 刘寿林等编：《民国职官年表》，中华书局1995年版，第579页。
③ 卢国纪：《我的父亲卢作孚》，四川人民出版社2003年版，第283页。
④ 《全国粮食管理局组织规程》（1940年7月30日），重庆市政府档案，档案号：0053—0002—00358—0000—042—000，第42—43页；《为公布全国粮食管理局组织规程由》，《行政院公报》第3卷第16—17期合刊，1940年9月1日，第8—10页；《法规辑要：全国粮食管理局组织规程》，《经济汇报》第2卷第8期，1940年10月16日，第1048—1049页。

全国粮管局的主要工作在于"认识全国粮产现况"，积极进行粮食调剂，"一方面注重军食民食有计划之调剂，一方面注重地域上之合理分配"①。国民政府对于全国粮管局的期待很高，不仅希望它能高效地解决四川粮食危机，还期望它通过机构改革来实现对全国粮政的规划，担负起全局性调度的重任。然而，要想统筹全局完成预期目标，单凭"指挥部"的力量远远不够，全国粮管局"如无坚强有力系统一贯之机构，恐仍不足以推行中央之政策"②，故地方政府须协同配合，对地方机构进行统一整改。

2. 地方机构

各地粮价不同程度的高涨使普通民众心有不安，社会各界关注度很高。③ 8月3日，《中央日报》社论指出粮食管理问题，很显然，该社论是为了配合全国粮管局的成立而发，其文一再强调，抗战开始后，中国的粮食问题变了一个性质，即"不是粮食生产不足问题，而是粮食分配不匀问题"。近半年来粮食问题出现的因素有三，一是粮价因其他物价的上涨的影响而上涨；二是交通失常，粮食运销不能照常进行；三"因一部分人或昧于大义，或昧于大势，趁粮价高涨而或作粮食投机买卖，或有意持重不售的缘故"④。8月9日，王世杰日记中首次出现物价上涨的记载："近日物价高涨，通货膨胀固为主要，财政、经济两部无扼要办法亦属无可讳言。重庆市米价，在政府尽力平抑之下，每市石（一百廿市斤）已达七十元以上。"⑤ 8月11日，

---

① 《调整全国食粮卢郁文谈粮管局之工作，各省县将分设管理机关》，《农业院讯》第1卷第22期，1940年10月1日，第7页；《调整全国食粮卢郁文谈粮管局之工作，各省县将分设管理机关》，《大公报》（重庆）1940年8月19日第2版；吴承洛：《全国粮食管理局成立》，《时事月报》第23卷第3期，1940年9月，第85页。

② 《全国粮食管理纲要审查意见》，1940年9月12日，四联总处秘书处编《四联总处重要文献汇编》，台北：学海出版社1970年版，第410页。

③ 《社论：平定物价的根本观念》，《中央日报》（重庆）1940年8月10日第2版。

④ 《社论：粮食管理问题》，《中央日报》（重庆）1940年8月3日第2版。

⑤ 王世杰：《王世杰日记》手稿本，第2册，第323页。25日，王世杰再次记载："物价高涨，较战前高数倍（就米价言，亦在七八倍以上），公务人员之薪给仍系战前之标准，且有折扣。"参见《王世杰日记》第332页。以后，日记对物价的关注非常多，兹不赘述。

蒋介石临时召开粮食会议，表达了他对平抑粮价的极大期待。① 以往国民政府对粮食的控制力度有限，也未着手搭建粮政体系，导致粮食管理效果并不理想。为使全国粮管局尽快进入正轨，上下能有效地联动起来，卢作孚等人加快落实各省、市县粮食管理机构的组建工作。

1940年七八月间，《全国粮食管理局组织规程》《各省粮食管理局组织规程》《重庆市粮食管理委员会组织规程》次第审查、公布后。8月24日，全国粮管局向行政院呈送《全国粮食管理局粮食管理纲要草案》，对于粮食市场管理办法：第一，加强粮商组织，尤其加强各地米粮同业公会组织；第二，加强限制，即凡不属于米粮同业公会会员，绝对不许经营粮食业务；第三，公定价格，批发、零售价格由当地粮管机关全同米粮业公会制定，向各会员公布，会员应绝对遵守；第四，平粜调节，各重要城市斟酌当地情形设置公卖处，办理粮食平粜调节；第五，消费合作，各级粮管机关应促进各消费团体组织合作社，以集中购销；第六，必要时在各重要城市设置经济警察。② 31日，行政院秘书处对该纲要有如下意见："管理原则系属平时一般的原则……管理事项内之调查登记、公库储备各项均属一般经常工作，核与本院设立该局所负战时粮食管理之任务，原意不符。"9月初，四联总处奉蒋介石之命，审核《全国粮食管理局粮食管理纲要》。9月4日，行政院在给该局的指令中言词虽较和缓，但不满之情却流露其间。其一，行政院、军委会、内政部均先后颁布关于粮食调节、战区粮食管理、粮食市场管理、军粮民食救济、建仓积谷等多项管理办法，"均颇详尽""足资适用"，言下之意为无须再制定新的纲要。其二，行政院对该局下一步的工作作了指示。③ 12日，四联总处在提交的《全国粮食管理纲要之审查意见》中，开头说了几句"擘划周详，条理明晰，倘能推行尽利，则全国粮食问题，当可迎刃而解"的客套话之后，其审查意见颇为深刻。第一，该纲要过于理

---

① 李学通：《翁文灏年谱》，第222页。
② 西康省地方行政干部训练团编印：《粮食管理概论》，1942年10月，第27—28页。
③ 《战时粮食管理办法》（1937年—1940年），行政院档案，档案号：014—040504—0015，第93—95页。

想，涉及面太广，"此项管理办法，有待于长期之努力。决不能于一二年内，求其实现。然目前情形，前方后方军队所需，及各地都市供应民食之米粮，均迫在眉睫，急如星火，尽先抢购赶运犹恐不及，岂能坐待从容布置，完成管理机构，而后言军需民食之调节供应也"。第二，全国粮管局的纲要过于笼统，均为原则性意见，而无具体的措施举措。四联总处在审查意见中指出，"吾人似应切实讲求各种实施办法，以期妥善。例如管理粮食机构如何充实调整；一般人事如何选任整刷；工作如何考成；弊病如何防止；资金如何运用；会计如何厘定等等"，但管理纲要"多未有明白确切之拟定也"。第三，四联总处认为，纲要里的调查登记原则上亦属必要，但需要训练有素人员实施，而此类人员又缺乏，若选录训练则需时日久，"缓不济急"。因此，建议在产粮特丰地区酌量实行而不必普遍办理。

对此，四联总处提出如下粮食管理"迅行详细计划"：第一，各省区粮管机构应尽先设法充实，尤其是湖南、江西、河南、陕西屯购军米军麦工作最为吃紧的省区，尽快确定权责，同一地区只应由一个机关负责办理，做到"系统分明，组织严密，而后可以督率指导，齐一步骤，呼应灵便，责任分明，购屯运储均易于收效"。第二，选派熟悉业务、廉政自好、体察民情、热心处事的工作人员主持其事。制定奖惩办法，奖罚分明，并切实执行。第三，建立仓库、办理储运方面，各机关及地方政府已领有建仓经费的，督饬其按计划加紧完成；利用各地祠堂庙宇；鼓励各银行钱庄银号，加速建造或扩充仓库设备；调查各地私人仓库情况，登记其储存粮额或租用储粮；全国粮管局应选择若干重要地区筹建仓库。第四，建立完善的会计制度，则钱款的出入、成本的计算、粮食数量种类、粮食运输情况等均一目了然，还可以防止弊端，有利于工作考成。①

全国粮管局 8 月 24 日呈拟的《全国粮食管理局粮食管理纲要草案》中，要求各省设立粮食管理局（或就原有机构改组，加强其权力，充实其组织），各县设立粮食管理委员会，分别主办全省和全县

---

① 四联总处秘书处编印：《四联总处文献选辑》，1948 年 1 月，第 262—263 页。

的粮食管理事宜。① 9月4日，行政院第479次会议通过《省粮食管理局组织规程》《县粮食管理委员会组织通则》，明令各省、市县依照纲要组设相应的粮食管理机构。9月10日，国民政府主席林森签署指令，令行政院遵照执行，尽快在各省成立相应组织机构。② 12月，各省先后成立粮食管理局的有四川、广东、广西、贵州、福建、河南、西康、浙江、陕西、安徽、江西、山西、云南13省，山东设立粮食管理处，湖北设立粮食调节处，此为省级粮食管理机构。

（1）省粮食管理局

根据《省粮食管理局组织规程》，各省设粮食管理局，隶属于省政府，在全国粮管局的指挥监督下，管理该省相关粮食事务。省粮管局主要任务包括：统筹全省粮食产销储运；调剂县与县间或县与市间粮食供需；指挥监督各县粮食管理事宜；管理省有粮食事宜。③ 其行政费列入省预算，事业费编造预算，呈由全国粮管局核定，并酌予补助。省粮管局计划设局长一人，副局长一至二人，由省政府会同全国粮管局呈请行政院简派；设主任秘书一人，秉承局长副局长之命处理局务，同时下设总务科、管制科、视察科、会计室四个科室。各科设科长一人，会计室设主任一人，主管各科室事务，除会计主任依法派充外，其余由省粮管局长荐派。此外，局长派充视察人员10—20人，科员9—15人，办事员若干人，并酌用雇员。

总务科和会计室与全国粮管局的秘书室和财务处职掌类似，而管制科与视察科为省粮管局的主要业务机构。管制科负责指导、监督、协助县粮食管理机构开展产销储运等方面的粮食管制工作。④ 视察科

---

① 朱汇森主编：《粮政史料》（第一册），第282—294页。
② 《粮管局所属单位组织规程》（1940年7月30日—1941年6月13日），行政院档案，档案号：014—040503—0004，第90页。
③ 重庆市档案馆编：《抗日战争时期国民政府经济法规》（下），第324—329页。
④ 四川省第三区行政督察专员公署、四川省政府：《关于抄发省粮食管理局组织规程、县粮食管理委员会组织通则的训令（附规程、通则）》（1940年10月2日），四川省第三区行政督察专员公署档案，档案号：0055000500257000002200，第24—25页；《省粮食管理局组织规程》（二十九年九月四日行政院公布施行），《行政院公报》第3卷第19—20期合刊，1940年10月15日，第34—35页。

侧重于各县粮食管理情况的视察，虽能对基层粮食情况有一定了解，但缺少整合性与规范性。1941年2月，全国粮管局召开全国粮食会议，会上中央及地方各省力推开展精确的粮食调查与统计，确立全国性的粮食调查情报制度。为配合全国粮情调查工作，1941年4月12日，行政院颁布《省粮食管理局组织规程》，该规程规定，各省设立省粮食管理局，隶属于省政府，受全国粮管局指挥监督，办理该省粮食管理事宜；设局长一人，综理局务，副局长一或二人，协助局长处理局务，由省政府会同全国粮管局呈请行政院简派；省粮食管理局下设四个科室，一为总务科，主要负责文书、印信、法规编审、人事等；二为管制科，其职掌有六，指导监督县粮食管理机构与协助，登记粮食商贩及仓储，管理粮食市场及仓储，平准粮价，规划粮食运输与督导，其他事项；三是粮情室，负责粮食调查、情报登记及政令实施，包括粮食生产、收获、存储、价格、运销、消费等，还负责训练、考核各市县粮情调查人员；四是会计室。[①]

表2-6　　　　　　　　各省粮食管理局设立情况

省份	设立时间	局长任免	
		1940年	1941年
贵州省	1940年9月10日	何玉书（11.20任）	何玉书
四川省	1940年9月11日	嵇祖佑（9.5任）	嵇祖佑（3.10免）；何道仁（3.10任）、彭勋武（副局长3.10任）
广西省	1940年9月	黄维（12.2派）	黄维
陕西省	1940年10月16日	李志刚（12.21任）	李志刚
广东省	1940年11月6日	谭葆寿（10.15任；11.5免）；胡铭藻（11.5任）	胡铭藻

---

① 浙江省政府秘书处编印：《浙江省政府公报·法规》第3300期，1941年6月11日，第3—5页。

续表

省份	设立时间	局长任免	
		1940 年	1941 年
浙江省	1940 年 12 月 1 日	徐桴（11.20 派）	徐桴；朱惠清（副局长 4.23 免）魏思诚（副局长 4.23 任）
河南省	1940 年 12 月	汪培实（11.28 任）	汪培实
安徽省	1940 年 12 月	—	覃寿乔（2.2 任）
西康省	不详	黄述（12.20 任）	黄述
山西省	不详	—	耿誓（2.3 任）
福建省	1941 年 1 月 1 日	—	周一鹗（2.5 任）
江西省	1941 年 1 月	—	胡嘉诏（3.30 任）
甘肃省	1941 年 3 月 6 日	—	田昆山（4.23 任）；林彬（副局长 4.23 任）
云南省	1941 年 4 月 18 日	—	李培天（3.7 任）

资料来源：刘寿林等编：《民国职官年表》，第 685—928 页；贵州省地方志编纂委员会编：《贵州省志·粮食志》，贵州人民出版社 1992 年版，第 56、304 页；四川省粮食管理局：《四川省粮食管理局成立裁撤情形局长与粮食购运物价平准处处长任免留办结束人员名册办公费预算表借支家属食米代金清册》（1940—1941 年），四川省档案馆藏（以下不再一一注明），四川省政府人事处档案，档案号：民 042—02—2704，第 45 页；秦孝仪主编：《抗战建国史料——粮政方面》（二），台北："中央"文物供应社 1987 年版，第 113 页；广西壮族自治区地方志编纂委员会编：《广西通志·粮食志》，广西人民出版社 1994 年版，第 297 页；陕西省地方志编纂委员会编：《陕西省志·粮食志》，陕西旅游出版社 1995 年版，第 32 页；秦孝仪主编：《抗战建国史料——粮政方面》（三），台北："中央"文物供应社 1987 年版，第 272、156 页；浙江省粮食管理处编印：《浙江之粮食管理》，1940 年 11 月，第 242 页；《粤粮管局定六日正式成立》，《中央日报》（重庆）1940 年 11 月 4 日第 2 版；商水县粮食志编辑室编印：《商水县粮食志》，1991 年，第 43 页；福建省田赋粮食管理处编：《福建之田粮》，福建省政府秘书处 1944 年版，第 42—45 页；江西省粮食志编纂委员会编：《江西省粮食志》，中共中央党校出版社 1993 年版，第 172—173 页；甘肃省地方史志编纂委员会、甘肃省粮食局编纂：《甘肃省志·粮食志》，甘肃文化出版社 1995 年版，第 40—41 页；《中华民国史史料长编——民国 30 年（2）》，出版信息不详，第 146 页。

国民政府全国粮食管理局研究

从表2-6可知，大多省份积极奉行中央政令，先后调整、成立省粮管局，扩大和完善组织形式，配合全国性粮政建设工作，其中四川省行动最为迅速。由于四川省是国民政府军事、政治重心及大后方的粮源基地，缓解四川粮食危机成为全国粮管局设立的一大原因。因此，四川省作为中央直接辐射地区，推行力度不言而喻。虽然贵州省最早将食粮调剂委员会改组为省粮管局，但其局长何玉书11月20日才被正式任命，在此之前机构能否正常运作值得商榷。

1941年4月，行政院修正公布了《省粮食管理局组织规程》，将原有视察科改为粮情室。该室不仅收集、整理粮食产销储运的情报，而且负责训练各市县粮食调查情报人员，以期专员有效开展工作。[1]

1940年8月7日，平准处长嵇祖佑飞渝谒蒋，当面陈报粮情，并提及"川省决于最近期间，成立粮食管理局"[2]。9月3日，蒋介石下令，"近来四川省各地粮价高涨，军民交困，急应设法平抑以资补救"[3]。同日，国民政府委任嵇祖佑为四川省粮管局局长，何乃仁为副局长。[4] 9月6日，全国粮管局公布《四川省政府管理全省粮食暂行办法大纲》，强调各省尽快筹建粮食管理局，管理全省粮食等事项。[5] 1940年9月6日，孔祥熙召集相关人员讨论粮食管理办法，之后全国粮管局协助四川省政府拟定《四川省政府管理全省粮食暂行办法大纲》，该大纲主要分为管理机构、管理粮食市场两大部分，在管

---

[1] 行政院、重庆市政府：《关于抄发修正省粮食管理局组织规程、组织通则的训令（附组织规程、组织通则）》（1941年4月14日），重庆市政府档案，档案号：0053—0002—00251—0000—001—000，第1—4页；《省粮食管理局组织规程由》（三十年四月十二日行政院修正公布施行），《行政院公报》第4卷第8期，1941年4月15日，第10—12页。

[2] 成都市政协文史学习委员会编：《成都文史资料选编——蓉城杂俎卷》，四川人民出版社2007年版，第362页；叶宁：《四川省物价平准处与抗战时期四川的米价平准》，《西南民族大学学报》（人文社会科学版）2014年第4期。

[3] 抗日战争时期国民政府财政经济战略措施研究课题组编著：《抗日战争时期国民政府财政经济战略措施研究》，第338页。

[4] 四川省粮食管理局：《关于派嵇祖佑为四川省粮食管理局局长、何乃仁为副局长致重庆市政府的代电》，重庆市政府档案，档案号：0053—0001—00030—0000—031—000，第31页。

[5] 全国粮食管理局：《四川省政府管理全省粮食暂行办法》（1940年9月6日），三民主义青年团重庆支团档案，档案号：0052—0001—00004—0000—093—037，第37—43页。

理机构设置上，暂定设立省级机构即粮食管理局，管理全省粮食事宜；县市设立粮食管理委员会，乡镇公所经济文化股增设干事一人，专办粮食管理事务。管理粮食市场方面，着重于粮食登记、粮食情报制度、粮食分配制度、组织粮商、安定粮价等。① 对此两项大纲，行政院、军委会均未表异议，准予备案。但徐堪却言，卢作孚所拟管理大纲必扰大乱。孔主张：四川各县钱粮应收粮不收钱；各仓库存谷应出售；兵士每月所得钱不加多，粮食须充分供给，粮价不足之数皆由政府支发；购买湘省环湖粮食以供军用；新定办法应明白宣布；严惩造谣惑众；对藏粮较多者派员面为劝告，定期流动；在四川勿急收粮。但此类意见蒋因急于图治，不肯见听，故无效也。②

11日，四川省粮食管理委员会改组为省粮管局，在成都市督院街原省政府内开始办公。③ 除会计室主任已由刘京南代理外，其他科室并未立刻设置主管人员。但"职无专守，延误堪虞"，11月起，各科人员逐渐确定。原四川省政府秘书处秘书方劲益，因"绩学广才，干练有为"，暂调为管制科长；秘书长由拥有长期秘书经验的廖育群担任；总务科则由职务经历丰富的曹仲英负责；视察科长由从事农情调查管理工作的李贤堃职掌。后因行政院修正省粮食管理局组织规程，人事有所调整，"彭善承任主任秘书，盛止戈任秘书，李久荪任

---

① 全国粮食管理局：《四川省政府管理全省粮食暂行办法大纲》（1940年9月6日），三民主义青年团重庆支团档案，档案号：0052—0001—00004—0000—093—037，第37—43页；《省市粮食管理办法（一）》（1940年—1948年），行政院档案，档案号：014—040504—0017，第46—50页。

② 翁文灏著，李学通、刘萍、翁心钧整理：《翁文灏日记》（下），第539—542页。

③ 四川省粮食管理局：《关于派嵇祖佑、何乃仁为四川省粮食管理局局长、副局长并已开始办公致四川省第三行政区行政督察专员公署的代电》（1940年9月23日），四川省第三区行政督察专员公署档案，档案号：0055000100128000005000，第5页；《关于四川省粮食管理委员会改为四川省粮食管理局并检送嵇祖佑、何乃仁、戴寒职务委派情形致嘉陵江三峡乡村建设实验区署的代电》，重庆市档案馆藏（以下不再一一注明），北碚管理局档案，档案号：00810004002560000043000，第43页；四川省粮食管理局：《四川省粮食管理局成立裁撤情形局长与粮食购运物价平准处处长任免留办结束人员名册办公费预算表借支家属食米代金清册》（1940—1941年），四川省政府人事处档案，档案号：民042—02—2704，第16—21页。

管制科长，原任秘书廖育群调任总务科科长，孙文郁任粮情室主任"①。四川省粮管局的成立，加大了四川省政府对粮食管理的力度，不仅将管理范围扩至全省，管理事务上也更为专一具体。

值得注意的是，有些省份在中央下令之前曾依据本省实际成立了省粮管局，后又进行调整。如江西省在1933年就成立了省粮管局，但次年应形势变化而撤销；1939年2月1日，福建筹设省粮管局，隶属于建设厅，专责管理粮食行政事宜，后因粮食问题愈演愈烈，管理效果不佳而遭裁撤。需要强调的是，在此之前的省粮管局与国民政府此时推行的粮管局存有区别。以往的省粮管局不够完善，市县管理制度不统一，责权归属不一致，导致实际管理区域及管理能力有限，同时缺乏与中央的联动机制，多自行其是，没有形成从上至下的统一链条。其他此前未成立的省份，它们的各级粮食管理机构也普遍存在这些问题。一方面，机构本身的职权管辖范围限制了大面积的有效调控；另一方面，上级机构无法及时收到下级反馈，从而做出政策调整，延误粮情。

（2）县市粮食管理委员会

全国粮管局成立之初，主任秘书卢郁文曾公开发表言论，该局当前机构方面的工作为建立健全各级机构，拟在各省普遍成立直属省政府之粮食管理处，各县市则拟组设粮食管理委员会，"以期步调齐整"②。直辖市或市的粮食管理，由市政府负责。其关于粮食来源疏通，得商请全国粮管局或省粮食管理局协助，必要时须商请全国粮管局或省粮管局筹拨供给部分粮食。③

根据《县粮食管理委员会组织通则》，各县设置粮食管理委员会，隶属于县政府，受省粮食管理局指挥监督，主办全县粮食管理

---

① 四川省粮食局、四川省政府：《四川省粮管局呈请任用本局各科股主管长官首要佐理人员粮管督导员造报荐派人员科秘书人员履历表主管长官调查表及全国粮管局省政府的训令、公函》（1940年），四川省档案馆藏（以下不再一一注明），四川省政府粮政局档案，档案号：民092—01—0486，第9、40、62页。

② 《调整全国食粮，卢郁文谈粮管局之工作》，《农业院讯》第1卷第22期，1940年10月1日，第7页。

③ 重庆市档案馆编：《抗日战争时期国民政府经济法规》（下），第324—329页。

事宜，主要任务有：统筹全县粮食之产储、运销；调剂各乡镇间粮食之供给与需要；管理全县之粮食仓库；管理全县之粮食加工事业；管理全县之粮食商人及其同业组织；管理全县之积谷；办理平粜。① 其行政经费列入县预算，事业经费编制预算，呈由省政府核定，并酌予补助。

县粮食管理委员会设委员九人，除主任委员、副主任委员、县财务主管人员、县粮食主管人员、县商会主席及粮食同业公会主席为当然委员外，其余由主任委员在该县公正士绅（其中包括金融界领袖一人）中遴选。委员会内设秘书一人，承主任委员及副主任委员之命办理会务，其中主任委员由县长兼任，副主任委员及秘书由省粮管局委派，或由主任委员遴选适当人员报由省粮管局核派。同时，委员会内设置三股，分别职掌调查登记、调节平价、公有仓库及积谷事项，各股设股长一人，股长以下设办事员数人，其名额按事务繁简呈请省粮管局核定后，由主任委员派充。② 1941年4月，行政院修正《县粮食管理委员会组织通则》，要求"省粮食管理局必须设训练班，抽调各股股长予以训练，必要时第一、二两股股长，由省粮食管理局进行派充"③。这一举动旨在配合管制科、粮情室的工作，有利于基层管理与调查走向专业化与规范化。

县级粮食管理机构为粮食管理委员会，鉴于四川粮食管理的紧迫性，"为使粮食管理机构组织健全专一职责，以革除推诿敷衍之弊，力求管制调节之效力，使军需民食不感偏竭"，川省府训令各县迅速

---

① 朱汇森主编：《粮政史料》（第一册），282—294页。
② 四川省第三区行政督察专员公署、四川省政府：《关于抄发省粮食管理局组织规程、县粮食管理委员会组织通则的训令（附规程、通则）》（1940年10月2日），四川省第三区行政督察专员公署档案，档案号：00550005002570000022000，第26页；《县粮食管理委员会组织通则》，1940年9月4日，《行政院公报》第3卷第19—20期合刊，1940年10月15日，第36页。
③ 行政院、重庆市政府：《关于抄发修正省粮食管理局组织规程、组织通则的训令（附组织规程、组织通则）》（1941年4月14日），重庆市政府档案，档案号：0053—0002—00251—0000—001—000，第5页；《县粮食管理委员会组织通则》，粮食部编印《粮食管理法规》，1941年7月，第5页。

成立粮食管理委员会，"其重要乡镇应设置粮食管理人员者，立即责成乡镇长并遴选现有人员协助实施管理，不得延缓致误事机"①。设立较早的有四川省122县及重庆、成都、自贡三市，云南省49县、河南省66县先后分别设立，并分别召集各县乡镇粮食干事培训，在粮食市场设置管理人员。其他各省亦在筹设之中。②

表2-7　　　　　四川省各市县粮食管理委员会成立日期
（1940年10月31日止）

市县别	成立时间	市县别	成立时间	市县别	成立时间
达县	9月12日	南充	9月30日	武胜	10月9日
新都	9月14日	三台	9月30日	梁山	10月10日
南溪	9月14日	资中	10月1日	岳池	10月10日
灌县	9月15日	内江	10月1日	筠连	10月11日
巴县	9月15日	荣县	10月1日	什邡	10月11日
温江	9月16日	綦江	10月1日	阆中	10月11日
郫县	9月16日	眉山	10月1日	彭明	10月11日
彭县	9月16日	蒲江	10月1日	兴文	10月12日
成都	9月17日	洪雅	10月1日	广汉	10月12日
双流	9月19日	名山	10月1日	简阳	10月17日

---

①《各县粮食管理局组织通则》，《新新新闻旬刊》第3卷第7期，1940年9月1日，第40页。根据该杂志出版时间，可以发现当时四川省粮食管理局形式上虽未成立，实际已开始运作，这反映了当时四川地区粮食问题的严重性及国民政府对于粮食统制的迫切态度。

②《粮食部1942年度岁出入总概算工作计划特别建设计划审核案》（1942年2月），中国第二历史档案馆藏（以下不再一一注明），中央设计局档案，档案号：一七一—1466，第101—102页；《行政院关于粮政之推行报告——对第二届国民参政会第一次大会报告》，1940年4月至12月，秦孝仪主编《抗战建国史料——粮政方面》（一），第389页；粮食部编印：《粮食部三十一年度工作计划》，1941年，第34页。粮食部工作计划，行政院也要进行审核，如粮食部1944年度工作计划，在11月编制完竣后，行政院即于1943年12月15日进行初核，并拟具三条意见。参见《粮食部1944年度工作计划（附预概算及委购军粮价款表）》（1944年6月），中央设计局档案，档案号：一七一—1471，第53页。

第二章 全国粮食管理局的成立

续表

市县别	成立时间	市县别	成立时间	市县别	成立时间
新津	9月20日	庆符	10月1日	梓潼	10月19日
新繁	9月20日	江安	10月1日	南川	10月22日
崇宁	9月20日	古米	10月1日	云阳	10月24日
华阳	9月21日	石柱	10月1日	荣庆	—
江津	9月21日	西充	10月1日	丰都	—
邛崃	9月23日	蓬溪	10月1日	奉节	—
青神	9月23日	江油	10月1日	忠县	—
绵阳	9月24日	重庆	10月1日	巫溪	—
罗江	9月24日	仁寿	10月2日	长寿	—
资阳	9月25日	乐山	10月2日	苍溪	—
江北	9月25日	古兰	10月2日	广元	—
荣昌	9月25日	仪陇	10月2日	昭化	—
大足	9月25日	珙县	10月3日	平武	—
璧山	9月25日	隆昌	10月3日	巴中	—
铜梁	9月25日	万县	10月3日	开江	—
夹江	9月25日	邻水	10月3日	万源	—
峨眉	9月25日	犍为	10月4日	通江	—
泸县	9月25日	宜宾	10月4日	南江	—
忠江	9月25日	彭水	10月4日	自贡	—
绵竹	9月25日	垫江	10月4日	井研	—
彭山	9月26日	安岳	10月4日	永川	—
潼南	9月26日	高县	10月5日	合川	—
乐至	9月26日	秀山	10月5日	黔江	—
金堂	9月26日	开县	10月5日	马边	缓设

续表

市县别	成立时间	市县别	成立时间	市县别	成立时间
丹棱	9月27日	德阳	10月5日	羌边	缓设
纳溪	9月27日	营山	10月6日	雷波	缓设
涪陵	9月27日	盐亭	10月6日	巫山	缓设
威远	9月28日	大邑	10月7日	城口	缓设
富顺	9月28日	大竹	10月7日	北川	缓设
叙永	9月28日	广安	10月7日	茂县	缓设
南部	9月28日	遂宁	10月7日	理番	缓设
安县	9月28日	射洪	10月7日	懋功	缓设
剑阁	9月28日	宣汉	10月7日	松潘	缓设
屏山	9月29日	长宁	10月8日	汶川	缓设
蓬安	9月29日	酉阳	10月8日	靖化	缓设
渠县	9月30日	合江	10月9日		

资料来源：四川省粮食局、四川省临时参议会：《四川粮管局部分行政区公署县政府关于召开农业粮食会议训令指令代电呈文各市县粮管会成立日期表会议记录及四川临时参议会决议执行情形一览表》（1940—1941年），四川省政府粮政局档案，档案号：民092—01—0477，第13页。

引者说明：划"—"的县份情况如下：1. 该县在此之前已经设立粮食管理委员会，机构内部虽有调整，但名称未变；2. 该县粮食管理委员会成立时间在10月31日后，未能找到具体时间。

从表2-7可以看出，各县市积极配合粮政机构的升级工作，截至10月31日，四川已有一百多县市成立粮食管理委员会，而雷波、马边、羌边、巫山、城口、北川、茂县、懋功、松潘、里番、汶川、靖化12县因与粮食产销无关，故暂缓设置。县城之外的粮食市场，则由省粮管局设置办事处进行管制。

就四川省县级管理机构而言，先后成立的各县粮食管理委员会基本架构与职能是相似的,但具体情况差异较大,如合川、垫江两县即是如此。

表2-8　　　　　合川县粮食管理委员会人员概况

职务	姓名	经历	备考
粮管会兼主任委员	袁雪崖		现任合川县县长
副主任委员	李熙宇	历任邛县、忠县县长,高等分院秘书	
秘书	李虚谷	历任永川、涪陵县县长,二十六师驻汉办事处处长	
委员	何德新	曾任农会干事长、商会委员	
	周尚琼	曾任合川教育局局长、女中校长、民教馆馆长	
	李森梵	曾任十三区及十一区专员公署军法委员	
	罗懋德	现任县府建设科科长	
	刘雅卿	现任合川财委会委员	
	向鼎三	现任商会会长	
	苏绍东	现任粮米业公会主席	
	胡南光	曾任省议员	
	李育才	曾任会山小学校(长)、民生电水厂厂长	
	魏子音	曾任小学校长20年	
	王显珉	曾任四川省第三届省议员	
	夏国诚	曾任江北县县长、泸县省立中学校长	
	耿步诚	曾任通省团练总局科长	

资料来源:《粮政(三)》(1940年9月6日—1946年8月5日),国民政府档案,档案号:001—087000—00003—008,第78—80页。

表2-9　　　　垫江县粮食管理委员会委员职名册

职别	姓名	年龄	籍贯	出身	经历	备考
兼主任委员	门启昌	38	内江	国立北京大学毕业	曾任科长、股长、秘书、训育主任、督学	
副主任委员	孙东侯	37	大竹	国立北京师范大学毕业	曾任汉口市党部干事，武汉警备司令英文检查官及大竹、盐亭、潼南区区长	
秘书	张良村	47	遂宁	四川公立法政学校毕业	曾任初中教员，潼南民众教育馆馆长，一等书记，军需参谋科科长	
当然委员	蒋幹珍		垫江	垫江中学毕业	曾任县金库主任，现任财委会主任	
	胡树凡				现任垫江县商会主席	
财政科长	沈其宇		垫江	垫江中学毕业	现任县府财政科科长	
委员	刘启麻	44	垫江	垫江中学毕业	曾任电报局局长	
	谭叔愚	44	垫江	重庆商团模范教育所毕业	曾任垫江县团务委员长及师部秘书等	
	郭兰普					未详
	闵光前	46	垫江	垫江中学毕业	经营商业，此地金融界领袖	
第三股股长	门光先	25	内江	成都私立蜀华中学毕业		
兼第六股股长	张材	47	遂宁	四川公立法政学校毕业		

续表

职别	姓名	年龄	籍贯	出身	经历	备考
事务员	吴维幹	36	南充	南充中学毕业	曾任南充各小学校教职员	
	张荣	32	潼南	潼南中学毕业	曾任本乡小学教员，六区专署事务员，县府科员	
	李俊卿	35	重庆	重庆华英中学高中部毕业	曾任职川陕边防督办署，巴县县小学校长	
	程昌彦	24	垫江	成都私立天府高中部毕业	为任小学教员，川康盐务管理局办事员、场务主任等	
	王准	22	内江	内江县立沱中毕业	曾任小学教员	
职员	姜介卿	28	垫江	垫江中学毕业	曾任县府书记	
	蒋芬	32	垫江	垫江中学毕业	曾任小学教员	

资料来源：《粮政（三）》（1940年9月6日—1946年8月5日），国民政府档案，档案号：001—087000—00003—008，第90—91页。

从表2-8与表2-9的对比中可以发现，合川县粮食管理委员会的下设机构较为简单，且以委员人数居多，实际办事机构较为单一，而垫江县则是"五脏俱全"。

值得一提的是，重庆作为战时首都，人口达百万之众，且各类机关、学校、团体、部队、工厂比较集中，粮食需求量、消费量巨大，如果发生粮食恐慌，不仅会影响行政效率与生产效率，而且会混乱闻听，影响全国，① 故全国粮管局及川省府对重庆粮食管理十分重视。行政院第479次会议通过《重庆市粮食管理委员会组织规程草案》，特组织重庆市粮食管理委员会，直隶于市政府，与省级机构一样受全国粮管局指挥监督。该粮管会设委员11人至15人，重庆市市长吴国桢兼任主任委员，全国粮管局副局长何北衡兼任副主任委员，市社会

---

① 张柱编著：《我国战时粮食管理》，第30—31页。

局长包华国、市政府参事杜季书、全国粮管局副局长及农本局总经理何廉、经济部平价供销处长吴闻天、军粮总局筹办科长高云森、市警察局长唐毅、市粮食公会主席汪泚洞为当然委员，其余则由重庆市政府从该市士绅中遴聘，①并于10月1日正式开始办公。②机构内部制定了详细的管理规程，与省级机构相似，内设总务科、管制科、视察室、会计室，人员职责分配明确，③每两星期至少召开一次会议，全体委员出席商讨近期事项，以便及时应对现实状况。同时，粮委会明确了员工守则及文书处理办法，以期实现有序运作。④

省县粮政机构在短期内普遍设立，反映了粮食管理的迫切性及全国粮管局较高的工作效率，但也有一些问题。四联总处秘书长徐堪认为，省县虽有粮食管理机关，但问题是省粮食管理局不在省政府范围之内，县粮食管理委员会也不与县政府各科并列，所以省政府主席和县长的权力有时不能充分利用，以致政令推行发生障碍，而且在一般人看来，这样的机构是临时的，它的效能也就减低了。⑤

3. 管理人员分派及训练

粮食管理机构的运行及管理工作的开展有赖于大量得力的工作人员。若粮食管理工作者本身对粮食管理政策及应办工作茫然不知，想

---

① 行政院、重庆市政府：《关于抄发重庆市粮食管理委员会组织规程的训令（附组织规程）》（1940年9月4日），重庆市政府档案，档案号：0053—0002—00254—0000—001—000，第1—4页；重庆市粮食管理委员会：《关于抄送成立日期及委员名单上重庆市政府全国粮食管理局的呈（附名单）》（1940年9月30日），重庆市档案馆藏（以下不再一一注明），重庆市粮政局档案，档案号：00700001000110000011；重庆市粮管会：《关于报送重庆市粮食管理委员会成立日期及委员名单的呈、公函（附名单）》（1941年10月1日），重庆市政府档案，档案号：0053—0002—00254—0000—038—000，第38—41页。

② 四川省粮食管理局：《关于抄发行政院令颁组织规程等致重庆市粮食管理委员会的公函》（1940年10月1日），重庆市粮政局档案，档案号：00700001000110000010，第21页。

③ 重庆市粮管会、重庆市政府：《关于重庆市粮食管理委员会职员职位分类表的呈、指令（附职员职位分类表）》（1940年11月25日），重庆市政府档案，档案号：0053—0001—00015—0100—163—000，第44—45页。

④ 重庆市粮食管理委员会：《关于报送会议规则及办事细则上重庆市政府、全国粮食管理局的呈（附规则及细则）》（1940年10月2日），重庆市粮政局档案，档案号：00700001000100000007，第29—31页。

⑤ 《粮食部施政方针，解放农民增加生产，控制余粮管理分配，徐部长昨在中枢纪念周报告》，《中央日报》（重庆）1941年7月22日第2版。

第二章 全国粮食管理局的成立

要使粮食政策顺利推行，粮食问题得合理解决，殆如缘木求鱼。故地方各级粮食管理机构必须选择适当管理人员并加以训练，以提升粮食管理的专业性及工作效率。

1940年9月7日，蒋介石电示卢作孚，要求卢设法控制粮价并加紧训练管理行政人员。① 鉴于粮食分布散漫，下层机构管理人员的素质在工作中显得尤为重要。根据《县粮食管理委员会组织通则》的规定，各市县粮管会主任委员由县长兼任，但县长作为主任委员，由于事务较多、专业能力有限，难以集中精力专一管理粮食业务，粮食事务反赖副主任委员推动。因此，四川不少县份因副主任委员"间有兼任他职，责任不专，或能力薄弱不称职守，以及人地不宜"，均分别予以调动更换，共计有50余县。② 同时，各县粮管会第一股股长及干事职掌登记调查，较为专门，须训练派充。11月，各县粮管会纷请委派第一股股长。全国粮管局对四川省粮食管理局发出训令："兹查中央警官学校遴选各期毕业学员计六十二人，业已分别甄别，兹于本月十一日起开始训练，十九日训令完毕即可首途前往派定县份到职工作。"③ 依照《四川省粮食管理局训练粮食管理干部人员暂行办法大纲》，④ 四川省粮管局在成渝两地各办一次训练，成绩合格者分发各县市任用。12月起，各县市粮食管理委员会第一股股长及干事陆续到职。

此外，乡镇粮食干事也在着手训练设置。除参照上述《大纲》外，四川省粮管局还依据《四川省各县市乡镇粮食干事甄选训练办

---

① 张守广：《卢作孚年谱长编》（下），第880页。
② 《四川省政府粮食管理局施政报告》，1940年10月—1941年5月，秦孝仪主编《抗战建国史料——粮政方面》（二），第114页。
③ 国家粮食局：《全国粮管局关于四川各县粮管会委派第一股股长给省粮管局的训令及部分粮管会呈复各股股长到任情形》（1940—1941年），四川省政府粮政局档案，档案号：民092—01—0690，第7页。
④ 四川省政府：《关于检发四川省各县市粮食调剂及价格订定暂行办法、四川省粮食管理局训练粮食管理干部人员暂行办法大纲的训令（附办法、大纲）》（1940年11月），四川省第三区行政督察专员公署档案，档案号：00550005002570000072000，第75页；《四川省粮食管理局训练粮食管理干部人员暂行办法大纲》，《四川省政府公报》第206—208期合刊，1940年11月，第46—47页。

法》《四川省各县市粮食管理委员会乡镇粮食干事服务简则》《四川省各县市乡镇粮食干事训练纲则》及四川省所发粮食干事训练教材，饬令各县市粮管会会同该市第一股人员，开班训练。①《忠县乡镇粮食干事训练班实施细则》规定，训练班由县长兼任班主任，副主任委员兼任副班主任；内设教务、总务两组，总务组长由秘书兼任，教务组长由第一股股长兼任，训练教官由县长从全国粮管局或省粮管局所派驻人员、该县县政府及粮管会高级职员或其他专门职员中聘任。训练科目包括：精神训话、粮食管理法令、粮食管理机构、服务须知、调查方法、生产全部、市况情况、仓库检验、文量须知、仓库管理、运输常识、新旧度量衡比较及换算、会计常识、公文常识及宣传纲要等。②由于需要迫切，原定4月开办的训练班改为2月底限期完成。

  总体来看，国民政府对新近专门成立的粮食管理"司令部"十分重视，希望抓紧充实局内人员，加强各部门的协调，并加快进入工作状态。地方上，各省、市县粮政机构与局级单位一同扩大，不过地方机构实际作用力存在不平衡。一方面，区域差异对行动力造成影响，各省粮管局和县粮食管理委员会成立时间不一，在接轨粮政体制时有拖后腿现象。另一方面，上层在工作指挥中存有"偏向性"，将主要精力集中在四川地区。因此，无论在政策落实速度、推行范围还是粮管人员的遴选及训练程度上，川省都较他省优先。但不可否认的是，在中央与地方的相互配合与努力下，全国粮食管理机构网络正逐渐铺设，粮政管理事权渐趋统一，基层组织进一步健全与完善，这为粮政的制定与推行奠定了组织基础。

---

  ① 陈大维：《抗战以来四川粮食之回顾》，《中国行政》第1卷第4—5期合刊，1941年5月30日，第57—59页；《四川省政府粮食管理局施政报告》，1940年10月—1941年5月，秦孝仪主编《抗战建国史料——粮政方面》（二），第115—116页。
  ② 四川省粮政局：《四川部分县呈报粮食干事训练学员名册经费预算书及撤销粮管员造具粮食干事分配名册薪津公费数目粮民登记表以及粮政局指令电令》（1941年），四川省政府粮政局档案，档案号：民092—01—0438，第56—57页。

小　　结

关于粮食管理，平时与战时确有差别，平时任务为供需平衡，侧重于粮食运销管理与价格统制，而战时的任务则是"使以有限的粮食供给量，配合军糈公粮民食的需求，故当注重以强制力量，管理粮食的消费与分配"①。行政院成立全国粮管局，目的是"集中办理产销储运；其主要目的在彻底调剂粮食之供求，一方面力求避免谷贱伤农之弊，一方面救剂（济）粮食不敷省份，使分配合理，俾民食问题，得以稳定"。在这篇社论中，还提到了两类人，一是"猛烈进行着的""变相囤积"的地主，二是"各种囤积家"，不管是哪一类人，囤积居奇都是政府严厉禁止的行为。此外，除了新近成立的全国粮管局，还提到了四个部门，一是农林部，二是经济部，三是交通部，四是财政部。全国粮管局只有与以上四个部门"取得密切的合作"，才能将粮食供求问题"得着彻底的调剂"②。在此，我们可以认为，粮食管理并非仅粮食部门的责任与使命，也绝非仅凭一个机构可以独立完成管理粮食的重任，从本质上来讲，粮食管理是一个系统工程与社会问题，必须依靠相关机构与人员齐心协力、共同完成。因此，"奉令成立，依据组织规程，负统筹全国粮食之产销运储、调节其供求关系之使命"的全国粮管局，应着力发挥统筹职责，动员各方力量，以竟全功。③

四川乃至全国的粮食恐慌，给粮食丰收、"因丰成灾"的后方社会敲响了警钟，也深刻地触动了国民政府。为摆脱粮食困局，政府上层意识到有必要设立一个专门的粮食管理机构。但新机构的设立并非小事，无论是从机构组织的布局还是在人员的挑选上，必须要深思熟

---

① 中国国民党中央执行委员会训练委员会编印：《五大建设述要》，1941年3月，第186页。
② 《社论：粮食管理问题》，《中央日报》（重庆）1940年8月3日第2版。
③ 《战时粮食管理办法》（1937年—1940年），行政院档案，档案号：014—040504—0015，第84页。

虑。在国民政府推动下，全国粮管局很快"上线"，各省、各县市也先后进行机构调整，希望在全国粮管局的带领下走出阴霾。

但全国粮管局受"出身"影响，成了解决四川省粮食问题的"专属"机构，各项粮政管理措施多服务于四川，对其他各省基本上无力顾及。为弥补这一问题，全国粮管局召开了首次全国性的粮食管理主题会议，该会议无论对粮政走向还是对机构本身都产生了重大影响。

全国粮管局以四川地区为中心开展工作，招致时人颇多批评，但从粮食部首任部长徐堪在1943年5月的一份呈文来看，卢作孚的做法却很有先见之明，徐堪曾言："如全国同时筹划，范围过于广泛，亦恐力量分散，不易集事。川省为后方重镇，一切政治、经济、社会设施，可影响及于全国，倘能集中力量，先从四川一省着手，使川省粮食不发生问题，并能维持稳定之状态，使其于社会经济发生好之影响，则风声所播，于国家整个经济亦必有所裨益。"① 徐堪呈送行政院的此一签呈的背景虽为四川粮食供应出现大的缺口，急需筹补，但从解决问题的思路来说，四川作为后方粮食奥区，其重要性毋庸置疑，全国粮管局的粮食管理思路不无道理。

---

① 《筹补四川省短缺粮额及控制粮价简要方案》（1943年—1944年），行政院档案，档案号：014—040501—0012，第16—17页。

第三章　全国粮食管理局的粮政推行

1940年8月24日，全国粮管局向行政院呈递了一份文件，这份呈文可以看作该局的施政纲要："（一）以言管理原则，在数量方面，务求其供需适应，在价格方面务求生产者与消费者皆得其平。（二）以言管理机构，除由本局统筹全国粮食管理事宜外，省县市亦皆宜有粮食管理机构，始克贯彻管理命令，而各级机构权责，尤须划分明晰，俾收上下相承、分工互助之效。（三）以言管理事项，举如粮食及粮食商人之调查登记、公仓设置、粮食储备、粮食动员、市场管理等项，亦均权衡缓急，厘订步骤，循序施行。"① 可以看出，该呈文从管理原则、管理机构及管理事务三个方面勾画了该局成立后的工作蓝图，荦荦大端，切中要害，既有宏观的原则、机构，也涉及具体的事务内容。

成立全国粮管局的主要目的在于平衡全国粮食供需，支撑持久抗战。但当时四川粮食问题极为迫切，因此，卢作孚等管理人员不得不将主要精力放在四川。他们深入各专署进行视察，"召集各该区县长，举行粮食会议，研究管理粮食办法"②，多角度、多方面制定粮政法规，并推进细化、落实。

9月8日，全国粮管局拟定《四川省粮食调查暂行办法大纲》，对粮食调查的目的、组织、办法、日程均作了规定，此次调查自8月

---

① 《战时粮食管理办法》（1937年—1940年），行政院档案，档案号：014—040504—0015，第84页。

② 《卢作孚等调查四川粮产》，《新华日报》1940年9月17日第2版。

21日开始,至10月20日结束,对消费、生产区域的人口、粮食消费量、粮食输入输出地点及数量、现存陈粮数量、本年收获数量、本年粮食余额及不足数量等都要详细调查。① 9月30日,卢给贺耀组、陈布雷发了一份电报,主要就购粮资金、堆储保管、粮食集中、粮食加工、计口授粮及管理机构表达了想法。从电文内容来看,除对川省粮食状况有了一定的认识外,卢还列举了大量数据,也对购粮资金、粮食分配、保管加工等进行了推算,还对粮食管理的难度有了新的体认,尤其是购粮资金的筹集。不过,贺、陈二人对困难的判断更为乐观,也对卢的六项困难逐一进行了分析乃至反驳。② 尽管如卢所预估,接下来的粮食管理将会困难重重,但各项工作仍须迎难而上。此后,由四川粮食管理委员会联络有关单位,组织四川省粮食调查委员会,向行辕政治部战干部抽调100人、青年团劳动服务营抽调67人,稍事训练后派为调查技术员,限期开展工作。县及乡镇也分别召集从事调查人员及乡镇长等,开展调查前期准备工作、宣传调查理由、宣讲粮食管理办法、资料收集等。重庆市社会局设联营处34家平价米,每日1190石出售。③

1940年10月起,重庆市粮食供应由全国粮管局办理。在全国粮管局11月中旬制定的《各县供应重庆等消费市场粮食办法实施纲要》中,除了对重要市场的粮食供应作了相应规定外,对于重庆市各机关、学校、工厂所需粮食,亦作了规定,即由市场购买,其数量较多时,可委托重庆市粮食管理委员会转托米业公会代为按月采购,必要时可以指定市场,由其特派代表前往采购。④

对于陪都重庆的粮食供应,全国粮管局也非常重视,1941年3月25日出台了《重庆市民食供应统购统销规则》。《统购统销规则》规

---

① 《省市粮食管理办法(一)》(1940年—1948年),行政院档案,档案号:014—040504—0017,第78—79页。
② 《赋税(一)》(1940年10月6日),蒋中正"总统"文物档案,档案号:002—080109—00011—004,第31—34页。
③ 翁文灏著,李学通、刘萍、翁心钧整理:《翁文灏日记》(下),第542页。
④ 《各县供应重庆等消费市场粮食办法实施纲要改名为各县供应重庆市暨疏建区粮食办法实施纲要》(1940年),行政院档案,档案号:014—040504—0148,第9页。

定，凡运到渝市食米应全部登记，由全国粮管局悉数收购，米质分为上、中、下三等，收购价格、销售价格均依据米质，由全国粮管局、重庆市粮食管理委员会会同重庆市粮食业同业公会计算核定，收购价格以购进成本、运缴费用加上合法利润构成，销售时批发价格由全国粮管局、重庆粮管委、同业公会确定，零售价格依照配销价格、运送费用、合法利润确定，再分配全市零售米粮店铺销售。①

全国粮管局在重庆设立重庆市平价米供应处，专门办理中央公教人员平价米供应，设立重庆市统购统销督导处，在给予粮商合法利润的基础上，督导粮商统购统销，但所有亏蚀由政府负担。此外，设立仓库督导室，采购部分民粮。粮食来源以集体粮商采取为主，集体粮商享有专商权力而不负供应之责。其时渝市每日需米3000余市石，而集体粮商每日运销之米最多不过1700余市石，甚至每日仅运销数百市石，以致渝市食米常感供不应求，粮价高涨，人心不稳。② 据统计，1940年4—10月，重庆工人生活费指数上涨最快，每月增加15.1%，1941年全年每月增加8.4%，1942年每月增加7.3%。③ "在初春及青黄不接时候，粮食发生恐慌，人人感受粮食缺乏的顾虑！中央为加强战时粮食管理及实现总理粮食政策计，决定全国粮食管理局改为粮食部，提高职权统一指挥监督。"④ 对于全国粮管局的评价，旋踵其后的粮食部在总结1941年下半年的工作时，用了"不免仍蹈前全国粮食管理局之覆辙"的话语。⑤ 全国粮管局对陪都民食供应，采用集团米商供应制，即由专门的商人负责统购统销，具体是由同业公会加以组织，分配采购地点，每一地点只联合派遣一名代表从事采

---

① 《赋税（一）》（1941年4月10日），蒋中正"总统"文物档案，档案号：002—080109—00011—007，第85—86页；《渝食米供需办法昨实施统购统销》，《益世报》（重庆）1941年3月26日第3版。
② 粮食部调查处第四科编印：《粮食部三十年度工作检讨报告》，1942年，第2页。
③ 陈达：《我国抗日战争时期市镇工人生活》，中国劳动出版社1993年版，第83页。
④ 邹明初：《粮政之回顾与展望》，《督导通讯》创刊号，1942年1月1日，第2页。
⑤ 粮食部调查处第四科编印：《粮食部三十年度工作检讨报告》，1942年，第1页。

购，然后再依各商行认购数额进行分配。① 重庆计有专商 24 家，在附近十余县采购，以供应渝市。② 但专商"认多缴少，以致随时发生恐慌"③，陪都粮食供应问题仍未解决。

全国粮管局对于民食调剂，在四川重庆、自贡、成都、犍乐盐区、川北盐区及南部西充区等消费市场订定供应办法，但实际上仅在重庆市设有平价米供应处及统购统销处，办理市民民食供应事宜，但采购运销的粮食商人未能切实负责，至五六月酿成恐慌现象。④

第一节 粮食调查、征集与储运

粮食管理经纬万端，从生产、调查、征集到储运、分配，均需筹划实施，方能保证军粮民食供应有条不紊。在战争状态下，粮食管理情形更为复杂艰难，全国粮管局勉为其难，在其设立的有限时间内一定程度上解决了部分问题，或为以后此类问题的解决提供了某些思路、奠定了些许基础，做出了有益探索。

一 粮食生产

粮食生产是粮政工作的核心工作之一，也是粮食调查、征收、储运的重要基础。1938 年，实业部被撤销后，其原有的农业行政被并入经济部办理。但战时经济工作纷繁复杂，经济部无力专注粮食增产工作，农本局重心放在促进农产运销与流通农村金融，对于粮食生产改进亦无从谈及。1940 年夏，"中央政府以战时粮食重要，农业生产必须重视，遂将农业行政由经济部划出，设立农林部"⑤。7 月，农林

---

① 《各县供应重庆等消费市场粮食办法实施纲要改名为各县供应重庆市暨疏建区粮食办法实施纲要》（1940 年），行政院档案，档案号：014—040504—0148，第 8 页。
② 徐可亭先生文存编印委员会编印：《徐可亭先生文存》，第 113 页。
③ 秦孝仪主编：《抗战建国史料——粮政方面》（一），第 397 页。
④ 《粮食部 1942 年度岁出岁入总概算工作计划特别建设计划审核案》（1942 年 2 月），中央设计局档案，档案号：一七一—1466，第 84 页。
⑤ 张柱编著：《我国战时粮食管理》，第 156 页。

部正式成立，即"以增加粮食生产为中心工作"①。稍后成立的全国粮管局亦曾一度将粮食增产作为自己的工作之一。

全国粮管局成立后便与农林部积极展开合作，尤其在增加粮食种植面积方面下功夫。扩大种植面积是粮食增产工作最主要也是最便捷有效的办法。随着战区扩大，粮食种植面积不断缩小，据1938—1940年农情报告分析，四川各县粮食作物栽种面积日趋减少，小麦种植面积从24%下降至18%，大麦则由14%减至12%。1939年遭遇秋旱，冬水未能普遍蓄水，导致来年不能及时插秧，遂成休闲田或只能改种其他作物，故油菜种植面积从1938年的11%增至15%，叶烟从0.4%增至1%，棉花则由2%提高到5%。② 对比其他两种增产途径，增加种植面积效益最高，有关机构将重点放在此处，利用冬闲田地及荒地隙地耕种粮食作物，减少非必要作物改种粮食。

关于战时粮食增产前景，战前有些专家并不抱乐观态度，乔启明与蒋杰1936年9月指出："我国科学落后，农事守旧，国家和民众的财力有限，在目前国事尚能勉强维持的局面下，要求已垦地地力的改进，或从事荒地的开辟，以冀增加农业生产，尚非易事，如果战争开始，人力和财力更感困难，加以我国又素乏大战经验，届时能维持原有生产能力，已属幸事，若另欲添辟耕地面积，增加产量，决非事实所能允许，是可以深信的。"乔启明等人指出，解决中国人口与粮食问题的途径可分为两种，一是治标，二是治本。治标主要指三项内容，一是增加生产，二是调节消费，三是平均分配。增加生产的方法有：推广良种；研究作物栽培种类；采用良好肥料；引用新式农具；提倡生产合作；活动农民金融；整顿土地利用；防治水旱灾害；防除病虫害。调节消费包括：各省粮食调节概要；改良交通运输；粮食进出口整顿；普遍设立仓库；研究粮食制造及持久方法；内地分设面粉厂；取缔粮食浪费；增加杂粮消费量。平均分配包括：取缔苛捐杂

---

① 朱子爽编著：《中国国民党粮食政策》，国民图书出版社1944年版，第78页。
② 《三十年度食粮增产实施方案》，《川农所简报》第3卷第5—6期合刊，1941年6月，第21页。

税；严惩奸商囤积；促进运销合作；调剂粮食价格；规定粮食等级。①

粮管局对粮食增产问题一直较为重视。1940年11月初，卢作孚、何北衡及四川省粮食管理局局长何遒仁及其他有关机关负责人在成都多次会商具体办法，计划增加本年冬耕面积100万亩，由川农改所大力宣传，提倡早日栽种秧苗以防来年夏旱等。② 1941年1月，全国粮管局拟定四川粮食增产计划，包括限制种植非食粮作物，原有高粱地改种玉米、番薯；防止稻麦病虫；推广稻麦改良品种；利用冬季休闲期种植短期作物等。③ 4月3—9日召开全国合作会议期间，全国粮管局所提提案中，关于粮食的提案有《提请组织粮食运销合作社协助粮食调节案》《拟请利用合作社增加粮食生产案》。在《拟请利用合作社增加粮食生产案》中，全国粮管局就如何利用合作社增加粮食生产，提出由社会部、合作事业管理局、农林部及全国粮管局共同拟订实施办法。④ 在拟定的1941年度《各省粮食增产计划大纲》中，全国粮管局将粮食增产看作"本局职责所在"⑤。不过，关于粮食增产问题，农林部亦负有专责，在此时虽未明确表示异议，但在粮食部成立之初却成为农、粮两部矛盾的焦点之一。

农林部成立不久，便制定了《推广冬耕要点》，督促各省农业主管机关积极推行，并商请农产促进委员会……农本局、全国粮管局等协助进行。⑥ 鉴于川粮保障前线、供应后方的重要性，全国粮管局在《四川省政府管理全省粮食暂行办法大纲》中，要求"力谋粮食之开源节流"，严令各县切实推行冬季粮食增产计划。⑦ 有鉴于此，四川

---

① 乔启明、蒋杰：《中国人口与食粮问题》，第86、143页。
② 《川扩大冬耕，粮管局拟定办法》，《大公报》（重庆）1940年11月4日第3版。
③ 《全国粮管局拟定本年度川粮增产计划》，《新闻报》1941年1月16日第4版。
④ 《拟请利用合作社增加粮食生产案》，《合作事业》第3卷第5—9期合刊，1941年9月30日，第169—170页。
⑤ 《各省粮食增产计划大纲》，《浙光》第8卷第5—6号合刊，1941年7月16日，第16—19页。
⑥ 侯坤宏：《抗日战争时期粮食供求问题研究》，第24—25页。
⑦ 全国粮食管理局：《四川省政府管理全省粮食暂行办法》（1940年9月6日），三民主义青年团重庆支团档案，档案号：0052—0001—00004—0000—093—037，第37—43页。

省农业改进所接受全国粮管局 195600 元的经费补助，于 1940 年秋开展冬季食粮作物增产工作。① 据中央农业实验所调查，1940 年度，后方 14 省冬作面积均有增加，约占耕种总面积的 62%，成绩极为可观。② 1940 年冬，农林部筹设粮食增产委员会，"期以发动集中各省农业人员及有关各方，推行增产工作"。次年 2 月，正式成立，选聘委员 16 人，技术专员 2 名，任命张远峰为主任委员，潘简良为副主任委员，沈宗瀚兼小麦杂粮组组长。据统计，1941 年度共增产粮食 9300 余万市担，超过预期成效近 3 倍。③

川省府还通饬各县粮管会切实遵照推行《二十九年冬季食粮作物增产实施计划》，减种非必要或次要作物面积（如油菜、烟叶等）改种麦、豆等粮食作物。④ 1940 年冬，农林部拟具《三十年度各省粮食增产计划大纲》，一度成为战时推广粮食工作的准则。其中规定农民减少非必要农作物，每种不得超过该户耕种总面积的 1%，各种非必要农作物总面积不得超过该户种植面积的 4%。1941 年 3 月，农林部制定《减糯改籼紧急措施办法》，由省政府令饬所属各县市政府督促农民限制种植糯稻，种植面积不得超过其水田总面积 1%，违者依法予以处罚。⑤ 经落实，四川省原有糯稻产地减少 35% 以上，增产籼稻 420 万担。⑥ 4 月，全国粮管局召集各农业机构，商讨利用荒地、废地及隙地种植食粮作物的办法，要求尽可能利用公私所有一切荒地、熟荒、花园草地、住宅内外隙地、路边隙地及其他可以利用生产粮食的零整土地。⑦ 1941

---

① 《本所历年食粮作物推广事项》，《川农所简报》第 3 卷第 5—6 期合刊，1941 年 6 月，第 9 页。
② 郝银侠：《社会变动中的制度变迁——抗战时期国民政府粮政研究》，第 52 页。
③ 《农林部粮食增产委员会概况》，《中华农学会通讯》第 23 号，1942 年 10 月，第 10—12 页。
④ 《四川省政府粮食管理局施政报告》，1940 年 10 月—1941 年 5 月，秦孝仪主编《抗战建国史料——粮政方面》（二），第 118 页。
⑤ 产：《减糯改籼之计划》，《科学》第 25 卷第 5—6 期合刊，1941 年，第 336 页。
⑥ 《四川粮食增产运动》，《农贷通讯》（重庆）第 3 期，1942 年 4 月 30 日，第 14—16 页。
⑦ 《全国粮食管理局召开全国粮食会议记录及有关文书》（1941 年 4 月—5 月），中国第二历史档案馆藏（以下不再一一注明），农林部档案，档案号：二三—1273，第 214 页。

年度，减少非必要作物种植面积共 463 万余亩，其中减糯改籼成效最为显著，荒地隙地推行面积为 682 万余市亩，增产总成效占该年度的 28.63%。① 这与农林部、各县粮管会、农业推广所及其他基层组织间的积极合作关系匪浅。

根据粮食增产计划及以往经验，全国粮管局还鼓动各省积极提高单位面积产量及补充农业生产劳动力。1941 年，各省通过推广改良品种、加强病虫害防治使粮食增产份额占总成效 5% 左右。② 而在劳动力补充上，国民政府将目标放在了部队、公教人员及学生身上，如川省府饬令全川各校组织学生代耕队协助农民耕种。③ 此法不仅可以供给自身，也能减少社会粮食供应。

除上述直接生产外，节约粮食消费可间接增加粮食总量。四川省对此尤为重视。1940 年 12 月，重庆市粮食管理委员会要求社会局转令重庆市各糖坊、酱油厂、酒作糟坊，不得以可供食用的米充作原料。提倡食用糙米及杂粮面粉，要求市粮食业同业公会转告各机器米厂、土碾坊，不得磨制上白精米，并以三号米作为标准。④ 1941 年 5 月，全国粮管局要求四川省粮食管理局迅速转饬各县市粮食管理委员会，根据全国粮管局制定的《粮食消费节约实施要项》办理粮食节约事宜，其具体内容如下：第一，禁止粮食酿酒制糖。凡与食用有关之粮食如米、麦、糯米、苞谷、高粱等，各地方应一律禁止用以酿酒制糖；酒精制造应尽量利用粮食以外之原料，其必须利用粮食为原料者，应由酒精厂估具需要数量，报请当地粮食管理机关特许购用每月实际消用数量，并须报由粮食管理机关查核。第二，提倡食用糙米粗面。米或面粉之碾磨程度应以五成白米（或称胚胎米）及全麦面粉为标准，所谓五成白米即内皮及胚胎俱全，损耗既少，营养价值又

---

① 郝银侠：《社会变动中的制度变迁——抗战时期国民政府粮政研究》，第 57、60 页。
② 张柱编著：《我国战时粮食管理》，第 161—166 页。
③ 《省府令饬全川各校组织学生代耕队协助农民耕作》，《江津县政府公报》第 22 期，1941 年 6 月 16 日，第 19 页。
④ 重庆市粮食管理委员会、重庆市政府：《关于粮食问题遵办情形的呈、指令》（1940 年 12 月 16 日），重庆市政府档案，档案号：0053—0004—00141—0000—024—000，第 24—25 页。

第三章　全国粮食管理局的粮政推行

高，且无粗糙难以下咽之弊，全麦面粉即全麦磨粉而成，既利营养又可节约消耗；各地粮管机关除积极督导厂坊依照上述标准碾米磨面外，并应禁止厂坊碾磨精米细面。第三，限制以粮食饲养牲畜。应尽量限制以粮食饲养牲畜，并积极提倡以菜根草根等物充作牲畜饲料；应劝导人民提早屠宰牲畜，因牲畜在肥长最后时期需要饲料特大，在其肥长最后时期以前屠宰，饲料方面大可节约。①

除此之外，各省亦对粮食节约有所规定。如西康省严禁用任何食粮酿酒、提倡两餐及吃糙米运动，② 广东省则规定每天把三餐改为两顿；每天吃两餐饭的改为一饭一粥；改吃糙米，多吃杂粮；禁止米机碾成精米；暂停饲养家畜、家禽。③ 节约粮食消费是补救粮食的消极辅助方法，其推行中多依靠政治力量，故其宣传思想能否深入民心，国民政府的监管是否严谨有效均待考量。不过，国民政府要想保障战时粮食供应，仍须从扩大粮食生产入手。

1941年各省粮食收成大都较去年为丰，赣北、湖南全省大雨确保秋收无虞，粤省水量充足，早稻丰收，川、黔、滇、桂、湘等省"均得时雨，早稻登场"④，据农林部粮食增产委员会统计，全省秋收在九成者有浙、滇二省，八成者为川、粤、豫、宁四省，七成以上八成以下者为赣、湘、闽三省，六成至七成者为黔、桂二省，六成以下者为甘、陕、鄂三省，总计14省平均收成为七成，较去年收成增加0.9成。⑤

---

① 国家粮食局、四川省粮食局：《全国粮管局四川省粮管局部分县粮委会关于办理粮食管理消费节约事项组织粮商同业会实行计口授粮的训令指令呈文》（1940年），四川省政府粮政局档案，档案号：民092—01—0392，第189页。
② 西康省粮食局：《西康粮食局呈报粮政报告粮食管理计划调查登记办法及汉源县救济战时后方粮荒办法和全国粮食管理局电》（1940年），四川省档案馆藏，西康省粮食管理局档案，档案号：民224—01—0003，第53—55页。
③ 《战时广东的粮食管理》，《广东一月间》12月号，1941年1月15日，第25页。
④ 《农林部推行粮食增产概况（附表）》，《浙光》第8卷第12期，1941年10月16日，第13页。
⑤ 《农林部粮产委员宣布全国丰收，各省收成均较去年激增》，《湖南农业》第1卷第9期，1941年9月，第46页。

表 3-1   1941 年秋收收成、产额估计及与 1940 年增减比较

省份	1941 年秋收成数估计	1940 年秋收成数	全年产额估计（千市石）	较 1940 年增减（千市石）
四川	八成	五成四	142240	46216
浙江	九成	五成六	63156	23849
云南	九成	七成八	43479	5939
贵州	七成	七成	26938	—
江西	七成	五成五	72525	17879
湖南	八成	六成五	115200	15328
广东	八成	七成	162640	20349
甘肃	五成五	六成二	158	-21
福建	七成二	七成四	49751	-1382
湖北	三成六	五成四	14256	-7127
广西	六成三	六成五	63315	-1995
宁夏	八成	四成八	196	78
陕西	四成八	五成一	2040	-318
河南	八成	六成	10050	2515
总计或平均	七成	六成	765944	126065

资料来源：《农林部推行粮食增产概况（附表）》，《浙光》第 8 卷第 12 期，1941 年 10 月 16 日，第 13 页。

此外，因政府推行粮食生产工作而增加之生产，共计 6930 余万市石，约为全国粮食生产 4%，其中四川增加 1088 万市石，广东 2188 万余市石，江西 1953 万余市石，广西 505 万余市石，浙江 509 万余市石，湖南 421 万余市石，陕西 145 万余市石，贵州 107 万余市石，甘肃 14 万市石。其增产原因，一为推广冬耕，面积 1400 余万市

亩，增加冬作3443万余市石；二为推广优良水稻，178万市亩，增产稻谷103万市石；三是利用隙地荒地种植杂粮，共计增加杂粮2249万市石；四为减少糯稻改种粳籼稻，增加稻谷1184万余市石；五为推广肥料，整理农田水利，增产50万余市石。①

广东省政府将1942年定为农业增产年，核定农业建设经费250万元，并在各行政区内设立农业实验县1—3个，派遣大批农业人才协助。②湖南省政府通令良田禁种甘蔗。③为了增加粮食产量，陕西限制棉田面积，在临潼、渭南、华县、平民、三原、高陵、泾阳、咸阳、礼泉九县，规定植棉面积不得超过耕地面积30%，而改种杂粮。④

1941年度征收工作成效显著，其与本年粮食增产有直接关系。鉴于当年秋粮歉收，遂发动各地开展冬耕活动，以补救粮食不足，截至1941年2月报告，广东冬耕成绩最大，全省冬耕面积达600余万亩，四川、贵州亦较有成效，后方15省冬耕总面积在1300万亩以上。⑤1940年10月前后，农林部依托中央农业实验所，拟投资950万元，制定计划开展大规模粮食增产工作，并设立全国粮食增产委员会，增进单位产量，扩充种植面积，推广改良种子，增施肥料，防治病虫害，防除畜疫，增加劳力，兴修农田水利等，利用荒地、隙地、休闲田地，减少非民生所必需作物面积，动员全国农业学院三、四年级学生，农业职业学校、乡村师范等农学专业学生及其他农业人才5000名，会同地方行政人员经过10个月努力，截至1941年10月20日，除去各省因丰收而增产之粮食不计外，共增产72735024市石，是原计划3000万市石2倍还多，约占全国粮食生产总量4%，各省增产情况分别为：四川增产12961613市担，广东21910160市担，湖南4779056市担，江西19484227市担，广西5057688市担，浙江

---

① 《全国粮食增产百分之四》，《湖南省银行月刊》第1卷第5期，1941年11月1日，第123—124页。
② 《粤定明年为农业增产年》，《湖南农业》第1卷第9期，1941年9月，第48页。
③ 《省府通令各县良田禁种甘蔗以期增加粮食生产》，《湖南农业》第1卷第9期，1941年9月，第50页。
④ 张肖梅主编：《中外经济年报》，中国国民经济研究所1939年版，第87页。
⑤ 全国粮食管理局编印：《全国粮食会议报告》，第29页。

5122673 市担，陕西 1490910 市担，贵州 1089421 市担，甘肃 148472 市担，湖北 97459 市担，河南 28242 市担，安徽 365099 市担，宁夏 200000 市担。①

如甘肃省往年多为缺粮省份，抗战军兴，人口骤增，粮食消费更多，加上饲料、种子等用途，数量更形增加。据中央农业实验所统计，1940 年甘肃省稻米亏少 34000 市担，小麦短少 201000 市担，大麦缺额 48000 市担，高粱 17000 市担，小米 73000 市担。1941 年 3 月，甘肃省遵从农林部颁发的《三十年度各省粮食增产计划大纲》，接受增产经费后，即妥拟计本省 1941 年度粮食增产计划及各项章则办法，5 月成立省粮食增产委员会，以推进增产事宜。增产项目包括防治麦类黑穗病，推广检定优良小麦品种，指导改进马铃薯选种与储藏，指导垦区与利用隙地栽培粮食作物等，具有一定成效，虽与产粮大省不可同日而语，但从自然环境、土地饶瘠等方面来看，其成绩斐然。②

再如四川省增产措施多样，成效亦相当显著。

表 3-2　1941 年四川省粮食增产工作进度（截至 1941 年 10 月 20 日）

工作项目	推广成绩	成效估计（市担）	推广区域	备注
推广冬耕	1382593 市亩	2359390	成都、巴县等 62 县	以种植小麦、大米等冬作
推广改良稻种及双季稻	56373 市亩	37824	华阳、泸溪等 43 县	双季稻 2000 亩，每亩增产 2 市担计算，改良稻种 56373 市亩，以每亩增产 60 斤计算
减种糯稻改种籼稻	1200000 市亩	4200000	成都平原及川东	

---

① 农林部粮食增产委员会编印：《十月来之粮食增产》，1941 年，无页码；全国粮食管理局编印：《全国粮食会议报告》，第 29—30 页。

② 甘肃省粮食增产委员会编印：《甘肃省一年来之粮食增产》，1942 年，第 1—3 页。

续表

工作项目	推广成绩	成效估计（市担）	推广区域	备注
利用隙地荒地种植玉米	458792 市亩	746327	绵阳等 38 县	
利用隙地荒地种植马铃薯	34360 市亩	684120	安县、绵竹等处	
利用隙地荒地种植红苕	687289 市亩	4846749	中江、绵阳等 41 县	
推广短期补充作物荞麦	53651 市亩	64381	合江、仁寿等 12 县	每亩计增 120 斤
推广堆肥	4084500 市亩	20422	灌县、中江等 11 县	每亩骨粉以增产稻谷 170 斤计算
推广蒸制骨粉	1475 市担	2500	巴县等处	
合计		12961613		

资料来源：农林部粮食增产委员会编印：《十月来之粮食增产》，无页码。

从表 3-2 可以看出，四川省各级政府在农林部的指导下，对粮食增产工作均非常重视，而且因地制宜，在全川各县针对不同情况，采取诸如扩大冬耕面积、利用隙地、推广良种、改种粮食作物、推广堆肥、推广蒸制骨粉等形式多样的增产措施，有的规模较大，如推广冬耕面积达 138 万余市亩，利用隙地种植红苕近 70 万市亩，对增加全川粮食作物大有助益。

就整个后方来说，粮食增产工作亦开展得红红火火，成效显著。表 3-3 反映了后方 19 省市 1941—1942 年度所采取的粮食增产措施与成效，无论是增加粮食种植面积，还是提高单位面积产量，均采取多种措施，取得不俗成绩。

表3-3　1941、1942年度后方19省粮食增产措施面积及成效

工作类别	工作项目	1941年度		1942年度	
		面积（亩）	成效估计（担）	面积（亩）	成效估计（担）
增加粮食种植	推广工作	22985910	42620745	40938088	43265591
	利用休闲田地	5710111	3344016	489464	250345
	利用荒隙地区	6826683	26748009	1276241	1058693
	减种非必需作物改种食粮	377197	317986	413395	439599
	减种糯稻改植香粳稻	4254539	1148725	1591553	431798
	小计	40154440	74179481	44708741	45446026
提高单位面积产量	推广改良稻种	2320917	1141715	1289379	645079
	推广改良麦种	431027	225415	1264498	325897
	推广杂粮良种	18604	42766	61378	61376
	推广再生稻	264236	136500	—	—
	推广双季稻	918662	1379244	56990	88441
	防治病虫害	6454638	1972212	4362133	396811
	增施肥料	2967699	1361077	887897	353098
	修整小型农田水利	3768814	2987972	15909386	747963
	小计	17144597	9246901	23831661	2618665
总计		57299037	83426382	68540402	48064691

资料来源：行政院编印：《国民政府年鉴》，1943年7月，"中央之部"第217—218页。

原表说明：1. 包括四川、湖南、广东、广西、云南、江西、福建、浙江、西康、陕西、河南、甘肃、青海、山西、绥远、宁夏、安徽、贵州、湖北共19省；2. 1942年度统计至10月底止。

二　粮食调查

粮食调查是了解全国粮食产销概况、制定或实施粮食政策的基础、初步准备工作和重要依据，其重要性不言而喻。关于粮食调查，时人认为这是完全符合孙中山民生主义思想的，整理耕地、调查粮食

产销也是实现民生主义的重要途径之一,"欲谋我国农业复兴,必得先从整理与调查入手;而整理与调查,又必得先明瞭全国的农业状况,然后才能贯澈(彻)和实现总理民生主义的精神和方案"①。国民政府亦有限期调查各省田主佃农生活状况的决议,1929年由金陵大学举办,后辗转迁并,1933年开始由中央农业实验所接办,编印《农情报告》以供有关各方参考,每年报告冬季作物及夏季作物面积各两次,产量各三次,有时对乡村物价、灾害损失、农佃问题、农工工资等亦加调查发表,从以省为单位渐扩充至县级农情,闽、桂、川各省相继举办。② 1932年,国民政府主计处统计局曾建议制定《全国农业总调查计划提要》,意在摸清全国务农人员确切数字、农业总产量及其分布情况等,但此一计划并未严格执行。1934年,实业部曾开展军用粮食调查,其调查对象既包括植物品如各种农作物,也包括动物品如各类家畜,但地域仅局限于江苏一省。③ 因此,国民政府对于农业调查虽有计划,但并未详细进行,对于粮食产销情形"反不若米商所知之明确,所有盈亏之统计,多出米商之估量"④。也就是说,相对于政府来说,粮商更清楚全国米量运销状况。

此外,一些学者对中国粮食生产亦有调查。乔启明等人对战前尤其是1932—1935年四年粮食生产供求状况调查后认为,中国27省粮食供应不足,净缺32874401个成年男子单位的粮食,占实际人口10.2%,即每百位成年男子单位中即有10个缺乏粮食供应。其中18省缺粮人口数量更大,为45386030人,河北计6733165人,河南856478人,山东6308950人,山西1289816人,陕西3718857人,甘肃2430164人,江苏4345354人,浙江2393455人,安徽3676445人,福建2927824人,广东9196290人,广西4087268人,四川2284622人,贵州1975377

---

① 乔启明、蒋杰:《中国人口与食粮问题》,第134页。
② 四川省政府秘书处统计室编印:《四川统计简讯》第2期,1939年5月1日,第2页。
③ 《全国军用粮食调查表》(1934年4月—10月),实业部档案,档案号:四二二—2103,第1—28页。
④ 《省属粮政单位组织规程(一)》(1937年—1941年),行政院档案,档案号:014—040503—0005,第21—22页。

人，云南4480955人。剩余粮食人口数量，江西4250616人，湖南3567421人，湖北3500953人，边区9省净余2057569人食粮。① 折抵下来，全国27省净缺43328461人的粮食。② 这些数字或存在不准确之处，但对于当时中国来说，也是难能可贵的。

在战前及全国粮管局成立前，各省均有规模不等的粮食调查活动。如四川省粮食管理委员会对本省粮情市况的调查，包括成都市粮食运销概况的调查。③ 全国粮管局成立后，该局及各省政府均非常重视。福建省府的调查方法是在省粮食管理最高机关指挥与监督下，以县为单位，先注重县内粮情，设立调查员，负责报告当地粮食生产、囤积、运销、价格情况，在粮食集散地设立粮食登记处，负责登记输入、输出情形。调查事项包括粮食生产实况与数量、消费实况与数量、生产成本、人民生活程度、粮食输入输出实况与数量、粮食存储囤积情况与数量、粮价涨落情况、物价涨落情况8项。④ 金陵大学农学院农业经济系1940年初曾在成都附近七县169户农家、16处市场粮食生产成本与运销状况进行调查，对温江、双流、郫县、新都、新繁、成都（崇义镇）、华阳七县水稻生产成本、生产费用、生产量、米谷销售、展开详细调查，以期"明了米谷之生产情形，而计算其生产费用；并明了市场交易及运输情形，而计算其运销成本，两者之成本完全明了，连同商人之合理利润，而规定产品之价格，则生产者，居间商人，与消费者三方面，均得沾益。然后由负责机关，统盘筹划，订定合理解决方案，则对于生产，消费，分配，运输，均可有适当之解决与调整，而达平价之实效"。⑤

---

① 乔启明、蒋杰：《中国人口与食粮问题》，第65—67页。乔启明所谓边区9省系指辽宁、吉林、黑龙江、宁夏、绥远、热河、察哈尔、青海、新疆。
② 乔启明、蒋杰：《中国人口与食粮问题》，第140页。
③ 《预防粮食恐慌举行粮食总调查》，《江西农业》第1卷第1期，1938年6月1日，第95页；哈承恩、崔鼎、陈家瑶：《成都市粮食运销概况调查》，《建设周讯》第8卷第10期，1939年5月8日，第55—65页；姚国栋：《广西粮食产区调查——柳州与象县》，《农本》第13—14期合刊，1939年4月15日，第22—23页。
④ 《粮食调查》，《闽政月刊》第5卷第5期，1940年1月31日，第101页。
⑤ 潘鸿声编著：《成都市附近七县米谷生产与运销之调查》，第1页。

第三章　全国粮食管理局的粮政推行

蒋介石对粮食调查非常重视，尤其是大地主与富豪之家。1940年9月3日，蒋下发手令，给成都贺国光秘书长，令产米各区专员及各县长在本月15日前，各自在本县"查报其最大田主与藏谷数量最多之富豪五家至十家，其地名、人名与大概之数量"①。4日，蒋"再修正《为实施粮食管理告川省民众书》文告"，在指示如何调查存粮时，蒋指出："我们在执行调查的时候，第一必须邻乡邻镇乃至邻县同时发动，第二调查并规定供给数量的时候，应该以乡镇为单位，合并计算其生产总量和储藏总量，除去这一乡镇总人口共需的一年内的总消费量，然后确定这一乡镇应该出售市场的总供给量。"② 全国粮管局成立后，对四川粮食调查尤为重视，为了确定四川省消费区粮食的消费量、生产区的生产量，并在生产区域酌定接济军粮及调剂民食所需的收购数量，1940年9月6日，全国粮管局公布了《四川省政府管理全省粮食暂行办法》《四川省粮食调查暂行办法大纲》，对采用统计调查方法管理全省粮食进行详细阐发。《四川省政府管理全省粮食暂行办法》规定对粮食供给区域及消费区域进行调查，调查内容包括以下几项。供给区域：可以供给粮食的县、乡镇、保及各家；供给量：生产区域的人口与粮食生产量、消费量及剩余量，过去及当时粮食运销的市场及运销数量，以后该生产区可以供给的市场及数量；消费区域：重要工矿区域、粮食不足地区及人口特多的县市；消费量：消费区域人口与粮食的消费量，过去及当时各来源的供给数量，以后各来源可以供给的数量。③ 组织层级方面，构建省、县、乡三级调查组织，各负其责。省级由川粮管局组织相关部门，组成四川省粮食调查委员会，借调成都青年团、劳动服务营及其他有关人员180人，施以短期训练后，从9月开始在四川第一行政督察区各县分期开展调查工作，每期两县；省粮管局下设管制科，办理粮食产销及仓库

---

① 《粮政（二）》（1940年8月16日—1941年11月18日），国民政府档案，档案号：001—087000—00002—002，第8页。
② 薛月顺编辑：《蒋中正总统档案：事略稿本》（44），第244页。
③ 全国粮食管理局：《四川省政府管理全省粮食暂行办法》（1940年9月6日），三民主义青年团重庆支团档案，档案号：0052—0001—00004—0000—093—037，第37—43页。

调查登记事项。在行政督察专员区及各县市，设置调查股，办理县境粮食、粮商、粮仓的调查登记事项，并设督导员、调查技术员，各县市由县长、市长主持调查工作；在乡镇由文化经济股干事负责调查事项。全国粮管局与重庆卫戍区及四川省第三行政区，联合社会部、重庆市政府、重庆卫戍总司令部、中统、军统、经济部、平价购销处、中央警官学校合组粮食调查委员会，制定《重庆卫戍区、四川省第三行政区粮食调查委员会组织简章》《重庆卫戍区、四川省第三行政区粮食调查办法大纲》，借调中统、三民主义青年团及中央警官学校学员1200人，短期训练后派赴各县进行粮食调查。① 办理卫戍区及第三行政区粮食调查事宜，根据大纲规定的工作日程，从8月21日开始，调查工作陆续展开，21—25日为筹备期，26日—9月4日为训练实习期，9月5日至14日，督导员及调查技术员出发奔赴各县市，从8日起，督导及调查人员陆续到达各县后，先召集人员进行讨论，之后进行详细调查，实际调查时间从24日至10月10日，18日起开始进行统计工作，各项统计工作在10日之内完成。调查事项有人口、粮食消费量、粮食输入输出地点及数量、现存陈粮数量、本年收获数量、本年粮食余额及不足数量。② 《重庆卫戍区、四川省第三行政区粮食调查办法大纲》则对粮食调查的具体事项作了规定。四川省粮管局联络有关单位，组织四川省粮食调查委员会主办全省粮食调查事宜。在实施调查的行政督察专员区设督导员，各县市设技术员，任命县市长为调查主任，主持辖区的调查工作。四川省粮食调查委员会从行辕政治部战干队调100人，青年团劳动服务营抽调67人，施以短期训练后，这些人员派为调查技术员，并召集小学教师、高级中学学生及其他可被任用的知识青年，亲赴各乡镇、保甲协助调查。调查内容包括：人口；粮食消费量；粮食输入输出的地点及数量；现存陈粮数

---

① 《粮政（二）》（1940年8月16日—1941年11月18日），国民政府档案，档案号：001—087000—00002—008，第108—110页；《粮政（三）》（1940年9月6日—1946年8月5日），国民政府档案，档案号：001—087000—00003—001，第1—10页。

② 《四川省粮食调查暂行办法大纲》，《四川省银行行务月刊》第1卷第5期，1940年9月，第51—53页。

量；当年收获数量；当年粮食余额及不足数量。①

关于调查四川各县 300 市石以上大粮户，1941 年 1 月初即已开始，"川省粮管局顷令各县市，调查粮食囤集数量，并令登记三百市石以上之粮户，以便由政府购买，拨作公学谷与优待谷"②。粮食部成立后，仍沿用这一标准。据粮政局在 111 县市统计，大粮户共计 14081 户，总计收租谷 8456241 市石。粮食部将这一数据呈报蒋介石后，蒋介石认为，"川省粮户总数，与年收租谷，决不止此，应再严令各县市切实查报"，遂命令侍从室致电四川省政府，要求重新严查。四川省政府复令各县市政府切实复查，在各县政府收到电文 15 日内清查完毕、造册上报。③

国民政府上层对粮食调查非常关注。1940 年 8 月 15 日，蒋介石下发手令，要求各省政府、国民党省党部、三民主义青年团对粮食管理及收购谷米办法，责令各县县长召集各乡镇及地方士绅、中小学校长及各地米商，组织谷米存户调查会，同时设立登记处，以各种方法调查田主所收租谷数量，"使其不能隐漏"④。9 月 11 日，蒋介石在题为《为实施粮食管理告川省同胞书》的演讲中明确指出，各级粮食管理机关要将粮食调查工作放在重要的位置，一方面要调查生产区的供给能力，另一方面要调查消费区的需要限度，以利粮食调节。因此，粮食调查迫在眉睫。9 月 15 日，全国粮管局召开四川省第三行政区粮食会议，主要讨论粮食调查办法、管理办法及征购办法。在调查区域规定除本区 10 县外，另加入重庆市与重庆卫戍区内之长寿县，即共计 11 县

---

① 全国粮食管理局：《四川省粮食调查暂行办法大纲》（1940 年 9 月 7 日），三民主义青年团重庆支团档案，档案号：0052—0001—00004—0000—093—044，第 45—48 页；《省市粮食管理办法（一）》（1940 年—1948 年），行政院档案，档案号：014—040504—0017，第 71—80 页。
② 《川粮管局调查囤粮数量，登记三百石以上粮户》，《中央日报》（重庆）1941 年 1 月 5 日第 2 版。
③ 《粮政局案呈奉粮食部电饬复查三百市石以上大粮户名册一案电仰遵照由》，四川省政府秘书处编印《四川省政府公报》原第 351 期，1942 年 12 月 11 日，第 41 页。
④ 《省市粮食管理办法（一）》（1940 年—1948 年），行政院档案，档案号：014—040504—0017，第 37 页。

国民政府全国粮食管理局研究

1 市。调查指导机构由全国粮管局、中央调查统计局、军委会调查统计局、重庆卫戍区总司令部、重庆市政府、经济部平价购销处、重庆市社会部、中央警校组织成立重庆市卫戍区四川第三行政区粮食调查委员会,由中统与军统①及中央警校抽调1200人担任调查技术员,除重庆市外,平均每个乡镇分配二至三人,由各县县长发动各乡镇小学教师为协助调查员。调查人员出发前,先到各县参加各县乡镇长会议,提出调查方案,分发调查表,调查全县概况。经费由管理局拨给。②

关于存粮如何调查、从何处着手,有人认为应先调查现有各仓库实存粮食数量,再估计各地方民间所储粮食数量。对于中央农业实验所所作的粮食产量预测,也应予重视。③嵇祖佑在1940年7月提出,要进行粮食调查登记,就必须动员大量人力,以一人来调查登记一保(一保为15甲),三天之内可以完成。④重庆对于余粮的规定是,粮食种类包括米、高粱、玉米、粟米、豆类,余粮登记包括的范围是:凡住户或商店每人每月自用粮食以2斗为准,不超过2个月需用量者,可免于登记,但如果超过20市石者,仍须登记。⑤1940年阴历

---

① 军统"负有经济作战责任",设有经济科,科长费同泽,兼任经济研究室主任,后由邓葆光接任。邓除了负责局本部经济研究工作外,并以局本部名义直接指挥财政部缉私处、货运管理局、国家总动员会议经济检查组领导的各地经检队,搜罗经济动态情报。参见良雄《戴笠传》,传记文学杂志社1980年版,第253—254页;邓葆光:《军统领导中心局本部组织及活动情况》,载沈醉、康泽等《军统内幕》,中国文史出版社2009年版,第33页。戴笠1940年12月亦讲过:"就我们现在所掌握的公开机关的业务性质来说,在交通方面有运输监察;在经济方面有缉私;在治安方面有警卫、稽查和特检;在内政方面有全国警政;在军事方面,各位知道,我们简直关系更大。总之,财政、经济、治安、交通、内政、军事,今天都已掌握在我们的手里。"因此,军统局"利用抗战坐大"是毫无疑问的。参见马振犊、邢烨《军统特务活动史》,金城出版社2016年版,第121页。

② 重庆市政府:《重庆市政府关于抄发全国粮食管理局召开四川省第三行政区粮食会议记录给社会局的训令(附记录)》(1940年9月27日),重庆市档案馆藏(以下不再一一注明),重庆市社会局档案,档案号:00600002003080000004,第10—15页。

③ 陈正谟:《战时粮食问题的解决方法》,中山文化教育馆1937年版,第25页;陈正谟:《米谷生产成本调查及川粮管理问题》,第82页。

④ 《粮食管理机构组织办法案》(1940年—1941年),行政院档案,档案号:014—040504—0025,第25页。

⑤ 《本市囤积余粮者注意,自本日起至二十六日止为登记时间,逾限即以囤积居奇论罪照军法严惩》,《益世报》(重庆)1941年1月6日第4版。

第三章 全国粮食管理局的粮政推行

年前,贵州贵阳附近各县粮价上涨较剧,行政院指示贵省主席吴鼎昌,将贵阳、定番、修文、龙里、息烽等县米价予以限价,同时制定余粮登记办法及补充办法,在全省范围进行余粮登记。① 1941年2月,西康省政府亦制定了较为详细的《西康省粮食管理计划》,对于调查登记事项,共有10条,包括各县常年产销量、消费量、驻军食粮数量、秋粮收获量及购储量等。②

全国粮管局时期制定的《粮食管理纲要》对存粮调查与登记即已作出规定,各省粮食管理机关要立即统筹办理各县市存粮调查及登记,以作为今后分配军粮民食的依据。③ 对于存粮状况曾在川、赣两省余粮县份有过大规模调查,在四川省制定《四川省粮食调查暂行办法大纲》,④ 分成都、重庆两区举行粮食调查,旨在调查陈粮。成都区包括成都附近19县市,由四川省粮食管理局主办。重庆区包括重庆卫戍区11县市,由全国粮管局主办。但因调查时间仓促,人员训练不周,川民多怀观望态度,于是出现以多报少甚至乡绅大户隐匿不报的现象,调查结果"均不圆满"⑤。浙江在尝试计口授田时,对于存粮调查亦特别重视,尤其是金华地区,对调查区域、调查程序规定甚详。⑥

1940年11月,有人呈拟《管制民生必需粮物价格之根本办法》,对于存粮调查提出如下办法:一是广事宣传,使人民确信调查不至于损害其合法利益;二是政府调查人员或经济秘密警察不可与人民敌对或发生纠纷;三是对调查结果应随时揭榜公布,"使每户所报之虚实,

---

① 《粮价平抑办法(二)》(1940年—1948年),行政院档案,档案号:014—040504—0058,第33页。
② 《省市粮食管理办法(二)》(1941年—1946年),行政院档案,档案号:014—040504—0018,第19页。
③ 西康省地方行政干部训练团编印:《粮食管理概论》,第30页。
④ 全国粮食管理局:《四川省粮食调查暂行办法大纲》(1940年9月7日),三民主义青年团重庆支团档案,档案号:0052—0001—00004—0000—093—044,第45—48页。
⑤ 粮食部调查处第四科编印:《粮食部三十年度工作检讨报告》,第47页;《粮食部1942年度岁出岁入总概算工作计划特别建设计划审核案》(1942年2月),中央设计局档案,档案号:一七一—1466,第99页。
⑥ 沈松林:《金华城区试办计口授粮的经过》,《闽政月刊》第7卷第3期,1940年11月30日,第71—73页。

人人皆能发觉，引起告密根据"；四是经济秘密警察力量深入每户每甲之内，"使隐匿粮户防不胜防，贿不胜贿"，只有据实登记始保安全。① 该办法主要借助秘密警察的力量，对民众余粮实施突击检查，或鼓励人民检举告密，显然是一种特殊做法。

1940年11月12日，蒋介石再次对粮食管理问题发表"剀切之训话"，此次的听众是重庆附近来渝参加粮食会议的永川、武胜、合川等20位县长或代表。② 在讲话一开始，蒋将四川粮食管理、调查不力的矛头对准了全国粮管局，认为尽管四川有个别县份"成绩固然很好"，但大多数县长阳奉阴违、怀疑观望，县粮食管理委员会徒具形式，有法不依、贯彻不力，规避隐匿、囤积依然，"自从全国粮食管理局成立以来，对川省粮食管理和调查，都已颁有详细办法，而川省各地的粮食问题，并没有得到解决"③。与上次的告四川同胞书不同，此次讲话是在制定了明确的粮食管理政策并实行两个多月之后举行的，具有极强的针对性，就是要求各县县长切实执行蒋的指示和会议决定的办法。蒋介石在此次讲话中强调，对各县长"授予特权"，并一再强调各地"豪强""地主粮户""大户""豪绅"等是调查的主要对象，粮食调查必须从大户做起，蒋要求各县县长不畏强梁，不惧豪势，"责成每一位

---

① 《粮价平抑办法（二）》（1940年—1948年），行政院档案，档案号：014—040504—0058，第42—43页。

② 《粮政（二）》（1940年8月16日—1941年11月18日），国民政府档案，档案号：001—087000—00002—004，第28—29页；《蒋委员长对来渝参加粮食会议各县市长讲："粮食管理要点与县长的重大责任"》，1940年11月12日，秦孝仪主编《中华民国重要史料初编——对日抗战时期》第4编"战时建设"（三），第56—60页。该训话初名为《粮食管理与县长之责任》，后有所修改。参见《粮政（二）》（1940年8月16日—1941年11月18日），国民政府档案，档案号：001—087000—00002—004，第19—32页。

③ 《蒋委员长对来渝参加粮食会议各县市长讲："粮食管理要点与县长的重大责任"》，1940年11月12日，秦孝仪主编《中华民国重要史料初编——对日抗战时期》第4编"战时建设"（三），第56—60页。需要指出的是，这篇讲话发表的时间，此处记载为11月12日，而《总裁关于粮食问题的训示》（中国国民党中央执行委员会宣传部1941年9月编印）一书中，记其副标题为"二十九年十一月二十八日对川省来渝参加粮食会议县长训话"，时间为28日。根据《蒋中正总统档案：事略稿本》及档案资料记载，时间亦为11月12日。参见薛月顺编辑《蒋中正总统档案：事略稿本》（44），第613—614页；《粮政（二）》（1940年8月16日—1941年11月18日），国民政府档案，档案号：001—087000—00002—004，第19页。

县长，在他县内，一定要查出储粮最多的地主与大户"，如果有囤藏隐匿米粮者，不但是为富不仁，而且是破坏抗战，就是反对革命。在蒋看来，各县县长应采取密查密报之法，将调查结果"一律直接的报告我"①。讲话结束后，侍从室将讲话稿印发给各县长及四川省 16 区行政督察专员，要求"遵照训词内指示各点，认真办理，不得稍有玩延"②。蒋介石对于川省粮食情况的了解，主要来自各级官员的报告，其报告内容深深影响了蒋对川省粮情的判断，如贺耀组、何浩若 1940 年 8 月前后拟呈的《粮食问题训词纲要》，其中认为粮食问题症结所在，不是数量问题，而是分配、派售、储藏、运济问题，一方面是少数地主、奸商囤积居奇，另一方面是政府管理未能丝丝入扣。③ 随后，蒋在对县长的训话中，基本采用了这份训词的内容，将四川的粮食问题主要归结为地主、奸商藏粮不予应市，以致粮价上涨。"如果不先使有钱有势的人粮米拿出来，那不特不能发生成效，而且太不公允，绝不是合理的办法。今后必须从大户做起。"④"现在一般贫苦的老百姓，自动的贡献他们应出的粮食，而且远道输将，并无异议。倒是一般地主富绅，反而计较多寡，实在丧失了作现代国民的资格，也可以说丧尽了天良。"蒋甚至把四川粮价飞涨、"越出常理常轨的畸形变态"看作"政府与人民共同的奇耻大辱"⑤。

---

① 《粮政（二）》（1940 年 8 月 16 日—1941 年 11 月 18 日），国民政府档案，档案号：001—087000—00002—004，第 23 页；《粮食管理要点与县长的重大责任》，1940 年 11 月 12 日对来渝参加粮食会议各县市长讲，秦孝仪主编《先总统蒋公思想言论总集》卷 17，第 506—510 页。

② 《粮政（二）》（1940 年 8 月 16 日—1941 年 11 月 18 日），国民政府档案，档案号：001—087000—00002—004，第 37 页。

③ 《赋税（一）》（1940 年），蒋中正"总统"文物档案，档案号：002—080109—00011—003，第 16 页。

④ 《蒋委员长对来渝参加粮食会议各县市长讲："粮食管理要点与县长的重大责任"》，1940 年 11 月 12 日，秦孝仪主编《中华民国重要史料初编——对日抗战时期》第 4 编"战时建设"（三），第 58 页。

⑤ 《蒋委员长主持全国粮政会议讲："对于粮政的期望与感想"》，1942 年 6 月 1 日，载秦孝仪主编《中华民国重要史料初编——对日抗战时期》第 4 编"战时建设"（三），第 98 页；《赋税（二）》（1941 年），蒋中正"总统"文物档案，档案号：002—080109—00012—003，第 16 页。

蒋介石之所以这样认为，是有坚实的数据来源以为佐证的。

从表3-4可以看出，从1936年至1940年，地主占有粮食占全川粮食总量的80.9%，而全川佃农约占农户总数75%，地主通过大量收取田租、高利贷及低价强制收买等方式，占有全川八成以上的粮食。①

表3-4　1936—1940年四川全省粮食与地主占有米谷数量统计

年份	全省产量（市石）	地主占有数量（市石）
1936	119400000	96594600
1937	78700000	63668300
1938	155900000	126123100
1939	151100000	122239900
1940	88600000	71677400
五年平均	118740000	96060600

资料来源：《赋税（二）》（1941年），蒋中正"总统"文物档案，档案号：002—080109—00012—003，第24页。

原表说明：依据各方估计，川省田租高度为正产物80.9%。

然而，地主豪富、奸商大户并不是唯一的囤积居奇之人，四川本地的军阀或地主兼军阀之人或许才是粮源的最大控制者。据驻合川县第十二团第四连宪兵队1940年12月下旬密查，该县第一区大石镇周极荣"在县最豪"，曾在王缵绪时期任省公安局局长，现任绥署附（副）职，其兄在唐式遵处任旅长，年收租千余石，该县此前并未呈报；东渡乡陈锡标年收租谷千余石，则由"范军杨若愚师长、罗君问

---

① 《赋税（二）》（1941年），蒋中正"总统"文物档案，档案号：002—080109—00012—003，第25页。

师长保护"①。对此，聪明如蒋亦是后知者，并于1941年5月24日将其事郑重记下：成都粮价居高不下，政府应对乏策，粮食供应难以为继，徐堪遂"情商于邓锡侯、潘文华与刘文辉三人，托其代购民粮十万石"。没想到很快奏效，蒋不由感慨："余乃知囤积居奇者尚非奸商、地主，而乃为当地之军阀也。"② 各地除了地主、军阀、奸商大户、粮行、零售商之外，其他身份团体或人员亦有购囤米粮者，如成都的银号聚兴诚、川康等，"时有购米囤积之举，等善价而出售焉"，美丰银行合川办事处以协和字号名义购存谷800余石，中国银行合川办事处购存700余石，四川省银行合川办事处1200余石，农本局福生庄在安家溪及各乡镇购存2400石。这四家机关后来证明均与杨全宇囤粮案有直接关系。③

9月下旬，局长卢作孚及副局长何北衡先后赴第二行政区、第七行政区、第六行政区调查现状，研讨粮食管理办法，一个多月的时间先后调查了12个专区中的30多个县。④ 全国粮管局派员协助筹备粮食调查事宜，要求驻县粮食调查先遣人员协同区长，甄别调查协助人员的能力，并在调查队到达之前做好相应准备。⑤ 重庆卫戍区及川省第三行政区多次召开粮食会议，确定了粮食调查方案及办法大纲，划定重庆卫戍区与四川省第三行政区辖境为督察区、县辖境为指导区、区辖境为调查区、乡镇辖境为调查分区，由粮调委会委员、指导主

---

① 《粮政（三）》（1940年9月6日—1946年8月5日），国民政府档案，档案号：001—087000—00003—008，第80—81页。

② 叶惠芬主编：《蒋中正总统档案：事略稿本》（46），台北："国史馆"2010年版，第285—286页。

③ 国民经济研究所编印：《四川食米调查报告》，1940年12月，第20页；《粮政（三）》（1940年9月6日—1946年8月5日），国民政府档案，档案号：001—087000—00003—008，第81页；《粮政（四）》（1941年3月16日—1942年4月19日），国民政府档案，档案号：001—087000—00004—001。

④ 《卢作孚等调查川粮产》，《新华日报》，1940年9月17日第2版；卢国纪：《我的父亲卢作孚》，第284页。

⑤ 全国粮食管理局、重庆市政府：《关于派员协助筹备粮食调查事宜并出席军粮征购会议的函、训令（附工作纲要）》（1940年9月19日），重庆市政府档案，档案号：0053—0025—00056—0100—154—000，第169—170页。

任、调查区长、技术员分层主管。基层调查须详细填写乡镇概况调查表、每甲调查表、农家调查表,做好报告编制工作。① 根据区域短期调查经验,从1941年1月开始,全省长期性粮食调查工作逐步开展,由省粮食调查统计室及各县粮食管理委员会调查情报股负责推行,调查内容较以往更为广泛,形式也有所改进,电报粮情成为此次调查工作的亮点。② 全国粮管局在全川指定150个主要粮食市场,举办电报粮情,并择其代表性30个最主要市场,编制米价统计,并依地理区域,绘制米价变动图。全国粮管局编印《一周来四川各地米价概况》,后为充实内容、便于阅览,于1941年4月1日起改编《粮情简报》,并按期寄送农林部等。③

在1941年2月召开的全国粮食会议上,与会人员对粮食调查的关注颇高。蒋介石在训词时首先指出,当前最重的首要问题是粮民匿粮不售,言中之意就是在粮产丰富、余粮省份,民众手中存有粮食,应加大调查的力度与广度。孔祥熙也继而指出,1940年夏天以来四川粮价上涨,人为的因素较多,因为1938、1939年四川都是丰收之年,1940年虽然风雨不调,但民间存粮是不少的。行政组所提议案有《确立全国粮食调查情报制度案》《省粮食管理局应设置专卖之调查统计室案》,尤其是在《确立全国粮食调查情报制度案》中,对粮食调查事宜规定甚详,如调查步骤从中央到各省分两步走:第一步,由全国粮管局征集各方意见,制订全国粮食调查情报办法,分发各省局遵照办理,调查情报结果除随时供给省局参考外,应汇报全国粮管局;第二步,各省根据实际情形,推行调查情报制度。调查内容包括生产情报、作物生产情报、存粮陈报、市况情报、消费调查。调查情

---

① 重庆市政府:《重庆市政府关于抄发全国粮食管理局召开四川省第三行政区粮食会议记录给社会局的训令(附记录)》(1940年9月27日),重庆市社会局档案,档案号:00600002003080000004,第12页;全国粮食管理局、重庆市政府:《关于办理重庆市粮食调查事宜的来往函(附办法、表格、规则、须知)》(1940年10月13日),重庆市政府档案,档案号:0053—0025—00056—0100—167—002,第170—174页。
② 《四川省粮食调查办法》,粮食部编印《粮食管理法规》,第56—59页。
③ 《安徽省一九四一年度粮情专报及全国粮管局一九四一年度粮情简报》(1941年5月—10月),农林部档案,档案号:二三—1622,第5、20页。

报经费方面,以由各省自己负担为原则,各省经费确属困难时可以呈请全国粮管局予以补助。《省粮食管理局应设置专卖之调查统计室案》提议在各省粮食管理局应一律专设调查统计室,从事调查统计、情报、陈报、登记等工作,以一事权。①

各省农业改进所对于粮食乃至农业调查处于起步阶段,所刊资料对于战前农业概况有所反映,但对粮食问题重视不够,不能满足战时粮政需要。"对于各地粮食之生产,消费,市场状况,及运输情形,素乏精确之调查。"② 调查着手较迟,各项数据缺乏,粮食问题之解决无由下手。4月,粮管局邀集农林部、中央农业实验所及各有关机关,商定《农情报告合作办法》,由各省农业机关分途办理,由中央农业实验所总其成,中央粮政机关处于辅导地位,并资助其进行。③ 四川省农业改进所、湖南省农业改进所渐次展开工作。

粮食生产调查包括耕地、作物、收获、成本四项。生产成本方面,四川北碚的水田从上一年收获到下一年栽秧,一共要犁4次、耙4次,旱田分别是两次,水田还有封田坎、砍田坎的工作。犁地、耙田均用水牛,但因田地每次整理的难度不一样,所以水牛在每次的劳作中速度是不一样的,有快有慢,第一次犁地时最快的可达4石以上(石是当地衡量田地面积的一种单位,可生产一石稻谷的田叫做一石,此处石为旧石,一旧石约合2.86市石),最慢的仅及其一半,平均为2.5石。犁完之后是耙,速度要快得多,每头牛每日速度大约是20石,最慢的是6石,平均为18石,耙田也要四次,不过每次耙田的速度差不多。每人每天犁地、耙田的工资与伙食费如下:1938下半年,工资0.25元、伙食费0.30元,1939年上半年工资为0.30元、伙食费0.30元,1939年下半年,工资为0.60元、伙食费0.80元,1940年上半年,工资为0.80元、伙食

---

① 全国粮食管理局编印:《全国粮食会议报告》,第13—17、75—115页。
② 潘鸿声编著:《成都市附近七县米谷生产与运销之调查》,第1页。
③ 《粮食部1942年度岁出岁入总概算工作计划特别建设计划审核案》(1942年2月),中央设计局档案,档案号:一七一—1466,第90页。

费为 0.80 元。两项费用相加，再除以犁地、耙田的面积，就是犁耙每石田的人工费。根据陈正谟的调查数据，1939 年四次犁地费共计 0.48 元，耙田费为 0.12 元，合计 0.60 元。1940 年总费用上涨至 1.40 元。此外，犁地、耙田所用之牛多为租赁，费用随水田的比例大小而异，1939 年每石田的牛租费平均为 0.7 元，1940 年为 1.0 元。田坎是为了防止水田里的水漫溢，封田坎亦因人、因田坎长短而异，快慢不同，普通人每人每日可封长田坎 6 条、短田坎 11 条。加上砍田坎即除去田坎上的杂草的费用，封、砍田坎的费用 1939 年为 0.12 元，1940 年为 0.28 元。因此，每石田的土地整理费 1939 年为 1.42 元，1940 年为 2.68 元。栽秧费 1939 年为 1.12 元，1940 年为 1.60 元。收获费这两年分别为 1.50 元、5.0 元，种子、肥料、灌溉等费 1939 年为 0.14 元，1940 年 0.24 元；农具使用费涉及农具种类较多，1939 年大致为 0.70 元，1940 年为 1.15 元。土地使用费 1939 年每石田为 8 元，1940 年为 12 元，加上每石田田赋约 0.6 元，其他捐税 0.3 元。农舍使用费每石田这两年分别为 0.2 元、0.4 元。农场经理费每石田 1939 年为 1.5 元，1940 年为 1.65 元。"在粮价高涨声中，最是喜气扬扬（洋洋）的，惟有地主。"根据陈正谟的分析，地主 1939 年每市石租谷为 3.6 元，1940 年为 6.7 元；1939 年每市石租米为 7.2 元，1940 年为 13.4 元。1939 年，四川江津等县每市石稻谷生产成本：江津 4.2 元，合川 4.7 元，泸县 3.8 元，合江 3.7 元，江安 4.4 元，宜宾 4.3 元，绵阳 3.2 元，新繁 2.2 元。① 四川年产粳稻约 13200 万市石，四川省农业改进所 1939 年的估计数是 13170 万市石，吕登平估计地主的田地占 77%，陈正谟调查北碚为 60% 强。假定地主租谷占总出产量的六成，则全川的租谷约有 6000 万市石。② "抗战三年多，'有力的出力'，确实做到；'有钱的出钱'，多未实行。政府收买地主的

---

① 陈正谟：《米谷生产成本调查及川粮管理问题》，第 2—22 页。
② 吕登平：《四川农村经济》，第 181 页；陈正谟：《米谷生产成本调查及川粮管理问题》，第 32—33 页。

租谷，可以使其近于'有钱的出钱'。"战时粮价上涨实属必然，但若不进行管制，"其结果必发生社会的不安，削弱抗敌的力量"。如何管理粮价，使之处于合理区间，其中一途即为粮食状况调查，尤其是生产成本调查，"以为规定粮价之起点"①。

对于全国粮管局各项工作包括粮食调查及其效果，不认同者亦所在多有。侍从室第四组陈方1941年5月对此即颇多批评之词，谓主管当局与中央党政对"严格管制"及"自由流通"意见分歧，现行管理办法不能协调，对蒋介石核定的"分期平价办法"并未详阅，即置高阁而始终未采用，粮价上涨无办法，难望改善，"现在所谓管理，至多只做一些不甚准确之'统计'工作而已"②。

关于调查机构与方法，蒋与卢的理念亦不一致。根据卢所订《全国粮食管理局组织规程》，全国粮管局下设秘书室、研究室、行政管制处、业务管制处、财务处，行政管制处职掌有四，其中第三科职掌为粮食产储运销之调查及登记事项，此即纯为经济调查业务而设，"工作大半限于公开调查"，并未涉及秘密调查。③ 而蒋之理念则着眼于政治角度，借助军政力量从事粮食调查。1940年10月21日，蒋向陈布雷下发手令，要求陈转饬该局呈报组织编制规章，蒋阅后责令全国粮管局设立调查科，"并须设立密查组，每县必设此科，应在各乡镇保甲巡回密查"。密查人员须遴选须品德才识青年十人左右，担任密查职务。之所以采行巡回方法，意在防止密查人员一经固定、任职日久而生弊端。24日，卢呈文"故拟在本局行政管制处内设置调查科"，置科长一人，科员及办事员若干人，职掌更为明确，范围也更宽泛，举凡各地粮食生产、消费数量，运销情形，存余粮食及各省市县粮食报告之核拟登记均为其业务。11月21日，卢认为"是项密查

---

① 陈正谟：《米谷生产成本调查及川粮管理问题》，第83页。
② 《赋税（二）》（1941年），蒋中正"总统"文物档案，档案号：002—080109—00012—005，第41—43页。
③ 《粮政（二）》（1940年8月16日—1941年11月18日），国民政府档案，档案号：001—087000—00002—008，第98—107页；《粮政（三）》（1940年9月6日—1946年8月5日），国民政府档案，档案号：001—087000—00003—001，第13页。

制度确属必要",遂在第三科下特设一股,慎选人员兼办。同时,在各县粮食管理委员会内第一股遴选人员担任密查职务。卢、蒋二人出身不同,经历各异,手中掌握的资源不同,对于相同的粮食调查问题,表现出较大的认识差异、实际操作手法不一,卢更多地将粮食调查看作经济问题,依靠的力量除少量党团人员外,小学教师、高级中学学生、初级中学学生及知识青年是协助保甲长的主要人员,这在其所订《四川省粮食调查暂行办法大纲》中有明确规定,[①] 借助经济手段达到目标,而蒋则表现出一贯的军政思维,凭借军政力量达到密查密报目的。

三 粮食征集

战时粮食管理实施的重心在于平衡供需,主要包括征集、储运、调拨、分配四大环节。征集工作负责取得粮食来源,是四大环节中最为繁难复杂的,与国家、人民的公私利害关系最为密切。"如征集不足,不能掌握大量食粮于政府手中,则调剂供需支配消费,徒有理想而必难见诸实效。若只求有粮不择手段……则人民负担不均,缴纳不便,势必苛扰丛生,粮管推行,反多阻碍。"[②] 粮食管理要顺利推行,相关机构必须做好征集工作,妥慎拟定有效办法,在顾及人民经济生产情形下,大量收取人民余粮,交由政府支配。

战时粮食采购主要集中在湘赣两省。1938年湘省农产丰稔,为防谷贱伤农及滨湖各县逼近战区,亟宜抢购而免资敌,福生庄及湘鄂两省银行共同投资1000万元(农本局500万元,湘鄂两省银行各250万元),中、中、交、农四行办理贴放,并由第九战区食粮管理处在滨湖、湘东、湘中各县尽量收购,以资调剂。该项业务自

---

① 《粮政(二)》(1940年8月16日—1941年11月18日),国民政府档案,档案号:001—087000—00002—008,第98—107页。11月初,又将巡回密查人数减为五人左右。参见《粮政(三)》(1940年9月6日—1946年8月5日),国民政府档案,档案号:001—087000—00003—001,第6—13页。

② 张柱编著:《我国战时粮食管理》,第36页。

1939年4月办理以来,已购稻谷100万市担。① 但因运输艰难,进展较缓。

安徽为粮食主产区,分江北、江南两大区域,其中江北约占三分之二,以巢湖滨湖各县为主,如合肥、庐江、舒城、桐城、无为、六安等,江南区约占三分之一,以南陵、宣城为最,郎溪、广德、繁昌、泾县亦有相当产量。安徽每年输出碛米常在300万市石左右,最多年份可超过400万市石,以芜湖为集散地。小麦多产于淮河流域,以蚌埠为集散地,输出不少于200万市石。芜湖沦陷后,"遂失转办理之枢纽,运销路塞,调剂既属为难"。皖省迭请救济,但因运途阻塞,卒无成议。1939年5月,第三战区成立粮食管理处,统筹皖、浙、闽等省食粮调整事宜,并在皖南收购谷米200万元,并由农本局贷借垫头30万元。②

为办理军粮现品补给,军政部1940年1月1日新设军粮总局,"负统筹军粮之责",以"谋军食之供应"③,《军政部军粮总局组织规程》规定,军粮总局"掌理全国部队、军事机关、学校军粮现品,或委托购办计划筹备一切事宜"④,即专司军粮储运、调拨、发放事宜,该规程对总局下设各处职掌亦有详细规定。军粮总局在各省设军粮局,执行补给业务,军粮局又在适当地点设军粮库或堆积所。为了调运灵活,又于军粮库与军粮局之间设军粮分局,承省军粮局之命,督促调运配发工作。各军粮局下设有运输队,以运送军粮。⑤ 1940年3月,第三战区先后制定《第三战区各县战时粮食管理处设置办法纲

---

① 《战区各省食粮收购办法大纲》(1939年—1940年),行政院档案,档案号:014—040504—0090,第10页。

② 《战区各省食粮收购办法大纲》(1939年—1940年),行政院档案,档案号:014—040504—0090,第9—11页。

③ 严宽:《军粮总局成立二周年纪念勉所属同人书》,《陆军经理杂志》第3卷第1期,1942年1月31日,第21页;中国国民党中央招待委员会宣传部编印:《抗战六年来之军事》,1943年7月,第27页。

④ 《军政部军粮总局组织规程》,军政部1940年1月公布,《江西省政府公报》第1183号,1940年10月15日,第1页。

⑤ 江锡岭:《国民党军队军需机构与军需制度概述》,载耿守玄、庞镜塘等《亲历者讲述:国民党内幕》,中国文史出版社2009年版,第147—148页。

要》《第三战区各县粮食管理处办理粮食购运屯销业务实施办法》《第三战区战时粮食管理处取缔囤积居奇及平定粮价暂行办法》《赣东各县设置粮食管理处应行注意事项》《赣东各县粮食管理处举办民间存粮调查登记实施办法》。①

抗战初期，军粮供应范围，仅限参战部队，因此数量不是非常大。1940年8月，翁文灏按每人每月食米40市斤、面粉45市斤，测算了各战区所需军粮及屯粮数量（见表3-5）。

表3-5　　　　　　　　战区及后方应备军粮

第一战区	23个师，6个军，共计40万人	三个月需面粉	120万袋
晋南	14个师，8个军，共计30万人	三个月需面粉	90万袋
第三战区	43个师，14个军，共计85万人	三个月需大米	51万包
第四战区	52个师，12个军，共计96万人	三个月需大米	57万包
第五战区	23个师，15个军，共计62万人	三个月需大米	37万包
第六战区	40个师，15个军，共计63万人	三个月需大米	37.8万包
第八战区	15个师，共计21万人	面粉	63万袋
第九战区	32个师，12个军，共计53万人	米	32万包
共计	450万人	米	214.8万包
		面粉	273万袋
四川后方总库按100万人6个月计		米	120万包
陕南应屯（备第五、六战区及滇省部队之用）		米	15万包
陕西后方总库按72万人六个月用（备第一、二、五战区之用）		米	86.4万包

---

① 《省属粮政单位组织规程（一）》（1937年—1941年），行政院档案，档案号：014—040503—0005，第21页。

续表

甘肃后方总库按35万人六个月用（备第八战区之用）	面粉	210万袋
贵州后方总库按33万人六个月用（备第四战区及滇省部队之用）	米	40万包
湖南后方总库按96万人六个月用（备第四、五、六、九战区之用）	米	117万包
江南后方总库按130万人六个月用（备第三、四、九战区之用）	米	156万包
广西后方总库按56万人六个月用（备第四、六战区之用）	米	70万包
云南后方总库按25万人六个月用（备该省部队之用）	米	30万包
共计	米	634.4万包
	面粉	210万袋

资料来源：翁文灏著，李学通、刘萍、翁心钧整理：《翁文灏日记》（下），第522—523页。

1940年，战区后方以450万人3个月计，后方总库以550万人6个月计，共需要屯米500万大包（每包200市斤）、面粉550万袋，资金约合2亿元，其中计划由国库拨付1亿元，四联总处贴放1亿元。截至1940年12月底，国库共拨付4600万元，遂将此款分汇各购粮委员会，从事采购，再以采购谷米办理贴放。在短时间内采购如此巨量米、面粉，其难度可想而知。12月底，第六、第九两战区已购得部分粮食，运输入仓，第三、第四、第七各战区亦确定调剂采购办法。四川省征购军粮工作，组设四川粮食运输处，以利进行。截至12月底，在川省102县共购进黄谷453万市石，加上尾欠及除于折耗，或得熟米及碛米200万石，合计购粮价款约1亿元，运费不在其内。截至1940年12月底，已拨给前方将士及屯粮碛米244270市石，拨给后方驻军碛米296321市石，垫拨重庆平价食米约合碛米91500市石，尚存碛米1368000市石。此外，从1941年1月至9月，四川省尚须供应前方军粮450000大包，后方屯粮150000大包，陕南屯粮75000大包，后方军粮810000大包，意外储备180000大包，共计碛米1665000大包，合2214450市石。然而，本年四川征购数量有限，除去已拨、未拨数量，不敷之碛米846450市石。①

1."派售余粮"

1940年9月11日，蒋介石发表《为实施粮食管理告川省同胞书》，认为四川粮食短缺、粮价高涨是人为造成的，除少数豪猾商贾囤积居奇外，最大的原因在于地主、富户及一般农民期待高价，抑粮不售，导致市场粮食缺乏。他表示政府必须纠正这种藏粮害国的现象，要求加强对四川粮食的统制，实行"派售余粮"，即粮管人员"一方面调查生产区的供给能力，一方面要调查消费区的需要限度，调查清楚以后，就根据余粮数额，参照过去市场分配的状态，确定那（哪）些县市缺少的粮食归那（哪）些县区供给，对于每一县市应供应的数量，都确实规定下来，责成其澈（彻）底遵行"②。演讲完毕后，蒋命令各县"立将单张布告，分送各乡镇，广为张贴，并就地翻印张贴"，同时责令各县县长"约同县党部书记克日发动各区乡士绅、公务员、各保甲长及党员与小学教师一体照书告讲诵宣传"③。从蒋的讲话中可以看出，余粮派售是全国粮管局时期一项重要的粮食管理政策。

9月中旬，全国粮管局公布《粮食管理紧急实施要项》，对"派售余粮"作了更详细的规定，"应查明每乡镇历来输出粮食概量及本届收获之粮食概量，酌定供给其他转输市场或消费市场之数量，并实施管制"；在10月15日前，将民间所有1939年度旧存粮食全部出售；1940年度除自用外，有余新粮必要时仍分期出售。与此同时，为严格实施管

---

① 《行政院关于粮政之推行报告——对第二届国民参政会第一次大会报告》，1940年4月至12月，秦孝仪主编《抗战建国史料——粮政方面》（一），第390—391页。
② 《蒋委员长发表：为实施粮食管理告川省同胞书》，1940年9月11日，秦孝仪主编《中华民国重要史料初编——对日抗战时期》第4编"战时建设"（三），第49—56页。
③ 《粮政（五）》（1941年2月18日—1941年7月19日），国民政府档案，档案号：001—087000—00005—001，第1页。

第三章　全国粮食管理局的粮政推行

理，在调查时，对于隐匿不报者、帮同隐匿者，或阻挠调查者都要给予处罚。在购粮时，若余粮粮户不遵守法令，其存粮由县市粮食管理委员会查明或指示所属管理员、干事查明后，照市价予以征用；若再隐匿规避，查出后予以全数没收，并得照价加倍处罚；若粮食主管及协助办理的各级人员有串通舞弊情事，一经查明属实，立予依法惩办。①

为推进"派售余粮"政策，11月25日，卢作孚在行政院会议中提出《管理粮食治本治标办法》，② 该办法主要针对四川省粮食管理而制定，分为治本与治标两部分，前者8条，后者5条，每条之后附有说明及期限，可见该办法重在治本，而治本的最核心措施则是余粮派售。关于余粮派售，在治本部分规定了明确步骤，第一步，"各县粮食管理委员会应速算明白现在起到明年八月底止，市场需要（包括本县城镇及对其他应行接济之都市或工矿区域之需要）之最低粮额，向县中地亩较多之粮户及农户分别约定售出，仍为各户保留足以自给之相当粮额"，约定售出粮价由省政府核定；第二步，要求县政府在一周内查明粮户、农户地亩，查明地亩后半个月内呈报约定出售粮食数量；第三步，在各级粮食管理机构监督下，粮户按月将粮食按约定数量、价格售予当地市民或其他市场粮商，粮商可以运销他处，购户每月购量以不超过一个月用度为限，派售前已有积藏者，应向管理机关陈报，并不得购买，违者没收，限期在办法公布10日内完成。经此三步，派售程序即告完成。③

为了配合《管理粮食治本治标办法》在四川省的执行，全国粮管局遵照蒋介石指示，制定了《管理粮食治本办法四川省实施暂行细

---

① 《粮食管理紧急实施要项》，重庆市档案馆编《抗日战争时期国民政府经济法规》（下），第332—334页。
② 《赋税（一）》（1941年4月10日），蒋中正"总统"文物档案，档案号：002—080109—00011—007，第77—80页。
③ 四川省粮政局：《各区粮管处工作提要市场管理处设置地点及辖区重庆自贡统购统销规则办法各县市总户田地表及其他粮情储存表》（1940—1941年），四川省政府粮政局档案，档案号：民092—01—1462，第6页；《赋税（一）》（1941年4月10日），蒋中正"总统"文物档案，档案号：002—080109—00011—007，第77—80页；《管理粮食治本治标办法》，重庆市档案馆编《抗日战争时期国民政府经济法规》（下），第329—331页。

则》，该细则对四川省粮食供需数量调查与派售、直接收购、粮户交粮与运输等做了规定，四川省粮食管理即依照该细则执行。该细则提到的"直接收购"是指各县不能在期限内按照数量供给粮食或粮食商人无力在该县承办购运时，由政府部分或全部直接收购，收购价格由政府临时规定，但应低于派售价格。该细则也明确规定了各项工作的完成时间，第4章中的"直接收购"与后来粮食部实行的粮食征购非常类似。对于全国粮管局先后颁布的各种治本治标办法及其实施细则、违反粮食管理治罪条例等，经济会议秘书处1941年5月呈送蒋介石之签呈认为，如果执行得力，"本年秋收前之粮食，亦可得一解决"①。

12月，卢作孚提出沿用原来四川粮食运销办法，将全川划分为六大消费市场即重庆市、自贡市、成都市、犍乐盐区、川北盐区和南部西充，分别按照其粮食消费量，划定供应县份及每月供应数量。②具体供应办法为：每一消费市场之米粮需要，应由各该市县粮食管理委员会参考其过去及现在市场之米粮量及人口总额进行估算；该供给有关各县中，每县应该供给量，应由各该县粮食管理委员会参考其过去供应量及现在供应能力分别估算；由省粮食管理局就每一消费市场召集有关各县的县长、县管委会副主任委员及米粮业同业公会主席开会，商定今后各该县供应量及联络购运办法；各县确定供给办法后，应综合所有对外供给量及本县城镇必要量，依照各县供应重庆市及疏建区粮食办法及《管理粮食治本治标办法》，在富有粮户及农户予以分配，价格由省粮食管理局核定。③

鉴于购粮资金来源不易，12月，全国粮管局制定《四川省各县承办购运粮食事物会计制度暂行办法》，要求各县记录承办购粮事务全部款项的收支账目，做好发给认售粮户粮款的详细账册，并登记各

---

① 《赋税（一）》（1941年4月10日），蒋中正"总统"文物档案，档案号：002—080109—00011—007，第81—83、69页。

② 四川省地方志编纂委员会编纂：《四川省志·粮食志》，四川科学技术出版社1995年版，第151—152页。

③ 《供应四川省各大消费市场粮食办法大要》，粮食部编印《粮食管理法规》，第45—46页。

县粮食集中与进出事项，明确经济往来对象，使各县粮食购办业务有据可循，亦方便上级核查监督。①

除对派售区域及派售方法进行详细规定外，《管理粮食治本办法四川省实施暂行细则》第七条明确余粮摊派的顺序，依次为"三百市石以上之粮户，较大之粮户及农户，较小之粮户"。需要的粮食一经派定，由县政府指定售粮交货地点，议定价格，并拟定分期交粮交款办法，同时电请省政府核准施行。"各县不能按照数量，如限供给粮食，或粮食商人无力在该县承办购运时，得由政府直接收购其一部或全部，收购价格临时以命令定之，但应较派售价格为低"，政府直接收购各供给县份粮食的所需资金，统由全国粮管局筹拨，"凡违反该细则之规定，均依军法处罚"②。

但上述政策基本是原则性的，各县在具体实施时，则需要更为细化的条款。就拿应出售数量来说，各县实施比例不一。《合江县粮户按月分售存谷实施办法》规定，凡存谷在 50 市石以上、100 市石以下者，从 1941 年 1 月起至 8 月份止，每月售出 7%（即存谷 50 市石每月售谷三石五斗，余类推）；100 市石以上、300 市石以下者，每月售出 8%；300 市石以上、500 市石以下者，每月售谷 9%；500 市石以上、1000 市石以下者，每月售谷 10%；1000 市石以上、2000 市石以下者，每月售谷 11%；2000 市石以上者，每月售谷 12%。③ 而江

---

① 全国粮食管理局、重庆市政府：《关于检送四川省各县购运粮食事务会计制度暂行办法致四川省第三区行政督察专员公署的代电（附暂行办法）》（1940 年 12 月 21 日），四川省第三区行政督察专员公署档案，档案号：00550005002530000041000，第 43—54 页。

② 四川省粮食管理局：《关于检发管理粮食治本办法四川省实施暂行细则给嘉陵江三峡乡村建设实验区粮食管理委员会的训令（附细则）》（1941 年 4 月），北碚管理局档案，档案号：00810004008190000049000，第 50—52 页；四川省粮食局：《四川粮管局奉发省府粮食治本办法实施暂行细则的训令及部分县府粮管会有关奉文日期办理情形的呈文》（1940—1941 年），四川省政府粮政局档案，档案号：民 092—01—1465，第 10—13 页；《管理粮食治本办法四川省实施暂行细则》，《经济汇报》第 3 卷第 10 期，1941 年 5 月 16 日，第 69—70 页；陈彩章：《战时四川粮食管理概况》，《经济汇报》第 5 卷第 6 期，1942 年 3 月 16 日，第 67—70 页。

③ 四川省粮食局：《四川粮管局奉发省府粮食治本办法实施暂行细则的训令及部分县府粮管会有关奉文日期办理情形的呈文》（1940—1941 年），四川省政府粮政局档案，档案号：民 092—01—1465，第 164—165 页。

津县的划分则更为简单，出售比例相对较低，凡存谷在 100 市石以上、500 市石以下者，每月出售 7%；500 市石以上、1000 市石以下者，每月售谷 8%；1000 市石以上、2000 市石以下者，每月售谷 9%；2000 市石以上者，每月售谷 10%。① 这体现了国民政府希望通过阶梯式售粮方式，"勿使富有保留过多，无力者负担过重"的态度。②

国民政府将"派售余粮"看作解决市场粮食短缺的治本方法，其实质是国家采取强制的行政手段将粮户手中多余的粮食集中到政府手中，再由国家通过合理分配，达到供需平衡，进而使不断上涨的粮价得到控制。从制度上来看，"派售余粮"的政策在中央、省、县各级都做了相应规定，似乎是较为周密和完备的，但在实际操作中却收效甚微。以重庆为例，1940 年 12 月 12 日，全国粮管局召开各县产米区县长会议，规定 18 县每月供应重庆市食米数量为 253000 市石，但 12 月运渝数量为 51000 市石，次年 1 月为 60000 市石左右。③ 后因秋收有日，各地存粮有限，从 2 月开始，18 县供应食米总量降为 178000 市石，但 2 月实际运给数量约 39687 市石，3 月为 59992 市石，目标差额仍是很大。④ 陪都尚且如此，其他各地情况可想而知。

造成余粮派售任务难以落实的原因有三。一方面，粮食调查结果不尽如人意。国民政府用统计手段强化粮食管制的想法固然很好，但却无法避免地方土豪劣绅带来的阻挠。当时国统区仍处于地主土地所有制下，粮食大多掌握在地主手中，调查时虽反复强调注意地主富户的情况，但他们多凭借其地方势力"巧计规避"，有的将存粮分散或搬

---

① 王洪峻：《抗战时期国统区的粮食价格》，第 148—149 页。
② 《管理粮食治本治标办法》，粮食部编印《粮食管理法规》，第 18—19 页；《赋税（一）》（1941 年 4 月 10 日），蒋中正"总统"文物档案，档案号：002—080109—00011—007，第 77 页。
③ 杨蔚主编：《战时物价特辑》，中央银行经济研究所 1942 年版，第 53 页。
④ 重庆市粮食管理委员会：《关于检送 1941 年 2、3 月份各县运渝食米比较表致全国粮食管理局函（附比较表）》（1941 年 4 月 5 日），重庆市粮政局档案，档案号：00700001000520000011，第 34—35 页。

运到邻近乡区，托名化户，假冒种种名义隐藏起来，有的寄存在不产粮食的小户人家或佃农家中，导致粮食调查失去真实性。另一方面，"派售"的执行力度不足。农村中主持粮政的乡镇保甲长与地方上的"大粮户"之间存在着利益联系，"大粮户"在地方的话语权及财权对于维护乡镇保甲长个人"统治"十分重要，而且乡镇保甲长本身也拥有大量余粮，派售政策无疑触犯了其利益。因此，中央及省府的控制力无法深入最基层，土豪劣绅容易同各级官员相互勾结，将负担转嫁到中小粮户身上，导致有粮的不愿售出，无粮的被扫地荡尽，使余粮派售的定额难以完成，也失去了"派售余粮"的本来意义。

2. 军粮筹集

军粮供应属于军需与后勤的重要组成部分，军需属于行政机构的一个常设机关，管军费、军粮、服装、营房等士兵生活所需事务，后勤是作战的辎重机关，管战时前方所需作战物资（武器弹药、防御器材、卫生药品）和生活物资（主副食干粮、帐篷等的前运和伤病员、阵亡尸体、废旧武器、战利品的后送），因此，军粮供应既关乎军需，也关系后勤。军粮供应由军需署直接负责。①

军需署是军政部直属单位，1928年11月设立，由总务处、会计司、储备司、营造司和审核司组成，管理全国陆海空军军需一切事宜。② 抗战全面爆发后，军政部于1937年8月在陕、豫、鄂、粤、赣、川六省成立军需署，召集有关、专家研究副食品，携带口粮品种，管理屯购办法，拟具管理粮食大纲，并奉军事委员会命令颁发《非常时期粮食调节办法》，整理扩建各地备荒储粮，设立采购委员会，集中采购粮秣。③ 1939年5月，设立兵站统监部，隶属于行营，

---

① 江锡岭：《国民党军队军需机构与军需制度概述》，载耿守玄、庞镜塘等《亲历者讲述：国民党内幕》，第146页。也有人将军需分为军械、粮食、运输工具与建筑材料四类。参见许卓山《中国抗战地理》，光明书局1938年版，第13页。
② 《军政部军需署条例》，《行政院公报》"特刊号"，1928年11月，第44—47页。
③ 白崇禧在其口述自传中将《非常时期粮食调节办法》称为"我战时粮食管理法案之首创"。参见贾廷诗、陈三井等记录，郭廷以校阅《白崇禧口述自传》上，第285页。根据有关记载，1938年4月，军事委员会公布《各战区粮食管理办法大纲》，6月，行政院颁布《非常时期粮食调节办法》，调节办法与大纲相差2个月时间。

但在后勤系统上受后勤总部监督指挥,其职权除了指挥各战区兵站总监部办理一切兵站业务外,对于粮弹、油料、器材屯储地点与数量审核及各战区运输力量的统筹支配,亦有处理权责。1941年后,军粮供应范围逐渐推广,所有前后方部队、军事机关、学校、医院、工厂官兵夫役,一律按照给予定量配给米麦现品。"战时粮食的供应,当然是以军粮为最主要。"①

战时军粮供应,可分为前方军粮、后方军粮及后方屯粮,其中前方军粮包括各战区军粮、滇缅作战军粮。后方军粮包括军官佐眷粮、运输伕粮、准备粮以及非军人领食军粮等。后方屯粮或战争预备粮是必须的,向为通例。战时军粮筹划及配拨,系各战区、省区就军事部署情况,在各省征实、征购、征借粮额项下统筹配备,并优先在征实、征借项下指拨,如有不足,则另行拨款委购或酌发代金。如配备现品,则由各战区、省区军事长官与各省政府分别商定交接地点、数量、时间等,责成粮政机关与军粮机关负责办理。

日本在日俄战争时期,为了防备俄国舰队东进,在中国东北地区大本营为出征军集积准备了6个月的军粮。第一次世界大战期间,美国亦为出征军队准备6个月的食粮,并分屯在不同地点。日本学者在总结日俄战争的经验时指出,除了军事、政治等因素外,其他因素也是保证日本取胜的关键,如战争前一年日本国内农业大丰收,大米产量达5000万石以上,远超平时收获量;日本从澳大利亚等国大量进口大麦作为军马饲料,从美国及其他国家进口大量牛只及牛肉罐头作为储备,因此,日本对于战争的准备尤其是粮食后勤的准备是非常充足的。②

第一次世界大战时期,德国的失败"总究因国内食粮不足",1915年秋,德国已呈现食粮缺乏征兆,1916年秋,粮食恐慌现象愈加显著,都市每人每日获得的热量1344卡,1917年5月,粮食缺乏

---

① 国民党中央训练团编印:《最近之粮政》,1942年,第2页。
② [日]森武夫:《非常时日本之国防经济》,张白衣译,正中书局1935年版,第50—55页。

第三章 全国粮食管理局的粮政推行

达于极点，热量减至1000卡，"国民的体力因此而显著地衰弱了，对于病毒的抵抗力也减少了，各种悲惨的状态不断地出现了"，前线军队也因只吃粗粮而战斗力大为减弱，士气萎靡不振，导致国内出现粮食暴动及水兵暴动，加之盟军因美国参战而势力大增，德国最终以战败收场。①

抗战全面爆发前，各军事力量各自为政，国民政府控制下的机关部队补给由军需署直接办理。抗战全面爆发后，各地军队纷纷参加抗日战争，凡参加抗战部队的军费、军粮、被服装具等均由军政部军需署统一补给配发，后方勤务部负责军粮采购。随着部队人数增加、战区扩大与人员迁移，军政部在若干适当地点分设军需局，以便就地解决军需供应问题。还应指出的是，抗战全面爆发后，兵役制由原来的募兵制改为征兵制，军饷制也由以前单一的薪俸饷项制（军人口粮都包括在官俸兵饷之内，不另发军粮副食或口粮蔬菜代金）改为粮饷制，即既要发钱，也要发口粮现品，现品无法及时配发时，则发代金以就地采购。

嗣后，军事委员会认为战区粮食如不控制，反以资敌，遂与经济部会同拟定颁行《战区粮食管理办法大纲》，各战区长官司令部粮食管理处亦随之成立。战时军粮供给途径，时人提出三种方式，一是强制征用，二是给价搜买，三是发行存粮证券或军粮证券。② 军粮给养定量，每人每年供给食谷约8市石或麦6市石。③

征集的粮食除满足普通民众的需要，更重要的是供给军需。"战时粮政首重供应，其中最主要而最迫切者厥为军粮。"④ 交通部部长俞飞鹏1940年7月亦曾言："军粮比民食还要紧。"⑤ 全面抗战

---

① ［日］森武夫：《非常时日本之国防经济》，张白衣译，第53—54页。
② 朱偰：《田赋改征本色以筹集军粮刍议》，载陈明鉴编《田赋改征实物论集》，第22页。
③ 俞飞鹏：《历年来之粮政措施——三十七年四月十三日在首届国民大会报告词》，《粮政季刊》第8期，1948年3月，第1页。
④ 徐堪：《我国当前粮政之概述》，《粮政月刊》第1卷第2—3期合刊，1943年7月16日，第1页。
⑤ 《粮食管理机构组织办法案》（1940年—1941年），行政院档案，档案号：014—040504—0025，第18—32页。

初期,"国民政府在重庆成立中央军事委员会四川购粮委员会……采取向粮户摊购、向粮商抽购及对县长购粮考绩等办法,采购军粮。"① 1940 年 1 月,军政部成立军粮总局,主持全国军粮统筹分配事宜。全国粮管局成立后更是把四川军粮的征集当作粮食管理的大事,将军粮采购与集中事宜交由四川省粮管局附设的四川粮食购运处负责办理。

1940 年 7 月,张群主持召开 3 次粮食会议,拟定并通过《本年秋收后军粮民食统筹办法》。《本年秋收后军粮民食统筹办法》要求各省征购粮食数量按照需要规定予以征购;粮食筹集采用征购及以实谷折征田赋两种办法并行。② 9 月 16 日,蒋介石将《筹集抗战军粮计划》交由四联总处研究。《筹集抗战军粮计划》建议发行粮食证券,强行征集军粮。后经缜密研究,四联总处表示"似亦有窒碍难行之处",除"在技术上有困难"外,还担心发行粮食证券会助长通货膨胀,使"法币制度首蒙其害",因此无论从技术上或政策上看,发行粮食证券计划暂不宜采行。③ 而"收集民间存粮,最适当之办法,莫如田赋改征'本色'(即征收实物办法)"的意见得到国民政府采纳。11 月 12 日,蒋在召集四川 20 位县长及代表训话时,也提到福建"以粮代金"的做法。④ 13 日,行政院第 409 次会议通过《各省田赋得酌征实物,其征率分别专案核定案》,⑤ 田赋征实政策开始"崭露头角",之后成为解决军粮民食最得力的政策。

9 月 18 日,蒋介石召见军事委员会后方勤务部部长俞飞鹏,要求俞尽快拟定川省购粮办法和意见。当天下午,俞飞鹏与卢作孚就军粮采购计划交换意见,并将意见书呈蒋:计划采用摊购方式,先在川省

---

① 四川省地方志编纂委员会编纂:《四川省志·粮食志》,第 60 页。
② 朱汇森主编:《粮政史料》(第一册),第 272—273 页。
③ 《四联总处对于筹集抗战军粮的意见》,1940 年 11 月 11 日,重庆市档案馆、重庆市人民银行金融研究所《四联总处史料》(下),第 271—274 页。
④ 《粮政(二)》(1940 年 8 月 16 日—1941 年 11 月 18 日),国民政府档案,档案号:001—087000—00002—004,第 32 页。
⑤ 重庆市档案馆、重庆市人民银行金融研究所编:《四联总处史料》(上),档案出版社 1993 年版,第 22—23 页。

第三章　全国粮食管理局的粮政推行

购办军粮 100 万包，以 80 万包供给战区部队，20 万包供给重庆军事机关及驻军，限十月份办齐。① 其实早在 9 月初，川省府便要求该省粮管局委派督察人员推动实施《四川省粮食管理局征购军民粮食暂行办法大纲》，② 其要点有六：与购运有关各行政专员区设督察长一人，与购运有关各县设督察员一人，由四川省粮管局派用，办理该区或该县粮食调查、征购、验收、保管、运输事务；征购粮食，首为各县公产所收租谷，次为积谷，再次为人民购囤存粮，再为农户余粮；购粮价格由各该县督察员会同县长考察各乡镇真实市价，并分别觅取可靠证明，与督察长商定；购粮以现款交易，订定时立即指仓拨谷者，预付价款八成，其尚待传集交割者，预付二成，验收讫付清；验收所购之谷，其品质以干净纯洁，无灰沙杂质，每一市石重 108 斤以上为合格。所购之谷，如需部分收米时，其折收成数，碛米以 1 石收米 5 斗为原则，熟米以谷 1 石收米 4.6 升为原则；凡是负责督促或办理购粮事务的责任者，由四川省粮管局查核其成绩优劣，并呈请四川省政府或全国粮管局分别奖惩。③ 随着四川粮食管理权限逐步集中统一，粮食征购更加注重制度性和规范性，也在一定程度上调动了基层人员的配合度及其工作的完成度。但是，粮食征购工作绝非易事，征购各环节涉及内容纷繁复杂，如协调好官民之间的关系、提升民众纳粮的主动性、减轻市场粮价变动对购粮的影响等，这都需要四川粮管局在实践中不断摸索与改进。

随着新谷登场，各区也开始规划军粮采购。四川省第三行政区分

---

① 张守广：《卢作孚年谱长编》（下），第 881—883 页。
② 四川省第三区行政督察专员公署、四川省政府：《关于检发征购军民粮食暂行办法大纲的训令》（1940 年 9 月 2 日），四川省第三区行政督察专员公署档案，档案号：00550005002570000005000，第 7 页。
③ 四川省政府：《关于检发四川省粮食管理局购运粮食暂行办法大纲给四川省第三区行政督察专员公署的训令（附大纲）》（1940 年 10 月），四川省第三区行政督察专员公署档案，档案号：00550005002570000031000，第 32—37 页；四川省粮食管理局：《四川省粮食管理局购运粮食暂行办法大纲》，北碚管理局档案，档案号：00810004008180000001000，第 1—5 页；《四川省粮食管理局购运粮食暂行办法大纲》，《四川省政府公报》第 202 期，1940 年 9 月 30 日，第 19—23 页；《四川省粮食管理局征购军民粮食暂行办法大纲》，粮食部编印《粮食管理法规》，第 30—33 页。

配綦江应购军谷数量为 35000 市石，江北、璧山、荣昌、大足为 40000 市石，永川为 45000 市石，铜梁为 50000 市石，巴县、江津、合川则为 80000 市石。各层行政人员依照上述征购办法大纲依次召集乡镇长会议、保长会议以商讨承购事项。①

据统计，四川至少需购储粮食 2300 万市石，单前后方军粮就约 500 万市石。② 庞大的采购数量，大大增加了购储粮食的难度。从自身利益考虑，各县乡镇自行封仓阻关；中央各机关部队（如兵工署等）派员下乡屯购；各县驻军就地征购，甚至拦路购买，转卖牟利；粮户期待高价，不欲出售等。这些均给军粮征集造成困难，加剧了四川粮食危机，导致米价不断高涨。9 月 30 日成都米价涨至每市石 160 元，10 月 1 日竟又上涨 40 元以上，至 11 月，重庆、成都米价已高涨至每市石 250、260 元左右。③

战时后方驻军数量较多，驻军粮秣供应厥为重点，供应不济，则会发生驻军强购事情。1941 年 5 月 9 日，全国粮管局代电蒋，谓据巴县县长张遂能报告，该县各乡镇近期纷纷反映驻军强行借米借谷，马王、含谷等乡被勒借公私积谷 60 余旧石，一来致令各乡镇难以应付，二来妨害储政，且易酿纠纷。为此，卢作孚提出蒋电令军政部、川康绥靖公署请予制止。璧山县县长与驻军合谋，廉价大肆购谷，以囤积居奇，民众敢怒而不敢言。④ 为防止军民继续恶化，全国粮管局要求查禁川省各县驻军自行采购军粮情况。⑤ 川省府规定采购军粮"概由各县政府依据决定的购额，以现款照议定价格收买，

---

① 重庆市政府：《重庆市政府关于抄发全国粮食管理局召开四川省第三行政区粮食会议记录给社会局的训令（附记录）》（1940 年 9 月 27 日），重庆市社会局档案，档案号：00600002003080000004，第 14 页。
② 张守广：《卢作孚年谱长编》（下），第 891 页。
③ 简笙簧：《卢作孚对重庆大轰炸粮价高涨的因应措施（1940—1941 年）》，《中国经济史研究》2009 年第 4 期。
④ 《粮政（三）》（1940 年 9 月 6 日—1946 年 8 月 5 日），国民政府档案，档案号：001—087000—00003—006，第 39—41 页。
⑤ 全国粮食管理局：《关于查禁川省各县驻军自行采购军粮由全国粮食管理局统筹办理致四川省第三区行政督察专员公署的代电》（1940 年 10 月 21 日），四川省第三区行政督察专员公署档案，档案号：00550005002590000078000，第 78 页。

随收随发，不得扣除或迟发价款，不得任意加购"①，以杜流弊，减轻军民纠纷。

10月，川省府接连颁布《四川省二十九年度征购军粮奖惩办法》《四川省各县乡镇保长征购军粮奖惩办法》，②由省粮管局负责，以期约束并激励各方积极完成军粮征购工作。11月，卢作孚主持召开重庆区粮食会议，要求提前一个月完成军粮购运，严禁各地封仓阻关，各生产区做好统筹供应。③至12月底，四川102县共征军粮黄谷453万市担。④同月，川省府召开分区行政会议，对1940年军粮征购进行检讨。⑤在成都区行政会议上，卢作孚表示1940年四川省办理军粮成绩较1939年为好，时间及数量亦较其他各省为佳。⑥

据第九战区粮食管理处处长胡善恒、副处长李宗岳1940年8月21日报告，湖南滨湖各县军民机关，纷纷在湘采购，奸商"尤复投机操纵，暗中高价收买，或零星偷漏，或大批转运，甚者有利用舟车接送至鄂、粤、桂以外之不明地区者"。有鉴于此，第九战区司令长官薛岳手订《第九战区粮食管理处查禁粮食出省境充公给奖办法》《第九战区粮食管理处查禁私运粮食出省境暂行处理办法》，前者第二条规定，"截获粮食确系无本处许可证明书而确系私运出境者，由本处所在地处所将粮食没收，按当地平价变卖或收购，价款充公，除提成给奖处，悉数作为慰劳伤兵或前线将士、救济难民之用"。据该处称，《第九战区粮食管理处查禁粮食出省境充公给奖办法》施行以

---

① 《四川省志·粮食志》编辑室编：《四川粮食工作大事记（1840—1990）》，四川科学技术出版社1992年版，第35页。

② 四川省政府：《关于抄发四川省1940年征购军粮奖惩办法给四川省第三行政督察专员公署的训令（附办法）》，四川省第三区行政督察专员公署档案，档案号：0055000500239000072000，第73页。

③ 《重庆区粮食会议于十一月十日在重庆举行三天》，《大公报》（重庆）1940年11月13日第3版。

④ 谭熙鸿主编：《十年来之中国经济》，第U24页。

⑤ 全国粮食管理局、四川省第三区行政督察专员公署：《关于补发四川省第三区行政会议日程及粮食部分注意事项的代电（附日程、注意事项）》（1940年12月7日），四川省第三区行政督察专员公署档案，档案号：0055000500226000032000，第32—35页。

⑥ 凌耀伦、周永林编：《卢作孚研究文集》，北京大学出版社2000年版，第175页。

来,"绝少私运出境,而后方各县粮价得以稳定"①。

粮食征购,顾名思义是用货币强制向农民购买粮食,"含有半征半购的意思""寓有平价征用之意"②。"征购粮食,多少带有征发性质。"③"由政府买卖民间的粮食,确有几分与民争利的色彩。"④征购政策早在全国粮管局时期即已提出,1940年9月23日,卢作孚在呈送行政院的《四川粮食管理局征购军民粮食暂行办法大纲》"总则"中,提出"为供给军糈调节民食之需要,在各县征购粮食,特制订本大纲",征购地区主要在四川省谷米供给市场各县,斟酌其供给能力,分配征购数量。当时计划的征购对象首先为学产及其他公产所收租谷,其次为积谷中"可售陈除新者",复次为人民购囤之存粮,最后为农户之余粮。⑤粮食部筹备之时,计划1941年秋收后进行,意在将今后一年间所需军粮一次准备充足,以供应无虞。并按照军政部开列全国军队全年所需军粮定价征购,与田赋征实同时并举。

国防最高委员会经济专门委员会1940年12月拟具的《非常时期食粮管理法原则草案》中亦提出征购方法,由政府决定征购的食粮,在发给征购通知书时,预付价款二成,各粮户接到通知书后,即须将征购食粮保管妥当,以备政府随时分批提取,每次提取时应清偿所有价款。关于征购价格,政府决定征购价格时,应参照三个因素,一是食粮生产成本,二是食粮供需情形,三是最近三年平均价格。⑥

抢购是指在沦陷区及邻近作战地区收买粮食,以战区粮户为抢购

---

① 《战区查禁私运粮食出境处理及充公给奖办法》(1940年—1941年),行政院档案,档案号:014—040504—0016,第4—5、20—23页。

② 国民党中央训练团编印:《最近之粮政》,第7、10页;徐堪:《粮食问题》,1942年2月在中央训练团讲,收入徐可亭先生文存编印委员会编印《徐可亭先生文存》,第113—114页。

③ 《对粮食报告之决议文》,秦孝仪主编《中华民国重要史料初编——对日抗战时期》第4编"战时建设"(二),台北:中国国民党中央委员会党史委员会1988年版,第1120页。

④ 陈正谟:《米谷生产成本调查及川粮管理问题》,第38页。

⑤ 《省市粮食管理办法(一)》(1940年—1948年),行政院档案,档案号:014—040504—0017,第51页。

⑥ 《非常时期粮食管理法》(1940年),行政院档案,档案号:014—040504—0094,第5页。

对象。1942年6月26日行政院公布的《战时争取物资办法大纲》中的《厘定战时抢购物资品目表草案》，将米、谷、麦、豆、面粉也列在抢购之列。① 全国粮管局对于抢购沦陷区域存粮所需资金，在全国粮食会议上决议向战区经济委员会拨借，或向当地各银行贴放，或转请中、中、交、农四行再贴放，如各地自筹不足时，可以向粮管局申请，由粮管局核转行政院核定补助。

湖南是产米大省，1940年8月1日，湘战区兵站总监部、湘粮管局、湘国家粮仓委员会、经济游击队指挥处等机关在长沙举行会议，议决8项抢购办法，主要内容是统计本省各县可购余粮，交粮多的奖励，交粮少的惩处；主管购粮机关将本省军粮民食及接济邻省所需米谷作一通盘筹划，配置船舶粮仓，随时运达屯备；酌情提高粮价，以免私售资敌；通令缉私机关严加封锁，以免粮食走私；奖励驻军协助抢运沦陷区及接近沦陷区物资；迅速派干员发动抢购，并做好运输工作。②

粮食征集工作也是极易发生舞弊问题的环节。1940年9月26日，蒋介石专门向贺国光发了一封电报，责令其彻查粮食舞弊人员及详报囤积行户。蒋之所以发出这封电报，是因为他得到密报，崇宁县民众捐出的3000石食米，省府虽出具了3000石的收条，但却短少1000石粮食，追问之下也不知何人接收，没有着落，"此事各处传为笑柄"。对此，蒋要求彻查，以明真相。③ 粮政头绪纷繁，人员众多，涉及地域广泛，弊端层出不穷、花样繁多，自始至终伴随着各项粮政的推行，绝难根绝。

四　粮食储运

全国粮管局成立后，农本局农产调整处所属粮食运销裁撤。"战时粮食运输，至为艰巨，盖因运量过巨，运费较低，交通梗阻，工具

---

① 立信会计师重庆事务所编：《工商业管制法规》，立信会计图书用品社1943年版，第32—36页。
② 《奉令召开抢购湘省滨湖粮食会议》，《战时经济》（衡阳）第1卷第9期，1941年9月1日，第109页。
③ 薛月顺编辑：《蒋中正总统档案：事略稿本》(44)，第321页。

缺乏。"① 中国运输工具数量至为有限，"实为粮食运输的大困难"②。战时粮食运输工具在远离水运、铁路之区，仍然必须依靠人力、畜力。中国地域广大，农民居住至为分散，征实征购政策实施之后，为了便于人民输纳，规定设仓地点极为普遍而分散，因此，初次集中之粮极为散漫，运输调拨亦极为不易。就陪都食粮供应而言，周边县市因产生恐慌而阻止本地粮食出境，导致重庆粮食缺口较大，1940年11月11日下午，全国粮管局召集有关县市举行粮食会议，决定各县供应渝市及疏建区粮食供应办法。③ 这种情况说明，全国粮管局成立之初，面临的粮食储藏、运输困难是比较大的。

战时粮食运输可以分为三个阶段，第一阶段为收纳，由农民将粮食交至指定收纳仓库，不给任何费用；第二阶段为集中，由收纳仓库运至集中地点，就地征雇民伕，发给口粮或口粮折价，不给运费；第三阶段为转运，由集中地点转运至需要或分配交接地点，运输主要利用转运地点原有水陆运输组织及工具，运费按照军事委员会征雇车马船只伕力运输标准给付。但此项运价标准非常低，且在巨量粮食运输中实难按照普通物价比例相应提高，因此，各运输机关与民伕将之视为一种负担而不乐于承担。粮食运输是"粮食业务上最感困难之问题"，其困难主要体现在三个方面，一是运程僻远，二是运量巨大，三是输力输具缺乏。④ 据1938年统计，从闽北运输一市石粮食至福州，沿途关卡所交各种附加税费及消耗杂费除各路段运费、蚀耗、搬运费之外，其他名目达25种之多，程序达28道之多，每市石成本亦

---

① 《粮食部三十四年度工作计划及意见书》（1944年—1945年），行政院档案，档案号：014—040501—0005，第24页。
② 陈正谟：《米谷生产成本调查及川粮管理问题》，第82页。
③ 《粮管局筹供渝市米粮，派员采购严禁各县阻米出境》，《益世报》（重庆）1940年11月22日第3版。
④ 《行政院工作报告——有关稳定财政及管制粮食、物价部分（1938—1945年）》，对中国国民党第六次全国代表大会报告，秦孝仪主编《中华民国重要史料初编——对日抗战时期》第4编"战时建设"（三），第323页。

增加 5 元多，而运至厦门则需要缴纳 36 道各种费用。①

粮食管理须调剂盈虚，购储与运济工作不可或缺。运济方面，全国粮管局召开的粮食会议亦有决议，对 1941 年前后方屯粮数量，屯粮地区的分配，改善采购仓储办法，各部队主食代金不足数额，按照差额予以抵补等，"皆经协议确定，为今后之军粮问题，得一统筹方案"②。储运机关方面，全国粮管局设立四川粮食购运处，顾名思义，购运意为采购、运输。1941 年度田赋征实及定价征购政策实行后，采购之名不能副实，且四川每年征额繁重，达 1200 余万市石，与 1940 年度征额军粮数额相比几乎增长两倍，且征购之谷散处各县乡镇农村，全川设立的征购办事处达 1500 余处之多，将此散处之粮食集中于需用之所，便于拨付，业务至为艰巨，储藏、运输问题特别凸显。为名实相符、提高效率，遂拟具组织规程，呈奉行政院核准，由粮食部将原购运处改组为储运局，以办理"征粮数量最巨，且须运济邻省，任务特别繁重"的四川省粮食储运业务。③ 四川粮食储运局 1941 年 10 月 1 日正式成立。

1940 年 11 月 11 日，全国粮管局召集邻近重庆 20 县县长及重庆市各机关代表，召开粮食会议，讨论重庆市粮食供应问题。在此次粮食会议上，全国粮管局拟订《各县供应重庆等消费市场粮食办法实施纲要》，会议讨论后决议通过。15 日，行政院副院长孔祥熙复约集相关机关进行讨论，"批准予以试办"。20 日，行政院指令"准予试办"。实施纲要主要从即日起至来年 8 月各县运渝食米的供应数量、供应来源、市场管理、粮食价格等方面作了原则性规定。30 日，又将重庆市供应区域扩大至疏建区。同时，为了解决川省各大消费市场粮食供应问题，又拟订《供应四川省各大消费市场粮食办法大要》，对重庆、自贡、成都、犍乐盐区、川北盐区及南部、西充六大消费市场及其对应的供应地区作了明确划分，如重庆市供应区包括渠江流域、嘉陵江流域、涪江流域、长江上游、长江下游、市区附近六大区

---

① 福建省政府秘书处统计室编印：《非常时期福建粮食统制方案》，1938 年 4 月，第 13—15 页。
② 全国粮食管理局编印：《全国粮食会议报告》，第 3 页。
③ 徐可亭先生文存编印委员会编印：《徐可亭先生文存》，第 201 页。

域，各个区域对应相应的县份，如嘉陵江流域包括武胜、合川二县，涪江流域包括潼南、铜梁二县，长江下游包括邻水、长寿、垫江、涪陵、忠县五县。①

1. 仓储管理

仓储的作用不单是集中粮食，更主要的是有备无患，若粮食一时不能拨运消费，则可以留待日后分配备用，或屯储中心地区以供四周接济。四川省民政厅1940年报告中提到，"本省仓库创始虽久，但管理不善，积谷损失殆尽，仓廒倒塌无存，徒有存储之名，而无备荒之实"②。而日机在四川各地的轰炸，使问题更加严重。为与川省粮食管理的整体布局相协调，省粮管局对仓储管理政策进行积极调整。

1940年8月，全国粮管局颁布《全国粮食管理局粮食管理纲要》，要求各省根据情况在省、县、镇、保筹建公仓，完成各级仓库网；民间粮食采取自由寄储与限定寄储，公有粮食必须存入公仓，"乡镇有积谷，储备在各保公仓及乡镇之公仓内"；"县有积谷，储藏在县公仓或乡镇公仓内"；"省有粮食，储藏在省公仓或县公仓内"；"国有粮食，储藏在国有公仓或省有公仓内"③。这一规定不仅为青黄不接及歉收情况预做准备，而且可以方便上级机关的粮食征购及区域间的粮食调剂，稳定粮价，安稳人心。

9月，四川省粮管局的成立，局长嵇祖佑在省政府委员会第422次会议上，提请决议《四川省粮食管理局粮食仓库暂行办法》。10月5日，该《四川省粮食管理局粮食仓库暂行办法》正式颁布。④《四川省粮食管理局粮食仓库暂行办法》要求所有粮食仓库均由仓商（主）申

---

① 《各县供应重庆等消费市场粮食办法实施纲要改名为各县供应重庆市暨疏建区粮食办法实施纲要》（1940年），行政院档案，档案号：014—040504—0148，第1—18页。
② 四川省民政厅：《四川省仓储概况》（1941年），四川省档案馆藏，四川省政府民政厅档案，档案号：民054—04—11835。
③ 重庆市档案馆、重庆市人民银行金融研究所编：《四联总处史料》（下），第268—269页；重庆市档案馆编：《抗日战争时期国民政府经济法规》（下），第327页。
④ 《检发四川省粮食管理局管理粮食仓库暂行办法》，《建设周讯》第10卷第13—18期合刊，1940年10月30日，第41页。

第三章　全国粮食管理局的粮政推行

请登记，若有移转、抵押、修改或消减等情事也须重新申请；登记证由省粮管局印制、编号，县市粮食管理委员会填发；存粮的损耗，其进仓、出仓及存储数量，均按期报告当地粮食主管机构或人员。① 依据蒋介石整理各县市仓储的手令，② 川省府 11 月颁布《四川省各县市整理仓储暂行办法》，规定 1940 年前未归仓的积谷于年内归仓；历年办理平粜及贷放的积谷分别查明数量，立刻购谷或收回填足原额。③ 川省府希望通过加强仓储管理，使仓储本身的功效得到更大发挥。

粮食仓库在验收、存放、转运等各个征购环节都十分重要。全国粮管局计划 1940 年度定价派购四川稻谷 2.43 亿公斤，④ 这对川省现有的仓储容量及管理人员提出了挑战。依据国民政府的政策，四川省积极推进建仓工作。全国粮管局成立四川仓库工程管理处，由行政院拨款 2500 万元，⑤ 专门负责修建四川省粮食仓库。但由于时间紧迫，川省来不及大量新建仓库，更多的是利用公仓，改建旧式庙宇及祠堂、征租民仓来满足需要。何廉在担任农本局总经理时，为便利农产集散、促进农产运销，曾积极建设农业仓库，加强农产储押业务。1940 年，川省农产价格暴涨，不少人利用仓库囤积居奇，各农仓储押业务失去了原有的调剂意义，成为阻滞物资流通、刺激粮价上涨的因素之一。为此，国民党中央通令川省各农仓，一律停止储押业务。此时，全国粮管局急需储粮仓库及管理人员，一时筹办不及，经何廉从中商洽后，农本局将代筹的川省各屯粮仓库一律移交全国粮管局，自建及租用的各农仓除留用一部分作为农本局福生庄储棉仓库外，分

---

① 四川省政府：《关于检发四川省粮食管理局管理粮食仓库暂行办法给四川省第三区行政督察专员公署的训令（附暂行办法）》（1940 年 11 月 13 日），四川省第三区行政督察专员公署档案，档案号：00550005002570000069000，第 69—71 页；《管理粮食仓库暂行办法》，《政声》第 2 卷第 3—4 期合刊，1940 年 9 月 1 日，第 39 页。
② 《蒋委员长手令：整理各县市仓储》，《教政旬刊》第 7 期，1940 年 12 月 1 日，第 11 页。
③ 四川省第三区行政督察专员公署、四川省政府：《关于实施四川省各县市整理仓储暂行办法的代电（附办法）》（1940 年 11 月 25 日），四川省第三区行政督察专员公署档案，档案号：00550002004520000105000，第 107 页。
④ 《四川省志·粮食志》编辑室编：《四川粮食工作大事记（1840—1990）》，第 34 页。
⑤ 四川省地方志编纂委员会编纂：《四川省志·粮食志》，第 160 页。

别租让或转租给全国粮管局，原有管理人员一并归全国粮管局调用。①

虽然川省府及省粮管机构积极出台相关政策，扩大仓储容量，努力充实仓库业务，稳定军粮民食供应，但在实际管理过程中，仍存在许多问题，如公仓建设手续烦琐、经费有限、效率不高等。与此同时，仓库设备不全，储藏手段不善，导致粮食损耗较高。一方面，川省粮食调查偏重于粮食数量及价格，对原有仓库的实际情况掌握有限，仓库未及时进行整修，造成存粮损失。另一方面，租用的公私房屋、祠堂庙宇没有搭建必要设施，仓储条件差，粮食损失大，且仓库管理人员对谷物水分检定、仓库温度调控、虫害鼠患防治等技术管理工作不甚明了，易出现疏漏，增加了粮食意外损失。此外，私人及银行所经营的仓库所占比例仍较大，其营利性质在一定程度上干扰了公共仓储功能的发挥。②

仓储管理是军粮民食拨交的重要环节，无论是进仓还是出仓都需要斗工过斗称量，登记入簿。但斗量过程涉及利益最为直接，不免出现纠纷。四川省筹办军粮数量巨大，大部分运经渝市转运前方，这些军粮到渝提卸拨交的过斗手续，以往是由斗帮工会（时称"重庆市斗量职业工会"）办理，费用至为浩大。全国粮管局要求军粮收缴应迅捷准确，而工会过斗相对周折费时。为节约经费及时间，防止受贿及舞弊情事，全国粮管局开始自雇斗工称量军粮。这一做法使市区各码头原有斗工的称量工作被侵夺，严重影响斗工生计。全国粮管局与斗量工人更是发生直接冲突，③ 重庆市斗量职业工会要求全国粮管局

---

① 经济部农本局：《关于全国粮食管理局急需储粮仓库及管理人员等情致重庆市政府的函》（1940年12月19日），重庆市政府档案，档案号：0053—0019—02366—0800—100—000，第100页；《农本局呈报该局各屯粮仓库移交全国粮食管理局接收情形的文书》（1940年12月），经济部档案，档案号：四—25520，第7—10页；《农本局主管粮食业务下月移交粮管局，今后专营合作金库与仓库》，《大公报》（香港）1940年9月27日第5版。

② 中国农民银行四川省农村经济调查委员会编印：《四川省农村经济调查调查报告第1号总报告》，1941年11月，第24页。

③ 重庆市社会局、重庆市政府：《关于检送全国粮食管理局与斗量工会工作争执详情的呈、指令、公函》（1941年1月16日），重庆市政府档案，档案号：0053—0015—00296—0000—028—000，第1—7页。

继续雇佣工会斗工,以维护斗工权益。① 为调解纠纷,重庆市党部、重庆市社会局、农本局、斗量工会及粮管局各派代表分别与 11 月 23 日、26 日会商解决办法。粮管局代表缪宝馈始终以"用人行政"为词保留权利,双方交涉未果。② 12 月 14 日,市府召集双方在大礼堂再次调处,会上商讨制定了关于重庆市斗量业职业工会称量军民粮食调整的规则,规定凡是全国粮管局出入的军粮民食悉由斗帮承办,但全国粮管局仓库以内的军粮可自理;民食斗费按市价给予,军粮斗费以市价折半计收;军粮过斗,若斗帮有受贿舞弊,经检举且有实据者,必须依军法处置。③ 双方的相互妥协,一定程度上提高军粮过斗的效率,减轻了国家负担,加强了相互监督,缓解了双方的矛盾,也解决了斗量工人的生计。

2. 运输管理

四川省粮食管理局成立之际,适逢秋收,计划征购的军粮民食数量庞大,粮食运输面临困境。一方面,日军的持续轰炸使许多地区交通中断,运输安全受到影响。另一方面,输具输力缺乏,运费过低,管理不当,降低了运输效率。有鉴于此,川省府一面设立运输机构,一面颁布运输法规,积极增强粮食运输管理,以期走出困局。

四川粮食运输主要分为军粮、公粮、民粮运输,军粮由粮政及军粮机关负责,公粮由各级政府协同粮政机关自运,民粮则在政府监管下由粮商办理。1940 年 9 月 1 日,四川粮食购运处成立,下设秘书室、总务科、军粮科、民粮科、运储科、财务科、会计室,员额 128—179 人。全国粮管局任命嵇祖佑为处长,彭勋武为副处长,并

---

① 周汝南、重庆市临时参议会、全国粮食管理局:《关于办理粮管局重庆农业仓库侵夺斗工生活案呈、公函、通知》(1940 年 11 月 20 日),重庆市档案馆藏,重庆市参议会档案,档案号:0054—0001—00367—0100—256—000,第 256—262 页。

② 重庆市社会局、重庆市政府:《关于检送处理斗量公会与粮管局工作争执经过情形的呈、训令公函(附纠纷会议笔录等)》(1940 年 12 月 9 日),重庆市政府档案,档案号:0053—0015—00296—0000—005—000,第 5—15 页。

③ 重庆市斗量业职业工会、重庆市政府:《关于处理全国粮食管理局与重庆仓库发生纠纷调解条件不成熟并检送调整规则的呈、训令、公函(附规则等)》(1940 年 12 月 15 日),重庆市政府档案,档案号:0053—0015—00296—0000—016—000,第 16—20 页。

在全川每个行政区设置督察长，分县设置督察员，协同四川省各级粮食管理机构办理军粮民食购运业务。①

战前四川粮食运输，"靠近河流，有舟楫之利者，即用木船装运；沿公道大路者，则用板车，若系少数食粮，即藉人力挑负"②。从经济角度考虑，木船容积较大，每次装运数量较多，费用最为低廉，板车次之，人力挑负最不经济。受地形地势影响，四川公路运输较不发达，水运成为粮食运输的主要方式。要想快速提升运粮速度，增加木船使用数量、提升单次运量，可算是一条捷径。为此，国民政府除尽先征用原有河道水运船只外，不足时还需增造。1941年1月，交通部在重庆设立川江造船处，自设工厂招工制造，"因全国粮食管理局，在渠江涪江装运食米，需要大批木船，委托川江造船处代造渠江木船3850吨，涪江木船1550吨"③。为加强运输力量，四川粮食购运处联合四川省船舶总队部，共同征调船只，组织运输。四川省船舶总队部按照军事化要求，将四川民船和轮船编成大队、中队、分队及小队，由总队部统一领导指挥，其总队长由川江航务管理总处处长何北衡担任，④这也推进了双方合作的顺利开展。1941年3月，卢作孚代电四川省粮食购运处，四川省船舶总队部在南充、绵阳、泸县、宜宾、乐山、合川等地设置办事处，并在合川、江口、遂宁等16处设立管理站，以协助运送军粮。⑤

1940年6月，宜昌沦陷后，长江航运被迫中断，四川对内对外运输的主要水上路线受阻，包括粮食在内的物资运输遭遇前所未有的挑战与困难。为实现前方军需供给，8月1日，轮船招商局和民生公司各

---

① 四川省粮食管理局：《四川省粮食管理局成立裁撤情形局长与粮食购运物价平准处处长任免留办结束人员名册办公费预算表借支家属食米代金清册》（1940—1941年），四川省政府人事处档案，档案号：民042—02—2704，第39页；《四川粮食购运处组织规程》，粮食部编印《粮食管理法规》，第8—9页；《粮食部所属单位组织规程（二）》（1941年—1947年），行政院档案，档案号：014—040503—0003，第76页；《四川省粮食购运处督察人员服务规程》，《新新新闻每旬增刊》第3卷第7期，1940年9月1日，第41页。
② 秦孝仪主编：《抗战建国史料——粮政方面》（二），第232页。
③ 王洸：《战时长江航业与航政（下）》，《世界交通月刊》第1卷第3期，1947年9月28日，第41页。
④ 《重庆百科全书》编纂委员会编：《重庆百科全书》，重庆出版社1999年版，第801页。
⑤ 谭刚：《抗战时期四川的粮食运输管理》，《抗日战争研究》2012年第4期。

出资 1 万元，成立了"川湘、川陕水陆联运总管理处"，"经营由衡阳至重庆水陆联运业务，及由重庆至广元循嘉陵江线水道运输"①。国民党第六战区军粮"全恃川省运济"②，湖北恩施地区部队须仰湘米供给，故国民政府又单独设立川湘联运处以负专责，该处运输量占川湘线全部运量的 50%，每月军粮平均运量 500—600 吨，占第六战区军民需要量的三分之一。③ 川湘水陆联运的开展，不仅打破了湘鄂水道交通阻断的局面，也方便湘米西运补给，相对减轻了川粮外运的压力。

为弥补陆路运输不足，加强运输统制，1940 年 7 月，全国驿运会议在重庆召开，对战时驿运作了全面规划和部署，决定由交通部成立驿运总管理处，并组建全国驿运网络。1940 年 10 月，遵照全国驿运会议的精神，四川省正式举办支线驿运，1940 年开办了奉建、新渝 2 线，次年又开办了渝广、川西、渠万 3 线。

表 3 - 6　　　　　1940—1941 年度各项运量统计　　　（单位：吨）

线别	年度	总计		粮食	军品	公物	邮件	普通商货
		运量	延吨公里					
新渝线	1940	1184960	842405	1184906	—	—	—	—
	1941	2337302	1277172	1938272	700	398330	—	—
奉建线	1940	70700	7714	2355	30680	—	60	37605
	1941	685580	84001	400777	114940	10141	—	159672
渝广线	1941	6171059	1245064	1165260	943740	1484663	—	2577396
川西线	1941	3493422	156481	1631980	—	1861442	—	—
渠万线	1941	2686705	175086	1922190	135400	53040	—	576075

资料来源：《四年来之四川驿运业务》，《交通建设》第 3 卷第 2 期，1945 年 2 月，第 78—79 页。

---

① 任显群：《川湘川陕货运业务及川湘鄂区旅客联运概况》，《交通建设》第 1 卷第 10 期，1943 年 10 月，第 9 页。
② 《全国粮食管理局、军事委员会等抢购湖北省第六战区等粮棉案》（1940 年 7 月—1941 年 5 月），经济部档案，档案号：四—22888，第 17—18 页。
③ 凌耀伦主编：《民生公司史》，人民交通出版社 1990 年版，第 197 页。

从表 3-6 中可以发现，1940 年至 1941 年间，四川各支线的驿运业务，以粮食运输为主（内含军粮及各地征购粮），间之以各县军品、公物、邮件及普通商货。其中奉建线里程最短，主要是针对特定战区输送军粮及军品，运量相对较小，而渝广线系水陆联运线，水陆共长 1127 公里，运量较大。

为发展驿运，四川省驿运处与四川粮食购运处订约，预付运费 60 万元，购置 200 辆至 250 辆胶轮板车，提升运力，并开办驿运干部训练班，实施军队编制，层层监管，加强对运伕的管理。① 从 1940 年 10 月到次年 6 月，四川驿运在不到一年里发展迅速，冲破了四川地形的限制，加快了短途粮运的效率，促进了省内粮食的流通。

除改进运输方式、提升输具输力、扩大运输规模外，卢作孚在全省粮食调查报告的基础上，利用几何级数的原理，创造出粮食运输的"几何计划"。该计划的要点在于逐级落实，"层层集中，大力转运"②，将不通公路的地方用人力把粮食运到公路或水路边一些特定的节点，再用板车、汽车或船只转运到重庆周围，以及各个交通要道上的县城粮仓中。③ 为实施该计划，卢作孚经过周密计算和开会讨论，选出了最合理的粮食集中点和运输线，动用大量人力及运输工具，仅巴中一个地区，"就动员 30 万之众运输粮食"④。在短短几个月内，上百万吨的粮食得以从偏远地区运出，前线军需和后方民食的困难得到了极大纾解。⑤

除此之外，运输费用是一个比较矛盾的问题。粮食运输费用的多寡，直接影响市场价格及供需情况，国民政府自然想降低运费以减轻财政压力，控制粮价，但这损害了运伕的利益。由于物价上涨、生活成本增加、运费过低等，被征雇的民伕船户难以维持最低生活，出现多方推诿、中途逃匿或损坏运具的情况，极大影响了民众配合粮食运

---

① 四川驿运管理处编印：《四川驿运》，1941 年 7 月，第 15—16 页，重庆市图书馆藏。
② 张铁柱、曹智、陶德言主编：《父辈的抗战》，长江文艺出版社 2015 年版，第 375 页。
③ 卢国纪：《我的父亲卢作孚》，第 284 页。
④ 许涤新主编：《中国企业家列传》（2），经济日报出版社 1988 年版，第 97 页。
⑤ 苏智良：《中国抗战内迁实录》，第 136 页。

输的积极性，容易造成民怨。1940年11月，奉建线军米运输，每日每伕仅得工资1.2元，因政策调整，次年五月调至2.5元，①但仍难以追赶物价上涨的速度。

发挥驿运重要作用。粮食运输为"供应需求、调剂盈虚之重要过程"②，此为普遍之共识。蒋介石1940年11月指出："要有效的管理粮食，必先解决运输问题；运输问题解决之后，粮食问题也随之而解决了。"但就交通殊为不便、现代运输工具奇缺的后方而言，亟宜发挥传统运输方式，以为襄助，即以征雇民伕驮马及使用人力兽力之车辆的驿运。但驿运所需人力为精壮劳力，与征服兵役不无矛盾之处。为了鼓励粮食运输，蒋介石在一次讲话中曾承诺："以后各县壮丁，凡能遵照命令，从事运输或驿运的，将来可以许他延缓兵役，专任运输的工役，在本地或邻近劳作。"③ 政府为优待起见，"凡参加驿运之人伕，不论是甲级或乙级的及龄壮丁，都可以免除兵役，而以参加驿运作为劳役来代替兵役。"④ 1940年11月中旬，军事委员会向全国粮管局下发手令，命其拟订具体办法，并指示："对于运送粮食之被征民工，必要时可准缓服兵役，以利推行。"最好能规定民伕"每月运送几多食粮与里程者，准缓服兵役，如此，粮食运输分配方法亦可解决"。全国粮管局随后与四川省粮食管理局协商，拟定《粮食驿运办法大纲》。11月25日，全国粮管局将所拟大纲呈送军委会，12月1日，军委会认为该大纲"尚属可行"，并饬令四川省政府提前准备，予以实施，同时重申"军管区对于驿运民伕准予缓服兵役，可也"。10日，行政院分别指令军政、交通两部及全国粮管局遵照该大纲办理。该大纲共11条，其中第10条对缓服兵役有如下规定："应征在雇之驿运民伕，在运输期间，经主办机关之

---

① 《四年来之四川驿运运价》，《交通建设》第3卷第2期，1945年2月，第82页。
② 《战时粮食运输》（1940年—1948年），行政院档案，档案号：014—040504—0059，第13页。
③ 《粮政（二）》（1940年8月16日—1941年11月18日），国民政府档案，档案号：001—087000—00002—004，第32页。
④ 祖晖：《现代驿运网》，《中央日报》（重庆）1940年8月8日第2版。

证明，得向兵役机关请缓兵役。"① 这一点与战时面粉业工人尤其是技工缓服兵役的优待是同样的。根据军政部和经济部《修正战时国防军需工矿业及交通技术员工缓服兵役暂行办法》第二条第八款（面粉工业）的规定，各粉厂受粮食部陪都民食供应处委托加工代制面粉，与陪都军粮民食有关，所有运麦运面工人，可以缓服兵役。②

四川"民间潜在运输力量极大"，新渝支线，由新都顺沱江至泸县，入长江至重庆，共816公里，主要任务为运输供应川东军民粮食、药材、烟、糖等商品；奉建支线，奉节经巫山至湖北建始，并延长至恩施，长165公里，承运第六战区军用物资；渝广水陆联运线，由重庆沿沱江经成都至广元，长1127公里，国际军公运输，极为繁忙；川西支线，以新津为中心，分别至邛崃、蒲江、崇庆、郫县、温江等县，长263公里，任务单一，系承运新津特种工程工粮；渠万支线，自渠县至万县，长224公里，主要任务系承运全国粮管局在梁山、大竹一带粮食及沿线棉纱、食盐等。③

第二节 粮食市场管理与粮食分配

一 市场统制

战前粮食市场管理主要是依靠市场机制自发进行调节，中央政府几乎未采取措施对粮食市场进行干预，地方政府以辅助手段予以一定程度的调节。1937—1939年粮食丰收时，国民政府责令农本局采用大量收购的方式，从市场购屯，以缓解所谓的"因丰成灾"。即使面对澳大利亚政府1939年11月提出的向中国出售麦面之事，中国政府也以1938年我国农业丰收，且"麦面既非急需，内运更感困难，徒

---

① 《战时粮食运输》（1940年—1948年），行政院档案，档案号：014—040504—0059，第1—20页。
② 复兴面粉厂、重庆市警察局：《关于缓役复兴面粉厂技术员工的批、函（附缓役员工名册）》（1943年3月24日），重庆市档案馆藏（以下不再一一注明），重庆市警察局档案，档案号：00610015045540200119000；重庆市警察局、粮食部：《关于允许中国粮食工业公司员工缓役的公函》，重庆市警察局档案，档案号：00610015044180100055000。
③ 四川省政府建设厅秘书室编审股编印：《四川的驿运》，1943年6月，第7页。

耗大量外汇，于国家无所补益"而婉辞。① 这说明粮食市场管理是一个动态的、长期的过程，会受到多方因素的影响。但随着粮食危机的爆发，为适应战时需要，全国粮管局开始改变以往粮食自由流通的状态，特别加强了对四川粮食市场的统制，通过设置粮食市场管理机构、严格粮商管理、加强粮价管制等手段，来规范粮食流通秩序。

1. 设置粮食市场管理机构

市场交易管理的主要目标是将粮食买卖集中在市场进行，通过在市场上设置管理人员登记上市粮食，分配粮食数量，实行议价配售，以达到调节供需、取缔囤积、稳定粮价的目的。全国粮管局制定的市场管理实施办法规定，各地设置粮食交易市场，由粮食管理机关派员管理并监督米业公会、经纪行商的工作等。

四川省粮管局颁布《四川省政府管理全省粮食暂行办法》《四川省各供销区粮食市场管理处组织通则》《四川省各供销区粮食市场管理处设置地点及管辖区域》，依照粮食的自然流向，将全川划分为10个供销区，在各区粮食集散的中心市场，设置粮食市场管理处，直隶于四川省粮管局，负责联络周边供需有关的市场，管制供需数量，汇转市况情报，并监督指挥该供销区内县粮食管理委员会的相关工作。各管理处设处长及秘书各一人，由四川省粮管局提请省政府派充，下设三课，课长三人，课员四至八人，办事员三至六人，均由处长遴选并呈请四川省粮管局，转请省府核派。②

经过考量，四川省粮管局确定第一至第十共计10个供销区粮食市场管理处的设置地点，分别是成都、赵家镇、新津、绵阳、泸县、合川、重庆、三汇、万县和南充。③ 县市以下各乡镇公所经济文化股，

---

① 《国外购粮（一）》（1939年—1948年），行政院档案，档案号：014—040504—0061，第2—10页。

② 《四川省各供销区粮食市场管理处组织通则》，《四川省政府公报》第9期，1941年2月，第12页；四川省地方志编纂委员会编纂：《四川省志·粮食志》，第148—149页。

③ 四川省粮政局：《各区粮管处工作提要市场管理处设置地点及辖区重庆自贡统购统销规则办法各县市总户田地表及其他粮情储存表》（1940—1941年），四川省政府粮政局档案，档案号：民092—01—1462，第16—17页；《四川省各供销区粮食市场管理处设置地点及管辖区域》，《四川省政府公报》第9期，1941年2月，第12—13页。

增设干事一人，专门负责粮食管理事务，若与县或重要市场有供需关系的地方，由县特设管理员，加重其管制职权。①

2. 粮商管理

粮食商人种类较多，可以作多种划分，依营业性质可分为批发商、代理商与零售商，依营业目的可分为进口商与出口商，还有流动商人与固定商人，各地大同小异。广西的流动粮商包括营贩运的水客、船户、米贩及农民，水客往来于沿河各市场，以船只贩运货物至各地交易，不限于一地。其特点是个人信用高，流动性强，虽有接洽场所，但并无固定商店，常以姓氏为营业字号。船户以代客运货为主业，但稍有资本者在无货可运或可装运不足时常自购货物运往较大市场出售，亦有专以自行贩运货物为主之船户，如左右江一带的"自买船"，其所携货物之中即有谷米。船运米商地位重要，左右二江及附近郁江下游半数以上米商载米运至南宁出售。米贩是陆路贩运食米的小商贩，此类米贩或径自贩售白米，或购谷自行碾制后再行出售，多系肩挑、马驮、车运，大多资本微薄，尤以秋收时节最多。农民在秋收后也会充当小粮商的角色，挑米至小市镇以售，以所换取货币购买生活必需品，维持生计。固定粮商包括有固定商店的平码行、批发商及零售商。平码行起源于清末，盛行于西江流域，常有两种含义，既可指"公定划一之排秤公码"即公平买卖，亦可指经纪人行当，多设于运输便利的河岸，平码商每利用物价低落时囤积待沽，或运至他埠以获利，既是批发商，亦是零售商。批发商又称大拆家，以批发为主，亦兼营零售，南宁一地有80余家。零售商店则为数甚多，"街头巷尾，触目皆有"，多属小杂货店兼营，专以售米为业者较少。此外，各地机器碾米厂除代人碾米外，亦常自行购谷碾米出售。据统计，1937年广西全省各类粮商甚多，如南宁有平码行19家，批发商85家，零售店200余家，碾米厂4家，每年食米交易量约为315474市担，谷16270市担，玉米16000市担，小麦1000市担。桂林有零售店300余家，交易米量较南宁稍多，达332200市担。梧州的零

---

① 全国粮食管理局：《四川省政府管理全省粮食暂行办法》（1940年9月6日），三民主义青年团重庆支团档案，档案号：0052—0001—00004—0000—093—037，第37页。

售商有 80 家之多，年批发食米 1051970 市担。① 成都作为纯粹的粮食消费市场，每年从各地输入的大米、小麦、黄豆、蚕豆等为数为主，成都粮商亦非常多，据四川省粮食管理委员会统计，米行约 400 家，杂粮行 196 家，零售粮商约 1400 家。川省各县粮商则更多，如内江批发米商 35 家，零售商 204 家，杂粮商 5 家；自流井粮商 140 余家；简阳石桥镇有米行 54 家，杂粮行 2 家，零售商 142 家；眉山有批发米商 35 家，零售商 95 家。② 粮商种类繁多，散处各地，管理难度亦相对增加。

粮商登记关乎粮食业务开展，国民政府及蒋介石等非常重视，曾订有《粮商组织法》及施行细则。8 月 7 日，蒋下发手令，要求全国粮管局对各地米商"速定整个办法与规章"及具体实施办法，以杜绝米谷商人擅自私行购办，破坏粮政。全国粮管局对此非常重视，15 日呈报了管理思路，第一步，对各地粮商进行登记，发给营业执照；第二步，拟具仓库管理、粮食管理、运销管理、分配管理各种法规及合作办法。26 日，委员长侍从室第二处代电卢作孚等，"依所拟原则迅速切实筹办进行，务期确实管制，以利调节为要"③。全国粮管局制定《粮食管理纲要》，从量与价两个原则着手，在量的方面，主张供给与需要相适应。在时间上，目的在"使有余时为不足时之准备，平时为战时之准备"；空间上，"使有余的地方，为不足的地方准备，丰收的地方，为歉收的地方准备，农村为都市之准备，后方为前方之准备"。在价的方面，主张粮价"应限于某种伸缩范围以内，其低应以生产成本为准，其高应在合理利润之下"，以调剂盈虚、平衡价格。④ 纲要亦规定，粮商登记是粮食管理要务之一，并核定各地方政府制定的粮商管理办法，如《四川省各县市粮食业商人登记暂行办

---

① 广西省政府总务处统计室编印：《广西粮食调查》，1938 年 5 月，第 54—57、81—82 页。
② 国民经济研究所编印：《四川食米调查报告》，1940 年 2 月，第 6—7 页。
③ 《粮政（二）》（1940 年 8 月 16 日—1941 年 11 月 18 日），国民政府档案，档案号：001—087000—00002—001，第 2—5 页。
④ 西康省地方行政干部训练团编印：《粮食管理概论》，第 21—22 页；全国粮管局：《全国粮食管理局粮食管理纲要》，《国际劳工通讯》第 8 卷第 10—11 期合刊，1941 年 11 月，第 77—81 页。

法》《陕西省管理粮商及粮食市场办法》，将粮食业商人登记、组织及营业状况纳入管理之中，其他各省亦多于粮食管理办法内规定粮商管理事项，或订有单行法规。"但就一般而论，他们（指粮商——引者注）的困难，也很利（厉）害。道途的不平靖（静），运输的阻滞，与夫捐税的烦苛，是一般商人感觉的困难，粮商自不能独外。"但也要使他们认识对国家对社会的责任，要研究机关与商人合作的方方面面，提供给他们必要的知识，继而改进农产品运销。①

粮商是粮食市场交易的主体，粮商的动态对市场影响极大。为加强对粮商的管理，全国粮管局要求四川省府严格登记制度，将各种粮商分别组织，用团体的力量彼此约束，促进粮商从以往散漫自由的状况转向系统联络，在政府管理规程下，积极共建有序的粮食市场，推进战时粮政的实施。全国粮管局对于四川粮商贩运粮食采取鼓励及保护办法，如粮商贩卖途中严厉禁止沿途拦劫粮食，严禁各县封仓封关，粮食管理机关就能给予谷米商人"随到随买、付给价款，或代保兵险之便利"②。对于重庆地区粮商，规定"凡与重庆市米粮有关之商人，应即全部向市管理会登记"，由同业公会组织，分配采购地点。③

1940年9月23日，四川省颁布了第一部专门管理粮商的法规《四川省粮食管理局管理粮食业商人暂行办法大纲》。其首先便要求每个市场所有经营粮食业务的仓栈、商号、经纪人、行栈、加工业都要进行登记，发给经营执照，无证经营者依法取缔，已登记者禁止在规定粮市以外自行买卖。④《四川省各县市粮食业商人登记暂行办法》依据上

---

① 曲直生编：《农产品运销研究的方法》，京城印书局1933年版，第7—8页。
② 西康省地方行政干部训练团编印：《粮食管理概论》，第31页。
③ 《各县供应重庆等消费市场粮食办法实施纲要改名为各县供应重庆市暨疏建区粮食办法实施纲要》（1940年），行政院档案，档案号：014—040504—0148，第8页。
④ 四川省粮食管理局：《关于抄发四川粮食管理局管理粮食业商人暂行办法大纲给四川省第三区行政督察专员公署的训令（附大纲）》（1940年10月9日），四川省第三区行政督察专员公署档案，档案号：0055000500340000164000，第165—166页；《四川省粮食管理局管理粮食业商人暂行办法大纲》，《四川省政府公报》第202期，1940年9月30日，第23—25页。

述大纲对登记事项进行了细化，凡是经营与粮食有关各项业务的商人，应到当地粮食管理委员会（尚未成立粮管会的县市向县市政府或乡镇公所或特设管理人员）依式填具申请书及申请登记事项表，并由两名殷实绅商签字担保。各粮食管理委员会应在收到申请书表的十日内审核，发给执照或登记证。核准登记后，填发由省粮管局统一印制编号的证明，有固定牌号及营业地址的发给登记执照，无牌号名称及营业店号的则发登记证，便于随身携带。领照领证的粮商，若有业务变更、主权转移、地址迁移、加设分店、增资或减资等情形时，应分别向原地、新迁或加设的所在粮食管理机关申请更换登记。各县市粮食管理委员会须将粮商登记及发证情况按月向四川省粮管局汇报备查。若隐匿不报，一经查出，须撤销原领执照或登记证，并根据情节轻重予以处罚。登记的粮商有下列权利：加入各种粮食业同业公会，取得合法资格，受政府保护；请领粮食采购、运销证书；受政府委托代办粮食事务。但粮商也负有按期报告营业状况的义务，所有粮商须将全部经营活动如购入、出售、存储、加工粮食的种类、数量、成交价格及买卖人姓名，逐日或按场期报告当地粮食管理机关或人员，由基层粮食管理机关汇总后，按月逐级呈报省粮管局，粮商若有延宕并经催告仍不履行者，予以定期停止业务或撤销其营业执照、登记的处分。①

为加强粮商购运管理，杜绝勾结利用囤积居奇之弊，四川省粮管局规定，粮商先在原消费市场粮食管理机构领取采购证并注明执照字号，携带采购证到指定采购地点验证登记，待其将米粮购妥、装载完毕后，须以采购证为凭，向当地粮食管理机关或人员换取运输证运至规定消费市场，在往返途中都要受查验人员核查登记，② 甚至在个别设有检查组并配备特务兵的水陆要冲接受检查，绝对禁止未领有运输

---

① 《四川省各县市粮食业商人登记暂行办法》，《四川省政府公报》第206—208期合刊，1940年11月，第48—49页；四川省地方志编纂委员会编纂：《四川省志·粮食志》，第150—151页。

② 《四川省粮管局粮食采购证运输证实施办法》，《政声》第2卷第3—4期合刊，1940年9月1日，第38—39页。

证的米粮输出。① 谷米运到登记后，还须由粮管机关或公会与运商同赴指定地点，监督行商取样，所取米样送评议处议价。② 总之，粮食管理机构要随时对粮商进行监控。

　　管理粮商从粮食登记开始，也是贵州省粮食管理局的共识。1941年3月初，贵州省政府拟定《贵州省会粮食业登记规则》，呈准行政院备案。该规则规定贵阳粮食业除进行商业登记外，还应向省粮食管理局免费申请登记。登记工作分两期进行，第一期包括米行业、米店业、米粮经售业、杂粮业，第二期为面粉业、碾米业、面粉制造厂及其他与粮食业有关的工商业，均限一个月完成。登记完成后，粮食业主必须每周向省粮管局报告一次购销存储粮食的种类、数额，管理人员可以随时派员调查其账目。各粮食业主如违反该规定，则按照行政执行法处以罚款。对于贵州省的这一做法，全国粮管局、经济部均表示赞赏，经济部甚至称该规则早于全国粮管局与经济部正在拟定的粮食业相关管理规则。③ 贵州省府之所以较早出台粮食业登记办法，这与贵州面临的抗战形势息息相关。该省虽地处战时后方腹地，贵阳亦为西南地区地理中心，但随着抗战局势变化，该省内迁人员骤增，据统计，1938年贵阳人口总计37万，其中城居13万，对粮食的需求大为增加。④ 内迁人口带动了粮食市场的活跃，催生了贵州粮食业如机制面粉工业的快速发展，⑤ 也对粮食管理提出了更高的要求，贵州省府的这一做法具有前瞻性，其中免费登记的规则也更易使各类粮商接受，不增加粮商负担，更有利于此一政策的推行。

---

① 国家粮食局、四川省粮食局：《全国粮管局四川省政府粮管局部分市县粮管局关于设立粮食检查调节机构管理粮食办法市场检查以及政策宣传查处违法事件的指令公函、呈文》（1940年），四川省政府粮政局档案，档案号：民092—01—0391，第6页。

② 益济粮食商号：《关于报送取样办法上全国粮食管理局的呈（附办法）》（1941年2月28日），重庆市粮政局档案，档案号：00700001000340000026，第65—66页。

③ 《贵州省粮食业登记规则》（1941年），行政院档案，档案号：014—040504—0137，第3—10页。

④ 张肖梅编著：《贵州经济》，中国国民经济研究所1939年版，第L2页。

⑤ 王荣华：《危机下的融合与发展：抗战时期后方机制面粉工业研究》，商务印书馆2019年版，第168—178页。

第三章　全国粮食管理局的粮政推行

　　为使粮商运销单位简单化，避免粮商在产区竞购抬价，全国粮管局采取集体粮商制度，特别是对重要消费市场的采购粮商，促使其组成集团，联合购运。根据规定，运商赴产地采购，应由同业公会加以组织，按照各地供需情形及运商籍贯，分配运商采购地区，凡赴同一地区采购的运商，均须联合组织，推举代表，从事采购。若各产地运商欲运米至销售地销售，应与销售地运商联合成一单位，向销售地公会登记，如不能联合，即分为两个单位，由产地粮食管理委员会依照资金比例规定每单位每月承办数量。各县城区及重要市场的米商，由粮食管理机关按照市价供需情形，指定销售地点，按日配发销售，若销商数量过多，则进行合并，按出资多寡进行盈利分摊。① 简而言之，就是"统购统销"。

　　粮食统购统销业务，在当时的中国尚属创举，举办之前全国粮管局便拟定了八项总规则。针对重庆米源失衡问题，为鼓励商运、督导粮商，1941年3月全国粮管局拟具了《重庆市民食供应统购统销规则》，在重庆首先试办粮食统购统销业务。

　　运商运米到渝市时，先报到登记，并将购运成本单、运输证连同米样，一并呈纳。运商米样呈缴后，由重庆市粮食业经纪行商联合办事处（简称"办事处"）调查课派人前往复核米样，全国粮管局、重庆市粮食管理委员会派驻市场人员依照统购统销规定，根据成本单核算成本，绘制统购日报表，送交办事处结付。依照品质，重庆市粮食管理委员会将食米分为上、中、下、次四等，按照市价分别决定批发价格，在此基础上附加合法利润及运缴费用作为其零售价格，并使各米店零售价格保持一致。各销售商填写购米登记表后，送交办事处营业课，由市场管理人员核定配销数量及提米地点，核算费用后，办事处营业课填发售米传票。米店持售米票据向办事处会计课核算货价总额，然后向财务课交款换取铜牌，凭牌向会计课领取成本单及提米单，米店再凭提米单向指定地点提米销售。运商依照提米单拨交食米并持提米单向办事处营业、会计、财务三课结收货款。米商配销食米数量由市场管理人员编制统销日报表交办事处查核，办事处将统购统

---

① 顾寿恩：《战时粮价问题》，国民图书出版社1942年版，第44—46页。

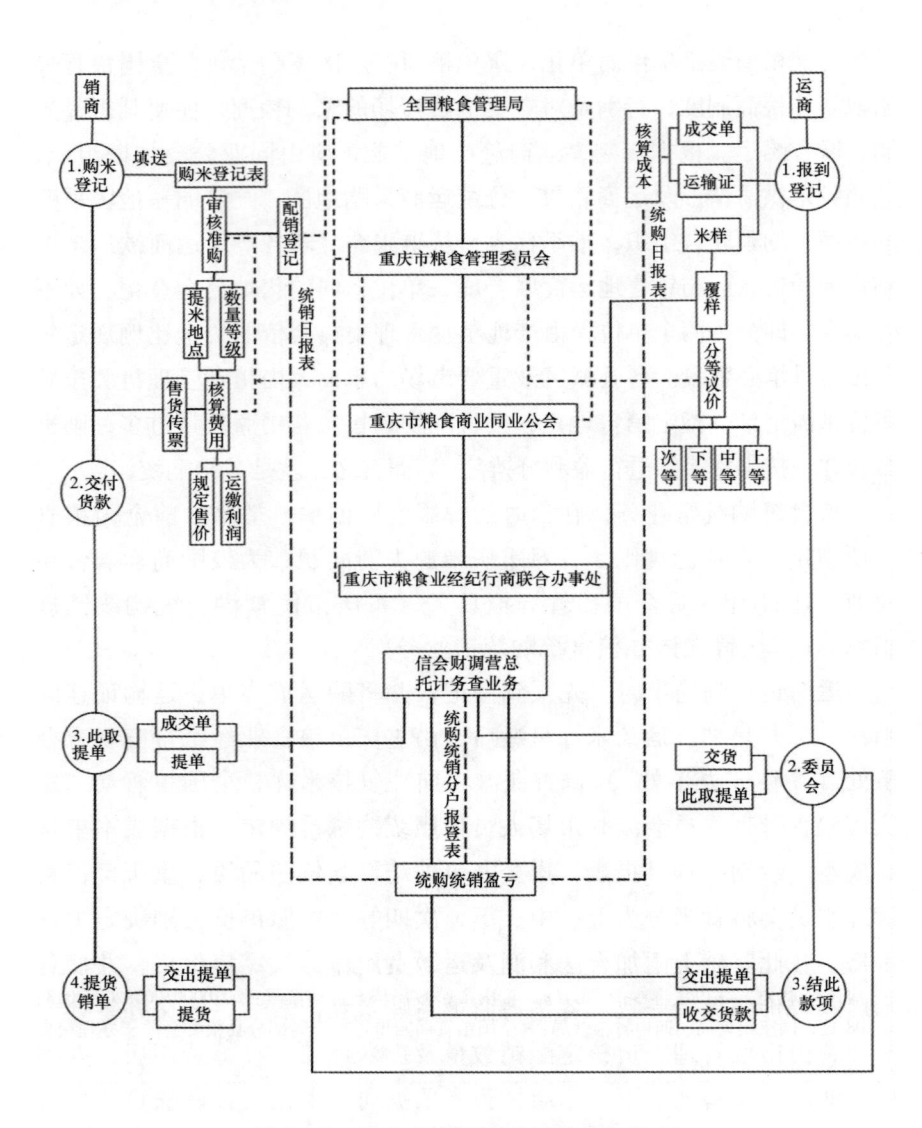

图 3-1 重庆市食米统购统销业务程序

资料来源：四川省粮政局：《各区粮管处工作提要市场管理处设置地点及辖区重庆自贡统购统销规则办法各县市总户田地表及其他粮情储存表》（1940 年—1941 年），四川省政府粮政局档案，档案号：民 092—01—1462，第 27 页；贝幼强：《重庆市之粮食管理》，《财政评论》第 5 卷第 6 期，1941 年 6 月，第 99 页。

第三章　全国粮食管理局的粮政推行

销的数量及款项按照运商报到登记号数，编制分户报表，并核算盈亏金额，报请全国粮管局结账。①

鉴于粮食统购统销业务在渝试办成绩良好，全国粮管局派专员前往成都协助推进。② 同时，考虑到该项业务联动范围有限，又着手向附近地区辐射。5月，潼南县、彭县等地都筹设了统购统销处，③ 在粮政机关监督管理下，由当地登记合格的粮食业商人组织办理该县粮食统购统销事宜。④ 至6月底，合川、遂宁、泸县、赵家渡、自贡、新津等地也已开始实行统购统销。⑤

统购统销开始实行时，各级米商因得到政府保障，极少出现黑市与抬价情事，短期内粮价有所稳定。但由于对粮商采购、交购数量没有严格规定，"集体粮商徒享专商之利，而不负供应之责"，渝市每日需米3000余市石，但集体粮商每日最多运济1700余市石，甚至有每日仅运到数百市石者，而将采购粮食匿藏少交，粮食供应短缺、粮价仍持续上涨。⑥

---

① 全国粮食管理局、重庆市政府：《关于抄发重庆市民食供应统购统销规则的公函、训令（附规则）》（1941年3月22日），重庆市政府档案，档案号：0053—0002—01053—0000—001—000，第2页；四川省粮政局：《各区粮管处工作提要市场管理处设置地点及辖区重庆自贡统购统销规则办法各县市总户田地表及其他粮情储存表》（1940—1941年），四川省政府粮政局档案，档案号：民092—01—1462，第24—27页。
② 《粮食统购统销在渝试办成绩良好》，《农业院讯》第2卷第10期，1941年6月1日，第12页。
③ 潼南县粮食管理委员会、重庆市粮食管理委员会：《关于将潼南县食米由统购统销处运渝的训令、代电》（1941年5月13日），重庆市粮政局档案，档案号：00700001000820000023，第108页；国家粮食局、四川省粮食局：《全国粮管局四川省粮管局部分县粮委关于办理粮食管理消费节约事项组织粮商同业会实行计口授粮的训令指令呈文》（1940年），四川省政府粮政局档案，档案号：民092—01—0392，第229页。
④ 四川省政府：《关于检发四川省各县市统购统销处组织通则给四川省第三区行政督察专员公署的训令（附组织通则）》（1941年7月），四川省第三区行政督察专员公署档案，档案号：00550005002410000080000，第80—82页。《四川省各县（市）粮食统购统销处组织通则》于1941年7月14日公布，但其内容确实是依照全国粮食管理局时期的组织框架筹划的。
⑤ 贝幼强：《重庆市之粮食管理》，《财政评论》第5卷第6期，1941年6月，第100页。
⑥ 四川省政府：《关于实施统购统销给四川省第三行政区行政督察专员公署的训令》（1942年1月20日），四川省第三区行政督察专员公署档案，档案号：00550005002570000162000，第162—163页。

3. 粮价管制

战时物价上涨原因错综复杂，与生产消费、交通运输、内外贸易、财政金融、军需供应、工商业组织管理、战时民众心理变化等均有直接或间接关系。中国问题研究会将粮价上涨原因归纳为至少八个，一是进口骤减；二是运输机关尽归军用，粮食运输大受影响；三是有米者私藏不交；四是政府大量购买以充军食；五是奸商囤积居奇；六是耕地沦为战场；七是农民宰牛为食，生产力减少；八是富庶之区陷落，或受敌威胁，出产大量下降。① 蒋介石认为各级政府不肯雷厉风行实施统制"固应首负其责"，但"若干资财雄厚之豪商，竟发战时暴利之邪念：一方倾其全力搜索游资，以争购外来货物，压迫国家外汇支付之负担；一方更将运入货物，囤积隐匿，阻厄市场之需要，促进价格之飞腾"，"各大都市之奸商豪猾，囤积居奇，图发国难财之行为，实为导祸之阶"②。

战时各国粮食政策有同有异，英国在欧战期间为了刺激生产，除规定最低工资、限制佃租、强制耕作外，还实行最低谷物价格政策，小麦和燕麦平均价格如低于平时各年最低价格时，农业部对于农户每升小麦补偿差额 4 倍，燕麦补偿差额 5 倍。同时提高最高限价。欧战时期，英国每年用于农业补贴及面包补贴金额达 3800 万英镑。③ 据陈正谟对战时重庆及四川米价研究，抗战以来，米价初时下跌，如以 1937 年 6 月米价为基数，则此后各月逐渐下跌，1939 年 4 月时，仅只有 49 的比价，此后逐渐上涨，到 11 月时涨幅已超过 100，1940 年 1 月又涨至 109，5 月为 190，6 月为 255，7 月为 348，8 月为 430，9 月涨至基数 7 倍，远高于其他物价。④ "平抑物价，必先平抑粮价，实为首要之图。"⑤

战时对粮食进行统制，为世界各国通例。素来崇尚自由经济、欧

---

① 马寅初：《非常时期的管理经济》，中国问题研究会编印《中国战时经济问题》，1936 年，第 141 页。
② 《蒋介石在国民参政会三届一次大会上关于"加强管制物价方案"报告书》，1942 年 10 月 29 日，四川大学马列教研室编《国民参政会资料》，四川人民出版社 1984 年版，第 173—174 页。
③ [日] 森武夫：《非常时日本之国防经济》，张白衣译，第 63—64 页。
④ 陈正谟：《米谷生产成本调查及川粮管理问题》，"序"第 1 页。
⑤ 崔昌政：《川康建设问题》，第 103 页。

第三章 全国粮食管理局的粮政推行

战时粮食相对比较富余的美国，对粮食消费与配给也须由政府严加统制，当时的粮食管理官员胡佛曾说过，政府必须实行食粮统制，奖励生产，统制价格，公平分配及保存节约。①

关于粮价上涨过快，地主、粮商甚至一些学者均认为是法币贬值导致，陈正谟并不认为是通货膨胀所致，"这实在与事实不合"。在陈看来，通货膨胀所引起的物价上涨是普遍的，上涨率不应该相差非常悬殊，如北碚1940年10月布价仅比元月上涨了1倍，其他物价上涨不到1倍，而同期米价却上涨了5倍，"米价的上涨率在各种物价的上涨率中，好像鹤立于群鸡之间"。同时，陈也并不认为是产量减少导致的供不应求，因为据中央农业实验所技正沈宪耀8月23日根据各地农情报告的预测，1940年米谷生产除四川较去年约减收一成，可达七成外，云南、贵州、湖南等省均较去年为优，可达八成以上，其他省份基本与去年相似。总体来说，1940年的米谷收成与1939年不相上下，可达七成五。而卢作孚估计至少有八成收获。② 其实，粮物价格上涨因素颇为复杂，奸商囤积居奇固为一端，但亦有将矛头指向孔祥熙及其所主持之财政部，不过，蒋介石对孔祥熙颇为维护。

对于1940年3月间的粮价暴涨，行政院亦认为，"政府欲专施压力，使物价低落如战前，实为事实上不可能之事"。对于经济部的各项措施，行政院略带指责之意："对于囤积者取缔之步骤，过于宽大，即初劝导，次警告，不得已时始强制收买。此种和平平价方法，不独不能收取缔囤积实效，反有消极的助长及鼓励囤积之嫌。实应另订紧急取缔办法，严加取缔。"③

1940年5月，四川米价陡涨，每市石超过60元，尤其以6月下旬涨幅最大，7月9日米价一日之间由60元涨超过100元，最高时达到

---

① ［日］森武夫：《非常时日本之国防经济》，张白衣译，第65页。
② 陈正谟：《米谷生产成本调查及川粮管理问题》，第23—24页。
③ 《粮价平抑办法（二）》（1940年—1948年），行政院档案，档案号：014—040504—0058，第25页。

900元,"而且根本就不易买到","市面哗然,引起各方之注意"①。陈正谟认为,1940年夏四川粮价飞涨,主要原因为地主囤积居奇,粮商提高粮价,减少出售量,并形成了恶性循环。并引用一句俗语"田舍翁是一个怪,粮食越贵越不卖"来说明这个现象。1940年夏米价"涨到不近人情,完全是地主与粮商操纵的结果"。并且,有粮之人惜粮不售,也是一大主因。"米粮缺乏,粮价就无理性的高涨。所以这并不是粮食有无的问题,而是卖不卖的问题"②。

针对此一情况,政府开始干预。第一,限定最高米价。四川省政府在7月13日通令全省各市县米价在7月9日米价基础上下调25%,并以之作为今后平价米的依据。第二,登记商户、农民存储余米。限制商户、农民不得存储超过定额余米,并向当地政府呈报登记,对于农民余粮,规定只能存留每人每年2.5市石口粮,其余应以25%提供给政府平价发售,所余75%应于下季稻收获前各月分批出售;其他囤户仅允许留存囤额20%,其余全部抛售;零售商户存米则不能超过平常三个月内销售总额。如有违反者,政府则以低于市价10%—20%的价格收购,或处以其他处罚。第三,销售平价米。川省物价平准处每日下午4时至7时在各平价米经售商店向市民发放购米凭证,凭证购米,每店每日限定150张,每张限购米1双市斗并向贫困人口及出征军属另发优待米购买证,米价为4.5元左右,较平价米便宜3.7元左右。但平价米数量至为有限,平准处每日仅能供应500双市石,而40万城市人口每日至少需米1200双市石,米荒随之产生。9月16日,川省政府放弃平抑政策,恢复米市自由交易。③

1940年3月,国民政府公布《平定粮食及日用必需品价格办法》,该办法共计12条,但物价仍续涨不已。有人认为粮价较高有六因:一是地主或米商囤积;二是政府未对米价进行规定,三是战时支

---

① 章柏雨、汪荫元:《各国农产物价统制实施》,第108—109页;徐可亭先生文存编印委员会编印:《徐可亭先生文存》,第111页。
② 陈正谟:《米谷生产成本调查及川粮管理问题》,第24—25页。
③ 章柏雨、汪荫元:《各国农产物价统制实施》,第109—113页。

出大而税收少，政府支出法币多；四是战时农村经济活跃，田赋额少农民只出售少量粮食；五是余粮省县与缺粮省县互相调剂不足；六是洋米进口较难。① 8月，四联总处拟定"加强各业同业公会组织，统制日用品交易，以安定物价建议案及实施办法"，其要点有三：一是利用各业同业公会深入社会成立时间较久的特点，进一步强化各同业公会组织，使之成为有效力、能负责的市场机构，分别统制市场交易；二是确立基价、差价制度，使各地平价机关根据当地产销、仓储、运输、利润等制定符合当地情况的趸售、零售价格，通令各业同业厂商切实执行，以安定当地物价；三是普遍推行发票及标价制度，前者意在掌握销售价格是否与定价相符情况，后者则便于民众协助政府监督物价，以免厂商暗中抬价。四联总处指出，平定物价主要有两种方式，一是彻底解决，二是逐步平定。对于如何彻底平抑物价，四联总处认为途径有三，第一，奖励投资，实施技术指导，统筹调查生产状况，增加物品生产量，化社会游资为生产资本；第二，限制购买、强迫储蓄，以节制消费，从而减少需求大于供给的现象；第三，实施定量分配及公卖制度，既可分配合理，又可减少中间商操纵物价弊端。但四联总处也明白，在当时的中国，这种治本之策基本无推行的可能：欲增加生产，但对各产业原有基础并无精确调查；若节制消费，则人口数量并无翔实统计，无从节制；从合理分配来说，"则商业社会殊少可资利用之机构"，"欲求治本，又岂易易。即或强力推进，恐亦非短期所能奏效也"②。因此，其又提出逐渐平定方策，即建立一个统制机构，指挥组织严密的市场机构，实施统制交易、管理囤积，使物价的制定以成本为基础。

1940年8月，四联总处认为中国物价平定存在的问题是，第一，虽有多种平定物价法令，但推行起来比较困难，"其原因盖一则上无最高权力机关统筹方策，下无深入社会之机构严格执行"；第二"取

---

① 《国民参政会第二届第一次大会陆宗琪等建议重新确立粮食平价政策案》（1941年5—6月），中国第二历史档案馆藏，财政部档案，档案号：三（6）—409，第5页。
② 四联总处秘书处编印：《四联总处文献选辑》，第235—236页。

缔囤积之办法，重在政府派员调查，但忽断忽续之调查，难收预期之效果"。第三政府现行平价购销办法对于市面商品既不能作无限制供应，又不能与统制办法配合以降低物价只能以低价售卖一小部分商品，其后果就是不但不能遏制投机操纵或哄抬物价行为，反而给了商人渔利之机，"是故物价反愈平而愈趋高涨，殊少实效"①。

《中央日报》认为，平定物价应具有三个观念，一是应注意"平定"二字，平定意为平衡安定，"绝无暴涨突跌"，要求物价均匀，即一般的物价应呈现平均的趋势，不能抑甲物之价而不问乙物，也不能只平甲地之价而不问乙地。二是平定物价须做到整肃官方。社论认为，物价高涨的一个重要原因是囤积居奇，而奸商大蠹囤积居奇背后则是贪官污吏"讬庇""徇私"，因此必须严密督查，切实考核，如有舞弊营私情事，立予严惩不贷。三是应强迫节约储蓄，尤其是公务人员要以身作则，率先倡导。总之要"在技术上做到供求相应，在法令上做到肃清贪污，在心理上做到普遍节储"②。

为将粮价控制在一定限度之内，重庆市于 1940 年 6 月便着手设立食米评价委员会，规定"商米于每日运抵口岸时，在河下码头由市社会局召集米业公会及各有关机关代表评定价格，发交各米商出售"③，在粮食买卖尚未开始核议价格的县市，也须依照买价加运缴及合理利润的标准自觉进行。④ 9 月，四川省粮食管理局从产销调剂入手，制定了《四川各县市粮食调剂及价格订定暂行办法》，确定了评价的基本方法，即各县市粮食管理委员会依照省粮管局的指示范围，参酌供需各市场合理差价，征询当地粮食产销有关机关团体的意见，与省派驻在各该调剂区域的主管人员订定粮价。各市场官定粮价确定后，随时悬

---

① 四联总处秘书处编印：《四联总处文献选辑》，第 236—237 页。
② 《社论：平定物价的根本观念》，《中央日报》（重庆）1940 年 8 月 10 日第 2 版。
③ 重庆市地方志编纂委员会编著：《重庆市志》（第 3 卷），西南师范大学出版社 2004 年版，第 274 页。
④ 国家粮食局、四川省粮食局：《全国粮管局四川省政府粮管局部分市县粮管局关于设立粮食检查调节机构管理粮食办法市场检查以及政策宣传查处违法事件的指令公函、呈文》（1940 年），四川省政府粮政局档案，档案号：民 092—01—0391，第 160 页。

第三章　全国粮食管理局的粮政推行

牌公布，① 该市场粮食交易，须严格遵照当地牌告价格进行。

重庆市粮食管理委员会依据该会管理米市交易规则，拟定了《重庆市米市场议价扯计办法》，米市批发价格以运商进货的成本及运缴附加营运利润为标准，米市零售价格以批发价格附加运送费用及营业利润为标准。其中运商营运利润每市石为2元，米业商号营业利润则为3元，但运商营业利润可参酌采购地点远近及每月可能采购次数酌予变更。运商、米商售价的议定，主要是以实际成本为计算标准，若议定的售价低于市价时，其盈余金额由粮食公会没收，作为运商或米商联合公积金；如议定的售价高于市场价时，其不足之数则由公积金来提拨补偿。②

除食米的市价外，面粉作为重要的粮食商品，其市价也须关注。"近数月来米价直线上升，至小麦亦逐步跟涨。"1940年12月，重庆麦价每市石已涨至80余元，且上涨之势未止，当时各面粉厂批发价，统粉每袋为37.44元，但据厂商计算，磨麦一市石即须亏蚀十六七元。③ 鉴于原料工价上涨，成本增高，为保障厂商的合理利润，增强其生产积极性，弥合市场面粉需求差数，控制面粉价格人为上涨，重庆市粮食管理委员会召集各机关团体会商核定面粉价格，④ 27日开会决议："今后面粉价格评议标准决照原料价格加上缴用与合理利润而定取适当价格。"⑤ 为取缔中间商操纵抬价，1941年2月8日，重庆市粮食管理委员会职员杜茂苓对复兴公司

---

① 四川省政府：《关于检发四川省各县市粮食调剂及价格订定暂行办法、四川省粮食管理局训练粮食管理干部人员暂行办法大纲的训令（附办法、大纲）》（1940年11月），四川省第三区行政督察专员公署档案，档案号：00550050002570000072000，第73—74页；《四川各县市粮食调剂及价格订定暂行办法》，《政声》第2卷第3—4期合刊，1940年9月1日，第41页；《四川省政府公报》第206—208期合刊，1940年11月，第23页。

② 重庆市粮食管理委员会：《关于饬更正重庆市米市场议价扯计办法条文给粮食业公会、粮管局、重庆市政府的训令、呈（附办法）》（1940年12月3日），重庆市粮政局档案，档案号：00700001000340000004，第19页。

③ 复兴、福民、福新、岁丰：《关于请求增加面粉价格上重庆市粮食管理委员会的呈》（1940年12月10日），重庆市粮政局档案，档案号：00700001000710000018，第65—66页。

④ 重庆市粮管会：《关于请派员出席召开定期会商核定面粉价格问题致经济部、社会部、重庆市商会等的训令、函》（1940年12月20日），重庆市粮政局档案，档案号：00700001000710000025，第90—91页。

⑤ 刘席泳：《关于报送核定面粉价格情形上周懋植的呈》（1940年12月28日），重庆市档案馆藏，重庆市商会档案，档案号：00840001003340000062，第145—148页。

分销处的面粉价格合理性问题提出疑问。① 复兴公司呈文社会局表示，为配合国民政府进行粮食管制，公司已规定"各分销处在售粉，连运缴在内，最多只能照商公司出厂价格加一成出售，不得私自再为加售分文，藉以减轻用户负担"②。4月，重庆市政府下发重庆市粮食管理委员会制定的《重庆市面粉交易管理暂行办法》，③ 进一步抓实面粉管制的细节。

1940年9月，重庆市社会局为管理食米市场，实施平价政策，制定了《重庆市各镇临时联营米店及临时联合米市组织办法》，规定：以重庆市各镇为单位，饬令各镇原有零售米商，组织临时联营米店或联合米市，按照社会局规定的零售价格办理；售米时须将购买者的姓名、住址及购买数量与价格在账簿上登记清楚，以备稽考；④ 社会局委派镇长或副镇长担任监察员，负起监察责任。⑤ 山洞、黄沙溪、曾家岩、龙王庙、猫儿石、石马、延龙、音溪等镇因民众受高价无米之苦，纷纷呈请设立联营米店。⑥ 但各联营米店出售平价米尚未有规定

---

① 杜茂苓：《杜茂苓关于请重庆市粮食管理委员会判定复兴面粉股份有限公司分销处所定面粉价格是否合理的呈》（1941年2月8日），重庆市社会局档案，档案号：00600002009700000028，第81页。

② 复兴公司：《复兴面粉股份有限公司关于规定各分销处面粉售价上重庆市社会局的呈》（1941年2月），重庆市社会局档案，档案号：00600002009700000029，第82—83页。

③ 秦孝仪主编：《抗战建国史料——粮政方面》（二），第435—436页。

④ 重庆市社会局、重庆市政府：《关于报送联营米店米市组织办法奖励购运食米办法及发给购运食米证书办法的呈、指令（附办法）》（1940年9月18日），重庆市政府档案，档案号：0053—0025—00056—01000—142—000，第158—159页。

⑤ 重庆市粮食管理委员会、重庆市警察局：《关于转饬各镇政府镇长依法充任临时联营米店及联合米市检查员的函》（1940年10月1日），重庆市粮政局档案，档案号：00700001000320000012，第31—32页。

⑥ 重庆市粮食管理委员会、山洞消费合作社、梁记米商：《关于请准予设立联营米店的批、呈（附简则）》（1940年9月21日），重庆市粮政局档案，档案号：00700001000320000025，第64—66页；重庆市粮食管理委员会、钟熙春、李贻渠：《关于请准予在黄沙溪镇设立的联营米店的批、呈》（1940年10月6日），重庆市粮政局档案，档案号：00700001000320000022，第55页；重庆市粮食管理委员会、朱恂如、孙德隆：《关于请在曾家岩设立联营米店的批、呈》（1940年10月17日），重庆市粮政局档案，档案号：00700001000320000021，第52页；重庆市粮食管理委员会、曾一波、谢子才等：《关于请在龙王庙镇组织联营米店的批、呈》（1940年10月），重庆市粮政局档案，档案号：00700001000320000020，第49页；重庆市粮食管理委员会：《关于拟定增设联营米店办法致重庆市警察局的公函》（1940年10月），重庆市警察局档案，档案号：00610015028320100076000，第76—77页。

第三章　全国粮食管理局的粮政推行

办法,买卖双方无所依据,纠纷时起。11 月,重庆市粮食管理委员会制定《重庆市联营米店出售平价米暂行办法》,规定每人每月平均购米 2 斗;每户每日购米以 1 斗为限;联营米店每日分配的米须尽量出售,不得故意存集。①

不可否认,上述措施确实在一定程度上打击了不法商人的囤积居奇。国民政府通过严格监管,减少了粮商在购、运、售三个环节的偷奸耍滑,分散粮商竞争的同时,也使奸商不能随意操纵市场粮价。不过,国民政府侧重行政手段进行市场统制的行为,却极大加重了财政负担。为减低国库损失,全国粮管局不得不调整办法。10 月底,全国粮管局要求重庆市平价粮食品办事处拨交联营米店的平价米,每日以 600 石为限,逐渐核减配购,并规定熟米每市石售价 60 元,公卖处平价磙米每市石售价 44 元。② 随着实际扯价与市场平价差额的增加,国民政府每日亏损愈发严重,重庆市每石差额补贴至少 90 元,每月补贴在 600 万元以上。考虑到米价上涨对周围市场的影响,全国粮管局规定,从 1941 年 5 月 18 日开始,重庆市统购统销处米价每市石加价 25 元,上等米价改为每市石 187 元,中等米价 182 元,次等米价 177 元。③ 后因情况紧急,国民政府又连续提价,5 月 24 日起每市石再加 25 元,④ 6 月 9 日起计划每市石再加价 25 元,即上等米每

---

① 重庆市粮食管理委员会、重庆市政府:《关于拟定重庆市联营米店出售平价米暂行办法的呈、指令(附办法)》(1940 年 11 月 4 日),重庆市政府档案,档案号:0053—0025—00056—0100—214—000,第 247 页。

② 全国粮食管理局、重庆市政府:《关于承办平价食品办事处并核减　发联营米店平价米及提高米价的训令、函》(1940 年 10 月),重庆市政府档案,档案号:0053—0025—00056—0100—197—000,第 225—226 页;全国粮食管理局、重庆市政府:《关于每月供给重庆市政府平价米六百市石的公函、训令》(1940 年 11 月 16 日),重庆市政府档案,档案号:0053—0025—00050—0000—004—000,第 1—4 页。

③ 全国粮食管理局、重庆市粮食管理委员会:《关于自 1941 年 5 月 18 日起增加重庆市米价的训令、函》(1941 年 5 月 9 日),重庆市粮政局档案,档案号:00700001000700000037,第 112 页。

④ 全国粮食管理局、重庆市粮食管理委员会:《关于饬重庆统购统销处增加重庆市米价的训令、函》(1941 年 5 月 25 日),重庆市粮政局档案,档案号:00700001000700000038,第 117 页。

市石 237 元，中等米 232 元，次等米 227 元。① 由此可见，国民政府控制下的粮价是逐步上涨的，想要将米价维持在一定范围内已是难事，降价就是无稽之谈。

二 粮食配给

一般粮食分配事务在平时"少有由政府直接实施"②，但由于各地陆续出现"灾歉"，加之战局变化，粮价上涨不已，国民政府逐渐加强粮食统制。要推进粮食供给平衡，除区域范围间整体的盈虚调剂外，军粮民食群体性的针对供应也须做好把控。

1. 军粮供应

国民政府粮食供应一直奉行"军粮为先，民食为本"的原则。由于"民食范围广而控制难，军粮范围狭而控制易"③，在分配粮食时，国民政府首先得让军粮供应充裕。

全面抗战初期，粮源尚算充足，粮价稳定，战区较小，故当时国民政府未成立专门的军粮统筹机关，军粮供应以部队自筹为原则，实行粮饷混合、屯粮价拨制度，即官兵主食、副食及饷金均列入同一预算，军粮供给或由政府发给米津，部队就地采购，或由军需机关购买，价拨部队。对作战或担任特殊勤务的部队，国民政府会补助米津或发给现品，但多为补助或赏与性质，随同经费发给。④ 随着各地物价粮价的节节上涨，部队自办军粮困难重重，国民政府不得不改变军粮供应制度，开始尝试粮饷划分、主食供给现品。

1939 年 6 月，蒋介石饬令军政部实行粮饷划分制度，但因粮秣一科能力有限，难以胜任。次年 1 月，国民政府组设军粮总局，专门负责军粮筹拨事宜。全国粮管局成立后，则改归其购拨。从 1940 年 2

---

① 全国粮食管理局：《关于自 1941 年 6 月 9 日增加重庆市米价致重庆市政府函（附米价表）》（1941 年 6 月 10 日），重庆市粮政局档案，档案号：00700001000690000046，第 138 页。
② 张柱：《我国战时实施粮食分配之经过及今后之展望》，《经济建设季刊》第 1 卷第 4 期，1943 年 4 月，第 187 页。
③ 张柱编著：《我国战时粮食管理》，第 126 页。
④ 张燕萍：《抗战时期国民政府军粮供应评析》，《江苏社会科学》2007 年第 4 期；秦孝仪主编：《抗战建国史料——粮政方面》（四），第 276 页。

第三章 全国粮食管理局的粮政推行

月起，国民政府开始试办粮饷划分、主食供给现品制度，即军政部将各部队、机关、学校的主食费在饷额内扣除，交由军粮总局转各战区军粮局、各省购粮委员会整购一年的军粮现品，然后配发给各部队、机关、学校。① 为此，国民政府制定《粮饷划分初步实施办法》及《军粮经理暂行大纲》，规定每名士兵主食费每月4元，主食品给养定量，暂为每日大米20市两或面粉24市两。实施粮饷划分的部队，若有不足，由军粮总局造具月份预算，呈核国库负担。国民政府计划先在战区实费经理部队及流动性较少的部队，分五期试办粮饷划分制度。第一期先从第十战区入手（1940年2月1日起），试办三个月，再渐次施行于第一、第二战区，第四、第八战区，第三、第五战区及第六、第九战区。②

根据法令规定，后方地区须等各战区完全实行后，再行办理。但四川、云南、贵州等后方军队以粮价高涨、军粮自筹困难为由，也请求实行粮饷划分、主食供给现品。经军粮总局与全国粮管局会商后，三省得以提前实行。自1940年9月起，驻渝各部队开始价发全月现品。从11月开始，驻川各部队由各县政府代拨军粮现品。此外，部分兵工厂也指定相关县份按时供给，如重庆附近所设的十所兵工厂处，因月需食米为数甚巨，采购困难，全国粮管局参酌实情，指定铜梁、大竹、长宁、梁山四县分别按月供应3000市石、6000市石、5000市石、8000市石，并饬令重庆粮食管理委员会暨铜梁等四县县政府遵办。③ 各县办理不及时，亦会发生兵工厂擅自采购之事，如据《宪兵第十二团各县粮食管理报告书》，驻合川第四连12月23日报告，军政部二十一、二十五兵工厂各在合川采购新旧米谷1000石以上。④ 10月，俞飞鹏与卢

---

① 郝银侠：《社会变动中的制度变迁——抗战时期国民政府粮政研究》，第330页。
② 杨礼恭编：《军粮管理之组织与实施》，重庆：青年书店1940年版，第76—85页。
③ 兵工署：《兵工署关于检发召开购粮会议记录遵照议决办法分别向指定地点会同采购食粮致兵工署第二十工厂的代电（附全国粮管局训令、各县供应重庆市及疏建区、粮食办法实施纲要）》（1940年12月29日），重庆市档案馆藏，兵工署第二十工厂档案，档案号：01750001013510000002，第6—10页。
④ 《粮政（三）》（1940年9月6日—1946年8月5日），国民政府档案，档案号：001—087000—00003—008，第75—79页。

作孚商讨收购军粮计划，在川省购办军粮100万包，其中80万包供给战区部队，20万包供给重庆军事机关及驻军。①

为使部队供粮程序进一步制度化，12月，全国粮管局与军政部制定《四川省各县市驻军拨粮暂行办法》，各部队机关主管长官将部队番号、机关名称、分驻县市地点、所属各单位、官兵确实人数报由军粮总局核实，按每人每日20市两，月给2市斗5升（月大照加、平月照减）的标准，计算月需粮食数量，并汇造清册呈报全国粮管局。其中，重庆市及江北县驻军机关的军粮由全国粮管局按月拨交军粮总局转发，成都市由四川粮食购运处交驻川军粮局转发，其他各县如有军粮机关则交军粮机关拨发，如无军粮机关则由各县政府拨发。各部队机关每月向发粮机关领粮时，须造具各单位花名册三份，填具三联收据，送发粮机关查核人数及所需数量，相符后即行拨给；发粮后由发粮与领粮者将粮数及款数分电全国粮管局及军粮总局查核。各部队机关调防或移驻时，将所领粮食留滞三至五天，其余立即缴回，移驻部队机关必须携带原驻地发粮机关证明函件，否则各发粮机关拒绝发粮。若部队机关出现改编或改隶情况，由现属长官将相关信息详报军粮总局，再行核发军粮；各补训处或部队前往各县市接收新兵时，应由发粮机关凭该部队证明函件，查明确实人数，发一至五天的粮食，驻留超过五日再继续发给，每次仍以一至五天为限。②

1940年年底，粮饷划分已经初步打下基础，"正式实行粮饷划分的部队，共有五十三个单位，约六十万人；其他未实行粮饷划分的部队，因为各地粮价上涨，依照各地实际情形，分别发给平价现品约二百五十万人左右；此外尚有一大部分准予报支补助费"③。

1941年1月，军政部颁布《陆军部队机关学校民国三十年度军粮经理实施办法》，规定凡陆军部队机关学校，自1941年度起，除委

---

① 《中央军事机关经费（五）》（1940年10月18日），国民政府档案，档案号：001—080102—00032—001，第2—3页。
② 粮食部编印：《粮食管理法规》，第34—36页。
③ 何应钦：《军粮经理会议开幕训词》，《陆军经理杂志》第1卷第2期，1941年2月28日，第3页。

任经理部队及游击队外,逐渐实施粮饷划分。各部队机关学校,凡驻在有粮可购及交通困难、不便屯粮地区,一律核发代金(以原定主食费4元为标准,如有不敷酌加主食补助费),交由各该部队单位,委托当地政府或购粮机关平价购办现品。若驻在地产粮不多,不能全部供给,由军粮(兵站)机关就近调拨屯粮运济;若当地实在无粮可购,则由军粮(兵站)机关就近运济全部屯粮。同时,在中央及各战区分别设置军粮计核委员会,划分兵站及军粮局在运输补给上的权责。作战部队军粮的补给由兵站机关向各地军粮机关领取现品;非作战部队、机关、学校,驻在兵站管区的,由兵站机关办理,不在管区的,则由军粮机关主办、兵站机关协助。①

全国粮管局联合军粮总局共同推进粮饷划分制度,并逐渐在部队实施主食供给现品。由于军粮征购不易,政府手中的粮食无法大量供应军需,因此,实际能实现现品供给的部队数量有限,重点集中在四川地区特别是重庆附近。多数部队仍发以代金,委托地方政府运用政治力量,在不超过代金的原则下,平价代购。随着粮食部时期田赋征实制度的推行,粮饷划分、主食供给现品制度有了全国实施的可能。

然而,军粮供应却困难重重。1941年2月,蒋介石致电陈诚,询其鄂西军粮能否设法移运湘米,陈在向蒋的复电中称,湘米济鄂存在运输力缺乏、运输机构初创、冬季河水涸浅不利运输等诸多困难,只能借助川湘公路运输,但公路运输力量亦非常单薄,该部仅有木炭车一辆,每日平均运米仅60余大包,只敷恩施一日军粮之需。如果加大运力,只能求助军政部加拨木炭车或后方勤务部加拨胶轮板车。②

2. 公粮与民食供应

除稳定军心外,缓解民众恐慌,维持社会各界秩序也十分急迫。国民政府不仅要减轻公教人员经济负担,保障政府各公务机关的正常运作,还要安定普通民众的生活。

---

① 《陆军部队机关学校民国三十年度军粮经理实施办法》,《陆军经理杂志》第1卷第1期,1941年1月31日,第149—150页;秦孝仪主编:《抗战建国史料——粮政方面》(四),第277页。

② 蔡盛琦编辑:《蒋中正总统档案:事略稿本》(45),第607—608页。

国民政府及全国粮管局非常重视四川尤其是重庆地区的公粮供应与民食调剂。但原定平价粮食业务无法迅速结束，仍暂由农本局平价购销处主办，并由全国粮管局接洽办理。① 1940年11月17日，行政院鉴于重庆物价飞涨，各机关公务员役生活堪虞，遂制定《重庆市区中央各机关公务员役暨各学校教职员役与其眷属供给平价食粮办法纲要》，该办法初定14条，主要内容如下：第一条规定全国粮管局每日供给重庆粮管会熟米1000市石，每市石作价60元；第二条规定此项食米分配人员包括重庆市中央党政军机关公务员役及其眷属、学校教职员工役及其眷属、住宿学校学生、抗战军人家属及贫苦市民，重庆市政府及其所属机关亦适用本办法；第三条"凡父子兄弟姊妹夫妻并为机关或学校员役者，对其直系亲属，只准由一人列报"，否则以谎报论处；第七条为，每人每月2市斗，5岁以下幼童1市斗；第11条规定自1940年12月1日起实行。17日，行政院长蒋代电行政院副院长孔祥熙及秘书长魏道明，以"此事极形紧要，未便延缓……经中（蒋介石自称——引者注）核定，先予实施"，并未按程序送交法规委员会审查及在行政院会议讨论，仅令全国粮管局与重庆粮管会负责办理，同时令社会部、中统、军统负责协助，代电国防最高委员会分转国民政府，五院代电中央党部秘书处、军委会办公厅"一体遵照"。18日，蒋将之提交该会，该会"核尚可行，应即如拟实施"。之后，社会部也提出异议，尤其认为第三条所规定的"父子兄弟姊妹夫妻"与中国家庭结构不符，无法达到"安定公务员家庭生活，增进工作效率"的目的，请求将该条款修改为"各机关应限于每月二十五日以前将所属职员工役与其眷属员工居住重庆市区及疏建区内确系仰赖本人给养者，造具名册，由所属机关长官负责审核，送达重庆市粮食管理委员会分配食粮"。19日，行政院召开第491次会议，对原有的办法纲要进行了完善，通过了议决的10项"补充办法"。20日，行政院代电中央各

---

① 经济部平价购销处、经济部：《关于由全国粮食管理局继续办理重庆食粮筹集事宜的函、训令、公告》（1940年9月23日），重庆市档案馆藏（以下不再一一注明），经济部日用必需品管理处档案，档案号：00220001000790000077002，第80页。

主要机关，相当于通知该项办法及补充办法正式实施，同时训令全国粮管局、重庆粮管会会同负责办理"补充办法"亦"通知实施"。同日，行政院副院长孔祥熙也发出一封代电，对制定"补充办法"进行了解释。补充办法对以下重要问题重新予以规定：限期调查各机关公务人员及其眷属；平价米不得动用军粮；1000市石平价米中，以400市石供给贫民，600市石供给公务人员，凭证购买；赤贫市民设粥厂救济，所需食米从400市石中拨用；公务人员由食堂供餐，眷属改发代金；眷属不包括家庭工役；抗属改发现款，不另供给米粮。另外，对眷属所发代金也作了规定，即补发市场平均价与平价米之间的差价，不供给平价米机关不发代金。12月17日，行政院又进一步明确了在渝18家中央机关的范围。1941年1月23日，主计处、财政部、重庆市政府及行政院讨论了补助费发放手续问题。25日，国民政府训令行政院，准予备案。① 至此，历时三个月之久的重庆公务员购领平价米尘埃落定。然而，这一善政持续未久，全国粮管局5月底即因米源不畅，在未与重庆市政府协商的情况下，将五六两月贫民食米按半数发放，各机关学校5月份食米亦均未领足，6月份则"更形支绌"，一时民心恐慌，加之岁丰、复兴二粉厂因原料无着停工，全国粮管局却无力开辟麦源，更添渝市府之不满。②

  从办法纲要到补充办法提出、实施到完善，前后历时三个月之久，蒋提出"先予实施"，并且确实也未经正常审核程序即予执行，可谓"先斩后奏"，这一方面是蒋之作风使然；另一方面也是因重庆公务员等相关群体生活已大受影响，时间紧急，绝不能拖延。同时，我们也要看到，凭蒋之权势，此项仅限于重庆一地、涉及十多个机关的工作尚费时三月，则卢作孚开展整个后方全方位粮食管理工作的难度可想

---

① 《重庆市区中央各机关公务员役暨各学校教职员役与其眷属供给平价食粮办法纲要及补充办法等》（1940年—1941年），行政院档案，档案号：014—040504—0147，第4—59页；重庆市粮食管理委员会：《关于抄送重庆市公议公卖处平价米暂行办法一案办理情形上重庆市政府、全国粮食管理局的呈（附情形）》（1940年10月26日），重庆市粮政局档案，档案号：00700001000340000041，第4—5页。

② 《重庆市府电陈目前本市粮食供应情形三项》（1941年），行政院档案，档案号：014—040504—0172，第4—5页。

而知，全国粮管局工作成效不彰似也在情理之中。

平价购销处着手整理结束工作，并做好与全国粮管局的业务交接。11月间，行政院颁行《重庆市区中央机关公务员役暨学校教职员役与其眷属及贫苦市民平价食米供应办法》，由全国粮管局与重庆粮管会主持分配事宜。①

从12月1日开始，全国粮管局每月拨给重庆市粮食管理委员会熟米3万市石，其中18000市石作为公务员食米，每市石作价60元；12000市石供给贫苦市民，作价50元。无论是公教人员还是贫民，领购标准均为成人每人每月2市斗，五岁以下的幼童每月按1市斗计算，市联营米店及公卖处原售米办法须即行停止。各机关、学校须造具清册，送由重庆粮管会分配粮食，发给准购通知书后，前往重庆市区平价食米供应处或市区及疏建区供应站，领取平价食米。公教人员造具清册时，凡父子、兄弟、姐妹、夫妻同为机关或学校员役者，其直系亲属只准由一人列报；凡一人兼任一个以上机关服务者，只准在一个机关名册内列报，不得重报。社会部、中央调查统计局、军委会调查统计局及重庆市粮食管理委员会随时派员抽查清册。一科之内若发生浮冒情事，除将浮报者撤职永不叙用，科长受记过及罚俸处分外，每科所有员役共负联保责任，该科平价食米将停止一个月供应；若一司或一署、处、会之内有二科发生浮报情事，即停止该单位平价食粮一个月，该单位的主管人员也相应处罚。符合要求的贫民则由重庆市警察局造具各镇贫民清册，送重庆粮管会核发准购通知书，由各镇公所向全国粮管局平价食米供应处备价购领，转发各贫民。②

全国粮管局虽计划每月供给一定数量的平价米，但重庆各机关学校人数颇多，贫民数量庞大，在办理过程中常出现不敷现象。一些未

---

① 经济部农本局、经济部平价购销处：《关于全国粮食管理局承办平价粮食业务划分账目结束的函、呈》（1941年1月24日），经济部日用必需品管理处档案，档案号：0022000100079000099000，第2、100—109页。

② 重庆市政府：《关于抄发重庆市区中央各机关公务员役、各学校教、职员与眷属供给平价粮食办法纲要并制发调查表各重庆市粮食管理委员会的训令》（1940年11月19日），重庆市粮政局档案，档案号：00700001001190000015，第47—49页；于登斌《战时粮食管理政策与重庆粮食管制》，《四川经济季刊》第1卷第4期，1944年9月15日，第304页。

能购领平价米的机关、团体借机由合法粮商代为办理,① 这难免对市场秩序造成影响。从 1941 年 1 月,行政院训令中央各机关员役眷属中未能购得平价食粮及各机关应领平价米者,经核定后,其不足分配部分准予现金补助。②

随着米价高涨,重庆市政府的财力负担大大增加。未能购领平价米的公教人员虽发以代金或现金补助,但所给补助实际难以按照市价拨发,反因米价上涨出现缩水情况,而购领平价米者以市价换算,待遇实际上涨,两者差距愈来愈大。此外,其他市县各级公教人员除薪俸外,还发给生活补助费或食米津贴,③ 但也抵不住上涨的高粮价。因此,为安定公教人员生活,增进行政效率,川省府颁布《四川省公教人员食米发给办法》,对原有的补助标准进行重新调整,规定川省府直属机关各厅、处、会、局所属机关职、雇员及省立各级学校专任教职员,原定每月生活费补助在 25 元以上者,一律扣回 25 元;若不及 25 元者,则取消所给补助费,均每员每月改发食米 2 市斗 5 升。各县府、区署职员、县立中等学校专任教职员及社教机关工作人员,每月发给食米 2 市斗 5 升,原规定的生活补助费一律取消。各机关学校工役,原发米津者,也一律取消。④ 这一调整体现了国民政府进一步将公教人员的吃饭问题从粮食市场上剥离出来,加大了政府对于粮食掌控的需求。

当时粮源有限,平价米的发售范围十分狭小。按 1940 年重庆市

---

① 重庆市政府:《关于未能购领平价米机关、团体自行购运食粮应先由粮食管理局为之介绍有组织之商人代办给会计处的训令》(1940 年 12 月 5 日),重庆市政府档案,档案号:0053—0019—02347—0000—026—000,第 26 页。

② 重庆市粮食管理委员会:《关于未能购得平价米者改依现金补助办理致市政府会计处的公函》(1941 年 1 月 24 日),重庆市政府档案,档案号:0053—0019—02347—0000—047—000,第 47 页;重庆市政府:《关于抄发未能购得平价米请领补助费办法给会计处的训令(附行政院原训令)》(1941 年 1 月 29 日),重庆市政府档案,档案号:0053—0019—02347—0000—048—000,第 48 页。

③ 遂宁市志编纂委员会编纂:《遂宁市志》(上),方志出版社 2006 年版,第 483 页。

④ 四川省政府:《关于抄发四川省公教人员食米发给办法给四川省第三区行政督察专员公署的训令(附办法)》(1941 年 5 月 9 日),四川省第三区行政督察专员公署档案,档案号:00550002004960000044000,第 45 页。

人口计算，每月至少需要粮食20余万市石，但全国粮管局拨发的平价米却仅有3万市石，差距甚大。单就拨发平价米而言，大部分供给中央机关公务人员，而贫苦市民不仅人数众多，还要被迫承受各级粮政官吏大大小小的贪污、偷盗损失，在粮食总数本就不多的情况下，难以得到政策的实惠。重庆地区的绝大市民尚需高价买米，其他各省更不容乐观，即使发放平价米，受惠范围亦非常狭小，一般只在大城市内解决部分政府人员的食米问题。①

第三节　全国粮食会议

一　会前准备

全国粮管局成立后，卢作孚考虑大后方尤其是四川、重庆的重要战略意义及川、渝粮食问题日益凸显，遂将粮食管理工作主要集中于川、渝两地。卢作孚原计划在管理局成立后由正副局长分往各地巡视，以便明了各地粮食情况，来决定切实管理办法，并于1940年9月21日、22日、26日与何北衡分别赴第二、第七、第六行政区视察，每至一区，即召集各区县长举行粮食会议，"研究管理粮食办法"②。次年1月7日，卢作孚又由渝转蓉，赴川西、西康等地视察粮情。③ 但如果跑遍全四川乃至全国，则时间不允许，随着战区扩大及战局变化，各省粮食危机愈演愈烈，应各方要求，该局决定于1941年2月20日在重庆召开一次全国粮食会议，将各省代表和国民政府有关机关集合于一处，希望在节约调研时间的同时能够集思广益，制定切实的管理方法，以调剂军粮民食。召开全国粮食会议、了解粮食状况进而解决粮食危机并为抗战大局服务，势在必行。

会议原定邀集19个省市参加，但山东、河北因情形特殊不能出

---

①　王洪峻：《抗战时期国统区的粮食价格》，第164页。
②　《实业家消息：卢作孚　何北衡》，《西南实业通讯》第2卷第5期，1940年11月，第65页；《卢作孚等调查川粮》，《大公报》（重庆）1940年9月17日第2版。
③　《卢作孚视察川康粮食状况》，《大公报》（重庆）1941年1月9日第2版；《卢作孚赴成都》，《新闻报》1941年1月10日。

席外，实际参加的共有河南、浙江、安徽、广西、贵州、山西、湖北、甘肃、青海、四川、西康、广东、陕西、湖南、江苏、福建、云南17省，正如《全国粮食会议报告》所言："在交通因战争影响诸多困难的状况之下，实为难得，最足表示全国精诚团结的精神。"①但从另一个侧面而言，抗战进入第三个年头后，各省的粮食问题日益突出，如交通运输问题、资金周转问题、军粮与民食调剂问题、省际粮食调剂问题、金融机构问题，都成了与会各省粮食管理局局长、副局长"披沥肝胆，尽情陈述"的重要问题，因此可以说，要求解决粮食问题的迫切性也明显上升了。这对于战争正酣的省区而言，确是出乎意料的。②为便于联络和共策进行，邀请中央各有关机关参加，关于调整情报方面，请了中央调查统计局、军委会调查统计局；增加生产方面，请了农林部、中央农业实验所和经济部的水利司；管理商人方面，请了社会部；运销方面有交通部、合作事业管理局；军粮方面，请了军政部、后方勤务部、军粮总局及囤粮监理委员会；资金及税收方面，请了财政部和四联总处；积谷方面，请了内政部，此外还有经济会议秘书处、卫生署、垦务总局和重庆市粮食管理委员会。

为了更好地筹备此次会议，全国粮管局作了通盘规划。一方面，卢作孚在局内高级职员中指定14人为筹备委员，并指定主任秘书卢郁文主持其事，同时向行政院呈文，计划讨论军粮供应、民食管理、粮食调剂三方面内容，并"请中央有关各部局处派员参加"，希望能够"共策进行"。同时做好会议经费支付预算书，拟请中央核准。为保证会议顺利召开，行政院决定在国库拨付之前暂由全国粮管局"业务资金项下垫支"③。2月4日，经济会议第8次会议议决举行粮食会议。另一方面，卢分别向各省粮管局发出召开粮食会议相关准备的电令，要求各省根据需要讨论的问题提出具体书面意见，以备商讨，并

---

① 《全国粮食会议报告》（1941年6月），经济部档案，档案号：四—15665，第6页。
② 全国粮食管理局编印：《全国粮食会议报告》，"弁言"第1页。
③ 《全国粮食会议报告》（1941年6月），经济部档案，档案号：四—15665，第13页；《赋税（一）》（1941年4月10日），蒋中正"总统"文物档案，档案号：002—080109—00011—007，第72—75页。

国民政府全国粮食管理局研究

冀望各省将本地粮食产销状况、军粮供应状况、粮管机构情况、粮食管理办法、粮款运用方式、仓储设备及积谷管理,共计"七类二十七项"内容,提早寄到重庆,以便全国粮管局整理汇总。此外,全国粮管局为办理会议期间一切事宜,特组织全国粮食会议秘书处,设议事、文书、招待、事务四组,分别执掌提案准备、文稿拟撰、联络接洽、会场布置的工作。①

为按期召开全国粮食会议,卢作孚致函重庆市政府,决定于"二月四日(星期二)下午二时",在"求精中学第四教室"举行第一次预备会议,②同时拟请中央各机关派员出席,以交换意见。出席预备会的有"内政、财政、交通、农林、经济、财会、后勤等部,及四联总处,全国合作社,物品供销处,等十余单位"③。本次预备会旨在搜集材料,结合各方观点,充分准备提案。会上,秘书卢郁文就粮食管理与各方情况详加说明,财政部司长李傥及内政部、社会部、经济会议等机关的代表均上台发言,根据全国粮管局提出的 12 项问题积极讨论。④为更好地掌握各方意见,会议决议有关机关依据各项问题具体细目准备材料,11 日以前以书面答复并汇交全国粮管局整理,同时计划在"15 日召集第二次预备会议,再行讨论"⑤。第一次预备会达到了听取各方主张,使全国粮管局能够更全面地考虑大会提案,增强提案的有效性与可行性。

1941 年 2 月 4 日,全国粮管局致函重庆市政府,拟邀请中央有关

---

① 《全国粮食会议报告》(1941 年 6 月),经济部档案,档案号:四—15665,第 14、163 页。
② 全国粮食管理局:《关于请派员出席全国粮食会议第一次预备会议致重庆市政府的函》(1941 年 2 月 4 日),重庆市粮政局档案,档案号:00700001000260000005,第 12 页。
③ 《粮管局准备全国粮食会议》,《徽州日报》1941 年 2 月 6 日第 1 版。出席本次会议的机构计有财政部、内政部、经济部、交通部、农林部、社会部、经济会议秘书处、后方勤务部、中央调查统计处、军委会调查统计局、四联总处、卫生署、合作管理局、中央农业实验所、重庆市粮食管理委员会 15 个。参见《赋税(一)》(1941 年 4 月 10 日),蒋中正"总统"文物档案,档案号:002—080109—00011—007,第 72 页。
④ 《全国粮食会议开第一次预备会》,《宁夏民国日报》1941 年 2 月 6 日第 1 版。
⑤ 沈月皆:《关于呈报参加全国粮食会议第一次预备会议情形上重庆市吴市长呈》(1941 年 2 月 5 日),重庆市粮政局档案,档案号:00700001000260000006,第 14 页。

机关，当日在重庆求精中学召开全国粮食会议第一次预备会，主要讨论三个问题，一是今后军粮供应办法，二是各省民食管理办法，三是省际粮食调剂办法。① 其实在此次预备会议上，更为细致的问题也被提及，根据全国粮食会议第一次预备会议商讨问题提要可知，此次预备会讨论问题达12项之多，包括田赋征粮及增加田赋问题、金融机构及法币券料问题、军粮储备与民食调剂问题、粮食购储与交通运输问题、粮食管理与人民经济团体组织问题、粮食管理与户口调查及土地陈报问题、粮食管理与经济情报问题、粮物工价均衡管制问题、粮食增产问题、粮食节约问题、沦陷区域粮食抢购及购进洋米问题、粮盐关系问题及其他问题。②

收到参会邀请函电的各省代表，陆续启程、克服重重障碍向重庆汇集。与此同时，全国粮管局考虑到15日为周六，多数机关人员不易集中，同时也希望宽裕时间，让即将到达的各省代表能参加第二次预备会议，因此，第二次预备会议推迟至17日（星期一）下午2时，在重庆"求精中学第四教室"召开。③ 17日下午，全国粮管局又在同一地点召开了第二次预备会，出席人员有财政部张静愚、马泰钧、曹树藩（徐寅泰代），经济会议秘书处杨礼恭、朱惠清，中央农业试验所冯敩棠，卫生署姚克方，内政部李安，后方勤务部刘新磐，农林部马策，委员长侍从室徐时辅，社会部朱景暄、谢澄宇，经济部邓翰良，交通部（驿运总管理处）王洸，中央调查统计局罗洵，合作事业管理局寿勉成（唐仁儒代），重庆市粮食管理委员会沈丹澄等。

本次预备会议的主要目的是拟定会议的具体事项，为即将到来的全国粮食会议做好筹备工作。会上，卢作孚报告了会议的筹备情况，在召集的18省区粮食管理负责人中"已报到者有河南、浙江、安徽、

---

① 全国粮食管理局：《关于请派员出席全国粮食会议第一次预备会议致重庆市政府的函》（1941年2月4日），重庆市粮政局档案，档案号：00700001000260000005，第2页。
② 沈月皆：《关于呈报参加全国粮食会议第一次预备会议情形上重庆市吴市长呈》（1941年2月5日），重庆市粮政局档案，档案号：00700001000260000006，第2页。
③ 全国粮食管理局：《关于派员准时出席全国粮食会议第二次预备会议致重庆市粮食管理委员会的函》（1941年2月15日），重庆市粮政局档案，档案号：00700001000260000007，第16页。

广西、贵州、山西、湖北、甘肃八省",电报启程在途者有广东等八省,"不能出席者有山东、河北两省"①。据第二次预备会统计,已收到提案 44 件,会议遂决议将"各提案分粮食行政、粮食运输、粮食增产、粮食制度等四组审查"②,同时依据各机关的职责范围,确定了正式会议时审查提案的各组人选。此外,预备会对议事日程、座席等事先确定,对路牌指引、出入证发放、人员接洽、防空引导等细节也周详考虑,定有预案。③ 通过第二次预备会,全国粮管局对全国粮食会议做好了初步规划,有助于降低意外事项的干扰,为会议的顺利召开奠定了基础。

通过两次预备会议,全国粮管局一方面听取各方看法完善提案;另一方面,带领各单位共同完成筹备工作,提高议事效率,保证会议能够有条不紊地开展。

二 会议经过

1941 年 2 月 20 日至 25 日,全国粮食会议在重庆召开,到会者有 17 省的粮食管理负责人及中央各机关代表,共计百余人。④ 本次会议由卢作孚主持,在各参会人员及全国粮管局秘书处的配合下,大会有序进行。

20 日上午 8 时,会议开幕,行政院副院长孔祥熙首先训话,他认为四川今年粮食形势如此严峻,并非单系于缺粮,反而多受民众"心

---

① 全国粮食管理局:《关于报送全国粮食会议日程、出席人员注意事项及出入证致重庆市粮食管理委员会函(附表)》(1941 年 2 月 19 日),重庆市粮政局档案,档案号:00700001000260000008,第 23 页。

② 《全国粮食会议昨开二次预备会》,《西北文化日报》1941 年 2 月 18 日第 1 版。

③ 全国粮食管理局:《关于报送全国粮食会议日程、出席人员注意事项及出入证致重庆市粮食管理委员会函(附表)》(1941 年 2 月 19 日),重庆市粮政局档案,档案号:00700001000260000008,第 21 页。

④ 《全国粮食会议报告》(1941 年 6 月),经济部档案,档案号:四一15665,第 26 页。另据统计,与会人员包括各省粮食管理局(处)长 17 人,中央各机关代表 38 人,农业生产专家 3 人,全国粮食管理局 9 人;列席后方勤务部、兵站统(总)监经理处长 10 人,军粮总局各省军粮局(处)长 11 人,共计 88 人。参见《赋税(一)》(1941 年 4 月 10 日),蒋中正"总统"文物档案,档案号:002—080109—00011—007,第 72 页。

理恐慌"或某些"另有获利企图"之人的影响，他希望会议能"少谈理论"，"注意解决实际问题"，通过增加生产、管制消费，使"供需适能调和"①，缓和紧张的粮食局势。之后，卢作孚宣读全国粮食会议的开幕词，报告召开该会的原委及参会的整体情况，希望"集合各方面的意见，来共同解决粮食问题"。其后，经济部长翁文灏上台致辞，介绍了苏、德、英三国的粮食管理方法，认为粮食管理须因地制宜，适合国情，期待各方通力合作，找出适合中国的办法。最后，农林部司长张远峰报告粮食增产计划，提出以县或区为单位的工作原则，并概述了10种增产方法。②

下午，各省粮食管理局16名代表轮流报告本省粮食管理概况。在下午的会议上，资金问题被频繁提及，广西省拟请全国粮管局拨借补助业务费；河南、山西、江苏等省希望国民政府拨款抢购沦陷区粮食；湖北、西康、陕西、福建等省则提出由国民政府筹措资金，便于购储调剂。除了资金问题，交通运输困难是各省代表反映较多的另一重要问题，安徽省沿江因敌人盘踞，运输不便，不得已采取滚运办法；河南省为改善粮食运输，计划组织运输队；甘肃、四川等省地形复杂影响交通，运费昂贵；广东、福建、浙江等省沿海交通断绝，洋米无法进口。为缓解粮食紧张局面，山西、贵州、湖北、湖南等省积极鼓励生产，推广冬耕、督种杂粮、开垦荒地，严禁粮食熬糖、酿酒，劝导人民吃糙米；而广东、福建、浙江等原缺粮省份，除希望邻省补给外，本省也设法增加生产、节约消费。同时，湖北、河南、山西、江苏等省多数县治已经沦陷，急需抢购粮食、采购军粮、筹济民食；广西、湖南、江西等稍有余力的省份，积极谋对邻省军粮民食的补给。③ 总体而言，各省除概述实际粮食情况及管理过程外，最要紧

---

① 《全国粮食会议昨晨开幕》，《陕行汇刊》第5卷第2期，1941年2月，第63页。
② 《全国粮食会议报告》（1941年6月），经济部档案，档案号：四—15665，第25—27、30—31、35—37页。
③ 《全国粮食会议报告》（1941年6月），经济部档案，档案号：四—15665，第49—69页；《赋税（一）》（1941年4月10日），蒋中正"总统"文物档案，档案号：002—080109—00011—007，第72页。

的是对目前及今后粮食管理中存在的困难的倾诉，这也为分组审查时的通盘筹划提供了材料。

晚上，全国粮管局在嘉陵宾馆宴请全体代表，军政部部长何应钦、内政部部长周钟岳、经济部部长翁文灏分别致词。何应钦谈及目前抗战形势，认为"运输问题"和"粮食问题"对于取得抗战最后的胜利十分重要。周钟岳结合云南情况，提示"推行积谷"的必要性。①全国粮管局行政管制处处长张樑任在当天接见记者时，提及本次任务在于"报告各地粮食管理情况，对各困难问题，谋其解决"②，同时对粮食供需调剂详细商讨。

21、22日，大会设不同场地进行分组审查。③由于23日为星期例假，会议暂停一天。

24日，举行讨论大会。会议开始阶段，卫生署署长金宝善报告食物营养问题，针对战时军民营养的补救办法、推广营养工作、授以营养知识及确立今后营养研究计划四方面展开阐述，并当场以根据营养料理所作之点心，分飨出席人员。中央调查统计局专员罗浔报告"敌伪之粮食管制"问题，介绍敌伪在沦陷区进行粮食管制与粮食搜括的情况。④之后，大会向蒋介石暨林森致敬电及慰劳前方将士电各一件，接着讨论各组审查后的提案。11时，蒋介石亲临训话，要点如下：

（一）目前粮食在患不均，今后应使粮食自由流通，盈虚相济。（二）各主管应切实注意法令执行情形，下级干部最好多起

---

① 《全国粮食会议报告》（1941年6月），经济部档案，档案号：四—15665，第27—30页。

② 《全国粮食会议今晨开幕》，《中央日报》，1941年2月20日第3版。

③ 全国粮食管理局：《关于报送全国粮食会议日程、出席人员注意事项及出入证致重庆市粮食管理委员会函（附表）》（1941年2月19日），重庆市粮政局档案，档案号：00700001000260000008，第26—27页。文中公告各组分组审查的地点：行政组（大会场左侧）、运济组（大会场右侧）、增产组（求精中学第四教室）、制度组（求精中学第五教室）。

④ 《全国粮食会议报告》（1941年6月），经济部档案，档案号：四—15665，第69—74页。

第三章　全国粮食管理局的粮政推行

用青年。（三）大家要注重科学办事方法，实地调查，信赏必罚，以收惩恶劝善之效。（四）粮食问题同时为经济的、政治的、社会的问题，应与有关人员互相研讨，从多方面求其解决。（五）此次会议关系抗战成败与国家盛衰，希望各位切实研究办法，以达到我们管理粮食、安定民生的目的。①

蒋介石认为，粮食封锁与囤积会造成粮食恐慌和劳力、时间的耗费，同时认识到青年干部对于基层建设的意义。蒋在发言中强调了粮情调查的重要性，希望运用科学手段，发动社会民众，同心协力做好粮食调查工作。此外，他勉励出席人员："运用脑筋，悉心研究，改进办法，健全组织。"② 蒋在全国粮食会议上讲的"管理粮食应注意之事项"，可以说是对于全国粮管局工作的指责："如果照现在的情形，不仅省县之间彼此界限分明，甚至于这一乡的粮食，不许运到那一乡去，这样一来，一般老百姓真是要受害无穷。""须知现在粮食问题，不仅关系目前抗战的成败，而且关系国家民族的存亡！如果我们再像过去衙门的办事不实际去做，只在公文上兜圈子，那就只有失败的一途！""我们现在要管理粮食，决不是通过几个决议，或是颁布几个法令就可以成功的，一定要注意到组织的健全和人才的训练。"③ 显然，蒋对全国粮管局的工作成效十分不满。

下午 2 时，粮食主管人员及专家们根据分组审查意见继续开会，分别做出决议。晚餐时，行政院经济会议秘书长贺耀组对建立粮食管制体系有所指示，盼望"加强战时经济体制，平准物价，稳定金融，调剂供需，安定民生，支持抗战"④。

---

① 蔡盛琦编辑：《蒋中正总统档案：事略稿本》（45），第611页。
② 蒋介石：《管理粮食应注意之事项》，《训练月刊》第3卷第4期，1941年10月1日，第1—4页。
③ 《蒋委员长出席全国粮食会议讲："管理粮食应注意之事项"》，1941年2月24日，秦孝仪主编《中华民国重要史料初编——对日抗战时期》第4编"战时建设"（三），第61—62页。
④ 《全国粮食会议报告》（1941年6月），经济部档案，档案号：四—15665，第31—32页。

25日上午9时，全国粮食会议举行闭幕式。卢作孚简明扼要地报告了此次会议经过，并希望会后拟定完整实施方案，适应各省区的情况。之后，后方勤务部副部长端木杰代表军粮计核委员会致词，其在致词中提出"军粮第一"的目标。最后，浙江省粮管局副局长朱惠清及陕西省粮管局局长李志刚分别代表东南各省及西北各省粮管局致答词，"咸愿秉承中枢意旨，努力粮政，以期达成抗战胜利"①。之后，全国粮食会议正式闭幕。

三 会议主要内容

本次大会共收到提案共94案，其中粮食行政22件、粮食运济48件、粮食增产8件、粮食制度16件，各案分别审查后，全国粮食会议秘书处议事组将各类提案分门别类予以合并，行政提案合并为5件，运济组并为20件，增产组4件，制度组12件，之后汇编成册，便于各组审查时进行讨论。同时，大会讨论过程中，亦有代表提出了5项临时动议案。② 兹将重要提案结合会议记录进行简要叙述。

1. 粮食行政

健全粮食管理机构与人事配备，尤其是省县乡镇各级机构与人事。为建立健全管理机构，增进工作效率，大会秉承蒋介石旨意，决议"省粮食管理局撤销视察科，改设调查统计室""省粮食管理局增设技术室，地位与各科相等""省粮管局尽量并入省政府合署办公，局长得列席省务会议"③。鉴于县粮管机构存在诸多弊端以及"省粮食管理局施行政令，祇（只）能至县为止"的缺陷，④ 大会依据提案

---

① 《全国粮食会议经过情形》，《金融周报》第11卷第10期，1941年3月5日，第18—19页。

② 经济会议秘书处记其提案总数为93件，其中粮食增产提案7件；另有临时动议案4件。参见《赋税（一）》（1941年4月10日），蒋中正"总统"文物档案，档案号：002—080109—00011—007，第73页。

③ 《全国粮食管理局召开全国粮食会议记录及有关文书》（1941年4月—5月），农林部档案，档案号：二三—1273，第23—24、37—38页。

④ 全国粮食管理局秘书处议事组：《全国粮食管理局秘书处议事组粮食行政提案》，重庆市粮政局档案，档案号：00700001000260000011，第76页。

讨论通过《改善县粮食管理机构与人事案》《建立县以下粮食管理基层机构案》。上述内容一方面加强了省局对县级粮食管理机构的指挥；另一方面加强了县级机构的粮食管理能力，这对于完善粮政实施体系十分必要，但是对于机构经费问题未有决议，为之后基层粮政机构运行及各项弊端频现埋下了隐患。

粮食调查情报与统计。以往各省对调查情报都缺乏基础，"由各级政府奉转命令任意查报，而统计数字则多虚伪填载"①，为谋求正确的粮食施政依据起见，全国粮管局较为系统地归纳了四川省粮食调查统计的内容，向大会提交了《确立全国粮食调查情报制度案》，希望借此"总结推广四川的粮食调查统计方法，以谋求全国粮食调查统计工作的制度化"②。鉴于前后方及敌我交错的各县乡村，现在突然实行严格管理，恐难收效，大会通过"各县村镇普遍设置经济情报员或经济警察，俾彻底明了各乡村食粮产销及变动实况"的建议。③ 本次会议特别提出"电报粮情"方法，并要求会议之后立即举办，各省重要粮市粮情均须逐日电报中央。④ 尽管在全国粮管局时期未能充分实行，但这一办法却成为粮食部成立之后统计重要粮食市场及重点地区粮食信息的重要手段，对于保障调查工作的时效性确有较大帮助。

严格粮商与市场的管理。蒋介石认为奸商的囤积居奇是产生粮食危机的主要原因之一，不仅如此，国民政府中的多数官员也持此看法："惟以奸商操纵，一般日用品亦为高涨，致人民生活（尤以薪水为生者）奇感窘迫，是可恨耳。"⑤ 由于"往日粮食商人，不加登记，

---

① 全国粮食管理局秘书处议事组：《全国粮食管理局秘书处议事组粮食行政提案》，重庆市粮政局档案，档案号：00700001000260000011，第63页。

② 胡震亚：《抗战时期粮食调查统计工作论述》，载李仕根主编《四川抗战档案研究》，西南交通大学出版社2005年版，第129页。

③ 全国粮食管理局秘书处议事组：《全国粮食管理局秘书处议事组有关粮食制度问题组提案》，重庆市粮政局档案，档案号：00700001000260000014，第131页。

④ 《赋税（一）》（1941年4月10日），蒋中正"总统"文物档案，档案号：002—080109—00011—007，第74页。

⑤ 王子壮：《王子壮日记（1937—1952）》（第六册），第1页。

彼此间大多散漫，缺乏组织"①，交易地点也未有明确规定，为严格市场管理，大会决定加强粮食业同业公会的组织与统制，非经登记的粮商不得经营粮食业务，要求"粮食买卖，必须在市场上举行"，"粮食买卖数量及价格，必须由管理机关登记清楚"，同时"按期报告其营业情形"②。这些做法有利于严密粮商组织，整顿市场秩序，防止囤储过多，帮助粮食管理机关及时掌握市场动态，作出合理调整。

粮源、粮价控制与平定。各省自全面抗战以后，"因供应巨额军粮及接济邻省，民食渐呈求过于供之势"③，加上粮商囤积操纵，导致米价腾涨。为控制粮价，安定民生，大会决议通过《拟请明令各省对于粮食管理不得征收款项并规定政府经营粮食业务不以营利为目的以减轻人民生活之负担案》《为顾人民生计请确定平粮价格标准以便采购军粮而利民食案》，④确定平抑粮价须顾及农民生产成本及与一般物价均衡平抑的原则，运用政治与经济力量将价格纳于正轨，以期达到稳定民生的目标。

发动节约消费运动。蒋介石曾表示："我们国家要支持抗战，必须实行极端的节约，各种足以消耗财力的不必要的消费，各种可供输出的原料品制造品，都要尽量节约。"⑤卢作孚也认为需要准备节约生产，"挽救当前的危机"⑥。因此，粮食节约亦成为此次粮食会议关注的议题之一。大会讨论通过的节约消费相关提案，总体上还是延续以往经验，从禁用粮食酿酒、限制粮食熬糖、提倡食用糙米、提倡掺

---

① 全国粮食管理局秘书处议事组：《全国粮食管理局秘书处议事组粮食行政提案》，重庆市粮政局档案，档案号：00700001000260000011，第66页。
② 全国粮食管理局：《关于检发第47号全国粮食会议决议记录给重庆市粮食管理委员会的训令（附记录）》（1941年5月15日），重庆市粮政局档案，档案号：00700001000280000001，第74页。
③ 全国粮食管理局秘书处议事组：《全国粮食管理局秘书处议事组粮食行政提案》，重庆市粮政局档案，档案号：00700001000260000011，第68—70页。
④ 《全国粮食管理局召开全国粮食会议记录及有关文书》（1941年4月—5月），农林部档案，档案号：二三—1273，第47—50页。
⑤ 陈布雷著，博瀚整理：《陈布雷自述》，华文出版社2013年版，第310页。
⑥ 罗中福等编：《卢作孚文选》，西南师范大学出版社1989年版，第348—349页。

第三章　全国粮食管理局的粮政推行

食杂粮、变更饲料及减少家畜饲养数量、改善仓储条件、防除虫害及腐烂、减少仓耗等诸方面出发，配合农林部粮食增产的工作要求。

2. 粮食运济

粮食调剂。由于"各省多取闭关主义，对调剂殊多妨碍"①，为打破各自为政的现象，扫除地方自保的心理，使各地军粮民食得到合理分配，本次粮食会议议定了两项民食调剂原则，即省内民食调剂，由省粮管局统筹支配；省际粮食的调剂，应由全国粮管局与供需有关省份，参酌实际情况，洽商统筹支配，既经支配决定，不得擅自变更。同时，省际粮食运输应采取联运办法，省与省间粮食相通，若价格有争论时，由全国粮管局评定，严格取缔囤积居奇，各省不得以任何管理粮食名义征收款项。②

交通运输。战时的粮食运输面临着运程僻远、运量巨大、输力工具短缺、粮运费率低廉、麻袋数量不足等现实。③为使各地粮食供需达到平衡，政府须"统筹运输计划，妥订运输方法，及加强运输力量"④。为解决以上运输问题，大会通过了《为改善粮食运输并组织运输队藉资控制而利运输案》，要求对公路、航运、铁路进行积极整理，组织运输队以节省民力，核发运输粮食许可证，"藉免奸商操纵，俾资统制"⑤。同时《麻袋应统筹调整补给案》《为现在麻袋缺乏之拟奖励民间种蔴制袋案》也使参会人员关注到运济中易被忽略的包装问题。

资金调拨。关于资金问题，各省提案涉及内容多而杂。经大会决定，第一，各省民食调剂，"如遇有办理供销业务，必要时应先自筹资金"，如实在不足时，可以申请全国粮管局核转行政院，核定补助。

---

① 全国粮食管理局秘书处议事组：《全国粮食管理局秘书处议事组粮食运济组提案》，重庆市粮政局档案，档案号：00700001000260000012，第80页。
② 中国国民党中央执行委员会训练委员会编印：《抗战以来中央各种会议宣言及重要决议案汇编》，1943年，第519—520页。
③ 徐可亭先生文存编印委员会编印：《徐可亭先生文存》，第131、198—200页。
④ 张柱编著：《我国战时粮食管理》，第99页。
⑤ 《全国粮食管理局召开全国粮食会议记录及有关文书》（1941年4月—5月），农林部档案，档案号：二三—1273，第100页。

第二，为抢购沦陷区粮食，各省可向战区经济委员会拨借或向当地各银行贴放，或"转请四行贴放"①。不过办理贴放须要购得相当数量的粮食方可进行，如果能与银行订立透支办法，再行贴放办法，当更为有效。总而言之，资金问题要根据实际情况酌情办理，以推动粮食政策的实施和资金问题的解决。

军粮采购与屯储。战时军粮问题事关抗战大局，全国粮管局设立后，各省购粮委员会改组为粮食管理局，配合各有关机关进行军粮购储工作。大会决议，各省军粮以发给主食代金自行购办为原则，1940年度前、后方囤粮数量、囤粮地区、采购仓储办法、资金领拨、各部队主食代金数额差数抵补等问题，亦经会议商讨确定，1941年度军粮采购必须在收获前准备完毕，1940年度的亦须足额办结，1939年度的必须清理完竣。同时，对下一阶段军粮屯购工作做了安排，要求今后经办军粮应切实做到"量""钱""账""事"4项同时结束。②

3. 粮政制度

粮食公营（公买公卖）。粮食公卖是三民主义经济建设的重要内容之一，孙科亦认为，粮食公卖一定可以平定粮价，收缩法币流通量，还可以开发国家财源，增加国库收入。③ 国民党五届七中全会决议"全国粮食由国家设局公营"④。由于各省地方实际情形不同，本次大会最终决议："粮食公营系关于粮食之采购、储备、运输、销售等问题，应视各地方之交通运输、仓储设备、金融机构、粮食供需等状况，或由政府加强管制人民经营，或由政府直接经营，由地方政府

---

① 全国粮食管理局：《关于检发第47号全国粮食会议决议记录给重庆市粮食管理委员会的训令（附记录）》（1941年5月15日），重庆市粮政局档案，档案号：00700001000280000001，第33—34页；《赋税（一）》（1941年4月10日），蒋中正"总统"文物档案，档案号：002—080109—00011—007，第74页。

② 《全国粮食会议报告》（1941年6月），经济部档案，档案号：四—15665，第9页；《赋税（一）》（1941年4月10日），蒋中正"总统"文物档案，档案号：002—080109—00011—007，第74页。

③ 孙哲生：《粮食问题与抗战建国——二十九年十一月三十日在立法院演讲》，《孙哲生先生抗建七讲》，中山文化教育馆1941年版，第43—44页。

④ 宋同福：《田赋征实概论》，中央银行经济研究处1942年版，第322页。

斟酌时宜订定。"① 虽然在当时的背景下粮食经营除政府管制外，已无放任商民自由流通的余地，但"公卖不是一朝一夕可以办到的，必须在一切条件准备完成之后，如果贸然实行，不惟不能达到目的，势必要另生枝节，徒劳无功"②。关于粮食公卖是否可行，相关机构研究后一致认为，不外两途，一是粮食仍为人民保有，利用并改善民间原有粮食交易基层机构及其经营方法，使之为公卖店所有，民间粮食均需依照政府规定价格由公卖店交易。这种办法虽然简便易行，但政府并未切实掌握民间存粮，即使公卖而粮源不易保证，并且难免黑市交易横行。二是人民粮食除自用者外，所有余粮一律由政府收买，按照余粮多少确定购买比例与价格，同时由政府设置粮食公卖机关并登记现有粮商，作为代理营运机构，实行彻底公卖。这种方法虽然比较彻底，但其困难更大，比如人民绝不愿自动出售全部余粮，这就要求政府对民众余粮数量及储藏地点必须有确实的掌握，而这在事实是上绝难做到的。不论任何一种公卖方法，都必须有强力的政治基础、健全的行政机构、大量熟练的行政人员以及充足的设备，国民政府显然不具备这些条件，因此，粮食公卖在当时的中国是行不通的。③

计口授粮。战时计口授粮办法最早于1940年4月在浙江金华实行，"含有实验和示范的作用"④，浙江省多地亦有推行。此举被称为"创举"，是"解决全县粮食问题之主要工作"，且"颇堪满意"。截至1940年11月，计口授粮"确立了划时代的新政策，实施强化的管理，不特在浙江是创举，在东南是创举，就是在全国也是创举"。《东南日报》刊发三篇社论，称其"于理于情，要为比较可以切实施行者"，"可称妥善"，"阻遏了粮荒的蔓延，镇定了恐慌之后的严重

---

① 《全国粮食管理局召开全国粮食会议记录及有关文书》（1941年4月—5月），农林部档案，档案号：二三—1273，第141页。
② 徐可亭先生文存编印委员会编印：《徐可亭先生文存》，第119页。
③ 《赋税（一）》（1941年4月10日），蒋中正"总统"文物档案，档案号：002—080109—00011—007，第66—68页。
④ 沈松林：《浙江粮食管理政策与试办计口授粮经过》，《财政评论》第4卷第2期，1940年8月，第96页。

而不堪想象的青黄不接时期"。《中央日报》也对此给予较高评价。①蒋介石亦曾颁发手令,筹备计口授粮,并"令社会部及调统局从速计划计口授粮实施办法,期于明年(1940年)一月起实行"②。黄绍竑、白崇禧、何应钦等11人在1940年7月6日国民党五届七中全会的一份提案中曾言:"应由中央及省政府统筹支配外,更应实行计口授粮,庶分配得以平均……更应规定个人之每日最低限度之消费量,以免浪费。"③浙江省粮食管理局总结经验,在全国粮食会议上提出了《实行计口授粮以改进粮食之分配案》,并附有八项办法。大会照审查意见修正并通过:"计口授粮系粮食消费之分配问题,所以实行平均分配之目的,无论粮食由政府直接经营,或由政府管制人民经营,皆得由地方政府斟酌消费市场实际情形,酌定行之。"④不过大会仅规定由地方政府酌定,反映了其未有普遍推行的决心。

政府代收租谷。关于战时地主租谷的处理,讨论相对较少,在全国粮食会议上,军粮经理会议移送《呈请国民政府制定国家代收租谷改由国库以公平折价予地主以代金藉利粮食收购而树管理基础案》,并附办法12项。在此之前,屯粮监理委员会曾与全国粮管局洽商,希望能共同提案,增加提案的分量,但未达成一致,最终全国粮管局另提《拟请政府制定法律通令各省佃农应缴租谷改为缴钱案》。⑤同时,广西省粮食管理局提出了《实村(保)仓大量屯储预防荒歉

---

① 浙江省粮食管理处编印:《浙江之粮食管理》,第32—34、172—177、189—191、1页;斯琴:《浙江的民食》,《中央日报》(重庆)1940年8月4日第3版;沈松林:《金华城区试办计口授粮的经过》,《闽政月刊》第7卷第3期,1940年11月30日,第71—73页。

② 公安部档案馆编注:《在蒋介石身边八年——侍从室高级幕僚唐纵日记》,第153—154页。

③ 《黄委员绍竑等十一人提:"请确定全国粮食管理政策并建立各级管理机构案"》,1940年7月6日国民党五届七中全会第五次会议通过,秦孝仪主编《中华民国重要史料初编——对日抗战时期》第4编"战时建设"(三),第778页。

④ 全国粮食管理局:《关于检发第47号全国粮食会议决议记录给重庆市粮食管理委员会的训令(附记录)》(1941年5月15日),重庆市粮政局档案,档案号:00700001000280000001,第7页;《赋税(一)》(1941年4月10日),蒋中正"总统"文物档案,档案号:002—080109—00011—007,第74页。

⑤ 秦孝仪主编:《抗战建国史料——粮政方面》(四),第106—109页。

案》。这三项提案从目的上看"均在免去地主收谷普遍囤积"①，政府意在从根源上减少囤积居奇，控制粮食，统筹调节。不过国家代收租谷虽在理论上是可取的，但实际施行过程中存在不少困难，不过这次讨论为以后粮食部实行田赋征实打下了基础。在第三次全国财政会议上，国民政府决议将田赋暂归中央政府代征，即田赋改征实物，这是战时粮食政策中最为重要、重大的转变，对于政府掌握大量粮源至为关键。此次会议对于田赋改征实物，仅要求在实施省份由粮食主管机关与财政厅"切取联络，协助办理"②。

此外，本次大会提议政府明令将粮政作为本年度施政中心工作，会议提及的粮食增产工作多属于农林部，大会制度组临时动议的 5 项提案主要是程序性的表决，故上述内容不再赘述。全国粮食会议对全国粮管局今后应开展的工作也做了进一步安排：第一，依照各个专门提案，联络有关机关制定各种法令；第二，综合原有管理粮食办法、各省报告及决议案，制定并颁布管理粮食的整体方案；第三，全国粮管局提出重要决议事项，呈请行政院提前通令各省实施；第四，编制全国粮食会议报告书；第五，各省应商洽解决的个别问题，如各省之间的粮食调剂问题、购屯军粮问题、各省抢购沦陷区粮食及其应运资金；等等。③

四　全国粮食会议评价

关于召开全国粮食会议的意义，蒋介石曾这样评价："此次粮食会议不比普通的会议，乃是关系民生安危和抗战成败的一次会议。"④

---

①　全国粮食管理局：《关于检发第 47 号全国粮食会议决议记录给重庆市粮食管理委员会的训令（附记录）》（1941 年 5 月 15 日），重庆市粮政局档案，档案号：00700001000280000001，第 17 页。

②　《赋税（一）》（1941 年 4 月 10 日），蒋中正"总统"文物档案，档案号：002—080109—00011—007，第 75 页。

③　《赋税（一）》（1941 年 4 月 10 日），蒋中正"总统"文物档案，档案号：002—080109—00011—007，第 75 页。

④　蒋介石：《管理粮食应注意之事项》，《训练月刊》第 3 卷第 4 期，1941 年 10 月 1 日，第 4 页。

孔祥熙希望能借此次会议使全国粮食问题获得完善办法，"以稳定抗战建国的大局"①。粮食问题是一切经济问题的重心，是中国抗战最后胜利的关键，在粮食问题日趋严重的情况下，政府召集各省粮食主管人员与中央有关机关代表共会一堂，研讨粮食问题的对策，其重要性自不待言。

首先，直接影响会后粮政调整。本次会议讨论了与粮政有关的所有问题，不仅与会代表在粮政问题上各有所收获，国民政府也趁此明了粮情需求，做出了系列调整。根据全国粮食会议的决议，1941年4月5日，全国粮管局集农林部、中央农业实验所、农产促进委员会共同商讨粮食增产的实施问题。针对粮食生产阶段应如何实施管理，全国粮管局、中农所、农林部提出了强制种植粮食作物、限制非粮食作物面积、利用荒地废地及隙地、征用逃亡业主土地、奖励食粮生产、食粮作物种植面积陈报、收购粮食产品与保证价格及利润7项详细办法，希望通过拟订增产计划、交换粮食供需及增产情报、日常及其他工作上的联系办法，来加强粮食增产与粮食管理之间的联系。四个部门商酌从增产区域、种类、限度，增产机关，增产工作的分配、宣传等方面，进一步扩大推行粮食增产运动。②

各省、县粮食管理机构也稍有变动，在全国粮食会议上，中央及地方多省力推开展精确的调查与统计，要求确立全国性的粮食调查情报制度。为配合全国粮情调查工作，行政院于4月修正了各级组织规则，要求省粮管局视察科改为粮情室，并增设秘书主任及秘书。因川省地处后防重心，粮政施行较为繁复，为适应事实需要，四川省粮管局进行了人员调整。③ 相应的，县市乡镇则须进一步加强管理人员的训练工作，派充合适对象，提升基层行政效率。

---

① 《全国粮食会议报告》（1941年6月），经济部档案，档案号：四—15665，第24页。
② 《全国粮食管理局召开全国粮食会议记录及有关文书》（1941年4月—5月），农林部档案，档案号：二三—1273，第187—252页。
③ 四川省粮食局、四川省政府秘书处：《四川省粮食管理局呈报设置主任秘书一人秘书二人情形及省府秘书处指令》（1941年），四川省政府人事处档案，档案号：民042—02—2705，第8页。

其次，粮食统制愈发被重视，并推动粮政体系升级。1930年代，统制经济理念传入中国，引起了战前与抗战初期学界的热烈讨论。中国问题研究会在战前认为，如果战争爆发，中央政府"必须将财政政策与一般的经济统制政策，集为一体，于必要时，实行经济的全般统制，谋资金的集中，与物资的征发"①。孙兆乾认为抗战全面爆发后，中国粮食至少面临四大问题，因此，"在长期抗战中，生产的缺乏，粮食的恐慌，确是一个极度严重的问题"，进行粮食统制势在必行，并介绍了其他国家的粮食统制政策。② 这些讨论为国民政府实行统制政策奠定了理论基础，尤其是在粮食问题上，从自由到严格、从统筹到统制，国民政府上层人士的认识与政策走向经历了一个巨大的转变。对比以往粮食管理经验及现实困境，本次大会上讨论的产销储运各个环节，明显看出粮食统制理念已慢慢被接受并在逐步推进中。

不过，全国粮管局"组织和权力还太小"，各级粮政机构与省县政府关系并不密切，导致全国性的粮食统制工作难以开展。为保障上述粮食政策顺利施行，需打破分级管理的现状，设立一个职权更大、更为完善的中央粮政机构，故筹设粮食部的计划开始提上日程。国民党五届八中全会蒋介石交议，在行政院内设置粮食部借以加重职权，增进业务效能，原全国粮管局应予撤销。③ 1941年7月1日，国民政府撤销了全国粮管局成立粮食部，"标志着国民政府正式开始在全国范围内统一实行粮食统制政策"④。

粮食部的成立及相关机构的改组，"拟将省粮食管理局改为粮政局，使其地位与省府各所相等。县粮食管理委员会改为粮政科，使与县政内各科并列"⑤，改变了其原来不在省县政府范围之内产生的粮政推行障碍的弊端，"如此可以加重省主席及县长的责任，利用省政

---

① 漆琪生：《非常时期的中国财政问题》，载中国问题研究会编印《中国战时经济问题》，第134页。
② 孙兆乾编著：《战时粮食生产统制》，独立出版社1939年版，第16—22页。
③ 荣孟源主编：《中国国民党历次代表大会及中央全会资料》（下），第719页。
④ 方勇：《蒋介石与战时经济研究（1931—1945）》，浙江大学出版社2013年版，第255页。
⑤ 秦孝仪主编：《抗战建国史料——粮政方面》（一），第213页。

府及县政府的职权,以执行一切粮政法令,效力因之可以提高"①。同时,调动多种力量,建立督导委员制度、粮政密查队、党团粮政服务队,各地还有党团粮食服务队、粮政通讯员等,立体全方位的粮食统制机关先后建立起来,各项粮食政策也得以更好落实。

最后,部分粮政在粮食部时期得以借鉴延续,成为粮食管理中的"良策"。全国粮食会议闭幕式上,卢作孚强调了电报粮情制度,粮食部后来对此亦极为重视。1937年7月,四川省首先开始办理电报粮情。从1941年3月开始,四川省152个重要市场逐日电报中等熟米趸售及零售价格,②由于电报粮情没有涉及生产成本,政府平价没有标准,又欠缺组织基础,因此发挥作用有限。而粮食部成立之初便设立了粮食调查处进行专门管理,对粮食生产、消费、存粮、粮商动态、粮价涨跌及粮食市场动态等,都进行密切调查,同时从汇编粮情日报、编印粮情周报、编撰每月粮情概述、编制粮价指数等方面进行粮情资料的编整工作。为掌握实时数据,粮食部对全国粮管局在川省创办的152地粮情工作继续办理外,更于1942年4月间"将此项工作扩展至全国范围,即于各省选择七十九个主要市场,办理甲类粮情电报,逐日电报重要粮食价格;五十七个次要市场,办理乙类粮情电报,逐日电报重要粮食价格"。1943年1月起"将办理电报粮情地点扩充至一千零六十二地",使后方各县粮情调查网大体形成。③

为实施国民政府粮食管理政策,从严管理粮商成为题中应有之义,即把粮食从业者纳入同业公会这一机构的管理之下,在全国粮管局约束下实现统一管理。由于各省步骤未能完全一致,粮食部成立以后,特制定《粮商登记规则》及《粮食市场管理办法》,粮商登记除山西暂准缓办外,其余各省都积极办理。截至1943年10月,"已报粮食部有案者,共计二七一县登记粮商一七六二五家,均经颁发营业

---

① 徐堪:《当前之粮食问题》,载中央银行经济研究处编印《经济讲座第一集》,1943年,第19页。
② 顾寿恩:《战时粮价问题》,第42—43页。
③ 姚同樾:《粮情调查工作之推进与展望》,载濮孟九主编《战时粮价特辑(粮情周报百期纪念特刊)》,第56—57页。

第三章 全国粮食管理局的粮政推行

执照","在陕西、甘肃、云南、湖南、浙江等五省内成立同业公会之组织,共有八十四个单位"①,政府对于粮食从业者的"管理圈"正不断扩大。粮食部为严密考核与管理,要求各省市粮政局对于已经登记的粮商,严格依照规定,按月填写营业状况表,未经登记擅自营业的,应查明取缔,以期保障粮食市场秩序。

纵观抗战后期粮政全局,最为重要的粮食统制措施莫过于田赋征实制度。田赋征收实物比征收货币要烦琐很多,因此一开始国民政府并没有下定决心。1940年7月,行政院通过《本年秋收后军粮民食统筹办法》,规定粮食筹集并行"征购"或"以实谷折征田赋"两种办法,田赋是否征收实物决定权在于各省县政府,而不是中央,②故"除一二省已施行外,余均未付实施"③。但在关税、盐税、统税收入锐减,直接税缓不济急,军费开支日益增加的情况下,改征实物的呼声逐渐出现。1940年11月13日,行政院第490次会议通过了《为救济军粮民食,平均民众负担起见,拟请准各省田赋得酌征实物,其征率分别专案核定一案》,对于改征办法有了初步规定,但"酌征"二字也体现国民政府对此并未下定最后的决心。④ 全国粮食会议上,田赋征收实物被置于各省面前讨论,国民政府鼓励各省遵照要求施行,实际上表明了国民政府的态度,即意欲推进该项制度的出台。1941年3月,行政院公布了《田赋改征实物办法暂行通则》。4月,五届八中全会通过了《为适应战时需要拟将各省田赋暂归中央接管以便统筹而资整理案》,初步确定了将田赋收归中央。⑤ 6月,国民政府在重庆召开第三次全国财政会议,其中田赋征收实物问题,是会议的"第一中心议题"⑥,会议还设置田赋组审查委员会,决定会后将重要

---

① 秦孝仪主编:《抗战建国史料——粮政方面》(一),第69页。
② 朱汇森主编:《粮政史料》(第一册),第272页。
③ 全国粮食管理局秘书处议事组:《全国粮食管理局秘书处议事组粮食运济组提案》,重庆市粮政局档案,档案号:00700001000260000012,第96页。
④ 侯坤宏主编:《粮政史料》(第五册),台北:"国史馆"1990年版,第1页。
⑤ 秦孝仪主编:《抗战建国史料——《田赋征实》(一),台北:"中央"文物供应社1988年版,第199页。
⑥ 宋同福:《田赋征实概论》,第143页。

决议立即付诸实施。至此，田赋改征实物问题开始由研讨磋商阶段转入实践阶段。

粮食部成立不久，行政院明令公布了《战时各省田赋征收实物暂行通则》，对该项政策实施的原因、征实标准、征实种类，以及具体操作办法和相关事宜都进行了阐述。后又陆续出台《田赋征收通则》（1941年9月2日）、《田赋征收实物各县市经征经收机关联系办法》（1941年9月23日）、《战时田赋征收实物暂行通则》（1942年6月30日）、《田赋征收通则》（1942年10月8日）、《战时田赋征收实物条例》（1944年9月19日），上述法令法规大致构成了战时田赋征收实物的政府法规。① 田赋征实制度自1941年下半年开始实行，征实不足继以征购，征购所需货币供应不足，又改为征借，甚至提倡粮户积极献粮，② "田赋收归中央增强了中央政府的经济宏观调控能力"，"打破了各省之间的粮食封锁"③，使"各自为政"的混乱局面得以结束，它使政府得以掌握大量粮食，保障了粮饷划分、主食供给现品制度的军粮供给制度得以贯彻并延续，缓解了公粮及民食的供应压力，为抗战的胜利奠定了经济和社会基础。以上政策的雏形或曰来源，均与全国粮管局的先期探索不无关系。用徐堪的话说，"粮食管理局所定的法规，凡是没有废止的，仍在继续执行"。"当时粮食部除立即通令昭告所有以前之一切粮食管理法规仍旧有效外，同时采取了更积极的方法来达成这些管理的目的。"④

1940年12月7日，国防最高委员会经济专门委员会向行政院提交《非常时期粮食管理法则（草案）》，请其审阅。10日，行政院将该管理法则转给全国粮管局，请其签注意见。在意见中，全国粮管局对于法则中的设立公仓、粮食收购、粮食价格、粮食收购的付款方法、奖励粮食生产等均有回复。但同时也指出，"关于粮食之收购，

---

① 安尊华等：《抗战时期贵州田赋研究》，第105—106页。
② 郝银侠：《社会变动中的制度变迁——抗战时期国民政府粮政研究》，第200—201页。
③ 金普森、李分建：《论抗日战争时期国民政府的粮食管理政策》，《抗日战争研究》1996年第2期。
④ 徐可亭先生文存编印委员会编印：《徐可亭先生文存》，第115、132页。

现在人事训练及一切配备未臻完整以前，民间食粮似尚不能全由政府购入"，并说明全国粮管局正在进行耕地面积、地权等方面的调查，办理生产情报，同时函请中农所及四川省农改所研究粮食消费标准，估算农户余粮情况等。同时，对于购买粮食付款办法，全国粮管局亦指出，"凡征购之粮食，似应立即买入，价款全数付清"。对于按户授粮，全国粮管局认为，在粮食供给能适应需要时，"似尚不需要"①。客观地说，全国粮管局成立后，对于粮食管理渐有计划，也颁布了相关法令，采取了一些措施，并在《管理粮食治本治标办法》中明确限令每项措施完成时间，如调查粮户名下地亩限一周完成，300市石大粮户调查限文到3日内完成，粮户购粮、粮户出售陈谷均"限期最大在公布十日内"，但仍不能达到立竿见影的效果，而在粮食危机日益严重的情况下，立即取得实效却是最为需要的，也是国民政府上层人士乐观其成的，但全国粮管局恰恰未能达成此一目标。此一目标不能在短期内达成，社会各界则会出现悲观论调，如谓"管理既显不良，不如'回复自由贸易'"，或主张实行粮食公卖，这一看法"亦复互见于政府当局之间"②，这种舆论难免会挫伤全国粮管局的积极性及既定政策的执行力度。

全国粮管局以四川地区为中心开展工作，招致时人颇多批评，但从粮食部部长徐堪在1943年5月的一份呈文来看，卢作孚的做法却很有先见之明，徐堪曾言："如全国同时筹划，范围过于广泛，亦恐力量分散，不易集事。川省为后方重镇，一切政治、经济、社会设施，可影响及于全国，倘能集中力量，先从四川一省着手，使川省粮食不发生问题，并能维持稳定之状态，使其于社会经济发生好之影响，则风声所播，于国家整个经济亦必有所裨益。"③徐堪呈送行政

---

① 《非常时期粮食管理法》（1940年），行政院档案，档案号：014—040504—0094，第1—12页。
② 《赋税（一）》（1941年4月10日），蒋中正"总统"文物档案，档案号：002—080109—00011—007，第77—79、64页。
③ 《筹补四川省短缺粮额及控制粮价简要方案》（1943年—1944年），行政院档案，档案号：014—040501—0012，第16—17页。

院的此一签呈的背景虽为四川粮食供应出现大的缺口，急需筹补，但从解决问题的思路来说，四川作为后方粮食奥区，其重要性毋庸置疑，全国粮管局的粮食管理思路不无道理。

但是，就像朱惠清提到的，本次全国粮食会议在结果上没有达到社会各界的高预期。① 一方面，全国粮食会议对于资金问题缺少明确决议，虽然大会提到申请补助、拨借、贴放等办法，但各省在实际办理过程中仍会存在各种问题。如基层资金不足时，会请由上级机构协助，但层层转请费时费力，难以及时援助。而在政府财政紧张之际，各省县经费需求能否真正落实也难以确定，这必将严重影响各层级粮食管理工作的顺利开展。另一方面，会议中一些粮食办法在理论上具有可行性，但客观条件的限制，难以普遍施行。如"计口授粮"作为政府为解除粮食困难、达到公平分配而提出的办法，是一种理想的限制性消费措施，但在实际推行中，必定会遇到"粮食准备问题"、"交易机构问题"、"人才经费问题"等。② 更为重要的是，计口授粮须达到有"口"能"计"、有"粮"能"授"的要求，就从此点出发，在人口未能普遍准确调查，各项统计数据未臻完成之前，普遍推行便会有相当难度。

除此之外，推广区域问题仍未解决。全国粮管局在执行大会决议的过程中，仍将重心放在四川地区。以粮食调剂为例，全国粮食会议上确定了省际与省内调剂两项原则，但由于四川粮食问题严重，全国粮管局集中于川省粮食的调剂，"各省民食很少兼顾"③。

全国粮管局的成立实际反映了国民政府上层人员对于粮食统制的态度，他们希望尽快解决四川粮食危机，保持全国粮食供需稳定，服务抗战大局。全国粮管局虽然已投入大部精力于四川地区，但四川粮价依旧高涨，其他省份的粮食问题也愈发严重。原以为通过召开全国性的粮食会议，情况能得以转变，全国粮管局也能继续运行下去，不

---

① 《全国粮食会议报告》（1941年6月），经济部档案，档案号：四—15665，第38页。
② 徐青甫：《粮食问题之研究》，1942年1月，第48—49页。
③ 顾寿恩：《粮食调剂与运销统制》，《革命理论》第10—12期合刊，1942年9月25日，第30页。

料因自身管理权限太小,各省县粮政机构搭建时间不一且多为表面架子,未能真正肩负起管理责任,反让国民政府意识到粮食机构升级的必要性。不过,尽管许多议案在全国粮管局期间未能落实,但粮食部却借此打开了新的局面,为粮食部成立之后的粮政奠定了基础,这对于解决粮食问题及保障抗战最后胜利具有重要意义。

1940年11月底,有人拟具《管制民生必需粮物价格之根本办法》,呈送军委会。该办法究系何人拟定,文件并未明确标识,但这项办法的价值在于第一次比较有系统地提出了管制粮食的主张,且其中的某些主张对后来粮政影响较著,有全面分析之必要。该办法分为内容主旨(包括整个民生经济、粮食管理办法)及实施纲要(包括实施办法、实施准备、实施后果)两大部分。在内容主旨部分,作者首先对当前粮价、物价的整体管理效果大加挞伐,言辞十分激烈,认为经济部所制定的平价规章"仅采温和管理主义……遂成具文",对全国粮管局的粮食管理措施颇多批评,"尤其全国粮管局所定办法竟似趋向管制,多乏硬性规定,致人民仍得自由匿粮、自由抬价。且原办法太拘平常秩序,未敢雷厉风行,迅速推动,致人民又疑政府并无管制能力"。依其观点,政府必须将建立战时经济体制,必须将物价与工价"平均同等稳定",而不能只顾粮价而对工价"无暇过问",必须控制整个物价以稳定币值,"以上三项原则,为安定战时经济,亦即安定粮价、物价、工价之必备条件"。其次,作者对粮食管理亦提出了自己的见解,一是打破囤粮待价必获巨利之妄念;二是在疏导米源方面,既要"严厉开通大户之外,尤须注意小户余粮";三是采用经济秘密警察调查及告密制度,奖励人民告密;四是注意勿出现谷贱伤农局面;五是供应平价粮食时,应顾及社会心理。

在实施办法部分,作者主张:第一,衣食一律均衡管制;第二,实行分期抑价,政府限定法定价格;第三,对于小商人利润,稍作维护;第四,限制匿货抬价;第五,预防物价猛烈下跌;第六,各家各户实行余粮报告制度;第七,严禁同业组织以外的囤积居奇;第八,奖励人民告密,形成经济秘密警察网。为了实现管理目标,作者认为应做好以下准备:一是确立主办机关,将国防最高委员会下设的物价审查委员会改隶为行政院，加大其权责，负主持之责，并与全国粮管局、四川省政府共同组织；二是先行规定粮物管制种类，并分别责成全国粮管局、平价购销处、四川物价平准处在两周内分别查清各类粮食现行市价，上报行政院；三是从四川省开始，规定、公布各类粮物法定价格，并予以实施；四是首先在四川成立粮物价格平准所，再推及各省，作为省级管理机构；五是从国民政府党政军、各院部会及四川省政府抽调精干人员，配合中统、军统、三青团所组成的经济秘密督察人员，组成一千人左右的新兴组织，讲习法令、培训业务；六是在川省各县派遣推行大队，协助县长办理平籴，并树立示范县；八是发动宣传；九是重庆市购足一个月粮食，以防粮户藏不售；十是其他各省与四川省采取同样办法，于1941年度3月起统一实行粮价管理；慎选主办人员。条陈者对实施效果非常自负："上陈办法，如蒙采纳，得见实施，推行尽利，不惟战时经济由臻安定，或于民生主义设施前途，或亦将获划时代之转变基础"，"抗战根据之地，愈必安如磐石"，并列举了六项"良果"①。

　　军委会认为该办法"所陈意见对于现行粮食管理办法疏漏之处，颇能切中病根"。行政院对此也较为重视，决定于12月7日下午商讨具体办法，并函请内政部、财政部、交通部、农林部、社会部、全国粮管局及重庆市政府共同参加。当日下午3时，委员长侍从室陈方，内政部闻钧天，财政部戴铭礼，经济部李景潞，交通部王慎名，农林部刘运筹，社会部朱景暄，全国粮管局翁之镛与张櫫任，重庆市政府吴国桢，行政院蒋廷黻、端木恺及罗喜闻等人出席讨论会。经对该办法讨论，认为提议人所提的粮价、物价、工价三者须同时平定方可收效，政府应定价并逐月递减这两项原则"至为妥当""亦属正当"，但实施难度也是明显的。比如，欲解决粮价高涨问题，先须解决粮源问题，与会代表一致认为，应督促全国粮管局迅速解决米源问题，然后择日定价。全国粮管局提出的"以量管价"的原则实用性较强，

---

① 《粮价平抑办法（二）》（1940年—1948年），行政院档案，档案号：014—040504—0058，第40—52页。

可以参酌。① 从出席人员来看，各部虽派代表参加，但级别明显较低，反映了这一问题并未得到应有的重视。

讨论会结束未几，国民政府随即颁发《管制民生必需粮物价格根本办法之实施纲领》，可以说是对管制民生必需粮物价格的一个积极回应。②

第四节 其他粮食管理政策

一 禁止粮食酿酒

中国作为酒类消费大国，每年用于酿酒的粮食原料数量巨大。据统计，国产米麦至少有5%或6%供酿酒之用，其数量在3000万担以上。大麦有15%供酿酒之用，也有人估计谷类用以酿酒者年约6亿担，23%的高粱用于酿酒，"国产粮食之被靡（原文为"糜"——引者注）费者多，是可断言的"③。因此，在发生灾害或粮食供应不济时，政府均有禁止酿酒命令。1931年江淮大水灾发生后，行政院10月22日通令"禁止以粮食酿酒"④。江苏、湖南、浙江、安徽等省对于粮食用途极为关注，亦有禁止米麦酿酒熬糖的规定。⑤

抗战全面爆发后，粮食酿酒问题再次被提出。有人指出，酒作为一种嗜好品，在平时即应限制，"战时尤应禁止"，而用粮食酿酒，

---

① 《粮价平抑办法（二）》（1940年—1948年），行政院档案，档案号：014—040504—0058，第38—63页。

② 《管制民生必需粮物价格根本办法之实施纲领》，《训练月刊》第2卷第2期，1941年2月1日，第124—132页。

③ 陈正谟：《米谷生产成本调查及川粮管理问题》，第71页。

④ 《粮食酿酒，行政院通令禁止》，《大公报》（天津）1931年10月23日第3版；《行政院令禁以粮食酿酒，节约之粮可全活千八百万众》，《民国日报》1931年10月24日第2版。

⑤ 《湘省水灾与救济计划，禁止酿酒熬糖，并种杂粮补救》，《新闻报》1931年8月7日第10版；《行政院通令禁止酿酒，准江苏省所请，以节食粮而济灾民》，《农业周报》第1卷第30期，1931年11月20日，第1193—1195页；《通饬各县禁止酿酒》，《浙江省行政报告》，1931年11月，第18页；《函安徽省政府为据阜阳水灾振济委员会呈请禁止酿酒以节民食等情抄件函请核办文》，《振务月刊》第2卷第11号，1931年12月11日，第19页。

"应根本禁绝"①。亦有人认为"应该由政府的力量来统制消费,因为在这'抗战第一'的时期,一切要为抗战,倘是某种消费不是直接或间接为了抗战,就应该绝对禁止,个人的享乐,且丢在一边再说"②。有人则提出了办法:"限制酿酒的办法,最好是酿酒公营,卖酒公营,禁止人民私酿私卖。这种统制办法,既可任意节省酿酒粮食的糜费,又可从中开辟财源。倘欲节省公营的费用,无妨指定私人商店代营,由政府指挥监督之,而给以手续费与红利。如不公营酿酒卖酒,则寓征于禁。无论酿酒卖酒都取重税,使酒之消(原文为"销"——引者注)耗量减少,亦可达到节省粮食的糜(原文为"縻"——引者注)费的目的。"③ 有的省份对于粮食酿酒作出限制措施,如闽、粤、浙、鄂、豫、湘、赣、川、皖九省出台政策,或禁止或限制以粮食酿酒。④ 上述九省在战争状态之下的这一动向引起了国民政府的极大关注。其主要原因有二,一是在1938、1939年后方丰收之际,粮食问题主要表现为因丰成灾,蒋介石曾代电行政院,转饬主管机关,迅即大量收购,经济部遂令农本局拟具《四川新谷购储计划大纲草案》,并大量购屯后方屯粮。⑤ 二是国民政府尤其是财政部认为,禁酿会影响酒税征收。烟酒税作为重要国税,向为国库大宗收入,财政部深知此项收入的重要性,尤其是全面抗战开始后,烟酒诸税关乎抗战饷需供应,若失去此项税源,则损失匪小,因之,财政部早在1938年2月即派广东财政特派员函告粤省府,"本省禁酿不特有妨国课民生,且影响抗战饷源,量予弛禁"⑥。据统计,江、浙两省

---

① 崔昌政:《川康建设问题》,第104页。
② 董时进、徐宗仁、徐征等:《抗战与消费统制》,独立出版社1939年版,第58页。
③ 陈正谟:《米谷生产成本调查及川粮管理问题》,第73页。
④ 四川省府1938年1月即已规定高粱可酿酒,而米、麦禁止酿酒。参见《粮食节约消费办法(一)》(1938年—1948年),行政院档案,档案号:014—040505—0023,第16—19页;河南省规定请参见《粮食节约消费办法(三)》(1939年—1945年),行政院档案,档案号:014—040505—0025,第1—25页。
⑤ 《农本局一九三九年六月及一九四〇年二月份业务报告并有关文书》(1939年12月—1940年7月),经济部档案,档案号:四—12493,第18页。
⑥ 《粮食节约消费办法(六)》(1938年—1945年),行政院档案,档案号:014—040505—0028,第17—21页。

在战事发生后,1937年度印花烟酒税总计损失1000万元,占全年税收总额五分之一。① 征收烟酒税是财政部自始至终对各省禁酿、禁种烟叶问题表现出高度关注的主因。

1938年2月下旬,行政院根据密报得知九省自行禁酿,更有甚者,"迳由县政府及各团体自动宣告禁酿"。对此,行政院长兼财政部部长孔祥熙的态度是比较明确的,在财政部2月21日呈送行政院的一份文件中,孔祥熙曾言:"倘于必要时,暂禁酿酒,应根据(各省)粮食管理委员会之调查报告,先行咨询内、财两部,再予实行,并须查明无关主要之民食,而可供酿酒原料者,一律免禁。"对于已禁省份,行政院要求"无论禁令系普遍全省,抑仅限于局部,均应立即解禁。如有碍难解禁之理由,务须迅速具报核夺"。2月28日,国民政府军事委员会亦认为上述省份颁布禁酿令,易致商民失业,增加失业恐惧,出现"领请救济"现象,这既会紊乱社会秩序,无疑也会耗用国家资源,尤其是挤占战时军需。禁酿行为在军委会看来属于"肆意苛扰"。3月8日,行政院训令各省,如有必要暂行禁酿、禁种烟叶,应先根据各省粮食管理委员会的调查报告,再咨商内政、财政、经济三部后,方得实行。已实行禁令省份,应立即解禁。② 可见,此时国民政府非但无禁酿法令,而且对于各省禁酿举动,国民政府要求其立即开禁。因此,在此一时期,国民政府的普遍认识是"酒税为国库大宗收入,酿业为商民生计所系,值此全面抗战之际,安定民众以勿使失业为先务,筹措饷需以保持税源为要著。故非万不得已,不

---

① 《江浙印花烟酒税收上年度短收千万》,《商业月报》第18卷第8号,1938年8月31日,第12页。民国时期,烟、酒税常与印花税合并为一个税收种类"印花烟酒税"或"烟酒税",各项统计数据亦大多合并计算,酒税单独计算的较少。整个抗战时期,财政部税收收入下降幅度较大,1944年上半年,烟酒税征收率为56.83%。参见行政院秘书处撰《行政院工作报告补编》,1941年12月,载李强、黄萍选编《行政院工作报告:一九三四——九四七》第8册,国家图书馆出版社2013年影印版,第48页。

② 《粮食节约消费办法(五)》(1938年—1942年),行政院档案,档案号:014—040505—0027,第14—21、30—32页;《粮食节约消费办法(六)》(1938年—1945年),行政院档案,档案号:014—040505—0028,第23页;《奉令各省禁酿及禁种烟叶应根据粮食管委会之调查报告办理等因令仰遵照》,《江西省政府公报》1021期,1938年4月11日,第7—9页。

宜轻议禁酿"。"权衡情势之缓急，以定禁弛之标准。"①

全国粮管局成立后，对粮食用途亦加以限制，颁布命令，禁止使用米谷等粮食煮酒熬糖，以节省一切无益之消耗。②

后方各省禁止用粮食酿酒实行时间各不相同，陕西与湖北是实行较早的省份，陕西省1938年1月即已规定连年灾祲的第一、二、三行政区全部禁止用粮食酿酒。湖北鄂北、鄂中等县1941年4月1日起禁止用米麦酿酒，1941年7月扩大至杂粮。③ 1937年10月，四川省政府颁布《战时增加粮食生产办法》，在消极生产方面有六项举措：一是减少食物的抛掷；二是食白米者改食糙米；三是食白面者改食麸面；四是减少食物的浪费；五是节制食欲、禁止酿酒；六是改变食物的种类，以多食马铃薯等杂粮为原则。④ 四川省1938年4月规定禁止用米麦酿酒，1940年4月复规定禁止用苞谷酿酒，12月扩大到杂粮范围。1941年1月，全国粮管局与川省府商议，除酒精厂可制造酒精外，通令各市县"确切查禁，并已布告周知"⑤。贵州省曾于1939年12月16日制定《黔省禁止酿酒熬糖办法》，禁止用粮食酿酒熬糖。1941年6月22日，贵州省府再次重申，"明令通告全省各县一律禁止酿酒"，自7月1日起所有已酿之酒及酿酒器具一律封存。⑥ 浙江省酿酒所用原料颇多，但多自江苏无锡、安徽芜湖及本省温州、台州、宁波购运。无锡、芜湖沦陷后，1938年5月，浙江省政府亦

---

① 《粮食节约消费办法（五）》（1938年—1942年），行政院档案，档案号：014—040505—0027，第29页。

② 《全国粮管局禁止以粮食煮酒熬糖》，《湖南省银行半月刊》第1卷第13期，1940年12月10日，第91页。

③ 《粮食节约消费办法（五）》（1938年—1942年），行政院档案，档案号：014—040505—0027，第37、64—65页；《鄂节省粮价粮食禁止酿酒》，《大公报》（桂林）1941年4月2日第2版。

④ 孙本文：《现代中国社会问题》第三册"农村问题"，商务印书馆1947年版，第178页。

⑤ 《川省严禁粮食酿酒》，《大公报》（重庆）1941年1月31日第3版；《川省严禁粮食酿酒》，《中央日报》（重庆）1941年1月31日第3版。

⑥ 《黔珍惜粮食，对酿酒熬糖原料特拟定禁止办法》，《大公报》（香港）1939年11月27日第3版；《黔省厉行节约粮食，禁止酿酒》，《新闻报》1941年6月24日第6版。

提出限制粮食酿酒，将此前九种原料中的糯米、籼米、小麦"一律限制酿酒"。酿户应将所存糯米、籼米、小麦的名称、数量、存储地点、酿造场所呈报当地行政机关，登记核准后方准酿酒。粮食不足县份绝对禁止酿酒。安徽黟县、宁国两县，亦分别因粮产不足或供应军米，于1938年6月前禁止酿酒。内政、经济、财政三部对浙、皖两省限制而非绝对禁止酿酒的做法，表示理解与支持，"暂准照办"。1939年4月，湖北第七区建始县灾情惨重，饥民乏食，加之上一年度岁收歉薄，因此也暂时禁止用杂粮酿酒熬糖。① 1940年、1941年，更多省份制定了相应节约粮食消费办法及禁酒办法，呈核施行。江西省粮管局作词创作了《粮食节约歌》，其中唱道："前方将士要吃饭，我们大家来救国，酿酒未免费粮食，熬糖也要用小麦。制粉都是不应该，吃米何须要精白？糙米营养成分多，掺食杂粮也使得。稻田种糯有限制，百分之一不为窄。省得一餐是一餐，积得一分也要积。同胞大家来实行，哪（原文为"那"——引者注）怕日本小鬼贼？!"②

广东酿业亦较发达，各地盛行酿酒，仅潮梅一隅每日酿酒消耗粮食在800石以上。③ 据广东印花烟酒税局局长汪宗洙报告，该省每年利用食粮所酿土酒约计1522000埕（根据福建省各县相关记载，每埕为120市斤④），耗用糯米、粳米总计4110万斤。1937年12月1日，广东曾有禁酿命令，但据汪宗洙反映，禁酿后广东财政每月至少减收税饷20余万元，甚至出现稽征所因无税可收而被裁撤情况，酒业失业人员达数十万人，并且私酿情形特别严重，当地作坊甚或出现购用

---

① 《粮食节约消费办法（五）》（1938年—1942年），行政院档案，档案号：014—040505—0027，第64—65、72—77、90页。
② 省粮管局作词，省音教会制谱：《粮食节约歌》，《江西地方教育》第2卷第219—220期合刊，1941年6月16日，第5页。
③ 《粮食节约消费办法（六）》（1938年—1945年），行政院档案，档案号：014—040505—0028，第23页。
④ 福建省政府：《福建省政府对顺昌、南平、邵武、建瓯、崇安、建阳、水吉、政和禁止酿酒、征收罚锾办理及呈请撤销禁酿的指令、代电、批》（1942年11月—1946年1月），福建省档案馆藏（以下不再一一注明），福建省政府财政厅档案，档案号：0022—001—000174，第1—104页。

洋米复酿情况。① 1938年年初，财政部广东财政特派员称"本省禁酿不特有妨国课民生，且影响抗战饷源，应量予弛禁或限制酒商领照"。2月11、17日，汪宗洙、广东省粮食委员会分别致函粤省政府主席吴铁城，提出弛禁主张。25日，总司令余汉谋亦致函广东省政府，拟予弛禁。广东省委员会遂作出决议，"准予弛禁"。三四月间，广东省政府主席吴铁城分别致电军委会、行政院，正式提出弛禁。②

　　1939年12月，广东粮荒渐重，米价大涨，禁酿呼声再现，广东各地盛行酿酒，仅潮梅一隅每日酿酒消耗粮食在800石以上，1939年12月3日，第四战区东江指挥官、第九集团军总司令吴奇伟认为，"刻此间米粮已感万分恐慌"，除了"积极倡植山禾，并组织东江粮食运销委员会从事救济外"，提出在东江各县禁酿以裕民生。广东省政府主席李汉魂亦主张部分县份禁酿，军委会"核准禁酿"。广东省政府遂制定禁酒暂行办法及施行细则，自1940年4月起禁止用各种粮食酿酒。③

　　1941年2月召开的全国粮食会议上，节约消费的提案中有禁止粮食酿酒之议："禁用粮食酿酒：粮食除正当食用外，最大之消耗，当推酿酒，估计我国每年消耗于酿酒之粮食达四千余万石，亟应禁止粮食酿酒，以资移用于民食。"提案审查组"照案通过"，大会议决"照审查意见通过"④。宁夏、西康亦分别在1941年5月、8月出台类似规定。⑤河南省政府5月31日制定通过的《河南省管理粮食实施办法纲要》第7条，亦"限制以米麦熬糖酿酒"⑥。

---

① 《粮食节约消费办法（五）》（1938年—1942年），行政院档案，档案号：014—040505—0027，第45页。
② 《粮食节约消费办法（六）》（1938年—1945年），行政院档案，档案号：014—040505—0028，第18—30页；《粮食节约消费办法（五）》（1938年—1942年），行政院档案，档案号：014—040505—0027，第51页。
③ 《粮食节约消费办法（六）》（1938年—1945年），行政院档案，档案号：014—040505—0028，第18—30页。
④ 全国粮食管理局编印：《全国粮食会议报告》，第75—115页。
⑤ 粮食部调查处第四科编印：《粮食部三十年度工作检讨报告》，第59—60页。
⑥ 《省市粮食管理办法（二）》（1941年—1946年），行政院档案，档案号：014—040504—0018，第32页。

表 3-7　　各省粮食禁止酿酒概况

省别	禁酿粮食种类	省别	禁酿粮食种类
四川	除高粱、青稞外，其余各种粮食一律禁酿	湖北	除高粱外各种正杂粮一律禁酿
广东	各种粮食	安徽	米、谷等主要粮食
广西	谷、米、小麦	江西	谷、米、麦类（糯米除外）
贵州	米、麦、苞谷	福建	各种粮食
湖南	谷、米、麦类（高粱除外）	云南	各种粮食（高粱除外）
河南	各种粮食	陕西	谷、米、麦类
甘肃	米、麦、高粱、青稞、糜、谷、苞谷	山西	各种粮食
山东	谷、米、麦类		

资料来源：《中国粮政概况》，1943 年，第 29 页。

福建地处东南，粮食种植、消费以米、薯等为主，据中央农业实验所 1938 年对闽省 19 县所作统计，该省食米消费量占 50%，薯类占 21%。[1] 此外，民间素以糯米、薯、芋等作为酿酒原料，平均每年 6% 的食米用于酿造之用，甚至"各种果植番薯"均可酿酒，酿酒业较为发达。[2] 1937 年 11 月至 1938 年初，福建省曾对全省各县酿酒业做过调查，向各县发放《食粮酿酒调查表》，责令各县填写具报。[3]

---

[1] 福建省政府秘书处统计室编印：《福建经济研究》（上），1940 年，第 3 页。根据省政府秘书处统计室 1938 年统计数据，福建 1937 年稻谷产量为 44021000 市担，小麦 2728318 市担，甘薯 49558000 市担，芋类 1321453 市担，豆类 970957 市担。参见福建省政府秘书处统计室编印《非常时期福建粮食统制方案》，第 2 页。1938 年稻谷产量为 3600 万市担，甘薯 2364 万市担，芋类 215 万市担。参见张俊玕编《福建省的农业》，福建省政府教育厅 1943 年版，第 1 页。

[2] 《粮食节约消费办法（七）》（1941 年—1943 年），行政院档案，档案号：014—040505—0029，第 26 页；福建省政府秘书处统计室编印：《福建经济研究》（上），第 4 页。

[3] 福建省政府、金门县政府等：《省市（县）食粮酿酒调查表》（1937 年 12 月—1938 年 1 月），福建省档案馆藏（以下不再一一注明），福建省政府暨省政府秘书处档案，档案号：0001—001—000542，第 1—39 页。

顺昌县"产酒颇多，批售获利亦厚"①。尤溪县出产土红酒"为数甚巨，预计全年酒商酿以营业者，约有三千埕，住户私酿家用者，约有五千埕"，年产值约 200 万元，② 全省各市县从业人员及其眷属有 100 余万之众，"比诸欧洲小国人口有过之而无不及"③。据估计，全省全年约产酒 100 万市斤。④ 乡民每以所酿土黄酒（包括黄酒、红酒、老酒）、土烧酒（指糯米及红白番薯烧、桔烧等酒）等作为岁时伏腊、丧葬嫁娶"报赛供奉之主要物品"，各种酒类亦是渔民出海取暖、农佃解乏并增进劳力不可或缺之物。各种酒类具有调和气血、抵御风雨之功用，被渔民视同补品，不可一日或缺。⑤ 加之粮食酿酒收益较高，乡民多以之酿酒，酒税则是政府主要税源之一。

然而，福建又是一个缺粮省份。据统计，全面抗战爆发前，福建全省人口约 1143 万，每年输入的外粮多达 200 余万担，重要城市如福州、厦门、泉州等均需江西、上海、香港（香港之米主要来自今柬埔寨、越

---

① 福建省政府：《福建省政府对顺昌、南平、邵武、建瓯、崇安、建阳、水吉、政和禁止酿酒、征收罚锾办理及呈请撤销禁酿的指令、代电、批》（1942 年 11 月—1946 年 1 月），福建省政府财政厅档案，档案号：0022—001—000174，第 1—104 页。

② 福建省政府：《福建省政府对尤溪、沙县、宁洋、永安、周墩、明溪、宁化、泰宁、将乐开征酒税、禁酿罚锾办理情形的代电、指令》（1942 年 10 月—1945 年 12 月），福建省政府财政厅档案，档案号：0022—001—000171，第 1—78 页。埕即酒瓮，一埕重量为 120 市斤。参见福建省政府《福建省政府对顺昌、南平、邵武、建瓯、崇安、建阳、水吉、政和禁止酿酒、征收罚锾办理及呈请撤销禁酿的指令、代电、批》（1942 年 11 月—1946 年 1 月），福建省政府财政厅档案，档案号：0022—001—000174，第 1—104 页。有的县份系以坛装，如尤溪县，每坛重 100 斤。参见福建省政府《福建省政府对尤溪、沙县、宁洋、永安、周墩、明溪、宁化、泰宁、将乐开征酒税、禁酿罚锾办理情形的代电、指令》（1942 年 10 月—1945 年 12 月），福建省政府财政厅档案，档案号：0022—001—000171，第 1—78 页。

③ 《粮食节约消费办法（五）》（1938 年—1942 年），行政院档案，档案号：014—040505—0027，第 14—30 页。

④ 福建省商会联合会：《福建省商会联合会关于专卖酿酒问题的呈、代电》（1941 年—1946 年），福建省档案馆藏（以下不再一一注明），福建省商业联合会、福建省工业联合会档案，档案号：0009—001—000109，第 1—41 页。

⑤ 《福建省印花烟酒税局稽征土酒定额税施行细则（附表）》，《税务公报》第 2 卷第 6 期，1933 年 12 月，第 27 页；《令福建印花烟酒税局：请准将泉州土酿番薯酒另列一类减轻税率等情除批驳外令仰知照》，1936 年 1 月 13 日，《财政公报》第 95 期，1936 年 2 月 1 日，第 17 页；《粮食节约消费办法（七）》（1941 年—1943 年），行政院档案，档案号：014—040505—0029，第 26—27 页；《粮食节约消费办法（八）》（1943 年—1947 年），行政院档案，档案号：014—040505—0030，第 23 页。

第三章　全国粮食管理局的粮政推行

南、缅甸）等地外粮接济。① 即就食米一项而言，根据福建省政府秘书处1940年上半年之前的统计，平均每年缺米1548527市担。②

但1938年后，福建沿海厦门等地相继沦陷，外粮来源锐减乃至断绝，赣米亦被限量输入，加之交通梗阻，泉州、漳州、福州等地出现米荒。如何缓解粮食供应问题，成了闽省府不得不着重考虑的重大问题。1939年9月，闽省府设立漳泉临时粮食调节专员，负责统筹调剂，并责令第四、五两区行政督察专员公署组织漳泉粮食联运站，各重要处所设立分站，实行凭证运输。但因手续烦琐、效果未彰，未几即取消，然而"粮食恐慌情形，有加无已"。1940年1月1日起，各方建议粮食自由流通，但实施不久即因漫无限制而发生竞购，粮食更形缺乏，粮价飞涨更速。1940年3月25日，福建省颁布各县区粮食余缺供应办法，根据各县粮食余缺及交通情形，指定对口供应。然而漳、泉各地缺粮情形仍未缓解，加之受浙、粤两省粮价上涨推动的影响，5月时粮荒愈演愈烈。6月1日，闽省府成立福建省粮食管理委员会，9月1日改组为福建省粮食管理处。③ 1940年春，闽省府"筹议了一种对策"，决定在本年下忙起改征实物，即田赋征实，一来调节粮食、稳定粮食，二来减少财政困难。福建实行田赋征收实物，"实开风气之先"。但随着战区扩大，粮食问题仍未能解决。9月，闽省府在20余县成立公沽局，经营粮食收购、供应及仓储，但因购价过低，粮源短缺而无以为继，粮荒愈益严重，④ 民间亦有"酿户甚多，耗米仍巨，非绝对禁酿，无以节约粮食而资调剂"的说法。⑤ 全国粮管局成立后，1941年1月1

---

① 巫宝三、张之毅：《福建省食粮之运销》，商务印书馆1938年版，第10页；福建省地方志编纂委员会编：《福建省志·粮食志》，福建人民出版社1993年版，第14页；陈明璋：《福建粮食问题》，福建省研究院编译出版室1943年版，第1页。
② 福建省政府秘书处统计室编印：《福建经济研究》（上），第3页。
③ 福建省粮食管理局研究室编印：《福建省粮食管理行政之机构》，1941年，第1—3页。
④ 福建省政府：《福建省粮食管理暂行办法及福建省各县（区）公沽局组织规则（草案）》（1940年），福建省政府暨省政府秘书处档案，档案号：0001—003—000642。
⑤ 福建省商会联合会：《福建省商会联合会关于专卖酿酒问题的呈、代电》（1941年—1946年），福建省商业联合会、福建省工业联合会档案，档案号：0009—001—000109，第1—41页。1941年6月，闽西南22县公沽局"停止业务，名义均行取消"。参见《撤销闽西南廿二县公沽局》，《闽政月刊》第9卷第1期，1941年7月，第65页。

日，福建省粮食管理处改名为福建省粮食管理局，全国粮食管理被纳入统一步骤。①

应该说，为了应对粮食危机，闽省府采取了与以往有别的途径与方法，多次试图通过新的手段与方式来管理粮食，但未见显著成效。闽省府遂将目光又转向了自身较为熟悉、曾有动议的禁酿，希图通过这一传统方式实现节约粮食的目标。

作为缺粮省份，福建为了缓解米荒，曾于1938年1月下旬提出限制粮食酿酒，并拟具《限制食粮酿酒办法》，呈送国民政府军事委员会。②但这一办法很快被否定，并未出台。上述各省包括闽省府接到训令后，纷纷呈复行政院，说明本省有无禁酿、禁种情形。③但据粮食部报告，1941年4月初，福建仍再次限制酿酒。4月9日，闽省府主席陈仪呈文行政院，谓"业经本府通令遵办"④。也就是说，原来实施禁酿的福建省此时已解禁，不再限制酿酒。

1941年3月中旬，闽省府致电行政院，"恳准援粤省成案，绝对禁止酿酒"⑤。27日，军委会致函行政院，谓"该省粮荒严重，禁止酿酒，更有必要"⑥。4月3日，行政院批准闽省援引粤省成案，暂准

---

① 福建省粮食管理局研究室编印：《福建省粮食管理行政之机构》，第1—3页。
② 福建省政府、金门县政府等：《省市（县）食粮酿酒调查表》（1937年12月—1938年1月），福建省政府暨省政府秘书处档案，档案号：0001—001—000542，第1—39页。
③ 陕西省政府于4月8日呈文行政院，说明本省第一、二、三区因灾自1938年初禁酿，"至本年秋收后再行察酌办理"。贵州在战前因旱灾曾实施禁酿，接到行政院1938年3月8日训令后，经省府委员会第423次会议议决，"解除禁酿"。参见《粮食节约消费办法（五）》（1938年—1942年），行政院档案，档案号：014—040505—0027，第37—40、52页。
④ 粮食部调查处第四科编印：《粮食部三十年度工作检讨报告》，第59—60页；《粮食节约消费办法（五）》（1938年—1942年），行政院档案，档案号：014—040505—0027，第57页。
⑤ 《粮食节约消费办法（七）》（1941年—1943年），行政院档案，档案号：014—040505—0029，第16—17页；福建省商会联合会：《福建省商会联合会关于专卖酿酒问题的呈、代电》（1941年—1946年），福建省商业联合会、福建省工业联合会档案，档案号：0009—001—000109，第1—41页。
⑥ 《粮食节约消费办法（五）》（1938年—1942年），行政院档案，档案号：014—040505—0027，第59页。

绝对禁止酿酒。①

从1938年3月强令各省解禁到1941年再次准许各省禁酿，行政院的态度前后迥异。之所以会出现如此大的转变，最重要的因素即后方粮食不再是因丰成灾，而是粮食短缺，粮价飞涨，抢粮事件频发，粮食危机日益严重，解决粮食供应问题的重要性远大于征收酒税的重要性。福建粮食供应问题亦愈加突出，禁酿势在必行。

在得到行政院的首肯后，1941年5月初，闽省建设厅拟定《战时福建省禁酒暂行办法》，提交省府会议讨论。5月17日开会审查时，与会者"均表赞成"，唯一提出不同意见的是，已酿未售之存酒应如何处理。根据《战时福建省禁酒暂行办法》规定，存酒限期2个月就地售出，逾期一律封存。与会人员认为2个月过于短促，不易执行，因为按照当地酿酒习惯，所酿之酒须储放一年，待酒味醇厚时方能出售。② 对此，审查会决定另行修正后再予讨论。③ 后经过讨论，7月31日，闽省府主席陈仪正式以"各县以酿酒耗米至巨，纷呈请禁"为由，向行政院呈送《战时福建省禁酒暂行办法》，行政院将之交由内政、财政、经济、农林四部核复。④ 8月7日，闽省府正式公布。

福建粮食管理机构筹建较早，1939年2月，成立福建省建设厅粮

---

① 《粮食节约消费办法（七）》（1941年—1943年），行政院档案，档案号：014—040505—0029，第16—18页；福建省商会联合会：《福建省商会联合会关于专卖酿酒问题的呈、代电》（1941年—1946年），福建省商业联合会、福建省工业联合会档案，档案号：0009—001—000109，第1—41页。

② 福建省商会联合会：《福建省商会联合会关于专卖酿酒问题的呈、代电》（1941年—1946年），福建省商业联合会、福建省工业联合会档案，档案号：0009—001—000109，第1—41页。

③ 福建省政府：《福建省政府关于战时禁酒暂行办法的训令及省财政厅关于南平、宁化、龙溪、上杭等县禁酿酒后是否征收酒消费特捐的代电、指令》（1941年5月—11月），福建省政府财政厅档案，档案号：0022—001—000157，第1—30页。

④ 《粮食节约消费办法（七）》（1941年—1943年），行政院档案，档案号：014—040505—0029，第16—17页；福建省政府：《福建省政府关于战时禁酒暂行办法的训令及省财政厅关于南平、宁化、龙溪、上杭等县禁酿酒后是否征收酒消费特捐的代电、指令》（1941年5月—11月），福建省政府财政厅档案，档案号：0022—001—000157，第1—30页。

政管理局，因财政紧缩，仅存在6个月即被裁撤。福建省贸易公司亦曾于1939年设立粮食部，统筹粮食的采购供应事宜。① 1940年6月1日，成立福建粮食管理委员会，省主席兼任主任委员，各县市亦相继成立同类机构，负责粮政。②

为了调剂粮食供求、平衡粮食价格、合理分配余粮，江西省政府于1940年6月21日第1280次省务会议通过《江西省粮食管理处组织规程》《江西省粮食管理办法大纲》，成立江西省粮食管理处，实施粮食管理，由省府委员胡嘉诏代理处长。胡于7月1日就职，在泰和设处办公。尽管全国粮管局成立后，迅速制定了《省粮食管理局组织规程》及《县粮食管理委员会组织通则》，并在9月初要求江西省政府对照予以改组，但江西省在全国粮管局成立之前即已成立粮食管理处对粮食进行管理，不能不说其政策的前瞻性及敏感度值得肯定。③

二　发动献粮运动

1940年9月，蒋介石在《为实施粮食管理告川省同胞书》中提出，要在四川首先提倡捐助军粮运动，并许诺根据捐助数量多寡，颁予奖章、奖状，已令相关部门在制定奖励办法。④ 四川作为

---

① 福建省贸易公司：《福建省贸易公司邵武办事处关于本公司粮食部与邵武公沽局业务联系的来往函》（1940年），福建省档案馆藏，福建省政府建设厅档案，档案号：0036—011—001895；《省贸易公司扩展业务增设粮食部》，《省行通讯》第3卷第8期，1939年10月30日，第24—25页；福建省粮食管理局研究室编印：《福建省粮食管理行政之机构》，第6页；陈莲芬编著：《陈仪军政生涯》，浙江人民出版社2005年版，第48页。

② 福建省政府、福建省粮食管理委员会：《福建省政府、福建省粮食管理委员会关于设立粮食管理委员会的训令、指令、呈、函、电》（1940年），福建省政府暨省政府秘书处档案，档案号：0001—003—000020；福建省粮食管理委员会：《福建省粮食管理委员会关于本会成立开始办公的代电》（1940年），福建省档案馆藏，福建省银行档案，档案号：0024—002—000658。

③ 《省属粮政单位组织规程（一）》（1937年—1941年），行政院档案，档案号：014—040503—0005，第48—58页；《江西省粮食管理处成立》，《建设》第18期，1940年7月21日，第13—14页。

④ 薛月顺编辑：《蒋中正总统档案：事略稿本》（44），第247页；《赋税（一）》（1940年），蒋中正"总统"文物档案，档案号：002—080109—00011—003，第29页。

第三章 全国粮食管理局的粮政推行

抗战建国的重要根据地及产粮大省，为配合军粮征购工作，响应蒋介石《为实施粮食管理告川省同胞书》，从1940年秋开始，军粮捐献运动也在不断推进。9月，重庆各界提出"捐助军粮打胜仗"的口号，发动全市城乡献粮。13日，綦江士绅江锡应、霍雅晴各捐献粮食500市石。27日，綦江县民众捐集粮食3000市石。① 四川省捐献军粮由省粮管局主办10月，国民党四川省执行委员会及川康绥靖主任公署商定《四川省二十九年度捐献军粮运动实施办法》《四川省二十九年度捐献军粮奖励办法》，由省粮管局联络有关方面共同策动。② 据张群1941年9月呈复蒋介石，潼南县县长冷天烈"劝捐军粮尚属努力"③。此次捐献军粮运动直到1942年夏才结束。通过献粮运动，"存粮得到利用，而捐助者的本身也获得国家所给予的荣誉，受社会的尊敬"④。但捐献军粮并未在川省全面发动，甚至第一专区各县及成都市，"与各区比较起来，成绩最坏"⑤。

在卢作孚筹划指挥下，全国粮管局共筹办军粮600万市石，这对于稳定战时军心意义重大。⑥ 同时，军粮捐献运动的开展，减轻了全国粮管局的采办压力，支持了前方军事行动的开展。但由于川省粮价不断上涨，粮食采购愈发困难。为减轻军费开支、稳定粮价、控制通货膨胀，国民政府遂实行田赋征实制度，力图将粮食掌握在自己手中。

---

① 段渝：《抗战时期的四川》，巴蜀书社2005年版，第69—70页。
② 《为抄发四川省廿九年度捐献军粮运动实施办法及四川省廿九年度捐献军粮奖惩办法各一份令仰遵照由》，《四川省政府公报》第203—205期合刊，1940年10月，第14页。
③ 《粮政（二）》（1940年8月16日—1941年11月18日），国民政府档案，档案号：001—087000—00002—006，第80页。
④ 薛月顺编辑：《蒋中正总统档案：事略稿本》（44），第247页。
⑤ 《粮政（二）》（1940年8月16日—1941年11月18日），国民政府档案，档案号：001—087000—00002—004，第32页。
⑥ 嘉陵江三峡乡村建设实验区署、四川省政府：《关于发动地方人员捐献军粮运动的训令（附捐献军粮运动实施办法）》（1940年10月），北碚管理局档案，档案号：00810004007470000019000，第21页。

三　管理陪都粮食供应

战时重庆机制面粉工业突飞猛进，表现出欣欣向荣、蓬勃发展的态势，无论厂数、资本额、产销量，还是技术设备、从业人员等都达到了前所未有的规模和水平，可以说实现了"危机下的融合与发展"[①]。但在全国粮食问题日益严重的背景下，也遭遇重重困难，隐藏着面粉企业的困境与无奈。原料价格飞涨且供应不足，机器设备大量闲置，不能充分利用。粉价在政府统制之下较为低落，甚至麦、粉价格倒挂，粉厂利润无法保障。随着粮食部成立，政府部门对在渝各大粉厂的管控力度空前加大，重庆面粉行业组织从复兴、福新、福民、岁丰四厂联合办事处（简称四联处），到重庆市机制面粉厂联合处，再到重庆市机制面粉工业同业公会的变迁，反映了战时粮食危机情况下，国民政府及粮食部采取经济、政治力量双管齐下，且政治手段更甚于经济手段，使得各粉厂虽欲结成联盟，通过经济手段以求行业自治自保、共渡难关的目标成为泡影。另外，粮食部管控重庆乃至后方面粉业、粮食业也适应了时代主题的要求，契合战争状态下实施统制经济的潮流，实现了统制中动员、动员中统制的目标，为粮食动员、争取抗战早日胜利打下了坚实的物质基础。

1941年3月18日，当复兴、福民、福新、岁丰四家粉厂（以下简称四厂）的负责人鲜伯良、袁国梁等坐在一起讨论成立重庆市四联处时，摆在他们面前的困难是显而易见的。1940年夏，川省稍旱，秋收歉薄。战区扩大，国际路线及国内交通节节受阻，公私经济渐臻困难，物价上涨，囤积居奇严重。宜昌失守，江运阻断，供求失调，民情恐慌。日机频繁对后方尤其是陪都重庆空袭，造成川省粮价骤涨，各地粮价亦随之急剧上涨。1940年三四月间，每包面粉六七元，

---

① 上海市粮食局、上海市工商行政管理局、上海社会科学院经济研究所经济史研究室编：《中国近代面粉工业史》，中华书局1987年版；徐新吾、杨淦、袁叔慎：《中国近代面粉工业历史概况与特点》，《上海社会科学院学术季刊》1987年第2期；王荣华：《危机下的转机——抗战时期的陕西机制面粉业》，《抗日战争研究》2014年第1期。

第三章　全国粮食管理局的粮政推行

至 1941 年三四月间，涨至 43 元。1941 年起，原料采购更形困难，面粉公司多持观望态度。1941 年，复兴一、二两厂每日用麦量为 900 至 1000 市石，主要来自合川、南充、宜宾、泸州等地，1940 年购入的 148280 市石黄麦，很快磨制净尽。① 1941 年 3 月 1 日起，复兴一厂借口机器年久失修，亟需停工修理，计划在 5 月 10 日全部修理完毕。修理时间之所以如此之长，实因"原料早已磨尽"②。6 月，交通银行曾对重庆面粉业状况进行调查，并分析了 3 月四厂先后停工状况，认为其症结之一便是原料来源短缺。四厂小麦存量极为有限，据 6 月 7 日报称，仅够五六日之用，要求全国粮管局、行政院经济会议秘书处开辟小麦来源，以维持生产。③

为了应付购麦困难局面，渡过难关，四厂等商议订立盟约，成立四联处，"专在合伙向外采购小麦"，"对外交涉事情，应取一致步调，不得遇事退缩，如其中一家受外界无理压迫，则其余三家应切实负责与受压迫之一家同甘苦"④。这才有了 3 月 18 日的四厂联合会议。

四联处 1941 年 3 月 18 日成立，以遵行政府法令、平定麦价、积储面粉原料为宗旨。⑤ 这一宗旨其实质是原料问题，即将面粉厂所需

---

① 《复兴面粉股份有限公司 1941 年 6 月调查报告》，重庆市档案馆藏（以下不再一一注明），交通银行重庆分行档案，档案号：02880001001550000180000。
② 重庆市粮食管理委员会：《关于请查明放行被阻麦子上全国粮食管理局、复兴面粉股份有限公司的批、呈》（1941 年 5 月 6 日，重庆市粮政局档案，档案号：00700001000310000011，第 31—32 页。
③ 重庆市政府：《关于请设法开辟小麦来源致全国粮食管理局、行政院经济会议秘书处的代电》（1941 年 6 月 7 日），重庆市粮政局档案，档案号：00700001000310000030，第 104—105 页。
④ 《关于福民、福新、岁丰、复兴面粉公司同甘苦的字据》，重庆市档案馆藏，重庆福民实业有限公司档案，档案号：02720002000320000116000。
⑤ 复兴、福民、福新、岁丰：《关于报送组织复兴、福民、福新、岁丰四厂联合办事处文录及章程请备案上重庆市粮食管理委员会的呈（附章程）》（1941 年 3 月 17 日），重庆市粮政局档案，档案号：00700001000310000001，第 1—7 页；重庆市粮食管理委员会：《重庆市粮食管理委员会第十三次委员会会议记录（放行重庆市粮商集团到古兰采购之食米及成立福新复兴福民岁丰四厂联合办事处等）》（1941 年 4 月 17 日），重庆市警察局档案，档案号：00610015039240300170000，第 34 页。

原料的价格稳定在各厂可以接受的水平而不要趋于高涨，并且要大量囤积，以使粉厂生产得以接续，不要出现停机待料的不经济状态。但这一目标却不合时宜，也为四联处的很快解体埋下了伏笔。

四厂联合也很容易让人联想到战前先农、岁丰、新丰三家粉厂为了调和共同利益，合组三益面粉公司。"三益"者，三方得益之谓。而各厂却在实际运作中为求自保而私下降低品质，非但没有改变互相倾轧的不利局面，反而形成了"质低价高"的新的颓势，销路日窄，亏折亦愈大，三厂联营模式遂在一年后撤销。① 但四联处的命运会比三益好吗？

1941 年 5 月 7 日，全国粮管局与在渝粉厂商定办法，粉厂可以赴产地购买原料，如仍有不足，该局可设法补足；面粉价格按照成本价加以合理利润确定；粉厂所产面粉，由该局统购统销。② 全国粮管局与四厂订立《小麦面粉购销合约》，合约包括粉、麦两项主要内容。关于面粉，合约规定各面粉厂应尽速尽量增加面粉产量，自订约日起，每日最低产量不得少于 3800 袋，每月总量不得少于 10 万袋，各厂所产面粉交由全国粮管局统购统销，各厂不得存留或自行销售；面粉价格按原料成本加生产成本（即加工费用，由各厂成本平均计算，得出各厂平均成本，各厂成本与平均成本比较，不足者由政府津贴，超出者由政府扣除）及合法利润计算，再由粮管会核定（二三个月核定一次）。关于小麦，由四厂随时在四川省内各县小麦市场分设庄号，自行购足一个月以上使用量，但总量不得超过 5 万市石，且各厂不得单独购买；全国粮管局可以委托四联处收购小麦，但必要时可派员监督；原料除自购外，一部分可向政府贷款采购，以收购小麦为抵

---

① 鲜伯良：《我经营重庆复兴面粉厂的回忆》，政协四川省委员会、四川省省志编辑委员会编《四川文史资料选辑》第 4 辑，1962 年，第 98—100 页；李贵荣：《重庆海关 1922—1931 年十年调查报告》，李孝同译，政协四川省委员会、四川省省志编辑委员会编《四川文史资料选辑》第 13 辑，1964 年，第 211 页；龙明桥：《"面粉大王"鲜伯良》，政协重庆市市中区委员会文史资料委员会编印《重庆市中区文史资料》第 5 辑，1993 年，第 55 页。

② 《粮管局鼓励面粉增产，协助购买原料，统购各厂出品》，《大公报》（桂林）1941 年 5 月 10 日第 4 版。

第三章 全国粮食管理局的粮政推行

押，或由政府直接采购后按照成本价拨交各厂使用。① 从这份合约可以看出，全国粮管局对于该处采取的是较为宽松的政策，从原料收购而言，尽量满足各厂用麦需求，虽有总量限制，但足够一个月之用，这在原料收购困难形势下是难得之举。并且该处可以向全国粮管局贷款采购，基本解除了各厂无款购麦的后顾之忧。从面粉产销而言，鼓励增加生产，设置最低生产量，各粉厂可以提高机器利用率，以免停工待料。面粉价格也较为公平，既顾及生产成本，亦有合理利润，且按规定利润的上限执行。尽管各厂不能自行销售，但在保证利润的情况下，也省却了销售的各项成本。因此，可以认为，《小麦面粉购销合约》是一份双赢合约，全国粮管局可以按时得到大量面粉实物，以之配销面粉受户，而该处各厂也可以让运转起来的机器带来合理利润。

接着，该处与全国粮管局依据《小麦面粉购销合约》第八款，订立《购麦贷款合约》，向全国粮管局商借 500 万元，加上自筹购麦基金 200 万元（其中复兴 105 万元，福民 53 万元，福新 26 万元，岁丰 16 万元），以此 700 万元作为购麦基金，以购储生产原料。如仍不敷使用，则可以 8 厘月息透支。所存原料用罄，则可以根据近日内原料平均价格决定产品价格。② 该项办法未及全面实施，国民政府即有重设粮政管理机关动议，一时间传得沸沸扬扬。

在中央层面正在酝酿大的机构调整时，四联处内部也产生了矛盾。5 月初，岁丰无麦可磨而停工，遂根据章程约定，向负有仲裁之责的重庆市粮食管理委员会反映，重庆市粮管会责令复兴、福民、福新三厂贷借小麦予岁丰，令其立即开工，因"本市食米来源减少，端

---

① 《全国粮食管理局、复兴、福民、福新、岁丰四厂联合办事处购麦贷款合约、小麦、面粉购销合约》（1941 年 5 月），重庆市社会局档案，档案号：00600002004740000006，第 12—16 页。面粉业被统制后，粉厂利润介于 4%—6%。参见《复兴面粉股份有限公司 1941 年 6 月调查报告》，交通银行重庆分行档案，档案号：02880001001550000180000。

② 《复兴面粉股份有限公司 1941 年 6 月调查报告》，交通银行重庆分行档案，档案号：02880001001550000180000；《全国粮食管理局、复兴、福民、福新、岁丰四厂联合办事处购麦贷款合约、小麦、面粉购销合约》（1941 年 5 月），重庆市社会局档案，档案号：00600002004740000006，第 12—16 页。

赖面粉为之挹注"①。这一事件可能在该处内部产生了罅隙，但不至于使购麦同盟很快走向解体，因为当初所定章程明文约定，"各厂间如因分配小麦发生争议，经理处无法解决时，得呈请全国粮管局或重庆市粮管会仲裁之"②。岁丰根据章程约定提出仲裁，符合规定，其他三厂借给原料帮助岁丰恢复生产也在情理之中，毕竟该处是在原料收购困难时期为了共同利益自愿结成的同盟，任何一厂脱离出去未必能够发展得更好或是更坏。应该说，这种情况是可以预料得到的。而恰在此时，天厨味精厂、天城面粉厂都几乎同时要求加入该处，以解决自己的原料供应问题。③ 可以设想，如果四联处因原料分配矛盾不可调和、无麦可供分配或完全无法购到小麦时，其他规模更小的粉厂忖度自己的利益后，是不会申请加入的。对于天厨与天城的加入，该处也表示欢迎。

另外，按照《复兴、福新、福民、岁丰四厂联合办事处章程草案》第23条规定，四联处暂以成立之日起至当年底为期，即从1941

---

① 重庆市粮食管理委员会：《关于令借给原料即开工上全国粮食管理局、复兴、福新、福民、岁丰公司的训令、呈》（1941年5月7日），重庆市粮政局档案，档案号：00700001000310000016，第40—41页；重庆市粮食管理委员会：《关于报送重庆市面粉管理经过及现时缺乏原料情形上全国粮食管理局的呈》（1941年6月28日），重庆市粮政局档案，档案号：00700001000710000068，第245—248页；重庆市粮食管理委员会：《关于另觅地址呈核给复兴、福新、福民、岁丰四厂联合办事处的批》（1941年5月7日），重庆市粮政局档案，档案号：00700001000310000015，第38—39页；《复兴、福新、福民、岁丰四厂联合办事处章程草案》，重庆市档案馆藏，重庆福民实业有限公司档案，档案号：02720002000830000109000，第109—112页；复兴、福民、福新、岁丰：《关于报送组织复兴、福民、福新、岁丰四厂联合办事处文录及章程请备案上重庆市粮食管理委员会的呈（附章程）》（1941年3月17日），重庆市粮政局档案，档案号：00700001000310000001，第1—7页。

② 《关于报送组织复兴、福民、福新、岁丰四厂联合办事处文录及章程请备案上重庆市粮食管理委员会的呈（附章程）》（1941年3月17日），重庆市粮政局档案，档案号：00700001000310000001，第1—7页。

③ 1940年春，为了解决味精原料供应问题，吴蕴初的"天字号"工厂天厨味精厂与金城银行合资筹设天城面粉淀粉工业股份有限公司，1942年5月更名为天城面粉工业股份有限公司，成为重庆第五大机制面粉厂。参见天城面粉工业股份有限公司《关于天城公司更名为天城面粉工业股份有限公司致重庆市机制面粉厂联合办事处的函》（1942年5月25日），重庆市档案馆藏（以下不再一一注明），金城银行重庆分行档案，档案号：03040001025800000033000，第33—35页。

第三章　全国粮食管理局的粮政推行

年3月10日起至12月31日止,① 如无重大利益冲突,不致有此重大变故而未满半年即告解散。虽然6月中旬复兴、岁丰都发生无麦可磨、停止生产之事,但并非四厂之间的矛盾而导致,而是麦价"似已到达最高峰",4月宜宾每市石小麦达140元,合川85元,太和镇105元,南充110元,四厂此前所购小麦平均成本价为每市石110元,全国粮管局及四厂所购新麦,平均成本为125.48元,"且均有市无麦",6月份渝市及川省各小麦市场麦价上涨,每市石达160元左右。② 即使其他粉厂如中粮公司合川面粉厂、天厨味精厂、天城面粉厂等原料亦皆所存无几,甚至"已蛀蚀",在此青黄不接之际,购运确实困难异常。③ 四联处成立的目的是更好地购运原料,但事与愿违,原料问题非但没有圆满解决,且愈演愈烈,面粉供应也出现大的缺口。岁丰、复兴两厂先后因无麦可磨而停工,甚至发生挤购面粉情事,重庆市民食供应处请求重庆市粮食管理委员会派员前来协助处理几乎失控的局面。面对此种局面,四厂联合处亦无计可施,且重庆市机制面粉厂联合处亦正在紧锣密鼓的筹备之中,自知无力回天的鲜伯良、袁国梁等与各厂商议后,8月5日提出结束四联处,而由重庆机制面粉厂联合办事处办理原料采购等事宜。重庆市粮管会乘机将之撤销。7日,重庆市民食供应处派朱南强、周亚波赴四联处会同管理面

---

① 复兴、福民、福新、岁丰:《关于报送组织复兴、福民、福新、岁丰四厂联合办事处文录及章程请备案上重庆市粮食管理委员会的呈(附章程)》(1941年3月17日),重庆市粮政局档案,档案号:00700001000310000001,第1—7页。

② 四厂联合办事处:《关于请照市价核议面粉价格上重庆市粮食管理委员会的呈》(1941年4月22日),重庆市粮政局档案,档案号:00700001000710000051,第202—204页;全国粮食管理局:《关于改订1941年6月中旬重庆市面粉价格致重庆市政府的函(附计算书)》(1941年6月12日),重庆市粮政局档案,档案号:00700001000710000064,第235—236页;全国粮食管理局、重庆市粮管会:《关于核定每袋面粉价格的训令、呈》(1941年6月12日),重庆市粮政局档案,档案号:00700001000710000065,第237—239页。

③ 天城公司面粉厂:《关于核示天城公司面粉厂加入重庆复兴、福民、福新、岁丰四厂联合办事处应具之手续、商办汇款事宜等致钱晓升的函》(1941年6月30日),金城银行重庆分行档案,档案号:03040001025710000116000,第116—117页;全国粮食管理局:《关于核准天厨味精制造厂股份有限公司加入重庆市复兴、福新、福民、茂丰四厂联合办事处统筹配购小麦的批》(1941年6月10日),金城银行重庆分行档案,档案号:03040001025710000025000,第25页。

粉业务。14日，四联处正式被撤销。① 四联处从1941年3月中旬成立到8月中旬正式结束，时间仅有5个月，如从重庆市机制面粉厂联合处成立算起，则仅有4个月，殊为短暂，出乎粉厂负责人意料。

四联处的做法是当时甚嚣尘上的统购统销理念在现实中的体现。应该说，这种做法是在抗战大背景、物资越来越匮乏、粮价益趋高涨的形势下，较为合理的自我保护措施，也有充分的实施理由。但问题的关键是，经济的统制者应该由谁来实施，是企业或企业的联合体还是国家政府职能部门？统制之后的利益群体是谁？很显然，粮食作为战略物资，关乎民生，关乎抗战建国大计甚至中央政权的存亡，对如此重要物资的统制只能由中央政府指派相关部门秉承国家意志来实施，最终受益者应当是国家政权。正如中国问题研究会认为，如果战争爆发，中央政府"必须将财政政策与一般的经济统制政策，集为一体，于必要时，实行经济的全盘统制，谋资金的集中，与物资的征发"②。因此，统制经济是国家主导下的经济政策，是国家行为，任何企业与个人只能是被统制对象。退一步来看，如果中央政府任由面粉厂家自由购销、各自为政，非但与统制经济理念初衷相背离，而且如果其他行业竞相仿效，则国家经济极有可能陷入条块分割乃至更为恶化、崩溃的境地。因此，将统制之权操诸己手而不能假手于他人，才是四联处不得不解体的深层原因。

各项经济、人事、权利义务分配不均，或为四联处被撤销原因之一端，其实质更是政府对面粉业加强控制的结果。1941年2月，全国粮管局在全国粮食会议提交提案中已经提出，凡经登记粮商，应依法组织粮食业同业公会。③ 也就是说，为了实现国民政府管理粮食的"新政"，政府粮食管理部门要从严管理粮商，将粮食从业

---

① 重庆市粮食管理委员会：《关于令知复兴、福新、福民、岁丰四厂联合办事处办理结束准予备查给该处的批》（1941年8月14日），重庆市粮政局档案，档案号：00700001000310000053，第227页。
② 漆琪生：《非常时期的中国财政问题》，载中国问题研究会编印《中国战时经济问题》，第134页。
③ 全国粮食管理局编印：《全国粮食会议报告》，第75—115页。

者纳入同业公会这一机构的管理之下,当然,同业公会是受全国粮管局约束管理的。怎奈从政府角度而言,四厂联合处之设"无非用为对外,以此名义在统制之下可能向官厅占采办之额,如遇公私交涉,似较单独为优"①,也就是说,四厂联合处是四家粉厂抱团一致对外的结果,所对之"外"显然是指政府粮食管理机关,对外之事不外在原料收购、面粉产销及面粉定价方面享有更大的自主权,而不受政府管理机关过多掣肘,各自为本厂争得更大利益。四联处被撤销或曰被瓦解后,四家粉厂又暂时回到了联合前各自收购原料的状态。

  复兴公司为了解决原料来源,求助于昔日同在刘湘部队共事时的交好刘航琛、涂重光(刘此时为粮食部特派员,涂为陪都民食供应处处长),筹得 600 万元巨款,并派公司其他领导亦是地方头面人物赴产区收购,暂时解决了本厂原料供应。② 除了原料价格上涨、不易购得之外,其他物资及员工薪资等不断上涨,粉厂机器修理所需五金、材料、皮带、油料等耗材亦所费不赀,且价格上涨速度极快,而相对于二三个月才核定调整一次的面粉价格而言,明显跟不上原料与加工费用的上涨速度,因此粉厂流动资金日益减少乃至枯竭,自购原料能力下降。

  四联处可以看作是一个完全由在渝各大粉厂自发成立、意欲独立于政府管辖范围之外的行业组织。然而,政府粮食管理机关并不想在粮食供应问题突出的情况下仍有处于"化外"的此类民间行业组织的存在,而更愿意将之置于粮食部、财政部控制下的"自己的"组织系统如同业公会等类组织管制之中。因此,四联处撤销或改组事属必然,只是时间早晚而已。

  四厂联合处被撤销后,各粉厂管理者认识到,对粉厂而言失去了

---

  ① 《关于撤销重庆复兴、福民、福新、岁丰四厂联合办事处,成立机制面粉同业公会等上天城公司的呈》(1941 年 7 月 3 日),金城银行重庆分行档案,档案号:03040001025710000159000,第 159—161 页。

  ② 鲜伯良:《我经营重庆复兴面粉厂的回忆》,政协四川省委员会、四川省省志编辑委员会编印《四川文史资料选辑》第 4 辑,第 109 页。

一个"与官厅接洽"的依靠,"各厂必多不便之处",仍有在统制经济体制下成立组织"以资应付"的必要,甚至有人提出直接设立面粉业同业公会。① 关于工业同业公会,早在 1938 年 1 月 13 日经济部就已制定了《工业同业公会法》,该法案共 11 章 60 条,对同业公会的设立、会员、职员、会议、经费等作了详细规定,"凡制造重要工业品之工厂有同业两家以上时,应依本法组织工业同业公会……其会内各业不得单独组织工业同业公会",且某些行业已率先设立。② 针对物价上涨不已之现实,1940 年 8 月下旬,四联总处拟定《加强各业同业公会组织,统制日用品交易,以安定物价建议案》及实施办法,其要点有三,其中关于同业公会方面,提议政府在短期内无法设立新的基层统制机构之前,应尽可能利用各业同业公会,借助其深入社会、成立时间较久的特点,进一步强化各同业公会组织,使之成为有效力、能负责的市场机构,"赋予相当职权",分别统制市场交易,最终实现平定物价的目的。③ 意在加强各同业公会的职权,为进一步协助政府管理物价发挥更大作用。就面粉行业而言,1939 年西安各粉厂已接到经济部要求成立同业公会的指令,1940 年 10 月 5 日,于乐初、李国伟、祝伯柔等成立陕西省面粉工业同业公会,定名为"第一区面粉工业同业公会",并且不断发展壮大。④ 1941 年 2 月,全国粮管局在全国粮食会议提案中提出各粮食业应依据《工业同业公会法》筹设同业公会,该提案修正内容为共有八项,关于同业公会方面,规定"凡经登记之粮商,应依法组织粮食业同业公会;粮食业同

---

① 《关于撤销重庆复兴、福民、福新、岁丰四厂联合办事处,成立机制面粉同业公会等上天城公司的呈》(1941 年 7 月 13 日),金城银行重庆分行档案,档案号:03040001025710000159000,第 159—161 页。
② 《工业同业公会法》,1938 年 1 月 13 日公布,秦孝仪主编《中华民国重要史料初编——对日抗战时期》第 4 编"战时建设"(三),第 630—641 页。
③ 四联总处秘书处编印:《四联总处文献选辑》,第 235—236、239—240 页。
④ 《第一区面粉工业同业公会》(1942 年),陕西省档案馆藏,陕西省社会处档案,档案号:90—4—98;《同业公会面粉厂公会章程及会议记录等(一)》(1945 年),陕西省档案馆藏,雍兴实业股份有限公司档案,档案号:82—1—1060(1),第 4 页。

第三章　全国粮食管理局的粮政推行

业公会，应依照粮食管理机关之命令，办理粮食运销业务"①。

直接设立工业工会的提议未获多数人响应。1941年7月16日，各粉厂遂成立重庆市机制面粉厂联合办事处（简称重庆市机联处）。②与此同时，粮食部业已成立，重庆粮食管制措施更为严格，将重庆市平价食米供应处、重庆市仓库督导室及重庆市统购统销督导处改组为陪都民食供应处，负责市区粮食供应。1942年4月16日，粮食部部长徐堪密令重庆市粮政局，由粮政局与陪都民食供应处，会同粮食部督导室联合成立秘密组织"粮食部陪都粮政密查队"及通讯网，秘密侦查粮政营私舞弊案件，用强硬手段对重庆面粉行业从原料来源、面粉价格、打击行业不端行为及限制小厂发展等方面进行强有力管控，以便更好地控制重庆面粉市场。③

小　结

建立强有力的国家政权来推动经济建设一直是社会各界的诉求，在国外经验及国内危机的刺激下，20世纪30年代初，"统制经济"学说逐渐在中国兴起，在各界学者的鼓吹下，风靡一时。虽然部分学者认为当时的中国并不具备实施"统制经济"的条件，但面对窘迫现状，从国家大局出发，不少知识分子对"统制经济"表示肯定。

与此同时，"统制经济"博得政府高层重要人员的青睐，他们尝试在现实治理中实践，逐渐加强国家对经济的控制，这为国家迅速进入战时状态并进一步实施经济统制奠定了基础。作为关系全局的粮食

---

① 全国粮食管理局编印：《全国粮食会议报告》，第75—115页。
② 复兴、福民、福新、岁丰四厂联合办事处：《关于改组成立重庆市机制面粉厂联合办事处致王守先的函》（1941年7月17日），金城银行重庆分行档案，档案号：03040001025710000194000，第194—195页。
③ 粮食部陪都民食供应处：《关于将指派粮政密查队队员姓名、职务报粮食部备查致重庆市粮政局的函》（1942年4月27日），重庆市粮政局档案，档案号：00700002001080000002，第9—11页；粮食部：《关于抄送粮食部陪都粮政密查队组织办法给重庆市粮政局的密令（附办法）》（1942年4月16日），重庆市粮政局档案，档案号：00700002001080000001，第4—6页。

问题，蒋介石及其他上层人员的认识及态度成为影响粮食统制的重要因素。

在建设"统制经济"的大背景下，国民政府结合现实不断摸索，为加强对粮食的管理，设立的粮食管理机构不断推进调整，但在实际运行过程中效果却颇为有限。一方面，行政上缺乏层层贯彻的组织基础，粮食调节与管理缺乏统一性，各省着眼于各自的权益，对整体利益缺乏考量，而国民政府则将重点放在表层的机构搭建和法令制定上，并未做好深层的监督与落实。另一方面，粮食事务受多部门的监管、兼办，欠缺统领粮食管制的主体机构，导致粮食管理机构在人事关系、职权分配等方面存在重叠问题，行政效率不高。此外，国民政府鉴于自由流通的粮食管理方式和现行的机构体制尚能应对粮食问题，因此不愿轻易改变原有运作规则。

但是，1940 年爆发的粮食危机，给民众和政府都带来了恐慌。粮价上涨幅度不断加大，整体指数甚至开始反超物价，农业、工业均受到重大影响，人民的生活日渐艰难，粮食成为威胁生存与抗战的大事。而粮食危机的发生恰恰显示了以往粮食管理体制的不合时宜，国民政府为维护政权的稳定，必须加强粮食统制，构建一个符合战时需求的粮政运行系统，上层人员最终认识到设立一个专门的粮食管理机构的重要性与必要性。

从 1940 年春开始，粮食问题不断恶化，尤以四川为甚。因此，全国粮管局在四川推行粮政尤为积极，除配合农林部进行粮食生产外，还举办粮食调查以明了粮情，实施"派售余粮"政策，努力筹集军粮；提高仓储能力，扩大运输规模，改善运输模式；设立粮食市场管理机构，组织粮商、控制粮价，加强政府行政干预；设法稳定军粮供应，减轻公教人员粮食压力，着重办理重庆民食调剂，试图深入粮食管理的各个环节，这些政策确实起到了一定效果。

全国粮管局将川省作为中央粮食管理的实验区，无暇顾及他省，但时势却要求其推进全国性的粮食管理。为高效办理此项任务，全国粮管局于 1941 年 2 月召开了全国性的粮食会议，商讨了与粮食有关的所有问题，不仅为接下来的工作提供了思路，也使国民政府意识到有必要进一步加强粮食统制。与此同时，国民政府也开始发觉单凭全国粮管局现有的组织和权力难以达到"立竿见影"的目标，无法发挥粮政的实际效力，故萌生了裁撤现有机构，建立一个从组织、权力、地位都更高的新机构的想法。

然而，全国粮管局的成立又是较为仓促的。7月26日，张群曾致电国民政府行政院秘书长魏道明，说明此事之紧迫：

> 伯聪吾兄大鉴：
> 　　此次奉令召集粮食会议，通过各级粮食管理机构组织纲要及各项办法，均经呈奉委座核定，除将纲要办法及会议纪录另文函送行政院办理外，查粮食管理局局长一职，经奉委座决定，以卢次长作孚担任，并限于八月一日组织成立，日期迫切。关于该局组织，应请吾兄与作孚次长从速商拟，呈院核定，俾得如期成立。一切应办事项，并请分饬赶办为荷。
> 　　专此。
> 　　并颂。
> 　　　　　　　　　　　　　　　　弟张群拜启
> 　　　　　　　　　　　　　　　　七月二十六日①

从7月2日蒋介石责成张群召开会议，到8月1日全国粮管局正式成立，历时仅一个月，这对于一个中央层级的机构来说较为仓促，同时说明粮食危机更趋严重，必须尽快设立统一的专门机构进行有效的粮食管理，以应对粮食危机。

全国粮管局成立后，以卢作孚为局长的管理人员恪尽职守，以四川为中心的粮政措施均能有条不紊、按部就班展开。然而，仓促设立的全国粮管局在组织与权力方面还太弱小，循规蹈矩的措施无法应对日益恶化的粮食问题，加之其本身存在的问题、国民党内派系纷争不

---

① 《粮食管理机构组织办法案》（1940年—1941年），行政院档案，档案号：014—040504—0025，第53—54页。

断等因素，全国粮管局存在不足一年即被裁撤。"然粮管局制属草创，复以机构与职权有限"，故而对于粮价上涨未能收平抑之效，"影响人民生活颇大，不得不另谋解决方案，乃于三十年七月成立粮食部，各省设置粮政局，使职权扩大，机构健全，期军公民粮，能统筹兼顾。"①

---

① 濮孟九主编：《中国各重要城市粮食价格及指数专刊》，粮食部调查处1945年版，第2页。

第四章　全国粮食管理局的裁撤

如果从粮食部筹备期算起，粮管局实际仅运行9个月时间。国民政府之所以这么急于用新成立的粮食部代替原来的全国粮管局，显然是与粮管局的粮食管理绩效成效不彰息息相关。战时粮食管理主要为军粮、民食供应及稳定粮价，而管理局在这几个方面皆不尽如人意。

1941年7月1日，全国粮管局正式被撤销，曾作为承载国民政府粮食管理希望的新机构，为何仅存在11个月便退出了历史舞台？身处抗战的关键时期，每一个决策都须谨慎，尤其是中央机构的成立与裁撤更是需要深思熟虑。全国粮管局作为首个专门管理粮食的机构，其被国民政府如此快速"舍弃"，必然存在多重原因。

第一节　粮食危机进一步加剧

徐堪曾如此评价全国粮管局："因为社会的情形，和人民的习惯，以及行政机构欠健全，各阶层组织未完备，因此无甚效果。"[①] 考虑到徐堪的政治背景与卢作孚关系不睦，这一说法虽不排除过分贬低之嫌，但却抓住了问题的关键，即受各种因素影响，全国粮管局的实际成果与国民政府预期出现很大反差，粮价失控上涨、民众生存成本增加，矛盾仍旧不断恶化，这必然需要考虑新的出路。

---

① 徐堪：《当前之粮食问题》，《江西粮政》第1卷第8期，1942年10月1日，第3页。

一 粮价仍大幅上涨

纵观全国粮管局的粮食管理,其对粮食的产销储运确实费了一番心思,已形成一套较为周详的计划办法。但是,粮价问题始终未得解决,反而越攀越高。四川省作为粮管工作的核心地区,担负着快速地做好粮价调控工作,高效地稳定粮价的重任。然而,从1940年9月起到1941年6月止,川省粮价普遍上涨20—30倍。与此同时,其他各省的粮价上涨幅度也很大。总体上看,1941年国统区的粮价总平均指数上升到了2134%,比1940上涨了1601%。①

1940年11月13日,行政院举行第490次会议,卢作孚报告管理粮食办法,但对于四川粮价暴涨(每斗40余元,比上年此时涨15倍),并无即刻有效的平抑方法,只是议定国立各学校粮米救济办法。②

1940年11月19日,据中央社调查,重庆市物价与抗战前平均物价比较,已超过10倍,在三星期前,尚未达8倍。1940年11月23日,王世杰在日记中记载,面对猛涨物价,有些人甚至认为法币之"寿命或不能超过明年春季"。1940年12月7日又记,"近因米价猛涨(每一市石涨至一百九十元),公务人员及学校教员大都不能维持生活(因薪俸仍与战前无异)。政府对于渝市实行供给平价米,即由公家按一定之价,供给公务人员、教员及其家属以食米;⋯⋯其损失由公家任之"③。何廉曾对翁文灏言,"孔反对粮管局,故该局得款不易,徐可亭虽甚助,但四行愿不相从。卢作孚交徐而不交孔,故甚为难"④。孙科在1940年11月的一次谈话中指出:"同时国内就发生了吃饭问题。尤其是现在这个问题,非常严重,由春天起直到今天,还没有把这个问题解决,而且是一天一天的加重,在最近已可谓到极度

---

① 王洪峻:《抗战时期国统区的粮食价格》,第6页。
② 翁文灏著,李学通、刘萍、翁心钧整理:《翁文灏日记》(下),第579页。
③ 王世杰:《王世杰日记》手稿本,第2册,第382—392页。
④ 翁文灏著,李学通、刘萍、翁心钧整理:《翁文灏日记》(下),第549页。

第四章 全国粮食管理局的裁撤

的严重了。"① "此次米粮之涨,不在青黄不接之四五月,而在新谷甫经登场之时,其间人事之关系成分居多,可以无疑。"②

1940年11月16日,"近日重庆市米价较诸四星期前,突涨一倍(即由每市石八十余元涨至一百六十余元),一般公务人员及教员学生均有断炊之虞。今亦在蒋先生宅商讨发给公务人员及学校以'平价米'办法。惟办理不能无人管,亦不易有良结果"③。

表4-1　　四川省18个重要市场中等熟米趸售价格
（1940年7月—1941年7月）

（单位：元/每市石）

年份	1940年						1941年						
月份	7月	8月	9月	10月	11月	12月	1月	2月	3月	4月	5月	6月	7月
成都	44	44	56	94	110	109	126	131	130	137	288	261	362
乐山	51	51	77	103	124	112	164	—	177	206	245	332	367
内江	58	58	85	79	115	—	165	172	176	219	257	228	352
自贡	45	45	55	66	56	131	155	200	196	246	271	351	339
绵阳	47	47	59	75	96	109	131	165	159	183	248	334	369
三台	45	45	64	99	121	120	132	166	169	193	239	331	399
遂宁	50	67	83	105	155	160	158	168	177	219	288	349	372
南充	44	49	63	88	102	140	136	129	132	183	323	350	423
合川	45	—	55	81	—	—	—	155	164	246	321	342	
达县	30	32	43	53	83	99	101	107	105	125	211	287	294
广安	47	36	70	68	138	146	138	127	139	174	232	295	312

---

① 孙哲生:《粮食问题与抗战建国——二十九年十一月三十日在立法院演讲》,《孙哲生先生抗建七讲》,第31—32页。
② 崔昌政:《川康建设问题》,第103页。
③ 王世杰:《王世杰日记》手稿本,第2册,第380页。

续表

年份	1940年						1941年					
月份	7月	8月	9月	10月	11月	12月	1月	2月	3月	4月	5月	6月	7月
宜宾	70	58	77	83	113	141	144	162	158	215	230	291	301
泸县	49	26	66	77	124	120	129	173	165	187	240	311	827
合江	41	36	57	71	125	138	124	150	242	162	214	250	309
江津	49	—	—	—	—	—	126	150	158	157	196	286	346
重庆	49	37	37	38	118	149	143	150	153	152	157	225	232
涪陵	45	50	65	74	117	134	137	134	138	154	227	275	300
万县	38	34	46	54	76	111	212	127	137	137	207	248	273

资料来源：秦孝仪主编：《抗战建国史料——粮政方面》（二），第390—391页。

从表4-1中明显可以看出，从1940年10月开始，四川粮食市场的粮价陆续破百，1941年持续走高，尤其是5月的粮价更显激扬之势，每市石基本上已经到了200元以上，南充县甚至涨到了每市石323元，比上月每市石提高了140元，与1940年7月相比更是暴涨7.3倍。虽然四川各重要市场粮食价格不一，但无法否认的是，这些市场粮价均涨幅巨大，短时间内难以控制。即使是全国粮管局重点关注的重庆地区，粮价虽较他县稍低，却仍逃不过上涨的"命运"，1941年7月重庆粮价同比增长也高达373%。这可以看出全国粮管局对四川粮价的管理基本上是失败的。

不独四川如此，重庆、成都、兰州等后方主要城市1940、1941年粮食价格亦呈现较大幅度的增长。

通过表4-2提供的战时部分重要城市中等米价及其指数变化，不难看出，国统区米价整体呈上涨趋势。8个城市1940年7月的米价指数，除兰州为184.4外，其余都在300—500。但到次年7月，大多城市粮价指数破千，成都、衡阳指数接近3000，重庆甚至高达3447.1，重庆、成都、衡阳这三个城市粮价指数分别是1941年7月的 7.15、8.09 和 9.37 倍。即使是指数最低的兰州，1941 年 7 月粮食指数同比也增长了 389%。从表 4 - 2 中还可以看出 1941 年 3 月到 5 月间，个别城市粮价上涨速度很快，1941 年 4 月，重庆、衡阳粮价分别环比增长 42%、93%。5 月，成都、桂林粮价分别环比增长 50%、63%。

表 4 - 2　　　　战时重要城市中等米零售价格及指数

（1937 年 1 月至 6 月 = 100）

（单位：元/每市斗）

时期		1940 年						1941 年						
		7月	8月	9月	10月	11月	12月	1月	2月	3月	4月	5月	6月	7月
重庆	价格	6.36	8.30	8.70	10.66	15.70	18.35	19.17	21.53	19.00	27.07	38.00	41.87	45.33
	指数	481.8	628.8	659.1	807.6	1189.4	1390.2	1452.5	1631.1	1439.4	2050.8	2878.8	3184.0	3447.1
成都	价格	4.56	4.13	5.61	9.60	11.34	10.70	12.74	14.24	15.53	19.87	29.77	38.48	37.00
	指数	364.8	330.4	448.9	768.0	907.2	856.0	1019.2	1139.2	1242.4	1589.6	2381.6	3068.6	2950.6
兰州	价格	4.50	4.50	4.90	7.50	7.83	8.13	9.00	11.17	14.33	15.00	15.00	15.67	22.00
	指数	184.4	184.4	200.8	307.4	320.9	333.2	368.9	457.8	587.3	614.8	614.8	642.7	902.4
洛阳	价格	6.80	7.60	8.80	9.20	8.60	7.80	7.90	8.00	9.20	11.20	15.17	15.83	18.17
	指数	379.9	424.6	491.6	514.0	480.4	435.8	441.3	446.2	514.0	625.7	847.5	883.4	1014.0
衡阳	价格	1.85	2.40	2.50	2.70	3.00	3.50	3.60	3.53	4.17	8.07	9.83	15.47	17.33
	指数	308.3	400.0	416.7	450.0	500.0	537.3	600.0	588.3	695.0	1345.0	1638.3	2578.3	2888.3
桂林	价格	3.15	3.40	3.60	3.70	3.70	3.70	3.95	4.11	4.76	5.98	9.67	10.57	10.76
	指数	315.0	340.0	360.0	370.0	370.0	370.0	395.0	411.0	476.0	598.0	967.0	1057.0	1076.0
贵阳	价格	5.11	5.58	5.14	5.69	5.73	5.83	6.50	7.91	9.04	10.12	11.49	23.62	23.83
	指数	362.4	395.7	364.5	403.5	406.3	413.5	461.0	561.0	641.0	717.5	814.9	1678.9	1693.7
赣州	价格	3.50	3.40	5.80	5.80	5.80	5.80	6.09	6.95	9.16	11.57	10.90	12.27	13.17
	指数	465.4	452.1	771.3	771.3	771.3	771.3	809.8	923.8	1217.7	1538.2	1449.5	1631.3	1750.9

资料来源：瞿韶华主编：《粮政史料》（第六册），台北："国史馆"1992 年版，第 487—488 页。

四川 1940 年粮价奇高，还有一个重要原因是秋收后向鄂西输送军米80万市石左右,还有四川驻军数量特别大,皆发大米,尽全力供应,总计采购和捐献的数量近500万担,"负担特大"。还有对余粮的管理不到位,颁布的法令,因下级机构不健全,执行效果欠佳。1940年西康米价"上涨甚烈每斗卅二斤,价六十元,省府公务人员皆须搭食杂粮,民间终年食杂粮者更多"[1]。

虽然各地粮价普遍上涨,但各地米价也存在差距明显。就粮食价格和增长速度来看,重庆、成都比一般城市问题更为突出,这反映了全国粮管局不仅未能担负起管理全国粮价的责任,而且对于四川粮食的管理也不尽如人意,四川粮食危机还在继续,国民政府所期待的粮价稳定的局面未能实现。

二 生活成本上升

在粮价高涨的同时,社会危机也在进一步加剧。军粮筹集越发困难,民众的生活水平持续下降。国民党中央对于军粮筹集工作十分重视,在卢作孚的指挥下全国粮管局在川省的军粮筹购方面确有成效,但却不能满足实际军需,粮价的上涨更是增加了筹粮难度,粮饷划分、主食供给现品制度难以彻底实施。不仅如此,高昂粮价引发的利益诱惑使许多人铤而走险,特别是基层干部军粮贪污案件层出不穷。如璧山县大路镇副镇长刘子厚在办理军粮征购时,正值代摄镇长之职,刘子厚私自加征军粮100余石;[2] 江津县第二区三合乡鲁家场保长吴一鸣借采购军粮之机,强逼民家出售军谷,并贱价勒买、率兵封仓,[3] 对粮户造成了经济和情感上的伤害。

同时,无论是公教人员还是普通民众,生活条件都不容乐观,就拿粮政实施力度最大的重庆地区来说,一般生活费指数中食品类指数

---

[1] 全国粮食管理局编印:《全国粮食会议报告》,第36、55页。
[2] 向绩丹、何安民等:《关于查办向绩丹、何安民等控告璧山县大路镇副镇长刘子厚办理军粮征购舞弊案上四川省第三行政督察专员公署的呈》(1940年10月),四川省第三区行政督察专员公署档案,档案号:0055000500359000000400,第5—6页。
[3] 王利川、王焕章、四川省第三区行政督察专员公署:《关于核办吴一鸣、王德超等借采购军粮贪污诈欺案的呈、批示》(1941年1月23日),四川省第三区行政督察专员公署档案,档案号:0055005003510000056000,第56—60页。

1940 年平均是 5.78，而 1941 年则增至 22，其中粮食在食品类所占指数也逐月上涨，1940 年 7 月至 1941 年 7 月间，分别是 5.18、6.39、7.48、8.95、12.3、14.8、14.9、16.3、15.6、17.3、28.1、36.0、36.7，增加了 7 倍不止，[①] 加之房租、衣着、燃料及其他杂项也因物价上涨指数不断升高，民众生活压力极大。农本局总经理何廉也说："1940 年夏，食品危机达到顶点，米价涨上了天。"[②] 即使是国民政府尽量给予优待的公教人员，其生活水准也只是在低水平保持稳定，而普通民众更是举步维艰，国民党行政中心尚且如此，其他地区情况可想而知。

因此，全国粮管局被裁撤与当时粮食危机愈演愈烈，全国粮管局管理成效有限，未能达成国民政府的粮食管理目标有直接关系。国民政府高层必然会有打破现有局面、寻求突破之举。

第二节 "平价大案"的影响

全国粮管局的裁撤从上层管理人员调整开始就已有了崩塌的预兆，造成这一情况最为直接的事件便是"平价大案"的发生，表面上看这是针对农本局而言的，实际上全国粮管局也未能幸免。

粮管局成立前，由经济部平价购销处负责平价粮食供应事宜。购销处为设计、指挥、监督机关，具体业务如服装用品、粮食、燃料、日用品委托公私事业机关办理，资金由中、中、交、农四行联合办事总处拨借。其营运资金原核定为 2000 万元，1940 年 1 月，因鉴于合约往返需时，曾提请理事会，决议在合约未签订前，先行拨付 800 万元，存入中央银行备用。3 月，合约签订后，即按照合约规定，由平价处开具贴现票据，向四行陆续用款，截至 6 月 30 日，平价处共支取 18692500 元，其余未予支取。平价处对于经售物品尤其是棉纱、

[①] 《表三：重庆生活费指数》，1937 年至 1944 年，《南开统计周报》新 1 卷第 1 期，1944 年 5 月 10 日，第 17 页；《表四：重庆市一般生活费指数（食物类）》，1937 年至 1944 年，《南开统计周报》新 1 卷第 1 期，1944 年 5 月 10 日，第 19—20 页。

[②] 何廉：《何廉回忆录》，朱佑慈等译，第 156 页。

米粮、煤炭三项，售价完全由其规定。平价处每月行政费用约 2 万元。但自其成立至 7 月，"时逾半载，似少成绩"，粮食依赖农本局屯粮转粜，棉纱依靠福生庄拨借所存棉纱出售，"各方对于该处工作，或有不满"①。购销处亦自设门市，以方便管理控制具体办事机关。粮食管理局接替农本局后，继续办理平价粮食供应事宜，一直到 1940 年 11 月底。② 经济部平价购销处处长吴闻天建议，自 10 月份起，重庆市食粮筹集亦由新近成立的管理局继续办理，以资衔接。③

经济部平价购销处成立之初，商人对于政府此项举措并无明确认识，以为政府欲决心平价，多存戒心，故期现各货，观望态度。④ 四川省内粮食平价销售处多设于重庆、成都等大都市，"但以数目过少，供不应求，以致市民有候至半日不能购得者"⑤。

一　"平价大案"的经过

1940 年年末，全面抗战进入第四个年头，随着战争的不断推进，国民党统治区尤其是战时首都的经济形势和人们的日常生活越发艰困，民众对于国民党当局的不满也日渐加深，解决物价问题迫在眉睫。蒋介石将物价（内含粮价）上涨的原因归结为囤积居奇、干部营私舞弊。12 月 21 日，蒋介石"手令社会部、全国粮食管理局、平价购销处、重庆市政府等各机关，严切指示澈（彻——引者注）底平抑粮价、物价，取缔囤积"⑥。12 月 23 日，蒋介石为杀鸡儆猴，听取了"借人头、平物价"的建议，以操纵粮食、囤积居奇的罪名公开

---

① 四联总处秘书处编印：《四联总处文献选辑》，第 231—233 页。
② 经济部平价购销处、经济部：《关于办理全国粮食管理局成立后有关平价粮食供应事宜的呈、指令》（1940 年 8 月 24 日），经济部日用必需品管理处档案，档案号：002200010007900000070000，第 70—72 页。
③ 经济部平价购销处、经济部：《关于由全国粮食管理局继续办理重庆市食粮筹集事宜的函、训令、公告》（1940 年 9 月 23 日），经济部日用必需品管理处档案，档案号：002200010007900000077002，第 80 页。
④ 四联总处秘书处编印：《四联总处文献选辑》，第 238 页。
⑤ 崔昌政：《川康建设问题》，第 102 页。
⑥ 蔡盛琦主编：《蒋中正总统档案：事略稿本》(45)，第 138 页。

第四章 全国粮食管理局的裁撤

处决成都市市长杨全宇,全国为之轰动。

在此之际,行政院副院长孔祥熙一派乘机煽风点火,攻击农本局及其附局机构福生庄、国货联营公司的业务有营私舞弊的嫌疑,① 蒋介石得知后大为震怒。12月28日,农本局副局长蔡承新、职员吴知,福生庄经理吴味经、副经理沈国瑾,商业司长章元善、平价购销处长吴闻天、燃料管理处长朱谦、都樾周(1940年9月,朱辞职后改由都担任),国货联营公司副经理王性尧、日用品批发所经理寿墨卿十人被军统特务奉蒋介石手令拘讯,掀起"平价大案"风波。次日,经济部长翁文灏面见蒋介石,蒋表示"平价基金人多闲言,故已派人调查,被拘之人应照常执行公务",只是不准翁去。翁文灏一面表示自应照办,一面陈明章元善持身廉洁,可以力保,并对2000万元平价基金周转不灵进行解释。下午,财政部次长徐堪、四联总处副秘书长徐柏园、军统局副局长戴笠到经济部,与蔡承新等十人进行面谈,并要求上述诸人前往化龙桥附近四联总处留宿,方便互相商询,实际是将他们关入戴笠的秘密警察训练基地,进行隔离关押。徐堪决意彻查,坚信定能查出情弊。晚间,翁文灏与经济部次长秦汾、何廉赴孔祥熙宅报告事情经过,请求保释相关人员,使其正常办公。但孔祥熙出示蒋介石的手令,主张在行政院设立以其为主席的粮、物、工平价执行总局,甚至对何廉提出的面见蒋介石的请求,也抱着看戏的态度,表示"没有法子,没有用,没有用"。当晚,人在成都的卢作孚在接到翁文灏电话通知后速返重庆主持工作。②

30日,何廉前往化龙桥探访,向戴笠、徐堪、国民党中央组织部部长张厉生等人表示蔡承新与此事无关,③ 但徐堪等人反而指控他在分配食米时徇私情,"给一些大学和教育机构的米多于给党的机构的米",指责他的下属人员不老实,特别是在福生庄管理棉纱业务和

---

① 傅亮:《抗战时期的"平价大案"始末:以农本局改组为中心》,《江苏社会科学》2015年第1期。

② 李学通:《翁文灏年谱》,第235—236页;韩淑芳、张建安主编:《民国经济犯罪案》,第239—240页。

③ 翁文灏著,李学通、刘萍、翁心钧整理:《翁文灏日记》(下),第584页。

大米购销的人，双方最后只能不欢而散。① 当日，翁文灏和秦汾面见孔祥熙，呈请辞去经济部部长、次长及所兼各职，卢作孚、何廉也于同日决定分别辞去全国粮管局长和农本局总经理的职务。31 日，翁文灏、何廉、交通部部长张嘉璈等人拒绝出席行政例会，并与卢作孚联名上书蒋介石要求迅速查明实情，"有罪者停职，无罪者释放，正常工作"，事态进一步扩大。

翁文灏等人的共同进退引起各方震动，蒋介石不得不有所顾虑，因为这不仅会影响政府平抑物价、粮价的工作，而且会影响蒋介石在各界塑造的"善任、明哲"的形象。随后，陈布雷奉蒋介石命令，电话挽留翁文灏，劝其不要辞职，并告知拘留职员除章元善与寿墨卿暂缓释放外，其余皆放还经济部。几经劝解，翁文灏仍执意辞职，1月 7 日，蒋介石做出退让，谓章元善可被保释，经济部派秦汾参加清查平价购销处及农本局的工作。②

二 "平价大案"波及全国粮管局

随着清查工作的进行，调查结果对何廉、章元善、朱谦三人最为不利，翁文灏请孔祥熙向蒋介石转达自己的态度，"'办理不善'与'营私舞弊'，后者宜认真处分，前者应劝辞职或改良办法，不可冤枉得过分害人"。1 月 23 日，蒋介石对章元善作出处分，以"怠忽公务，藐视功令"为由，停止任用，而农本局因衣食平价未有成绩，另派员着手改组，其实对总经理何廉也做出了处置。③

蒋介石让翁文灏告知何廉，何在农本局与全国粮管局所任职务被撤销的原因是蒋对其另有任用。但可笑的是，蒋介石居然问翁文灏何廉愿意做什么，显然"另有任用"只是一个幌子。当时身兼农产调整委员会主任和农本局总经理的何廉，担负着供米和调价的重任，但在蒋介石主持的各部门负责人参加的每周例会上，每一次都有人抱怨

---

① 何廉：《何廉回忆录》，朱佑慈等译，第 192 页。
② 李学通：《翁文灏年谱》，第 236—237 页。
③ 翁文灏著，李学通、刘萍、翁心钧整理：《翁文灏日记》（下），第 592、597 页。

第四章 全国粮食管理局的裁撤

"没有大米",矛头直指农本局,何廉在辩论时得罪了不少人,也给蒋介石留下了不好的印象,① 故而蒋介石对何廉的处理"并不手软"。除此之外,徐堪还趁蒋介石对翁、卢等人不满之际,拿卢的得力助手何北衡开刀,在1月21日的经济会议上,徐堪批评何北衡的水利工作徒托空言,不做实事。②

3月11日,行政院第506次会议决议改任程远帆、曹仲植为全国粮管局副局长,以代替何廉、何北衡职务,农本局总经理由穆藕初继任。③ 其中,曹仲植是孔祥熙的亲信,曾任行政院院部参事、中央财政部次长、河南省政府委员兼财政厅厅长,此人喜欢效仿孔祥熙网罗和安插亲信、同乡,以组织"曹帮"来扩大"孔系"势力。④ 可见农本局改组事件的甜头并未让孔祥熙借此收手,反而趁此把手伸进了全国粮管局的决策中心。但"新政学系"作为既得利益者,必然不会任由"孔系"渗透,为平衡副局长之职,选择了与"新政学系"关系匪浅的"己方"人员。程远帆系留美学生,与北方金融界较有渊源,曾担任杭州市财政局长、浙江省财政厅厅长。程与"新政学系"的黄郛关系密切,原财政厅厅长徐青甫辞职时,就是黄郛向蒋介石推荐了程,足见两人感情甚笃。⑤

这场抗战期间轰动一时的"农本局查账案",直接起因是大后方物价的飞涨,被捕的涉案人员都是从事平价工作的人员,但有媒体报道这是政府对"借人头、平物价"的延续,体现了当时恶性通货膨胀已严重威胁国民政府的政权统治。"平价大案"历时两年又一个

---

① 何廉:《何廉回忆录》,朱佑慈等译,第174—175、193—194页。
② 翁文灏著,李学通、刘萍、翁心钧整理:《翁文灏日记》(下),第515页。
③ 《全国粮食管理局副局长何廉辞职,派赵烜为浙十区专员——国府十七日令》,《前线日报》1941年3月18日第1版;李学通:《翁文灏年谱》,第246页。
④ 杨修武、钟莳懋:《川康区食糖专卖概述》,政协四川省委员会文史资料委员会编《四川文史资料选辑》第44辑,四川人民出版社1995年版,第158—159页;王守义:《剑阁人民支援抗日战争纪实》,政协四川省广元市委员会文史资料委员会编印《广元市文史资料》第8辑,1995年,第29页;刘国铭主编:《中国国民党百年人物全书》(下),团结出版社2005年版,第2127页。
⑤ 政协浙江省委员会文史资料研究委员会编印:《浙江文史资料选辑》第4辑,1962年,第133—134页。

月,"以轰轰烈烈、整个大后方为之震惊开始,却以查无实据、悄无声息结案",但它重创了经济部,使农本局被裁撤,平价购销处形同虚设,何廉被免去本兼各职,章元善被停职。①

与此同时,全国粮管局一时之间撤换了两个副局长,不仅在业务方面需要磨合,更重要的是打破了机构内部整体的"和谐",除了积极实施粮食平价工作外,还要分心处理内部不同利益间的摩擦,机构运行效率必然遭受影响。而经此一事,翁文灏对孔祥熙、徐堪的不择手段心有余悸,不愿染指经济管制及物资管制事宜,将更多精力放在工矿建设事业上,②这也使得全国粮管局失去了翁文灏这个"后台",卢作孚等管理人员也感"心寒",全国粮管局的内部就已存在"裂痕",何谈更好带领下级机构完成国民政府急迫的、立竿见影的粮食管理高要求。

第三节 国民党派系斗争的影响

抗战全面爆发后,由于华北、华南地区的中心城市和沿海港口相继沦陷,日本对国统区实行经济封锁,不仅影响工业生产,也使对外贸易无法正常开展,而后方工业也在调整适应中。与此同时,战争使得财政开支大增,而持久战的消耗更加大了政府的财政压力,入不敷出渐成常态。经济短缺背后隐藏的利益诱惑,使奸商愈发猖狂,利用囤积居奇牟取暴利。面对"抗战"与"建国"双重任务,国民政府不得不加强对经济的严格管制。为此,争夺对经济管制机关的控制权,成了国民党各派系间加强权力、实现自肥的一个重要手段。就拿全国粮管局的成立与撤销来说,其实质上是派系斗争阶段性胜败的一个过程,而它的"退出"也代表着"新政学系"在与孔系较量中失利。

一 "新政学系"风头正盛

"政学系"是北洋军阀统治时期的一个官僚政客集团,1924 年旧

---

① 韩淑芳、张建安主编:《民国经济犯罪案》,第 237、241 页。
② 寿充一编:《孔祥熙其人其事》,中国文史出版社 1987 年版,第 290 页;李学通:《翁文灏年谱》,第 236 页。

第四章　全国粮食管理局的裁撤

国会解散后，停止活动。在北伐进入高潮，蒋介石逐渐控制政治权力后，他开始在有政治事务经验的人员中寻求帮助。当北伐到达南昌时，曾与蒋有私交的黄郛和张群则成为蒋延揽的重要对象。同时，在黄、张的引领下，一些与他们有私谊的人也相继入蒋之幕，如杨永泰、谷锺秀等。这些人员逐渐形成了国民党内的又一新派系，因这些人多数与原政学系有关系，故这一新派系被称为"新政学系"，其代表人物除杨永泰、熊式辉、张群外，还有张嘉璈、吴鼎昌、翁文灏、王世杰等。①

1938年，国民政府将实业部改组为经济部，并将"所有中枢骈枝机构皆并入该部"②，"执掌战时全国生产及经济统制"③，其权力之大足可想象。但这个机构偏偏落入了翁文灏手中，也意味着"新政学系"掌握了后方经济建设的大权。作为学者出身的翁文灏难免露有清高姿态，他对于"控制国民党组织系统的'CC系'不屑一顾，对于掌握财政金融系列的行政院副院长兼财政部长孔祥熙、财政部次长徐堪等人贪污腐败中饱私囊的行为又颇为鄙夷"，这种特立独行的作风，也不免得罪一些人。④ 与此同时，"新政学系"巨头张群，则在政治上与翁文灏形成互利。1937年8月，张群任国民政府军事委员会秘书长、大本营第二部部长。国民政府迁往重庆后，行政院于1938年1月改组，张群任副院长，同月任四川省政府委员兼省主席。1939年1月，国民党中央为统一战时党政军事大权，设立了国防最高委员会，并由张群任秘书长。1940年9月，张群兼任川康经济建设委员会常务委员，11月接任四川省主席、成都行辕主任及四川全省保安司令。⑤ 正因"新政学系"在经济、政治地位上日渐重要，如此风头自

---

① 何廉：《何廉回忆录》，朱佑慈等译，第211—212页；王桧林主编：《中国现代史参考资料》，高等教育出版社1988年版，第389—390页；李凤琴：《黄郛与近代中国政治》，南开大学出版社2017年版，第213页。
② 郝银侠：《社会变动中的制度变迁——抗战时期国民政府粮政研究》，第18页。
③ 杨者圣：《未加冕的女王宋蔼龄》，上海人民出版社2017年版，第219页。
④ 李学通：《抗日战争时期后方工业建设研究》，团结出版社2015年版，第32—33页。
⑤ 刘绍唐主编：《民国人物小传》（第十八册），上海三联书店2016年版，第185—186页。

然不可避免地遭到嫉妒和排挤，尤其与"孔系"冲突最为激烈。

孔祥熙虽掌握着财政金融大权，但他仍对经济管制大权十分眼热，而翁文灏等"圈外人"插手经济更使他耿耿于怀，鉴于经济部的工作时常需要与财政部打交道，故经济部常常在建设资金和开展业务各方面受其限制。①原本两者之间已形成微妙的平衡，而由"新政学系"一手成立起来的全国粮管局却打破了这一局面。粮食管理机构以专门的形式被单独设立，无疑集中并增强了粮食管理的范围及权限，也意味着经济部的此项权力被削弱了。这对于一直想获取经济部权力的孔祥熙来说无疑是个"良机"，不过负责机构建立的张群自然不会轻易退让，虽然全国粮管局设于行政院下，但其核心职务还是由"新政学系"成员或与其交好的人员担任。这也表示在这一轮斗争中，孔祥熙并未如愿分得经济部权力，粮食管理的实权并没有得到。

二 "孔系"出击及全国粮管局裁撤

本就对全国粮管局不支持的孔祥熙，一方面借助众人之手予以打压；另一方面主动出击，推动成立新的、可以由自己人把控的粮食管理机构。

1941年1月2日，卢作孚、何廉至翁文灏宅，"卢言物价不易骤平，必须信托主官，次第推进，中途偶有波折，不宜朝令暮改。现在求治太急，形势困难，故拟辞粮管局局长。何言，党中若干份子歧视太甚"。同日下午，翁文灏与张群谈话，张群言，"卢作孚在蓉时，言及政府处理物价近情，声唉泪下，极为慨息……从种种事实看来，徐堪存心与若干人为难。以彼著名污吏乃竟大胆欺凌正人，当局竟受其蒙蔽，可叹没过于此"。21日，行政院召开经济会议，在会议上徐堪批评何北衡不做实事，"交通部造木船，领款而不实。卢作孚略为何氏说明，张公权则当场表示愤怒。徐堪贪污骄横极矣！"23日，蒋向清查委员会徐堪、张厉生、谷正纲、秦汾、戴笠、徐柏园发代电：平价购销处长章元善怠忽公务，藐视功令，已交行政院停止任用。农

---

① 王松：《孔祥熙大传》，团结出版社2011年版，第201页。

第四章 全国粮食管理局的裁撤

本局衣食平价未有成绩,应修改组织,另行派员接管。24 日,翁文灏请辞未果,见孔祥熙,商讨改组农本局事,拟开理事会议决。31 日,孔宅举行农本局理事会,商讨农本局粮食业务:包括平价粮食供应自 1940 年 4 月至 11 月底,承办熟碛米 298000 余市石,其中 12 万市石代拨军粮,余均供渝市食用。① 议决农本局遵令改组,有关农贷部分移归中国农民银行接办,有关粮食部分移归管理局接管,准何廉辞总经理,蔡承新辞协理,仍继续负责至接收完竣时为止。徐堪颇不赞成将农本局之农贷全移交农民银行,而欲其移交四行,归彼支配。②

不过,孔祥熙一派自然不会轻易放弃这块"肥肉",除了平时暗中使绊,更是利用当时大后方"物资奇缺、黑市充斥、物价狂涨、通货膨胀"的风潮大造舆论,③ 以此攻击经济部,甚至"策划"了"平价大案",使整个矛盾表面化。如前文所述,经济部职权范围缩小,翁文灏锐气大挫,全国粮管局也因此受到波及,孔系势头明显上升。

在粮食管理的态度上,翁文灏、卢作孚等人深知问题的复杂与艰巨,主张稳步进行,认为"举动操切,恐多失当,动摇人心"④,何北衡也表示"操之过急之危险办法,则绝对不能采行,盖恐因之酿成大乱"⑤。而徐堪则抓住了蒋介石的心理,主张大刀阔斧地进行整顿,力求快速见效。1941 年上半年,粮食管理成效并不理想,到了必须寻求"新路"的时候,这为蒋介石酝酿的通过机构升格来加强粮食统制的计划提供了有利时机。

为取代全国粮管局,在 1941 年 3 月底至 4 月初的国民党五届八中全会上,孔祥熙等 18 人提案《为平衡粮价调节民食拟利用并改善健全民间粮盐交易基层机构及其经营方法以奠立粮盐专卖制度基础案》。在提案中,孔祥熙除了申述粮政、盐政的重要性之外,提

---

① 翁文灏著,李学通、刘萍、翁心钧整理:《翁文灏日记》(下),第 605—623 页。
② 陈谦平编:《翁文灏与抗战档案史料汇编》(下册),第 630 页;翁文灏著,李学通、刘萍、翁心钧整理:《翁文灏日记》(下),第 631 页。
③ 杨者圣:《未加冕的女王宋霭龄》,第 219 页。
④ 翁文灏著,李学通、刘萍、翁心钧整理:《翁文灏日记》(下),第 539 页。
⑤ 《行政院秘书处就抄送粮食谈话会议记录函》,1940 年 9 月 12 日,重庆市档案馆、重庆市人民银行金融研究所编《四联总处史料》(下),第 262 页。

议设置粮食部。经议决，决议在行政院内设置贸易部与粮食部，以加重其职权而增进其业务效能，原来设立的财政部贸易委员会及全国粮管局予以撤销。① 受"平价大案"及全国粮管局管理粮价失败的影响，"新政学系"在气势和实力上无法与"孔系"竞争此一新机构。

9月11日，蒋介石在告四川同胞书中讲到了各国在战时彻底统制的例子，但认为中国粮食产量丰富，"还用不到采取这种办法"，即使军粮也是政府统筹采办而不用强制征收。② 因此，唐纵在10月6日所言即可理解："下午特往第四组调阅卢作孚报告。卢氏之办法，九月十九日呈上，委座并未批准。二十一日陈主任（指陈果夫）再呈请，始奉批照办。现在即采行此种办法。此种办法，系将重心置于乡镇保甲身上，地方政治如此之坏，将来成效如何，尚不可知，惟米价之继续上涨，则可断言也。"③ 这也与翁文灏1940年11月13日日记所载吻合：行政院第490次会议，社会部长谷正纲初到出席，卢作孚报告管理粮食办法，但对于四川粮价暴涨（每斗40余元，比上年此时涨15倍），并无即可有效之方法。④ 在此次会议上，行政院通过了副院长孔祥熙所提各省田赋酌征实物的提案，以救济军民粮食，平均民众负担，征率分别专案核定，并报请国防最高委员会审定。⑤ 而关乎抗战建国大计、民族存亡的粮食供应问题却时不我待，日益严重的粮食危机却不容久拖不决。1941年4月，四川各地春旱，各县竞求自保自给，不以余粮应市，全国粮管局于是实行定价收购，民间存粮

---

① 《国民政府文官处复国防最高委员会公函，为五届八中全会关于在行政院内设置贸易部与粮食部，并撤销贸易委员会及全国粮食管理局案，经陈奉令饬政院遵办》，朱汇森主编《粮政史料》（第一册），第294页；朱子爽编著：《中国国民党粮食政策》，第72—75页。
② 《蒋委员长发表："为实施粮食管理告川省同胞书"》，1940年9月11日，秦孝仪主编《中华民国重要史料初编——对日抗战时期》第4编"战时建设"（三），第51页。
③ 公安部档案馆编注：《在蒋介石身边八年——侍从室高级幕僚唐纵日记》，第164—165页。
④ 翁文灏著，李学通、刘萍、翁心钧整理：《翁文灏日记》（下），第579页。
⑤ 《国内外经济大事记》，《中央银行经济汇报》第2卷第11期，1940年12月1日，第1417页。

第四章　全国粮食管理局的裁撤

愈益分散,"阻关遏粜之风益盛,而市场粮食愈感缺乏,人心愈感不安"①。4月2日,国民党五届八中全会通过《动员财力扩大生产实行统制经济以保障抗战胜利案》,标志着国民政府正式实行统制经济。②4月底5月初,国民政府重新考虑粮食政策,拟采纳孔祥熙建议,决定裁撤全国粮管局,在行政院下另设粮食部,以提高其地位,加增其力量。③当月底,即已有多名官员如李奎安、温少鹤、邓子安等提出成立粮食部,为其造势。5月17日,卢郁文即语翁文灏,政府拟于27日对外宣布粮食部成立。④20日,国民政府颁发任命状,"特任徐堪为粮食部部长"。21日,行政院第515次会议通过《粮食部组织法》。6月1日,筹备中的粮食部租下重庆市康宁路三号,作为筹备办公处,"先行派定人员筹备组织"⑤。3日,行政院第517次会议上,徐堪以粮食部长身份出席了此次会议。⑥7日,徐堪呈文行政院,谓6月17日粮食部已启用部印,开始办公。⑦25日,行政院院长蒋介石训令:"兹定七月一日为粮食部正式成立日期,全国粮食管理局应即

---

① 《行政院工作报告——有关稳定财政及管制粮食、物价部分(1938—1945年)》,对中国国民党第六次全国代表大会报告,秦孝仪主编《中华民国重要史料初编——对日抗战时期》第4编"战时建设"(三),第314页。

② 《中国国民党五届八中全会主席团提:"动员财力扩大生产实行统制经济以保障抗战胜利案"》,1941年4月2日中国国民党五届八中全会第11次会议通过,秦孝仪主编《中华民国重要史料初编——对日抗战时期》第4编"战时建设"(三),第251页。

③ 《行政院工作报告——有关稳定财政及管制粮食、物价部分(1938—1945年)》,对中国国民党第六次全国代表大会报告,秦孝仪主编《中华民国重要史料初编——对日抗战时期》第4编"战时建设"(三),第314页。

④ 翁文灏著,李学通、刘萍、翁心钧整理:《翁文灏日记》(下),第680页。

⑤ 《粮食部成立与裁并》(1941年6月7日—1947年7月7日),行政院档案,档案号:014—040503—0001,第7页。

⑥ 翁文灏著,李学通、刘萍、翁心钧整理:《翁文灏日记》(下),第683页。

⑦ 《粮食部成立与裁并》(1941年6月7日—1947年7月7日),行政院档案,档案号:014—040503—0001,第12页;《粮政大事记要表》,《粮政月刊》创刊号,1943年4月16日,第64页;《经济杂讯》,《经济汇报》第4卷第1期,1941年7月1日,第107页。有一事亦可说明国民政府自6月中旬即已将全国粮管局"抛弃":6月18日,重庆市政府呈文行政院,反映五六月份重庆贫民及各机关学校原计划供应米量减少,2家粉厂停工,人心恐慌不安。行政院当天致渝市府公函云:"院长谕:交经济会议秘书处及粮食部。"参见《重庆市府电陈目前本市粮食供应情形三项》(1941年),行政院档案,档案号:014—040504—0172,第6页。

于同日结束,所有该局主管事务,并应于是日分别移交粮食部接管。"① 28 日,全国粮管局局长卢作孚呈文行政院,就交接事宜做了安排。30 日,首任粮食部长徐堪、常务次长庞松舟在纪念周结束后,宣誓就职。② 7 月 1 日,粮食部正式与全国粮管局进行工作交接,宣告正式成立。③ 全国粮管局只酌留部分员工,处理后续工作。④

小 结

国民政府为统筹全国粮食,经过缜密筹商,在行政院下成立了全国粮管局,逐渐统一各省县粮食管理机构名称并扩大各级机构的粮食管理权限,粮食管理机构开始独立成一系统。虽然全国粮管局颁布了很多法令,积极解决粮食问题,尤其在四川地区付出了极大心力,但却并未达到国民政府"高预期",四川粮食危机更加严重,其他各省粮食问题也不断恶化,这与国民政府解决粮食危机的决心不匹配乃至存在抵牾之处。全国粮管局的各项政策如派售余粮、平价配购、取缔囤积等平缓温和,卢作孚认为粮食统制"大可不必",而期望粮食困难"逐次以求解决也"。很显然,卢作孚对于粮食危机的认识非但与粮食危机本身不相称,而且其所采取的"逐次解决"的政策措施并非雷厉风行、立竿见影。与此同时,国民政府设立专门粮政机构的想法也引得多方势力的垂涎,全国粮管局的成立使新政学系分走了这块"蛋糕"的大部,自然令人眼热,特别是权力斗争公开化的"平价大案",更是全国粮管局裁撤的另一诱因。

---

① 《粮食部成立与裁并》(1941 年 6 月 7 日—1947 年 7 月 7 日),行政院档案,档案号:014—040503—0001,第 10 页。

② 国民政府参军处典礼局:《关于举行外交部部长郭泰祺、粮食部部长徐堪、粮食部常务次长庞松舟等就职典礼致重庆市政府的函》(1941 年 6 月 29 日),重庆市政府档案,档案号:0053—0001—00024—0000—126—000。

③ 粮食部管理局、重庆市政府:《关于洽办粮食部管理局交接事宜的代电、训令》(1941 年 6 月 17 日),重庆市政府档案,档案号:0053—0001—00024—0000—129—000。

④ 《粮食部成立与裁并》(1941 年 6 月 7 日—1947 年 7 月 7 日),行政院档案,档案号:014—040503—0001,第 3—7 页。

第四章　全国粮食管理局的裁撤

卢作孚的健康状况在其担任全国粮管局局长期间有变坏趋势。据报载，重庆《大公报》曾有如下报道："前全国粮食管理局局长卢作孚在职期间，积劳成疾，虽经调养，并未痊愈，月初复加患疟疾，致健康受严重影响，日前赴北碚疗养，尚无起色。昨经仁济医院用 X 光检查，发现右肺叶业已破裂，并已减重四分之一，为状殊险。"[①] 卢作孚兢兢业业，为粮食管理事务殚精竭虑，身体健康亦受影响，这对于全国粮管局来说也是不利因素。

早在全国粮管局成立不久，国民政府上层对于粮食管理的态度已然出现分歧，蒋介石主张加强粮食统制的态度与卢作孚等人并不一致，粮食管理一开始有些许成果，但随着时间推移，管理开始显出后劲不足。此时，国民政府也已发觉全国粮管局在机构权力上稍差一截，特别是要想配合田赋征实政策的出台和落实，适应战时经济体制，就必须扩大粮食管理职权，故蒋介石在国民党五届八中全会上同意设立粮食部而取消全国粮管局。经过一段时间的准备与协调，粮食部顺利"面世"，在主管人员的带领下，粮食部也开始了紧张的运行，粮政机构日趋健全，国民政府的粮食管理迎来了粮食部时期。

---

① 《卢作孚抱病》，《大公报》（重庆）1941 年 7 月 20 日第 3 版。

第五章　对全国粮食管理局的评价

　　无论平时与战时，粮食问题的重要性毋庸置疑，随着战区扩大、粮食供应不继、粮价上涨，国民政府上层人士对此认识渐趋深刻。粮食问题不单纯是经济问题，同时也是政治问题、社会问题，也是非常重要的军事问题，蒋介石甚至称之为"整个抗建大业的成败问题，整个民族的存亡问题"①。国民政府军事委员会委员长成都行辕主任贺国光、经济会议副秘书长何浩若1940年8月时曾明言，粮价飞涨，粮市混乱，不仅为粮食问题，且为整个经济问题，整个社会问题，整个军事问题。② 因为粮价是一切物价的基础，粮价上涨必然刺激其他物价的上涨；粮价上涨后，工人工资购买力下降，生活即会出现问题，从而影响社会秩序、社会治安；粮价上涨影响军粮供应自不待言，这在广东发生粮荒后，广东绥靖主任余汉谋、广东省政府主席吴铁城、第四战区代司令长官张发奎等致国民政府函电中多次提到。③ 蒋介石1941年6月曾言："川省粮食问题之日趋严重，究其症结所在，应由军务方面切实负起责任，方有办法……中为此言，实鉴于粮食问题与地方治安有极密切之关系，故为兄等痛切指示。"④ 陈诚1942年4月在湖北省财政、粮食联合检讨会上指出，"本省各区所发

---

①《赋税（二）》（1941年），蒋中正"总统"文物档案，档案号：002—080109—00012—003，第17页。

②《赋税（一）》（1940年），蒋中正"总统"文物档案，档案号：002—080109—00011—003，第17页。

③《广东粮荒救济（一）》（1937年—1939年），行政院档案，档案号：014—040505—0001，第37—39页。

④ 叶惠芬编辑：《蒋中正总统档案：事略稿本》（46），第425页。

第五章　对全国粮食管理局的评价

生的粮荒，与其说是粮食问题，不如说是政治问题"①。国民政府逐步正视粮食危机所带来的一系列问题，并积极寻求解决之道。全国粮管局作为稳定时局的探索，是战时粮食管理的一次重要变革。它不仅对管理体制进行了调整，还制定了许多控价供粮、调剂盈虚的措施，对调节四川地区的军粮民食产生了一定作用，也为保障抗战胜利有着特殊的贡献。但也需注意到，受战时多方因素的影响，全国粮管局的行政组织并未健全，实际掌握的权力还太小，国民政府对地方控制力度还不够，管理范围过于狭窄，粮食管理收效甚微，粮食危机还在持续。

关于全国粮管局的粮食管理成效，何应钦曾在其将被裁撤之际有如下言论："四川的粮食问题，如果不是卢作孚先生和粮管局诸位同志的努力负责办理。今天尚不知是何种现象？又如二十九年的军粮，就是完全赖着卢先生一手筹措。这种功勋，是永远使我们不能忘记的，虽然目前还有许多不方便不周密的地方。这是初次办理的缘故。"② 刘航琛在总结粮管局工作时，罗列了全国粮管局在管理机构设立与调整，调查登记及粮商管理，调剂各地粮食供需三个方面的14点"重要设施"，但同时亦指出："惜以种种环境演变，未尽量达成预期之计划与希望。"③ 何、刘二人的评价虽不无道理，但可以看出，二人基本上并未对全国粮管局提出严厉批评，而是将管理效果不佳的原因归结为客观条件。

全国粮管局粮政措施乏善可陈，军粮民食供应矛盾突出。国民政府西迁之后，尤其是1940年6月宜昌失守、各地灾歉严重，粮食问题日益严重，国民政府遂有加强全国粮食管理的动议，成立全国粮管局。全国粮管局成立后，面对纷繁复杂的粮食问题，虽然制定了一系列措施，召开全国粮食会议，但军糈民食供应问题仍然非常突出。

---

① 《陈诚言论集——民国三十一年（一）》，台北："国史馆"藏，陈诚"副总统"文物档案，档案号：008—010301—00034—013，第365页。
② 全国粮食管理局编印：《全国粮食会议报告》，第22页。
③ 刘航琛：《一年来之四川粮政概况》，财政部四川省田赋管理处编印《四川田赋改制专刊》，1941年11月15日，第36页。

一方面，军粮供应不力。军政部 1940 年 10 月 7 日接何鲁函称："近征购军米弊端百出，办军米之人领有政府之款后，并不以钱购谷，肆行封仓，肆行碾米，取去后，不与分文，且不给收条，又不予公示于人民，以至各乡骚然，米价陡涨，并有数日不能得米者，此实为抗战以来所无之恶劣现象。"① 作为后方勤务部副部长，端木杰对军粮供应也极为不满。② 军粮供应问题并未随着全国粮管局的成立而马上好转。

1941 年 4 月，粮管局奉令筹办第六战区攻势屯粮，但效果并不理想，两三个月时间仍未拨交。③ 这主要是因全国粮管局手中几无存粮可以交拨。卢作孚在 5 月 7 日致顾翊群的信中亦大倒苦水：一来本局资金有限，各省各战区粮食营运资金缺口尚大，无力承担；二来各地仓库藏储军粮不敷甚巨。④ 6 月初，《大众生活》援引了一位某战区负责军粮购买事宜的军官的话："近年粮食问题，日趋严重，竭数机关之力，对囤积之风，无法遏止。弟虽力提较彻底办法，但力竭声嘶，难被采纳。"⑤ 这位军官虽未透露姓名，文章也未明说此人所提"彻底办法"为何，但可以肯定的是，部队对于当前粮食问题颇为不满，这种不满主要集中在粮食囤积上。有消息称，刘湘夫人在四川大量购囤粮食，尤其是刘湘妻舅，在蓬溪一带用一师的兵力搜囤谷麦，与刘文辉手下的旧系军人在幕后操纵粮价，无人敢碰。⑥ 尽管卢作孚"终日忙于粮局工作"⑦，但军糈民食供应矛盾仍十分突出。

----

① 全国粮食管理局：《关于查禁川省各县驻军自行采购军粮由全国粮食管理局统筹办理致四川省第三区行政督察专员公署的代电》（1940 年 10 月 21 日），四川省第三区行政督察专员公署档案，档案号：00550005002590000078000，第 78 页。
② 全国粮食管理局编印：《全国粮食会议报告》，第 27 页。
③ 粮食部编印：《粮食部报告》，第 3 页；粮食部调查处第四科编：《粮食部三十年度工作检讨报告》，第 7 页。
④ 《卢作孚复顾翊群函（1941 年 5 月 7 日）》，载黄立人主编《卢作孚书信集》，四川人民出版社 2003 年版，第 784—785 页。
⑤ 一之：《粮食部的成立》，《大众生活》新 3 号，1941 年 5 月 31 日，第 50—51 页。
⑥ 胡道：《粮食部沧桑录：徐堪为什么要离开粮食部》，《自由天地》第 2 卷第 7—8 期合刊，1947 年 10 月 30 日，第 12 页。
⑦ 《卢作孚致康心如函（1941 年 5 月 6 日）》，载黄立人主编《卢作孚书信集》，第 785 页。

第五章　对全国粮食管理局的评价

另一方面，民食供应与调剂阻滞，陪都粮食供应问题突出。1940年秋收后，渝市米源仍不畅旺，米价趋涨，这显然有悖常理。全国粮管局先后组织成立四川省粮食管理局与重庆市粮食管理委员会，以收管理之效，但效果并不明显。① 9月7日，重庆卫戍司令部致函重庆市社会局，称"本市米荒严重现象，仍未减除"，请求全国粮管局与农本局设法增加供给量。②

全国粮管局对于四川省都市民食供应采取划区与督商营运办法，政府未能掌握大量粮食实物以控制市场，粮食来源阻滞，粮食商人反得操纵其间，因此各地粮价日涨，供应时缺，造成春夏两季粮食短缺的严重现象。1941年4月，四川春旱，几致成灾，省内各地粮户多怀观望态度，不肯以余粮应市。全国粮管局实行定价收购，民间存粮愈益分散，粮食市场越来越少。粮食来源以集体粮商采购为主，集体粮商享有专商权力而不负供应之责。其时渝市每日需米3000余市石，而集体粮商每日运销之米最多不过1700余市石，甚至每日仅运销数百市石，以致渝市食米常感供不应求，粮价高涨，人心不稳。③ 6月9日，重庆市市长吴国桢即报告，渝市"粮食来源缺乏"，已交粮食部切实规划。④ 奸商乘机操纵粮食市场，致使粮食供应来源减少，供需失当，粮食短缺，粮价日渐腾贵，人心大为不安，全年向不缺粮的省会成都1941年6月底"米价奇涨"，每双市石大米涨至900余元，人心至为恐慌，⑤ 甚至发生抢米之事。1941年6月，长沙、湘潭各地亦

---

① 经济部农本局、经济部平价购销处：《关于全国粮食管理局承办平价粮食业务划分账目结束的函、呈》（1941年1月24日），经济部日用必需品管理处档案，档案号：0022000100079000099000，第100—109页。
② 重庆市社会局：《重庆市社会局关于设法增加粮食供给量致全国粮食管理委员会、经济部农本局、重庆卫戍总司令部办公室的公函》（1940年9月13日），重庆市社会局档案，档案号：00600002009700000019，第60—61页。
③ 粮食部调查处第四科编：《粮食部三十年度工作检讨报告》，第2页。
④ 国民政府军事委员会：《关于粮食来源缺乏已由粮食部规划筹办致重庆市政府的代电》（1941年6月13日），重庆市政府档案，档案号：0053—0025—00050—0000—093—000。
⑤ 粮食部调查处第四科编：《粮食部三十年度工作检讨报告》，第6页。

发生抢米事件。① 原本为"天府之国"的四川成了粮食问题最为严重的省份，陪都粮食供应严重短缺。

第一节　全国粮食管理局的作为

全国粮管局成立的价值主要可以分为三个方面，一是机构本身，二是粮政角度，三是对于战时的影响。全国粮管局的创设，代表从中央到地方开始有了统一的粮政机构，粮食管理思路发生转变，这对于维持政府运转，稳定后方社会，支持抗战建国具有重要意义。

一　战时粮食管理的专门机构

纵观国民政府整个粮食管理机构的演化，全国粮管局算得上是粮政机构"转型"的关键节点。在此之前，国民政府投入运行的粮食管理机构大多并行于农业机构之中，并没有建立独立的粮食行政机构。同时，受粮食自由管理政策影响，已运行的粮食管理机构并没有统一的"指挥中心"，难以形成横向的有机联系及纵向的"权力渗透"，且各层级组织在名称上纷繁复杂，职权界限上也模糊不清，呈现"散点"状态。1936年9月15日，农本局成立，其以"调整农业产品，流通农业资金，藉谋全国农村之发达"为宗旨。② 而抗战全面爆发后，为适应战时形势，1937年10月，军事委员会下设了农产调整委员会，意在调整战时农产运销。单从"农业""农产"等字眼便可看出粮食管理从属于农业工作大框架之中，粮食管理视野及范围仍十分狭窄。调整后的经济部农本局，看上去粮食行政开始集中，但其内部业务纵横交错，承载了过多本职以外的工作任务，分散了人员、资金甚至出现业务冲突。

全国粮管局的成立使上述局面开始扭转。全国粮管局是国民政府

---

① 叶惠芬编辑：《蒋中正总统档案：事略稿本》(46)，第354页。
② 《农本局组织规程》，1936年6月16日提行政院通过，《中央周报》第427期，1936年8月10日，第544页。

第五章 对全国粮食管理局的评价

第一个直属行政院的统筹全国粮食产销储运、调剂省际粮食供需、指挥监督各省市粮食管理局机构的特殊机关,① 它的出现使粮食管理有了专门机构,开始从农政系统中相对独立出来,适应了战时权力集中与专门化的发展要求。与以往相比,全国粮管局具有一定的"一体化"性质。从中央机构而言,除农林部负责大部粮食增产事宜外,粮食管理主要交由全国粮管局负责,且全国粮管局组织构成相对纯粹,内部并未下设类似农本局所辖福生庄、平价购销处等业务对象不相同的管理组织,故整个机构始终以粮食管理为目标,针对性明确,责权统一性加强。从地方层面上看,全国粮管局开始尝试打破各地区粮食"自治"的状态,地方与中央的联络通道也在逐步建立,大多省、市县奉令成立省粮管局及县粮食管理委员会;地方粮政部门如西康粮管局亦向全国粮管局呈报了该省粮政报告及粮食管理计划;② 全国粮食会议召开时,各省积极配合,准备了大量提案并参与讨论,这实际反映出上下联系正在不断加强。

全国粮管局的出现使国民政府初步建立起统一的粮食行政机构,不仅在管理权限、范围上比以往扩大并集中了,且使各省县粮食机构在名称、基层干事设置上逐渐体系化,而各层级"平台"的架设也恰恰为之后粮食部组织架构打好了一定的基础,使粮食部能够在全国粮管局原有组织架构上更为快速便捷地组建起隶属于自己的粮政系统。

在完成自身的组织架构的同时,全国粮管局亦针对各省情形,帮助各省完成相应粮食管理组织的搭建。

全国粮管局时期,各省粮食管理局在省政府看来是中央直辖机关,不易与各厅处切实合作,而对县政府的指挥无从发力,各县所设粮食管理委员会虽由各县县长兼任主任委员,而实际负责者多为地方

---

① 陆大钺:《抗战时期国统区的粮食问题及国民党政府的战时粮食政策》,《民国档案》1989 年第 4 期。
② 西康省粮食局:《西康粮食局呈报粮政报告粮食管理计划调查登记办法及汉源县救济战时后方粮荒办法和全国粮食管理局电》(1940 年),四川省档案馆藏,西康省粮食管理局档案,档案号:民 224—01—0003,第 1—60 页。

士绅,"意志纷歧,均于粮政推行大有妨碍"①。内江督粮委员段宇在一次座谈会上亦认为,内江"这次征购粮食表现最好的是老百姓,为难的是士绅,所以执行任务时,要首冲破士绅的难关"②。有鉴于此,粮食部成立后,在各省县成立粮政局、粮政科,以加强省县粮食管理权力。同时,粮食部拟具《省粮政局组织大纲草案》,呈报行政院会议,并在第525次会议作为第一项议案讨论通过,8月8日明令公布,首先在征实征购"为期甚迫"的四川省实施。同时,原省粮食管理局组织规程予以废止。③ 先后成立粮政局的省份有鄂、湘、川、赣、晋、冀、康、桂、闽、黔、浙、绥、皖、宁、甘、陕、滇、粤18省及重庆市,江苏省因情形特殊,1941年10月江苏省政府主席韩德勤计划设立粮政局,并提议拟由该省府秘书长马汉波担任,嗣而因战局变化,12月初提出暂缓设立,9日,行政院第543次会议决议"暂不设立粮政局"。之后,行政院指令可由财政厅或民政厅兼办。1942年4月5日,韩德勤指定由财政厅兼办,国民政府同意增设秘书一人(荐任),主任科员两人、科员及办事员各四人(均委任),书记四人。④ 山东原设有粮食管理处,也正在积极改组之中。

各省县粮政科添设改组或定期成立的有四川、广东、浙江、山西、河南、陕西、湖南、湖北8省及西康宁雅两属。

---

① 粮食部调查处第四科编印:《粮食部三十年度工作检讨报告》,第69页。
② 剑琴:《第一次督粮座谈会剪影》,《督导通讯》第1卷第2期,1942年2月1日,第11页。
③ 《省属粮政单位组织规程(二)》(1941年—1945年),行政院档案,档案号:014—040503—0006,第17—28页;《省粮政局组织大纲》,1941年8月8日,《行政院公报》渝字第4卷第17号,1941年8月15日,第17—18页。关于此次省县粮食机构改组,尚有一个误会。据徐堪记载:"粮食部成立后,将省级机构改为粮政局,县立机构改为粮政科,将管理二字一律删去。因此曾一度引起外间误会,以为粮食部已经放弃管理工作,粮食又可以自由买卖了。"参见徐可亭先生文存编印委员会编印《徐可亭先生文存》,第132页。四川省1941年征购军粮及田赋征实已确定于9月16日开始。参见粮食部编印《粮食部报告》,第5页。
④ 《省属粮政单位组织规程(三)》(1941年—1945年),行政院档案,档案号:014—040503—0007,第25—38页。

第五章　对全国粮食管理局的评价

表5-1　　　　各省（市）粮政局一览（1941年11月）

省别	等级	局长	副局长	成立日期	驻在地点	备考
四川	甲	刘航琛	彭□武、甘续丕	1941.9.1	成都	粮管局改组
湖北	乙	朱怀冰	魏□南	1941.8.31	恩施	系湖北省粮食调节处改组为粮政局
云南	乙	李培天	杨体仁、杨天理	1941.9.1	昆明	粮管局改组
河南	乙	汪培实	杨鸿斌、吴君惠	1941.9.4	洛阳	粮管局改组
湖南	甲	谢铮	—	1941.9.15	长沙	粮管局改组
广西	乙	黄铁真	欧仰义	1941.9.16	桂林	粮管局改组
绥远	丙	俞杰	陈国桢	1941.9.16	陕坝	粮管局改组
贵州	乙	何玉书	姚国栋	1941.10.1①	贵阳	粮管局改组
甘肃	丙	赵清正	吴长涛、党家驹	1941.10.1	兰州	粮管局改组
陕西	乙	张志俊	程孝泰、董宾秋	1941.10.1	西安	粮管局改组
广东	乙	胡铭藻	谭葆寿、巫崎	1941.10.1	曲江	粮管局改组
江西	甲	胡嘉诏	艾怀瑜	1941.10.1	泰和	粮管局改组
安徽	丙	苏民	严士复	1941.10.2	立煌	粮管局改组
西康	丙	黄述	陈启图、康昭猷	1941.10.2	康定	粮管局改组
浙江	乙	徐桴	斯训、魏思诚	1941.10.16②	永康	粮管局改组
山西	丙	耿誓	武泽普	1941.10.16	兴集	粮管局改组
福建	乙	林学渊	金启裕、陈绍箕	1941.10.16	南平	粮管局改组

① 贵州省粮食管理局1940年9月10日成立，省府委员何玉书1940年11月21日被简派为该局局长。参见《贵州省粮食管理局局长及职员任免》（1940年—1941年），行政院档案，档案号：014—090202—0700，第1—9页。

② 另有资料记载，"浙省粮食管理处于上月底结束完竣，一日上午新任粮管局长徐桴氏，偕同陈大训等前往接收视事，浙省粮管局即宣告正式成立，此次改组，新旧之间仍以移交方式办理手续，除组织名称有所变更外，其余人事与业务等大部照旧"，因此，浙江省粮食管理局应于10月1日成立。参见《省讯：省粮管局正式成立》，《永康县政》第8期，1940年12月8日，第11页。

续表

省别	等级	局长	副局长	成立日期	驻在地点	备考
宁夏	丙	赵文府	金钟秀	1941.11.1	宁夏	新设
青海	丙	—	—	—	西宁	—
山东	丙	—	—	—	—	—
重庆	丙	涂重光		1941.9.16		

资料来源：粮食部调查处第四科编印：《粮食部三十年度工作检讨报告》，第70页；《西康、云南、陕西、广西、河南等省粮政管理局正副局长任免》（1941年），行政院档案，档案号：014—090202—0475，第1—31页；《河南省粮食管理局正副局长任免》（1940年），行政院档案，档案号：014—090202—0063，第1—12页；福建省政府：《福建省政府关于任免本省粮政局人员的训、委令》（1941年—1942年），福建省档案馆藏，福建省政府人事室档案，档案号：0004—002—001047，第1页。

原表说明：青海、山东等省粮政局成立日期尚未据报，其正副局长已由部电请各该省政府遴选报部。

从表5-1可以看出，粮食部成立后，各省所成立的粮政局，大多从粮管局改组而来，广东省改组后的粮政局"各部人员大致如旧"①，陕西省粮食管理局奉令结束后，"所有食粮（应为粮食——引者注）管理局主持工作，均移粮政局接办"②。云南省在改组粮管局时，就粮政局局长、副局长人选呈文行政院，询问"是否即以原任粮管局局长、副局长充任，以资熟手，抑应另行遴员充任"。行政院随后训令云南省政府，"改任原兼局长李培天仍兼粮政局局长，杨天理、杨体仁为副局长"③。这说明全国粮管局时期已经为后来成立粮政局打下了基础。

---

① 《本省政闻：省粮管局改为粮政局，各县粮食委员会改为粮管科》，《行政干部》第2卷第6期，1941年10月16日，无页码。

② 《粮管局办理结束》，《陕行汇刊》第5卷第8—10期合刊，1941年12月，第85—86页。

③ 《准粮食部咨奉行政院令为粮食行政中央业已设部主管各省粮政机构并将省粮管局即行改为粮政局一案令仰知照》，云南省政府训令秘内字第1157号，《云南省政府公报》第13卷第64期，1941年8月20日，第8—9页。

第五章 对全国粮食管理局的评价

江苏省政府主席韩德勤于1940年8月25日致电行政院，谓该省情形特殊，且省县均已成立战事物产调整处、军粮筹办委员会及食粮管理委员会，针对粮食出境、防止粮食资敌、调剂民食、调节军粮等制定了各项办法，提出"似无另行设局管理之必要"，"暂维持现状，藉免纷更"。对此，新任全国粮管局局长、副局长均认为，"战区粮食管理，尤属重要，如粮食资敌之如何防范，民食军粮之如何调济，在在均须有专管机关统筹管理，以加强其力量"，因此要求苏省"就原有机构逐渐改组，以符统一规定"①。10月15日，贵州省政府呈文行政院，谓该此前已成立临时机构贵州省食粮调剂委员会，之后根据统一部署，在8月30日第670次省府委员会通过《贵州省粮食管理局组织规程》，9月10日将原有机构撤销并同时成立管理局，以省府委员何玉书兼任局长，另外，将原有的省会食粮调济委员会改组为第二科，办理省会食粮调济事宜。对于该省制定的组织规程，全国粮管局11月8日呈方行政院，认为全国粮管局制定的《省粮食管理局组织规程》适用于各省，黔省"毋须另订"。11日，行政院"拟令知贵州省政府"，意即同意全国粮管局的意见，并于19日指令黔省府遵办。然而，黔省府对此另有看法，23日，再次呈复行政院，认为该省组织规程"虽与奉颁规程未尽吻合"，但却是出于"继往开来，适应环境……非有如此组织，实不足以应环境上之需要"。加之该省筹办军粮任务繁重，过境大军数量较多，新谷登场后民食亟待调节，如果重新改组，"势必因人事变动，影响工作进行"，因此请求"特赐变通"。1941年1月17日，行政院指令贵州省政府、全国粮管局，"准予转呈备案"，即呈送国民政府。24日，国民政府以渝文字第289号指令"准予备案"。1940年11月，广东省亦以本省情形特殊为由，未按照《省粮食管理局组织规程》规定，而是自行制定《广东省粮食管理局组织规程》，不设管制、视察两科，而分设调节、购销、屯储、运输各科。②

---

① 《粮食管理机构组织办法案》（1940年—1941年），行政院档案，档案号：014—040504—0025，第62—67页。
② 《省属粮政单位组织规程（一）》（1937年—1941年），行政院档案，档案号：014—040503—0005，第59—81、85—99页。

贵州、广东两省的情况说明，战时各省情况差异较大，不宜按照全国粮管局《省粮食管理局组织规程》统一设立，而应赋予一定的自主权。

建立督导制度，对粮政进行监督，这在全国粮管局初期已有此想法，1940年9月，卢作孚在谋划四川省粮食购运业务时，提出"购运有关之各行政专员区，设督导长一人，由本局派用，受四川省购运处（四川省粮食购运处）之指挥监督"，主要负责督察购运各县办理粮食调查、征购、验收、保管及运输等事务。在购运各县设督察员一人，亦由全国粮管局派用，受四川省购运处及督察长指挥监督，办理上述事务，并协助县政府办理调查、征购事务。① 其后，四川省粮价忽然暴涨，经济会议秘书处究其原因，认为粮食管理制度有欠完备，奸商囤积居奇，从中操纵，地主藏匿不售，加之各级粮政人员均系新任，能力薄弱，瞻徇情面，"不敢于使用权力"，已颁法令不能切实执行，以致效果未显，遂拟具《派遣四川督粮人员意见书》，与卢作孚意见颇为吻合。根据《意见书》，经济会议秘书处提出，以行政院长、经济会议主席及军事委员会委员长名义，会同特派在国内军政方面声望素孚、才识卓越，并能与川省政府、绥靖公署合作的得力干员，驻节成都，代表蒋介石推行粮管政令，特派人员暂命为"督粮特派员"，受经济会议指挥。然后再以同样名义，从中央各院部会现职人员及军事委员会高级参谋中选派精明干练人员，分赴川省各重要县市，督导当地行政首长，以切实推行粮管政令，此类人员即为督粮委员，受督粮特派员指挥，并受中央粮管机关指导。②

1941年6月，即将成立的粮食部在蒋介石指示下，约请粮政各机关协商推行粮政办法，决意设立督导机构，于是召集党政军各方力量及督粮委员座谈，商讨推行办法。粮食部成立后，为统筹推进粮政督导工作，粮食部派员自7月开始筹备成立督导室，9月1日正式成立，

---

① 《省市粮食管理办法（一）》（1940年—1948年），行政院档案，档案号：014—040504—0017，第51页。
② 《赋税（一）》（1941年4月10日），蒋中正"总统"文物档案，档案号：002—080109—00011—007，第87—90页。

督导人员由军事委员会办公厅、经济会议秘书处、国民党中央组织部、国民党中央宣传部、国民党中央调查统计局（中统）、三民主义青年团、国民党宪兵司令部等机关选派参加，军事委员会选送64名，行政院选送65名，中央党部选送56名。粮食部外设立督粮特派员及督粮委员，分派各省，代表国民政府督促并协助地方政府推进粮食政令。每区特派人员一名，分驻各该区最高军政长官所在地，负责监察该区党、政、军各级机构，以收监督考核之效。① 将全国分为六个督导区，即第一督导区为陪都及川、康两省，驻成都；粤、桂、湘、鄂四省，驻衡阳；苏、浙、皖、闽、赣五省，驻上饶；滇、黔两省，驻昆明；豫、陕、绥、晋四省，驻西安；新、甘、宁、青四省，驻兰州。实际派出督粮委员六人，视察人员两人，助理员五人，分区办理督导及调查事宜。自征粮事务划归财政部田赋管理处办理后，粮食部会同财政部派出湘、赣、陕、甘、桂、豫六省督粮委员，对粮政实施状况进行检查督导，督粮委员每省以五至十人为度，分区督导，粮食部派遣九名人员赴湘、赣、浙、闽、粤、皖、鄂各省视察或督导，以促进粮政推行。党团宪警协助推行粮政办理、宣传、调查、督察工作。② 在四川各行政督导区设置督粮特派员，在各县设置督粮委员，并由中央调查统计局、三民主义青年团、宪兵司令部等机关派员协助宣传、调查、管理事项。各省如发生"特殊案件"，则由粮食部派员密查。为协助催收各县征粮事务，在四川各行政督导区设督察长，各县设督察员。③ 1942年8月，先后分派督粮委员40余人分赴四川各县，"策动粮政"。9月1日，督导室正式成立。

二 粮政管理的有益探索

粮食管理本应是战时国家必须采取的手段，但在全国粮管局之

---

① 行政院编印：《国民政府年鉴》，1943年7月，第287页；粮食部调查处第四科编印：《粮食部三十年度工作检讨报告》，第74页。
② 《粮食部1942年度岁出岁入总概算工作计划特别建设计划审核案》（1942年2月），中央设计局档案，档案号：一七——1466，第113—115页。
③ 《粮食部1942年度岁出岁入总概算工作计划特别建设计划审核案》（1942年2月），中央设计局档案，档案号：一七——1466，第111页。

前，国民政府对粮食的态度多为自由放任，并未真正将注意力放在粮食管理上。① 全国粮管局成立之时，已明定其任务为"统筹全国粮食之产销储运，调节其供求"，可见粮食管理问题被重视起来。该局成立之后，一方面继续办理粮食收购事务，分别督促各省与各战区积极推进，另一方面重新规划整体粮食管理政策。② 全国粮管局确定了两项管理原则：在量的方面，力求使粮食供应与需求相适应；在价的方面，"粮食价格应限于某种伸缩范围以内，其低应以生产成本为准，其高应在合理利润之下"③。

纵观全国粮管局的政策，管理力度上明显增强。全国粮管局对于粮食管理主要从调查登记及市场管理着手，而调查工作及电报粮情的开展可谓是该局重要贡献之一。由于米粮供需及粮价变动多由各产销区相互联系所致，故为谋求管理实效，对于粮食产储运销的数量、路线、区域、处所及消费市场，生产成本乃至多地价格，全国粮管局均详加调查。同时从市场管理、组织粮商等办法上看，均较平价粮食品办事处等更为严密完备，且管制地区更为广泛。④ 再与派售余粮、疏通粮运、统购统销、统筹军粮等办法合并观之，则计划上更为周密，设计上确多经考量，从多环节加强对粮食的管制以求控制粮价。

与此同时，全国粮管局实施的一系列政策，固然成效不一，但某种程度上却为粮食部粮政的施行提供了殷鉴。以粮食采购方法为例，全国粮管局采用专商制度，即所谓集体米商，在实施之初从办法上看并未发现有较大弊病，但之后专商只顾享受其应得的权利，并不尽其所当尽的义务。粮食部成立后，鉴于上述情形，特将渝市平价米供应处、仓库督导室及统购统销督导处合并改组为陪都民食供应处，将专商改为认商，并遵照部定计划充实重庆米源，特订《粮食部陪都民食供应处粮食认商暂行办法》，令米商量力自行认定数额，按月按量供

---

① 徐可亭先生文存编印委员会编印：《徐可亭先生文存》，第110页。
② 张柱编著：《我国战时粮食管理》，第29页。
③ 《全国粮食管理局粮食管理纲要》，粮食部编印《粮食管理法规》，第12页。
④ 于登斌：《战时粮食管理政策与重庆粮食管制》，《四川经济季刊》第1卷第4期，1944年9月15日，305页。

给，不可短少，以打破专商的垄断操纵。①

粮食贮藏与运输方面。在上任不久，卢作孚就亲赴四川省各区县调查，提出了著名的运输粮食的"几何计划"。粮食部成立后，虽没有沿用这一名称，但其做法却与"几何计划"毫无二致，即将全国仓库除了国仓之外，根据性质可以分为三类，一是收纳仓库，即在征收处所在地所设仓库，便于粮农缴纳粮食，农户可直接将粮食交至收纳仓库。二是集中仓库，即在各县水陆交通便利地点所设仓库，用于收集收纳仓库运存粮食。三是聚点仓库，即在重要转运据点、军粮交接地点或重要消费地点所设仓库。集中仓库以每县不超过5处为原则，相互之间应配合使用。据载，1942年度安徽立煌等14县修建聚点仓库，容量为535000市石，以供征粮转运调拨之用。同年，粮食部向甘肃省政府拨款415万元，在兰州等主要聚点，先建聚点及集中仓19处，容量为36万市石，限令按期完成。② 1943年，国民政府建仓经费总预算达2.6亿元，其中1亿元划归财政部作为修建收纳仓库之用，其余由粮食部支配。该年增建聚点仓库250万市石。1944年，修建仓库预算为1.34亿元，其中1.2亿元作为增建聚点仓库经费，其余经费为修葺原有仓库之用。拟在各省重要交通地点增建聚点仓库100万市石，原有仓库修建较久者，亦需再事修葺，计划修葺原有仓库200万市石。③ 因此，粮食部从成立起就沿袭了全国粮管局的这个做法，且与"几何计划"中储存粮食的"点和地区"几乎完全一致，只不过将名称稍加改变而已。

整体而言，全国粮管局的政策丰富了以往的粮政内容，也可以看出国民政府的粮食管理能力得到了提高。全国粮管局在粮政制定时不

---

① 四川省政府：《关于实施统购统销给四川省第三行政区行政督察专员公署的训令》（1942年1月20日），四川省第三区行政督察专员公署档案，档案号：0055000500257000016200，第162—163页；粮食部陪都民食供应处：《关于抄送认商及采购民粮暂行办法致重庆市粮政局的函（附办法）》（1943年1月28日），重庆市粮政局档案，档案号：00700002002130000044，第218—220页。

② 行政院编印：《国民政府年鉴》，"地方之部"第47、304页。

③ 《粮食部1944年度工作计划（附预概算及委购军粮价款表）》（1944年6月），中央设计局档案，档案号：一七——1471，第134—135页。

仅从全局角度进行规划，更从各个环节进行方向性指导，根据实际情形补充了大量的办法，提升国民政府粮食管理的有序性。同时，地方还依据自身情况，对全国粮管局颁布的政策进行细化，使粮食管理办法在基层得到更好的落实。

训练粮政人员。关于粮食管理人员培养与训练，1941年举行高等考试，录取11人。中央训练团训练中级干部94人，县级粮政人员训练则由粮食部补助经费，由各省粮食机关自行调训。① 全国粮管局为健全县市以下粮食管理机构，先后训练县粮食管理委员会负责人及办事人员140余名，并饬令各县粮管会训练乡镇办事员，截至1941年6月，先后有123县训练完毕。粮管局亦曾有派军警学校毕业生至各县担任助理粮政。②

粮食部在成立之初，面对严峻的形势，确定了两项施政计划纲要，一是经济力量与政治力量同时并用，经济力量指的是掌握相当数量粮食，妥筹供应，并相当控制粮价，畅通粮食流通，祛除社会恐慌心理，安定社会，做到"制人而不为人所制"③。此处所谓政治力量，即由政府规定粮食价格，严禁黑市及严惩奸商囤积居奇，注重调查大户存粮，督售余粮及登记粮商，健全粮食业同业公会，管理粮食市场。二是倡导粮食节约，限制米麦加工精度，禁止用粮食酿酒熬糖、饲养牲畜。④ 而"经济方法，控量制价，首谋政府对巨额粮食之掌握"⑤。

关于粮食管理中的量与价的问题，全国粮管局早在1940年12月已有考虑，并提出"以量管价"的原则，这一思想后来被粮食部沿袭下来，并演化为"控量以制价"，严格来说，最早提出这一思想的

---

① 徐可亭先生文存编印委员会编印：《徐可亭先生文存》，第202页。
② 粮食部编印：《粮食部三十一年度工作计划》，第36页；《粮食部1942年度岁出岁入总概算工作计划特别建设计划审核案》（1942年2月），中央设计局档案，档案号：一七——1466，第106—107页。
③ 粮食部编印：《粮食部报告》，第5页。
④ 徐堪：《我国当前粮政之概述》，《粮政月刊》第1卷第2—3期合刊，1943年7月16日，第2页。
⑤ 徐可亭先生文存编印委员会编印：《徐可亭先生文存》，第133页。

是全国粮管局而非粮食部。①

三 有力支援抗战

全国粮管局虽仅存在11个月，但此一时期，"空袭频仍，宜昌弃守，秋收荒歉，军糈孔亟，民食迫切，囤积猖獗，物价飞涨，均助成粮食管理之困难"②。而当时正值抗日战争战略相持阶段，后方基地任何"大波动"都会对战争局势造成影响。正因如此，国民政府转变了以往对粮食管理的态度，为适应战时情况，做出了策略调整。

与以往散漫的粮食管理状态相比，全国粮管局对于四川地区的粮食管理可谓是费尽心力，尤其以陪都为重中之重。四川省粮管局及各县粮食管理委员会特别是重庆市粮食管理委员会对上级颁布的粮政推行尤为积极，全国粮管局还专设四川粮食购运处以主持运销。在政府强力干预下，各项粮政对四川省与重庆市公粮民食的供应意义重大，对于支撑"大本营"运转，缓解后方紧张情势，确实起到了一定作用。同时，全国粮管局在军粮筹集工作上也是煞费苦心，动员了大量人力物力，集中了一批粮食，故当时驻川部队及沙宜沦陷后的江防部队，幸得此赖以维持。

全国粮管局的设立是应付战时粮食危机的"应急性"手段，它是国民政府从粮食自由流通向严格统制"跃进"中的"缓冲垫"。面对战时各种经济问题，国民政府逐渐进入了统制经济的"庇护圈"，全国粮管局时期所做的系列工作，为粮食部时期实施全国粮食统制措施创造了条件，也使国民政府在统制思路上日益明晰，在经济政策上越发坚强有力，这也成为抗战胜利的重要保障。

粮食部成立后，继承了全国粮管局相当多的政策与做法。在粮食加工业方面，粮食部步全国粮管局后尘，继续建立中国粮食工业公司。关于粮食加工工业，孙中山早在《建国方略》"粮食工业"中即

---

① 《粮价平抑办法（二）》（1940年—1948年），行政院档案，档案号：014—040504—0058，第61页。

② 于登斌：《战时粮食管理政策与重庆粮食管制》，《四川经济季刊》第1卷第4期，1944年9月15日，第304页。

已提出"工业化、标准化"问题。① 抗战全面爆发前,中国机器工业体量均有极大增长,粮食加工行业正在向机器工业缓慢过渡,但与全面工业化、标准化目标相去甚远。

抗战全面爆发前,粮食加工企业全为民营,政府并未插手此一行业。1938年10月国民政府颁行的《非常时期农矿工商管理条例》,为战时设立国营粮食加工企业进行直接经营提供了法理依据。② 1939、1940年随着战局急转直下,全国粮价节节上涨。重庆作为战时陪都,在1939年5月之后接连受到日机轰炸,空袭造成军粮民食供应出现严重问题,人民心理恐慌,这既与抗战建国目标越走越远,亦与实现三民主义尤其是民生主义背道而驰。

粮食加工作为粮政中的一个重要环节,不但影响抗战大局,亦与民生息息相关,自然引起上至政府大员下至普通黎庶的关心。1941年春,为了应对粮食危机,增加陪都粮食供应,推广杂粮用途,改进粮食加工,全国粮管局局长卢作孚、副局长何北衡及江汉罗③商议如何解决粮食加工问题,江氏建议筹组中国粮食工业公司(全称为"中国粮食工业股份有限公司",以下简称中粮公司)。卢作孚认为这一建议完全可行,遂提出与中央信托局、中国农民银行合作,集资筹办。④ 4月,中粮公司筹备处成立,以江汉罗为筹备主任,江氏遂勘定厂址,订购机器,拟定规章制度,积极筹备。中粮公司初定资本400万元,其中由全国粮管局与中央信托局各认股150万元,中国农民银行100万元,⑤ 这也奠定了中粮公司最初的资金来源。在中粮公司筹备期间,粮食问题日益严重。蒋介石在6月召开的第三次全国财政会议上曾道:"目前粮食问题,不是征购多少的问题,而是应如何

---

① 孙中山:《建国方略》,民智书局1922年版,第305—310页。
② 立信会计师重庆事务所编:《工商业管制法规》,第13页。
③ 江汉罗时为国民政府经济专员,在1939年8月成立的西南麻纺织厂股份有限公司中,何北衡任董事长,江汉罗任经理,何、江二人关系较为密切。
④ 秦孝仪主编:《抗战建国史料——粮政方面》(一),第402页。
⑤ 《中国粮食工业公司由粮食部与中央信托局合组》,《湖南省银行月刊》第1卷第4期,1941年10月1日,第128页;王伯天:《三年来之中国粮食公司》,《粮政季刊》第2—3期合刊,1945年12月,第26页。

第五章 对全国粮食管理局的评价

遵照总理遗教合理的实施粮食管制来实现利国福民的民生主义的问题。"① 粮食加工作为与民生息息相关的行业，也是实现民生主义的途径之一。8月，全国粮管局被撤销，而代之以粮食部。粮食部亦认为战时粮食加工与制造业务重要，同时亦坦承中国粮食加工能力低劣，应有计划对粮食加工业或投资经营或进行奖助，以期对粮食加工业务有所补益，故而嘱咐筹备处"积极筹办"②，要求尽快成立公司。1941年10月1日，中国粮食工业股份有限公司正式成立。③

中粮公司设立后，从事碾米、制粉、干粮与杂粮加工及机器修造等，尤以碾米业及制粉业成效较为显著。公司成立当日，重庆碾米厂亦正式开业，其后又设立大渡口、菜园坝等碾米分厂。后为扩充业务、扩大规模、调整加工机构，将重庆碾米厂并入中粮公司，在成都、自贡等十余处设立碾米厂，以碾制征购而来的谷米。④ 其他各地也设立多家碾米厂，⑤ 甚至还有流动碾米厂。⑥

中粮公司之创设肇始于1941年春，恰在全国粮管局主管全国粮食业务期间。重庆作为战时陪都，每日民食需食米3000余市石，⑦ 全国粮管局无疑肩负着保障陪都公教团警、社会团体等人员粮食供应的重担，全国粮管局对此既感到沉重压力，同时亦深刻体认到解决此一问题的急迫性。因此，卢作孚、何北衡等负责人筚路蓝缕，调动各方

---

① 《蒋委员长出席第三次全国财政会议及全川绥靖会议开幕典礼讲："建立国家财政经济的基础及推行粮食与土地政策的决心"》，1941年6月16日，秦孝仪主编《中华民国重要史料初编——对日抗战时期》第4编"战时建设"（三），第76页。
② 徐堪：《粮食部报告》，粮食部1944年编印，第9页。
③ 王伯天：《三年来之中国粮食公司》，《粮政季刊》第2—3期合刊，第26页；《中国粮食工业公司》，《工商调查通讯》第438号，1944年6月17日，第1页。
④ 粮食部调查处第四科编：《粮食部三十年度工作检讨报告》，第42页。
⑤ 重庆电力股份有限公司业务科：《关于造送中粮公司委托代办之各面粉、米厂厂名及所在地点上浦心雅、程本臧的呈》（1943年9月18日），重庆电力股份有限公司档案，档案号：02190002000810000016，第33页。
⑥ 中国粮食工业公司流动碾米厂：《中国粮食工业公司流动碾米厂职员名册》，重庆市档案馆藏，粮食部档案，档案号：0028—0002—00001—0000—029—000，第29页。关于流动米厂，李浩文编著《民国四大特务秘史》（九州出版社2012年版，第357页）一书记有徐恩曾所办流动碾米厂，但其并未注明出处，亦较简略。
⑦ 粮食部调查处第四科编印：《粮食部三十年度工作检讨报告》，第2页。

力量，积极筹划，为中粮公司成立前期奠定了较为坚实的基础，可以说该公司是在全国粮管局一手擘画下创立起来的，这也显示出全国粮管局及卢作孚等人的远见卓识。只可惜未及该公司正式成立，全国粮管局却被裁撤，该公司的后续事宜亦由粮食部接手续办。粮食部成立后，继承了全国粮管局发展粮食工业的衣钵，将成立中粮公司看作提高粮食加工产量、改善粮食加工质量、管控重庆粮食行业、实现民生主义的重要举措，其规模也不断扩大。中粮公司虽然在战时后方各项工矿建设中投资并不算大，覆盖区域也较为有限，但它的设立既适应了当时社会对于粮食加工的合理要求，所加工粮食为陪都民众供应了军、公、民粮，在一定程度上纾解了民众的恐慌心理，也为战时后方工业布局更加合理奠定了基础，增加了当地的工业力量，为粮食加工业一度落后于沿海地区的内地省份提供了新的契机，亦向中国粮食加工的机械化、标准化乃至现代化迈进了一小步。

第二节　全国粮食管理局的不足

全国粮管局的成立虽使战时粮政体系初具雏形，但实际上也仅搭好了架子，整体上看仍属于分级管理，且基础工作不够完善，职权有限，无法肩负重任。其为人所诟病的更在于粮管政策成效不著，不仅未能做到关照全国粮政，单是工作重心四川，粮价也在持续走高，粮食问题仍旧严峻。

一　组织和权限太小

为应付突然的粮食危机，国民政府设想通过设立一个既有钱、又有权的粮食专管机构来实现这一目标，但实际上并非如此。不可否认，全国粮管局较以往粮食管理机构来说在管理权力方面更为集中，组织结构设置上也前进了一大步，但在运行中各种问题便逐渐显现出来。

设立专门机构对全国粮食进行管理实属创举，但为时急迫，筹备乏时。在组织架构方面，从各省粮管局到县粮食管理委员会，再到乡镇基层粮食管理人员，自上而下层叠式的架构导致基层粮食管理人员数量特别庞大，而粮食生产、征收、仓储、运输等各环节散漫，人员训练与选拔"都须相当的时日，方能见功"①。

　　与此同时，也有人指出全国粮管局组织和权力太小，而粮食问题又如此复杂，故而应加强组织，扩大权力，提高其地位。②尽管后来有人指出，"前全国粮食管理局时代，各省设有省粮食管理局，各县设有粮食管理委员会，此等机构，近乎独立性质，与省县政府关系，并不密切，故对一切法令之执行，不易收效"。在徐堪看来，这主要是因为全国粮管局的"组织和权力还太小"，随着粮食问题日趋复杂，"必须加强粮政机关的组织，扩大粮政机关的权力，增高粮政机关的地位"，才能完成此项艰巨的任务。③委员长侍从室第四组陈方对此也非常认同，认为全国粮管局"现行管理办法，尚平易而切实际"，之所以效果未彰，实因"未适用政治力量，予以绝对之控制"，因此，陈方提出应加强基层管制，提高乡镇长粮食干事的权力，并奖励确有成绩者，分区设置接受秘密检举匿粮组织。④但现实情况却是，一方面由于"省粮食管理局不在省政府范围之内，县粮食管理委员会也不要县政府内各科并列，所以省主席和县长的权力，有时不能充分利用，致政令推行发生障碍"⑤。另一方面，全国粮管局逐步构建的从上至下的粮政机构体系并未发挥效用，除了四川地区各级粮政机构推进速度较快以外，其他省份成立时间参差不齐，甚至有些省份成立不久全国粮管局就遭遇裁撤，故难以切实发挥效力。加上该时期国民政府着力于解决四川粮食问题，其他省份基本上还处于"自我管理"的状态，表面上有了完整的管理机构的架子，但能真正执行管理的却

---

　　① 张樑任：《四川粮食问题》，振华印书馆1941年版，第18页。
　　② 《中国粮政概况》，第11—12页。
　　③ 徐堪：《粮食问题》，1942年2月在中央训练团讲，收入徐可亭先生文存编印委员会编印《徐可亭先生文存》，第113—114页；徐堪：《中国战时的粮政》，《经济汇报》第6卷第1—2期合刊，1942年7月16日，第17页。
　　④ 《赋税（二）》（1941年5月14日），蒋中正"总统"文物档案，档案号：002—080109—00012—005，第52—54页。
　　⑤ 徐堪：《粮食部施政方针》，《四川财政季刊》第3期，1941年9月30日，第2页。

很少，而中央和地方粮政机构尚未做好统合工作，想要推进全国粮食统制存在相当难度。

省县政府对粮食管理政令并未坚定执行。如对川省大粮户调查，蒋介石在1940年9月3日已责成产米各区专员及县长在本月15日前查报，但时至10月下旬，呈报县份仅为78个，其余未报。特别是成都城内及第一区各县长，更为轻视。11月14日，蒋又向川省主席张群下发手令，限本月内呈报到渝，否则以贪污欺蒙重罪论处。30日，粮管局接到呈报者95县，仍有36市县未报或所报不合规定。①

表5-2为300市石以上大粮户呈报情况统计，全川共计136县1设治局1实验区，除茂县、汶川、松潘、北川准予免报外，截至1941年4月底，实际呈报县份计80县，粮额总计5411071市石。

表5-2　　四川省各县已呈报300市石粮户数及常年收粮数额

（截至1941年4月30日）

行政督察区别	呈报县数	粮户数	粮额（市石）
第一区	11	1276	538473
第二区	8	531	212093
第三区	10	1441	1966586
第四区	7	359	130378
第五区	3	165	91440
第六区	6	414	179695
第七区	5	615	553068
第八区	8	6119	290482
第九区	5	375	190735
第十区	7	1287	619214
第十一区	8	487	296317

---

① 《粮政（二）》（1940年8月16日—1941年11月18日），国民政府档案，档案号：001—087000—00002—002，第8—16页。

续表

行政督察区别	呈报县数	粮户数	粮额（市石）
第十二区	7	247	131677
第十三区	3	212	47091
第十四区	7	255	139522
第十五区	1	57	24300
第十六区	—	—	—
总计	96	8340	5411071

资料来源：《粮政（二）》（1940年8月16日—1941年11月18日），国民政府档案，档案号：001—087000—00002—006，第76页。

原表说明：1. 第九行政督察区万县粮额系现存谷数；2. 第十四行政督察区广元、平武据呈报无300市石以上粮户。

引者说明：据行政院经济会议秘书长贺耀组呈报，96县中另有14县只报粮户而未报粮额，所以实际呈报者为80县。

根据侍从室审核，最优县份包括綦江、永川、巴县等17县，綦江呈报10户，年收谷4000市石者一户，3000市石者8户，最少一户为2500市石；永川呈报9户，7000市石以上者2户，6000市石以上者1户，4000市石者1户，其余均在2500市石以上。对于最优县份，侍从室结合全国粮管局相关规定，先分别电令嘉奖，再由省府给该县长记大功一次，并将该项工作与劝捐、劝售成绩综合起来，至1941年1月县长考成时，"如确有成绩考核居最者，以行政专员存记任用"，以示奖励。另有10县为最劣县份，如仁寿县，共报10家，每年收谷数只有一家达到300市石以上，其余均200市石以下，甚至50市石。新都为成都附近殷富之县，亦上报10家，但多者不过400市石，少者仅108市石，侍从室认为其"显不据实呈报"，"存心敷衍，对于豪绅大户大抵避开不报，而所报数字又笼统平均。甚或不遵命令规定之指示，畏难隐瞒"。对此10县，蒋在下发张群手令中，怒斥"竟敢如此草率敷衍，玩令朦报，实属无可宽恕"，"应由省府将各该县长参酌平日优劣，分别撤职或记大过两次，以示儆戒"。未报县份除遵令续报外，参照最劣县份予以处罚。① 此番手令固为责罚呈报不力县份，但亦暗含责备张群之意，尤其超期甚久却呈报未臻理想，更令蒋大恼。1941年2月19日，张群将处理结果呈复于蒋，最优县份，除江安县县长苏光弼外，其他县长均记大功一次；最劣各县，则分别核实后，给予县长、科长、秘书各级处分，即使已去职者，亦追加处分。另外，也需指出，未报（潼南、南部二县）、迟报（华阳等24县）或不合呈报要求县份，原因亦较为复杂，而侍从室均认定为"虚报""欺瞒""妄报""敷衍匿报"，其实并非如此。如南充、资阳等六县为1940年旱灾最严重县份，存粮无多确为事实；彭水县本系山多田少、地瘠民贫，查报时又适逢该县长柯仲生赴渝开会，民政科长曾慎枢代行职权；成都、自贡两市市区并无粮户；雷、马、屏、峨四县不产稻谷，已由省主席请免查报；潼南县之所以未报，据第十一区专员公署1940年9月报告，系因该县平时粮食须仰给邻县，"并无囤粮之家"②。而最优县永川，则因历年陈谷甚多，1940年收成亦有七八成，除可供给全县民食外，"余粮颇多"，县长孙建诚颇为重视此次呈报，共呈报9户，永川县被列为最优县份第一名，孙本人被记大功一次。③

　　此次查报在一定程度上达到了摸清全川各县大粮户的目的，但从蒋最初所定每县呈报5—10家的政策来看，仍未能尽详。以合江为例，该县属第七行政督察区，共呈报10家，各家年收租粮高者2200石，低者600石，在各县当中既非最优者，亦非最劣者。④ 然而，据

---

① 《粮政（二）》（1940年8月16日—1941年11月18日），国民政府档案，档案号：001—087000—00002—005，第50—68页。
② 《粮政（二）》（1940年8月16日—1941年11月18日），国民政府档案，档案号：001—087000—00002—005，第69—83页。
③ 《粮政（二）》（1940年8月16日—1941年11月18日），国民政府档案，档案号：001—087000—00002—005，第58页；《粮政（三）》（1940年9月6日—1946年8月5日），国民政府档案，档案号：001—087000—00003—008，第65页。
④ 《粮政（二）》（1940年8月16日—1941年11月18日），国民政府档案，档案号：001—087000—00002—005，第54—76页。

派驻合江宪兵队 12 月 13 日呈报，该县各乡富户存粮超过 1500 石者达 223 户，白鹿乡施晋生所存租谷高达 6600 石，尧坝乡丁慎薇、治城镇陈玉兴均为 5400 石，最少者亦达 1550 石；合江县存粮 800—2000 石者约 15 家，500—1000 石者约 120 余家。① 再如合川县，该县县长袁雪崖按规定向全国粮管局呈报大粮户 9 户，最高额谷 4000 石，最低者 2000 石，被定为最优县份之一。而宪兵第十二团驻合川第四连密查，该县第一至四区粮户存粮 400 石以上者共有 34 户。② 如果宪兵队调查呈报属实，则全省漏报粮户绝不在少数，全国粮管局对全川余粮调查仅为九牛一毛而已，遑论后方各省。

粮食部成立后，继续开展余粮调查，但迄 1941 年 11 月中旬，完成呈报者 125 县，仍未全数呈报，可见此事并非一蹴而就。③ 因此，蒋介石最初提出在 10 余日内完成呈报，可谓操之过切，急于求成。

据永川宪兵队 1940 年 12 月 6 日呈报，该县多数乡镇粮食机关"尚无组织，一切任务皆系责成乡镇长兼办，故工作效率殊少"④。据璧山宪兵队 12 月 3 日报告，该县王仕悌县长则认为本县粮食管理"确已到达尽善尽美之地步"⑤。

为此，"中央为加强战时粮食管理及实现总理粮食政策计，决定全国粮食管理局改为粮食部，提高职权统一指挥监督"⑥。随着各省粮政局，省县粮政科的普遍设立，地方粮管机构渐趋完备，全国性的

---

① 《粮政（三）》（1940 年 9 月 6 日—1946 年 8 月 5 日），国民政府档案，档案号：001—087000—00003—008，第 65—73 页。

② 《粮政（二）》（1940 年 8 月 16 日—1941 年 11 月 18 日），国民政府档案，档案号：001—087000—00002—005，第 46 页；《粮政（三）》（1940 年 9 月 6 日—1946 年 8 月 5 日），国民政府档案，档案号：001—087000—00003—008，第 80—82 页。

③ 《粮政（二）》（1940 年 8 月 16 日—1941 年 11 月 18 日），国民政府档案，档案号：001—087000—00002—006，第 86—87 页。

④ 《粮政（三）》（1940 年 9 月 6 日—1946 年 8 月 5 日），国民政府档案，档案号：001—087000—00003—008，第 65 页。

⑤ 《粮政（二）》（1940 年 8 月 16 日—1941 年 11 月 18 日），国民政府档案，档案号：001—087000—00002—005，第 49 页；《粮政（三）》（1940 年 9 月 6 日—1946 年 8 月 5 日），国民政府档案，档案号：001—087000—00003—008，第 67 页。

⑥ 邹明初：《粮政之回顾与展望》，《督导通讯》创刊号，1942 年 1 月 1 日，第 2 页。

粮食行政管理系统才算真正建立起来，国民政府迎来了新的粮政时期。

二　管理方法有欠周密

1940年9月7日，蒋介石对全国粮管局所定管理办法再三研究认为，该管理办法"仍恐无效"，蒋继而指出，管理办法强调取缔囤积，但未规定限期销售；主张平价，但未定价购销，则会"愈平愈高"；粮食市场所出售的粮食，必须经过登记方能售卖。①

粮食从生产到消费，各管理环节经纬万端，且相互影响。1941年5月8日，蒋向贺耀组下发手谕，曰"粮食管理办法应由购办、贮藏、运输、销售等四方面同时进行研究"②，蒋在此时又对粮食管理的基本方法进行指示，说明全国粮管局的管理方法的系统性明显缺乏。就全国粮管局管理方法而言，已经基本形成了初步的系统性，比如责成各县政府调查粮户拥有的粮食余额，并派定其应售出之数量；划定分区供应范围并派定各县按月应售出之总量；指定各县粮食交易市场，组织粮食采购商人采用购运凭证；在粮食交易市场实行议价制度等，均是关于粮食储藏、运输、销售、粮价等方面内容，涉及粮食管理的重要环节，并非缺少明显的系统性。尽管上述方法措施在执行过程中也存在一定的问题，如调查粮户余粮数量的办法尚欠严密，各县长未能认真执行，派定余粮数量不足额，以致粮户及余粮农户匿粮不售，市场米源日滞。此即陈方所言，全国粮管局所定办法距离硬性统制"过于辽远"③，究其原因，实为其组织与权限太小而非方法不严密，只是"相对管制"，而非"合理管制"④。进而言之，所谓"合

---

① 薛月顺编辑：《蒋中正总统档案：事略稿本》(44)，第257页。
② 《赋税（一）》(1940年10月6日)，蒋中正"总统"文物档案，档案号：002—080109—00011—004，第62页；叶惠芬主编：《蒋中正总统档案：事略稿本》(46)，第214页。
③ 《赋税（一）》(1940年)，蒋中正"总统"文物档案，档案号：002—080109—00011—003，第51页。
④ 《赋税（一）》(1940年11月)，蒋中正"总统"文物档案，档案号：002—080109—00011—005，第41—46页。

理管制",即须赋予粮食管理机构更为强大的政治组织与权限,方能收效。

再如粮食部对四川粮食购运处之裁撤及批评。该处前身分别为1938年秋设立的四川粮食管理委员会及1939年11月设立的四川购粮委员会,初设时隶属于全国粮管局,办理购运谷米以支应军需民食事宜。粮食部成立及随之实行的征实征购,四川省总额计1200万市石,征收业务至为艰巨。为了按时足额完成征购任务,粮食部1941年9月下旬提议将四川粮食购运处改组为四川粮食储运局,以专责成。29日,四川粮食购运处处长何北衡提出该处自1938年至1941年三年间"三易机构",应设立清理委员会"澈(彻)底清理"。10月1日,行政院收到呈文后非但未予同意,而且以严厉的口吻、借用粮食部话语,指责该机构更易期间"既未报销,且无交代,并未据说明历届未办交代原因,殊属不合",该处结束时,应由其"自行负责结束,限期交代",并由新成立的储运局清查,而设立清查委员会之议"应勿庸议"。18日,粮食部建议在全国粮管局、四川购运处原班人马中遴选若干委员,限期4个月内将"已(以)往人事账目之混乱状况"清理完毕。23日,行政院同意了粮食部提议。从呈文看,粮食部似为四川购运处说项,其实措辞相当严厉,多次指责该处数年账目混乱,"时逾三载,机构三易,既未报销,且无交代"均出自粮食部9月底呈文,粮食部此番言论显然是指向购运处的上级主管机关全国粮管局,批评该局管理不力。[①]

三 粮政推行效果欠佳

对于全国粮管局时期的粮政,关吉玉曾有如下评价:"全国粮食管理局管理粮食之政策,着重以调查登记,控制民有粮食;以储备粮食,作调剂运销之准备;以市场管理,即配销与平价方法,促粮价之回跌。实施之时,初尚不无效果;然而效力不易持久,终不能完全遏

---

① 《粮食部所属单位组织规程(二)》(1941年—1947年),行政院档案,档案号:014—040503—0003,第50—63页。

止粮价上涨之趋势。"① 全国粮管局裁撤一事反映了该机构粮食管理效果并未达到国民政府的要求，推行效果不佳，尤其是省县粮政机构。徐堪1941年6月下旬上任前曾对当时省县粮政机构有如下断语："若干省粮食管理局，在省政府方面，往往视同中央直辖之机关，省政府各厅处既不与其切实合作，而局令下行于县，于是县地方亦复阳奉阴违，指挥无力，效能自减。同时各县设粮食委员会，虽由县长兼主任，而实际负责人员，则多系地方士绅，于是又多形成扞格冲突之象，意志纷歧，纠纷丛起。"② 徐堪在任粮食部长前，曾担任重庆江北县县长，亦曾在财政部、四联总处等多个部门担任要职，"是科班出身，饱经风雨，既会做人，更会做官"③，从政30余年来，无论对中央机构还是基层部门的运作均十分熟悉，自然洞悉各级机构的相互关系，也深知其弊端所在。所以，徐堪在《粮食部施政计划大纲》中对于省县机构改建特别重视，提议将省粮食管理局改为省粮政局，归入省政府合署办公室，以加重省政府的责任；县政府内增设粮政科，以加强县长权力。④ 有人认为卢作孚在全国粮管局任内，"由于政府没有掌握粮食，加之生产萎缩，经济不景气，商人囤积投机，管理愈加强，粮价愈高涨，以致购办军粮和调剂民食，引起各方责难，乃被迫辞职"⑤。

粮食部次长庞松舟后来曾言："政府成立粮食管理局，加以管制，惟多偏重于政治方法，缺少经济力量，未能切实收效，粮价仍不能平

---

① 关吉玉：《粮食库券与购粮问题》，《经济汇报》第6卷第1—2期合刊，1942年7月16日，第33页。
② 《粮政（一）》（1941年6月25日—1946年8月17日），国民政府档案，档案号：001—087000—00001—001，第21页。
③ 陈开国：《抗战时期西南粮政见闻》，政协云南省昆明市委员会文史资料研究委员会编印《昆明文史资料选辑》第6辑，1986年，第24页。
④ 《粮政（一）》（1941年6月25日—1946年8月17日），国民政府档案，档案号：001—087000—00001—001，第21—22页。
⑤ 陈开国：《抗战时期西南粮政见闻》，政协云南省昆明市委员会文史资料研究委员会编印《昆明文史资料选辑》第6辑，第21—22页。

第五章　对全国粮食管理局的评价

定,且局部的发生有无问题。"① 徐堪对于全国粮管局的粮食管理成效,称其为"无甚效果",之所以"无甚效果",在徐堪看来,这并非管理者不努力,而是粮食管理作为一项开创性工作,既没有成规可循,其他各方掣肘因素亦多。徐堪认为,其主要原因是"社会的情形和人民的习惯,以及行政机构的欠健全,各阶层组织未完备"②。因此,在全国粮管局成立后,着重于川省推行粮政的过程中,效果亦欠明显,这一点,卢作孚1941年呈复蒋介石的一份签呈中有所反映,在该签呈中,卢列举了四川征购1940年度军粮最快的县份,仅有23县,能切实施行粮食管理治本治标办法者,仅有广元、忠县、威远、江安、江津5县,③ 这与全川130余县数目相比,实属凤毛麟角。

战时粮食问题,川省最为严重,须由全国粮管局与川省府共同努力,才能解决,国民政府所寄希望也最大。对此,蒋介石曾多次专门向秘书长贺国光拍发电报,询问川省粮政推行进展,如1940年9月,蒋致电贺,一来令其彻查粮食舞弊人员、详报囤积行户,但至26日,"成都囤积行户查抄澈(彻)办,至今亦无报告,可知省府办事因循敷衍,不敢负责"④。全国粮管局时期,"所有政令,几于未出川境"⑤,故所制定的粮政缺乏广泛的适配性,其他各省并未受其辐射,粮食问题仍极度严重,尤以粤、闽、浙等靠洋米接济的省份为甚。而余粮省份如赣、湘等,各县乡仍多阻关出境,如江西省政府面对粮价上涨、防止"一般牟利之徒……藉财力作有组织化整为零之输出",1941年4月规定,出省旅客每人携带粮食从一市石限制为不得超过20市斤。⑥ 地方政府筹集粮食、流通调节仍极困难。而后方滇省亦米

---

① 庞松舟讲,谢森中记:《粮食政策》,《粮政月刊》第1卷第2—3期合刊,1943年7月16日,第4页。
② 徐可亭先生文存编印委员会编印:《徐可亭先生文存》,第111页。
③ 《中央军事机关经费(五)》(1941年1月16日),国民政府档案,档案号:001—080108—00032—003,第1页。
④ 薛月顺编辑:《蒋中正总统档案:事略稿本》(44),第321页。
⑤ 粮食部调查处第四科编印:《粮食部三十年度工作检讨报告》,第86页。
⑥ 《省粮管局规定出省粮食每人准携二十市斤》,《建国通讯社稿》第358期,1941年4月28日,无页码。

贵如珠，全省人民大多无力食米。因此，全国粮管局时期"虽已积极推进粮食管理，但以环境困难，收效甚鲜，终未解除全国粮食之恐慌"①。

在管制方法上，全国粮管局偏重使用政治力量和行政手段以解决问题，如由政府规定粮食价格，从表面看，这种主张似乎很能解决问题，但当时国民政府并未解决粮食来源问题，难以掌握大量实物，因此如果将粮价勉强规定，必定影响各大都市粮食市场供应，农村粮食也易发生普遍的藏匿现象。②基层管理人员假借权力，营私渔利，如巴县一品乡乡长沈泽厚曾贱价勒买军粮、贪污自肥，③这在很大程度上影响了粮政的顺利推行。四川粮食管理难获良好效果，粮食供不应求，囤积之风亦无法取缔，导致粮价愈趋高涨。

1941年4月，四川各地春旱，各县竞求自保自给，不以余粮应市，粮管局于是实行定价收购，民间存粮愈益分散，"阻关遏籴之风益盛，而市场粮食愈感缺乏，人心愈感不安"。5月，国民政府重新考虑粮食政策，决定裁撤全国粮管局，在行政院下另设粮食部，以提高其地位，加增其力量。④"以前各省虽有省粮食管理局及县粮食管理委员会之设置，而组织散漫，权责不专，粮政推行，未能尽利。"⑤

基层人员未能切实履行职责。蒋介石对于基层人员非常重视，先后多次召集县长开会训话，但成效却未彰显。1940—1941年成都粮

---

① 张柱编著：《我国战时粮食管理》，第31页。
② 徐可亭先生文存编印委员会编印：《徐可亭先生文存》，第133页。
③ 四川省第三区行政督察专员公署：《关于查办巴县一品乡乡长沈泽厚勒买军粮贪污案给巴县县政府的训令》（1941年1月4日），四川省第三区行政督察专员公署档案，档案号：0055000500352000002000，第2页。
④ 《行政院工作报告——有关稳定财政及管制粮食、物价部分（1938—1945年）》，对中国国民党第六次全国代表大会报告，秦孝仪主编《中华民国重要史料初编——对日抗战时期》第4编"战时建设"（三），第314页。值得注意的是，行政院1941年3月17日审核通过《山东省征收田赋暂行章程》后，除训令财政部外，还向内政部下达训令，而置全国粮管局于不顾。参见《山东省征收田赋暂行章程》（1941年），行政院档案，档案号：014—040201—0108，第8页。
⑤ 秦孝仪主编：《抗战建国史料——粮政方面》（一），第399页；朱子爽编著：《中国国民党粮食政策》，第82页。

荒严重时，蒋将之归结为"实因各县县长及下级主管粮政人员对于粮管要政敷衍应付所致"，基层人员"阳奉阴违，玩忽战时要政，实属有亏职责"①。

全国粮管局与四川省政府工作衔接有待提高。战时粮食管理头绪繁多，任务繁重，须多方配合始克成功，该局粮政重点既在川省，则两者联系合作尤显重要，但事实却并非如此。以粮食运输为例，为增进运输伕力，1940年8月中旬，委员长侍从室就此致函贺国光，"应将粮食运送计划亦切实规定"，如征工运输可根据每人运量、里程缓服兵役，但迟至11月7日，卢作孚才从蒋介石处接到同样指令，也就是说，在两个多月时间里，川省府并未就此事与全国粮管局沟通接洽。25日，卢作孚将制定的《粮食驿运办法大纲》11条呈送至蒋，侍从室审核后称其"尚属可行"②。

小　　结

全国粮管局作为时代的产物，自然有其存在的意义。它的成立使整个国民政府粮食管理有了明显的"分界线"，清楚地看出战时形势下国民政府统制思想的变化。以往研究对全国粮管局的评价多负面，更多苛责其将粮价越管越高。但是从历史的眼光来看，这似乎过分严苛了。

客观来看，不能否认全国粮管局在粮食管理上确实发挥了一定较大作用，对服务抗战大局确有裨益。就像何应钦曾经提及的："甘肃省，即因设立粮食管理局的缘故，到今天还能维持去年八月的粮价。又如四川的粮食问题，如果不是卢作孚先生和粮管局诸位同志的努力负责办理。今天尚不知是何种现象？又如二十九年的军粮，就是完全赖着卢先生一手筹措……虽然目前还有许多不方便不

---

① 《领袖指示补编（十五）》（1941年5月9日），蒋中正"总统"文物档案，档案号：002—090106—00015—227，第351页。
② 《粮政（二）》（1940年8月16日—1941年11月18日），国民政府档案，档案号：001—087000—00002—007，第89—96页。

周密的地方。这是初次办理的缘故。"① 全国粮管局作为国民政府设立的首个粮食专管机构，既没有成规可循，筹备时间上也十分短促，准备工作尚不充分，社会人士及各阶层组织的协助又配合不上，因此不能收到管理的功效，"这个责任，是要各方面来共同负担的"②。

全国粮管局不独职权相对较弱，即就经费而言，亦时常捉襟见肘。这与1940年7月黄炎培等人的设计与期许相差悬殊。在黄炎培、嵇祖佑、胡次威等人的报告书中，特别提到所制定的三项办法，即《救济目前军粮民食办法》《本年秋收后军粮民食统筹办法》《粮食管理局之筹备及其在四川购粮之进行步骤》，"办法是定了，但是最要紧的，还是要钱，如果万事具备，只欠东风，还是不行"。因此，黄炎培建议，在筹备专门的粮食管理机构时，应由蒋介石遴派大员为筹备主任，"请拨款项较有办法"③。

全国粮管局循序渐进政策及其被裁撤，固然有多种因素，但某种程度上却为粮食部实施果决的粮食统制政策提供了殷鉴，即战时粮食管理必须立竿见影、求得实效，为抗战大局服务。从另一个层面来说，粮食部的成立也显示了国民政府统制粮食的坚强决心，即从半政府、半私营组织机构且权力有限的粮食兼管机构农本局，到"组织和权力还太小"的全国粮管局，再到"加强粮政机关的组织，扩大粮政机关的权力，增高粮政机关的地位"，才能完成此项艰巨任务的粮食部，国民政府的粮食管理机构也实现了"三级跳"，其结果则是统制思路日益明晰，政策措施越发坚强有力。④

---

① 《全国粮食会议报告》（1941年6月），经济部档案，档案号：四—15665，第28页。
② 徐可亭先生文存编印委员会编印：《徐可亭先生文存》，第111页。
③ 《粮食管理机构组织办法案》（1940年—1941年），行政院档案，档案号：014—040504—0025，第34—35页；朱汇森主编：《粮政史料》（第一册），第252—253页。
④ 徐堪：《中国战时的粮政》，《经济汇报》第6卷第1—2期合刊，1942年7月16日，第17页；《中国粮政概况》，第11—12页。

结　　论

　　粮食是人类生存的必需品，任何人都不可缺乏。粮食问题在平时已极为重要，而战时的重要性更是凸显，成为决定战争走向的关键点之一。想要支持长久抗战，必须做好粮食的保障工作，无论是军粮还是公教民食都须尽力满足，唯有此才会稳定社会，才能为抗战胜利增添筹码。

　　在第一次世界大战中，德国坐困于粮食恐慌而导致战争最后失败，此为德国战败的主因之一。鉴于此教训，世界各国对于战时粮食问题均保持最高警惕，且设专门机构从事粮食统制。在1929年世界经济危机爆发时，各国政府直接干预的应对态度也使"统制经济"理念在实践中快速得到关注。此时，不少为破解中国困局、探寻前进之路的有识之士也将目光转到此处，虽未得一致认同，但也有不少提倡的声音。同时，"统制经济"理念的影响力逐渐从民间扩展至官方，不少上层人士将其视作民族自救与富强的"曙光"，并尝试建立战时统制经济体制。粮食统制作为战时统制经济的一个重要组成部分，一开始虽随大势而动，但其实效性有限。在抗日战争全面后的很长一段时间内，由于粮价稳定且相对低廉，甚至有些地区因丰收而出现谷贱伤农的现象，但整体上军粮民食的供应尚未发生大问题。因此，国民政府在粮食管理的态度上多徘徊不前，政策落实也未能全力以赴。随着抗战形势进一步吃紧，国民政府对统制经济的倾向也在逐步加强，甚至已有设立战时粮食管理局的打算。不过，由于粮食问题并不突出，国民政府一直拖而未行，全国性的粮政机构仍未建立。

　　然而，受粮食减产、囤积居奇、交通不便、通货膨胀、成本增加及政府指挥不当等因素的影响，粮食危机逐渐"酝酿"，终于在1940年春猝不及防地爆发。后方地区的粮价开始疯涨，粮食供应紧张，对民众生产生活造成相当影响，抗战大局也自然受到波及。在此背景之下，国民政府的表现与以往截然不同，国民政府上层意欲建立全国统一性粮政机构的想法十分迫切，不仅短时间内便确定了全国粮管局的组织纲要，且在管理人员的配备上也作好了准备。粮食机构的"领导层"首先组建完成，随后各省县依据中央指令也先后架设起地方粮政机构，粮食行政网络得以不断充实扩大。从时人所说的"我国对于粮食行政素无基础"①，到专门的全国性粮食管理机构的设立，国民政府的粮食管理走上了专门化道路。

在全国粮管局成立之后，卢作孚等管理人员迅速投入工作。由于四川省是粮食危机的核心区域，政治、经济、军事地位十分特殊，全国粮管局将中心工作放在了解决四川粮食问题上。为此，全国粮管局加强与四川省政府及粮政机构的联系，从粮食流通的各个环节出发，初步形成了一套完整的粮食管理办法。除协助农林部加强粮食生产工作外，全国粮管局直接指挥四川省粮管局及重庆市粮食管理委员会增强各地粮食调查以加紧粮情掌控，并在粮食征集、粮食储运、粮商管理、粮价管制、军粮民食配给等方面制定了一系列政策。与此同时，全国粮管局召开了一次全国性的粮食会议，从大局上明了各省粮情需求，对现有粮政进行调整与补充。关于全国粮管局的管理成效，何应钦曾在其将被裁撤之际有如下言论："甘肃省，即因设立粮食管理局的缘故，到今天还能维持去年八月的粮价。又如四川的粮食问题，如果不是卢作孚先生和粮管局诸位同志的努力负责办理，今天尚不知是何种现象？又如二十九年的军粮，就是完全赖着卢先生一手筹措。这种精神，是永远使我们不能忘记的，虽然目前还有许多不方便不周密的地方，这是初次办理的缘故。"②

---

① 《省属粮政单位组织规程（一）》（1937年—1941年），行政院档案，档案号：014—040503—0005，第21页。

② 全国粮食管理局编印：《全国粮食会议报告》，第22页。

结　论

对于全国粮管局制定调节民食办法，俞飞鹏曾在1940年10月称"甚为妥适"，并希望逐步进行，则民食"当可解决"。不过，俞也提出三项"补充意见"，一是取缔农民私自抬价，在家售米；二是各地市场、商号、米商仍旧营业；三是举办之初，不必急求米价下跌，而是保证米粮来源充裕。① 如果说"甚为妥适"出于好意，但"补充意见"则是值得重视的，同时亦可见全国粮管局所定办法仍有较大完善之处。

虽然全国粮管局时期的粮食管理更趋向制度化、系统化，但粮食管理效果尚未彰显，四川粮价不仅未能稳定，反而越来越高，军粮筹集越发困难，民众生存压力增大，全国粮食问题也在进一步加剧。在此期间，孔系与"新政学系"的派系斗争从未停止，反而愈趋激烈。其中孔系直接制造的"平价大案"，不仅重创了农本局，也间接造成全国粮管局内部重要人员变动，对机构产生了不小的影响。同时，孔系还针对全国粮管局的管理方式，提出了更迎合上层统制需要的想法。因此，在多种因素作用下，1941年7月，全国粮管局最终被粮食部取而代之。

其实，国民政府对于全国粮管局实有权限的预估与现实问题的严峻性认识存在偏差。在全国粮管局成立之前，中央与地方联系并不密切，各省基本自行解决粮食问题，中央想在短时间内控制地方是难以实现的，即使地方粮政机构逐渐加入全国粮政体系之中，各省独立性也无法快速有效地弱化。此外，架设一个全国性粮政体系需要大量的人力支撑及物力支持，单四川一省而言就已非易事，故各阶层组织并未完备，粮食机构管理权力有限，全国粮食行政体系几乎形同虚设，难以按期完成国民政府"快速""高效"的预设目标。但全国粮管局也并非一无是处，它是在粮食环境极端困难的情况下国民政府做出的"跨越性"选择，它使国民政府的粮政工作开始进入了新的"发展时代"，也为粮食进一步统制打下基础，积累了宝贵的粮食管理经验，

---

① 《中央军事机关经费（五）》（1940年10月18日），国民政府档案，档案号：001—080102—00032—001，第2—3、8页。

是抗战经济发展过程中的重要举措。

对全国粮食进行管理,"在我国尚属创举"①,就其组织架构来说,从各省粮食管理局到县粮食管理委员会,再到乡镇基层粮食管理人员,全国粮管局基本建构起了立体统一的粮政体系。不过,金字塔式的架构导致基层粮食管理人员数量特别庞大,而粮食生产、征收、仓储、运输等各环节散漫,人员训练与选拔都"须相当的时日,方能见功"②。同时也有人指出,全国粮管局的组织和权力太小,粮食管理力度有待加强,应进一步加强组织,扩大其权力,提高其地位。③

客观地说,全国粮管局成立后,对于粮食管理渐有计划,也采取了一些措施,但有些计划需时过长,不能达到立竿见影的效果,正如侍从室第四组主任陈方所言,"动作不可太慢",应争取时间以适应时机,立即取得实效却是最为需要的,也是国民政府上层人士乐观其成的,而全国粮管局在粮食危机日益严重的情况下,"动作迟缓",降低了效能甚或错过管理的最佳时机。④ 兹举一例。全国粮管局成立未几,蒋介石即对粮食管理表明了态度,并于8月15日下发手令于行政院,令全国粮管局"迅拟各项具体办法呈核"。蒋在手令中主要指出,各省政府、国民党各省党部、青年团应对各省粮食调查、登记、管理及收购切实负责,不能听任粮户隐漏不报,如有隐瞒,则米谷充公且加重处罚,并鼓励密报行为、奖励密报人员。蒋特别指出,此项工作应由各省县国民党党部与青年团"特别努力参加于调查团体工作,但不可以党与团出面也",而全国粮管局负有统筹计划之责,全国粮管局"详为规定,呈候核定后,通令全国一体遵办,庶能步骤整齐,推行尽利"⑤。9月5日,国防最高委员会秘书厅再次致函行政

---

① 《全国粮食会议报告》(1941年6月),经济部档案,档案号:四—15665,第2页;全国粮食管理局编印:《全国粮食会议报告》,第1页。

② 张槱任:《四川粮食问题》,第18页。

③ 《中国粮政概况》,第10—11页。

④ 《赋税(二)》(1941年5月14日),蒋中正"总统"文物档案,档案号:002—080109—00012—005,第57页。

⑤ 《省市粮食管理办法(一)》(1940年—1948年),行政院档案,档案号:014—040504—0017,第37—45页。

院,谓"此案急待呈候",但"时逾两旬,未准见复"。7日,行政院训令全国粮管局,"令饬该局遵照迅拟各项具体办法呈核"。但全国粮管局仍按兵不动。17日,国防最高委员会秘书厅第三次致函行政院,该公函谓:

> 贵院督饬全国粮食管理局遵照妥速拟订各项具体办法送厅,以便转呈,核饬遵行,暨于九月五日以国文字第一二三五二号函,请查照迅饬办理,各在案,明逾两月,未准函复,因之尚稽呈报,特再函请查照迅赐饬办见复,以便转陈为荷!①

18日,行政院再次训令全国粮管局,责令其速办。23日,全国粮管局局长卢作孚终于呈文行政院,原来该局之所以迟迟未予回复,是因其召集组织重庆市卫戍区、四川省第三行政区粮食调查委员会协助各该区调查事项,并从军统、中统、三青团中抽调1200名,作为开展调查工作的技术调查员,同时呈送六项文件,即《四川省政府管理全省粮食暂行办法大纲》《四川省粮食管理局征购军民粮食暂行办法大纲》《四川省粮食调查暂行办法大纲》《四川省粮食管理局管理粮食仓库暂行办法》《四川省粮食管理局管理粮食业商人暂行办法》《四川省各县市粮食调剂及价格订定暂行办法》。② 从这件事情的经过可以看出,全国粮管局作为新设机构,各项规章制度亟须从速出台,以便开展后续工作,可谓任务繁重。但就其处理蒋介石、行政院交办此项事情的时间来说,一直从8月中旬延至9月下旬,在粮食危机日甚一日背景下,"动作迟缓"确实值得商榷。

从粮政史的角度而言,全国粮管局虽被裁撤,但此一时期摸索的经验、调查的数据及在此基础上制定的各项法规措施等,仍有其合理性,其中部分措施后来被粮食部继承下来,或根据时局变化予以改

---

① 《省市粮食管理办法(一)》(1940年—1948年),行政院档案,档案号:014—040504—0017,第40页。
② 《省市粮食管理办法(一)》(1940年—1948年),行政院档案,档案号:014—040504—0017,第44—45页。

善,"为我所用","粮食管理局所定的法规,凡是没有废止的,仍在继续执行"。"当时粮食部除立即通令昭告所有以前之一切粮食管理法规仍旧有效外,同时采取了更积极的方法来达成这些管理的目的。"① 徐堪在晚年总结战时粮政时认为,在抗战进入第四年,国家财政经济情况已极艰困,粮食供应在前后方不时发生问题、影响民心士气之时,"应本战争第一胜利第一之旨,一切设施应以适合当前最迫切需要,解救危机为主,凡属高远之理论,广大之目标,非战时人力物力财力所胜任,政治经济时间组织等条件所许可,民情习俗所协调者,只可从缓施行……过去全国粮食管理局所遭遇之挫折与造成之后果,可为殷鉴"②。徐堪的此番言论非常深刻地指出了全国粮管局问题之所在,即在战争状态下,如何在取得战争胜利这一中心任务的指导下,平衡紧急需要与长远规划之间的关系。

从国民政府组织架构的角度来看,战时国民政府设立了为数不少的新机构,既有最能体现集权的国防最高委员会,也有在五院制框架下,隶属于各院的多个部会署局。全国粮管局是第一个中央层级的粮食专管机构,这与孙中山早年的设想是一致的。在全国粮管局设立之前,中央政府并无专门的粮食管理机构,就此而言,国民政府战时的此次探索与尝试是全新的,并无先例可循。也正因为如此,国民政府对全国粮管局的定位存在一定偏差,赋予其的地位较低、职权较小,这也是制约全国粮管局在短期内取得显著管理效果的一个主要原因。

---

① 徐可亭先生文存编印委员会编印:《徐可亭先生文存》,第115、132页。
② 徐可亭先生文存编印委员会编印:《徐可亭先生文存》,第183页。

参考文献

一 档案资料

（一）未刊档案

《安徽省临时参议会请该省地方银行及农本局贴放款项以便抢购余粮有关文书》（1939年9月—1940年5月），中国第二历史档案馆藏，经济部档案，档案号：四—12577。

《安徽省一九四一年度粮情专报及全国粮管局一九四一年度粮情简报》（1941年5月—10月），中国第二历史档案馆藏，农林部档案，档案号：二三—1622。

《财政部请实业部派员会商设立粮食运销局案》（1934年10月—1937年5月），中国第二历史档案馆藏，实业部档案，档案号：四二二（2）—1744。

《陈诚言论集——民国三十一年（一）》，台北："国史馆"藏，陈诚"副总统"文物档案，档案号：008—010301—00034—013。

《陈果夫提议调节民食案》（1932年10月—1935年3月），中国第二历史档案馆藏，实业部档案，档案号：四二二—1783。

《筹补四川省短缺粮额及控制粮价简要方案》（1943年—1944年），台北："国史馆"藏，行政院档案，档案号：014—040501—0012。

《重庆市府电陈目前本市粮食供应情形三项》（1941年），台北："国史馆"藏，行政院档案，档案号：014—040504—0172。

《重庆市区中央各机关公务员役暨各学校教职员役与其眷属供给平价食粮办法纲要及补充办法等》（1940年—1941年），台北："国史馆"藏，行政院档案，档案号：014—040504—0147。

《第一区面粉工业同业公会》（1942年），陕西省档案馆藏，陕西省社会处档案，档案号：90—4—98。

《非常时期粮食管理法》（1940年），台北："国史馆"藏，行政院档案，档案号：014—040504—0094。

《复兴、福新、福民、岁丰四厂联合办事处章程草案》，重庆市档案馆藏，重庆福民实业有限公司档案，档案号：0272000200083000010900。

《复兴面粉股份有限公司1941年6月调查报告》，重庆市档案馆藏，交通银行重庆分行档案，档案号：0288000100155000018000。

《赋税（二）》（1941年），台北："国史馆"藏，蒋中正"总统"文物档案，档案号：002—080109—00012—003。

《赋税（二）》（1941年5月14日），台北："国史馆"藏，蒋中正"总统"文物档案，档案号：002—080109—00012—005。

《赋税（一）》（1940年），台北："国史馆"藏，蒋中正"总统"文物档案，档案号：002—080109—00011—003。

《赋税（一）》（1940年10月6日），台北："国史馆"藏，蒋中正"总统"文物档案，档案号：002—080109—00011—004。

《赋税（一）》（1940年11月），台北："国史馆"藏，蒋中正"总统"文物档案，档案号：002—080109—00011—005。

《赋税（一）》（1941年4月10日），台北："国史馆"藏，蒋中正"总统"文物档案，档案号：002—080109—00011—007。

《各县供应重庆等消费市场粮食办法实施纲要改名为各县供应重庆市暨疏建区粮食办法实施纲要》（1940年），台北："国史馆"藏，行政院档案，档案号：014—040504—0148。

《关于报送组织复兴、福民、福新、岁丰四厂联合办事处文录及章程请备案上重庆市粮食管理委员会的呈（附章程）》（1941年3月17日），重庆市档案馆藏，重庆市粮政局档案，档案号：00700001000310000001。

《关于撤销重庆复兴、福民、福新、岁丰四厂联合办事处，成立机制面粉同业公会等上天城公司的呈》（1941年7月13号），重庆市档案馆藏，金城银行重庆分行档案，档案号：0304000102571000015900。

《关于福民、福新、岁丰、复兴面粉公司同甘苦的字据》，重庆市档案馆藏，重庆福民实业有限公司档案，档案号：0272000200032000116000。

《关于四川省粮食管理委员会改为四川省粮食管理局并检送嵇祖佑、何乃仁、戴寒职务委派情形致嘉陵江三峡乡村建设实验区署的代电》，重庆市档案馆藏，北碚管理局档案，档案号：00810004002560043000。

《广东粮荒救济（一）》（1937年—1939年），台北："国史馆"藏，行政院档案，档案号：014—040505—0001。

《贵州省粮食管理局局长及职员任免》（1940年—1941年），台北："国史馆"藏，行政院档案，档案号：014—090202—0700。

《贵州省粮食业登记规则》（1941年），台北："国史馆"藏，行政院档案，档案号：014—040504—0137。

《贵州省民食调节委员会组织章程》（1937年3月—4月），中国第二历史档案馆藏，实业部档案，档案号：四二二（2）—1813。

《国家总动员会议工作报告》（1942年9月12日—1943年2月3日），台北："国史馆"藏，国民政府档案，档案号：001—047330—00003—001。

《国民参政会第二届第一次大会陆宗琪等建议重新确立粮食平价政策案》（1941年5—6月），中国第二历史档案馆藏，财政部档案，档案号：三（6）—409。

《国外购粮（一）》（1939年—1948年），台北："国史馆"藏，行政院档案，档案号：014—040504—0061。

《河北省民食调剂委员会成立案》（1931年9月—1935年3月），中国第二历史档案馆藏，实业部档案，档案号：四二二—1770。

《贺耀组、何浩若拟呈粮食问题训词纲要及为实施粮食管理告川省民众书》（1940年9月），台北："国史馆"藏，蒋中正"总统"文物档案，档案号：002—080109—00011—003。

《经济部关于设立粮食管理局有关文书》，中国第二历史档案馆藏，经济部档案，档案号：四—8894。

《军事委员会第四部派员赴江苏、江西、湖南等省接洽食粮生产事宜报告》（1937年9月—11月），中国第二历史档案馆藏，实业部档案，档案号：四二二—2102。

《粮管局所属单位组织规程》（1940年7月30日—1941年6月13日），台北："国史馆"藏，行政院档案，档案号：014—040503—0004。

《粮价平抑办法（二）》（1940年—1948年），台北："国史馆"藏，行政院档案，档案号：014—040504—0058。

《粮食部1942年度岁出岁入总概算工作计划特别建设计划审核案》（1942年2月），中国第二历史档案馆藏，中央设计局档案，档案号：一七一—1466。

《粮食部1944年度工作计划（附预概算及委购军粮价款表）》（1944年6月），中国第二历史档案馆藏，中央设计局档案，档案号：一七一—1471。

《粮食部1946年度工作计划及有关文书》（1945年12月—1946年12月），中国第二历史档案馆藏，中央设计局档案，档案号：一七一—1503。

《粮食部成立与裁并》（1941年6月7日—1947年7月7日），台北："国史馆"藏，行政院档案，档案号：014—040503—0001。

《粮食部三十四年度工作计划及意见书》（1944年—1945年），台北："国史馆"藏，行政院档案，档案号：014—040501—0005。

《粮食部所属单位组织规程（二）》（1941年—1947年），台北："国史馆"藏，行政院档案，档案号：014—040503—0003。

《粮食管理机构组织办法案》（1940年—1941年），台北："国史馆"藏，行政院档案，档案号：014—040504—0025。

《粮食节约消费办法（八）》（1943年—1947年），台北："国史馆"藏，行政院档案，档案号：014—040505—0030。

《粮食节约消费办法（六）》（1938年—1945年），台北："国史馆"藏，行政院档案，档案号：014—040505—0028。

《粮食节约消费办法（七）》（1941年—1943年），台北："国史馆"藏，行政院档案，档案号：014—040505—0029。

《粮食节约消费办法（三）》（1939年—1945年），台北："国史馆"藏，行政院档案，档案号：014—040505—0025。

《粮食节约消费办法（五）》（1938年—1942年），台北："国史馆"藏，行政院档案，档案号：014—040505—0027。

《粮食节约消费办法（一）》（1938年—1948年），台北："国史馆"藏，行政院档案，档案号：014—040505—0023。

《粮食流通管制办法（一）》（1940年—1948年），台北："国史馆"藏，行政院档案，档案号：014—040504—0021。

《粮运销局归并于经济部农本局接收案》（1938年3月—10月），中国第二历史档案馆藏，经济部档案，档案号：四—8637。

《粮政（二）》（1940年8月16日—1941年11月18日），台北："国史馆"藏，国民政府档案，档案号：001—087000—00002—008。

《粮政（三）》（1940年9月6日—1946年8月5日），台北："国史馆"藏，国民政府档案，档案号：001—087000—00003—008。

《粮政（四）》（1941年3月16日—1942年4月19日），台北："国史馆"藏，国民政府档案，档案号：001—087000—00004—001。

《粮政（五）》（1941年2月18日—1941年7月19日），台北："国史馆"藏，国民政府档案，档案号：001—087000—00005—001。

《粮政（一）》（1941年6月25日—1946年8月17日），台北："国史馆"藏，国民政府档案，档案号：001—087000—00001—001。

《领袖指示补编（十五）》（1941年5月9日），台北："国史馆"藏，蒋中正"总统"文物档案，档案号：002—090106—00015—227。

《南京市民食委员会组织大纲草案、会议纪录及该市非常时期之粮食准备等文书》（1937年8月—10月），中国第二历史档案馆藏，实业部档案，档案号：四二二（2）—1821。

《内政部、实业部核议调剂米粮价格办法案》（1931年5月—1935年2月），中国第二历史档案馆藏，实业部档案，档案号：四二二—1751。

《农本局呈报该局各屯粮仓库移交全国粮食管理局接收情形的文书》（1940年12月），中国第二历史档案馆藏，经济部档案，档案号：四—25520。

《农本局呈送福生庄组织章程草案及有关文书》（1938年8月—1940

年 1 月），中国第二历史档案馆藏，经济部档案，档案号：四—30053。

《农本局及所属农业调整处、福生庄决算报告》（1937 年 10 月—1939 年 12 月），中国第二历史档案馆藏，经济部档案，档案号：四—19058。

《农本局业务概况》（1939 年），中国第二历史档案馆藏，经济部档案，档案号：四—15914。

《农本局一九三九年六月及一九四〇年二月份业务报告并有关文书》（1939 年 12 月—1940 年 7 月），中国第二历史档案馆藏，经济部档案，档案号：四—12493。

《农本局一九三七至一九三九年度决算报告书》，中国第二历史档案馆藏，经济部档案，档案号：四—15909。

《农产调整委员会归并农本局接收有关文书》（1937 年 10 月—1938 年 2 月），中国第二历史档案馆藏，经济部档案，档案号：四—8642。

《全国军用粮食调查表》（1934 年 4 月—10 月），中国第二历史档案馆藏，实业部档案，档案号：四二二—2103。

《全国粮食管理局、复兴、福民、福新、岁丰四厂联合办事处购麦贷款合约、小麦、面粉购销合约》（1941 年 5 月），重庆市档案馆藏，重庆市社会局档案，档案号：00600002004740000006。

《全国粮食管理局、军事委员会等抢购湖北省第六战区等粮棉案》（1940 年 7 月—1941 年 5 月），中国第二历史档案馆藏，经济部档案，档案号：四—22888。

《全国粮食管理局借用经济部参事卢郁文为主任秘书案》（1940 年 8 月—1941 年 7 月），中国第二历史档案馆藏，经济部档案，档案号：四—14329。

《全国粮食管理局秘书处议事组粮食运济组提案》，重庆市档案馆藏，重庆市粮政局档案，档案号：00700001000260000012。

《全国粮食管理局召开全国粮食会议记录及有关文书》（1941 年 4—5 月），中国第二历史档案馆藏，农林部档案，档案号：二三—1273。

《全国粮食管理局组织规程》（1940年7月30日），重庆市档案馆藏，重庆市政府档案，档案号：0053—0002—00358—0000—042—000。

《全国粮食管理局组织规程及有关文书》（1940年7月—9月），中国第二历史档案馆藏，经济部档案，档案号：四—9384。

《全国粮食会议报告》（1941年6月），中国第二历史档案馆藏，经济部档案，档案号：四—15665。

《山东省征收田赋暂行章程》（1941年），台北："国史馆"藏，行政院档案，档案号：014—040201—0108。

《陕西省各县征收田赋章程案》（1941年），台北："国史馆"藏，行政院档案，档案号：014—040201—0110。

《省市粮食管理办法（二）》（1941年—1946年），台北："国史馆"藏，行政院档案，档案号：014—040504—0018。

《省市粮食管理办法（一）》（1940年—1948年），台北："国史馆"藏，行政院档案，档案号：014—040504—0017。

《省属粮政单位组织规程（二）》（1941年—1945年），台北："国史馆"藏，行政院档案，档案号：014—040503—0006。

《省属粮政单位组织规程（三）》（1941年—1945年），台北："国史馆"藏，行政院档案，档案号：014—040503—0007。

《省属粮政单位组织规程（一）》（1937年—1941年），台北："国史馆"藏，行政院档案，档案号：014—040503—0005。

《实业部部长吴鼎昌谈民食问题》（1937年7月），中国第二历史档案馆藏，实业部档案，档案号：四二二（2）—2423。

《收购湖北省邻接战地各县及沿江各地稻谷案》（1939年），台北："国史馆"藏，行政院档案，档案号：014—040504—0259。

《四川省璧山县织户胡守信等呈控农本局福生壁庄经理丁沛涛违法失职恃势凌我请予彻惩案》（1942年3月—1942年4月），中国第二历史档案馆藏，经济部档案，档案号：四—12961。

《同业公会面粉厂公会章程及会议记录等（一）》（1945年），陕西省档案馆藏，雍兴实业股份有限公司档案，档案号：82—1—1060。

《战区查禁私运粮食出境处理及充公给奖办法》（1940年—1941年），

台北："国史馆"藏，行政院档案，档案号：014—040504—0016。

《战区各省食粮收购办法大纲》（1939年—1940年），台北："国史馆"藏，行政院档案，档案号：014—040504—0090。

《战区粮食管理办法》（1937年—1940年），台北："国史馆"藏，行政院档案，档案号：014—040504—0015。

《战时粮食运输》（1940年—1948年），台北："国史馆"藏，行政院档案，档案号：014—040504—0059。

《中央军事机关经费（五）》（1940年10月18日），台北："国史馆"藏，国民政府档案，档案号：001—080102—00032—001。

《中央军事机关经费（五）》（1941年1月16日），台北："国史馆"藏，蒋中正"总统"文物档案，档案号：002—080108—00032—003。

兵工署：《兵工署关于检发召开购粮会议记录遵照议决办法分别向指定地点会同采购食粮致兵工署第二十工厂的代电（附全国粮管局训令、各县供应重庆市及疏建区、粮食办法实施纲要）》（1940年12月29日），重庆市档案馆藏，兵工署第二十工厂档案，档案号：01750001013510000002。

重庆电力股份有限公司：《关于转知中粮公司化龙桥碾米厂办理用电手续致重庆电力股份有限公司业务科、中粮公司化龙桥碾米厂的通知、函》（1944年6月30日），重庆市档案馆藏，重庆电力股份有限公司档案，档案号：02190002000880100076。

重庆电力股份有限公司业务科：《关于造送中粮公司委托代办之各面粉、米厂厂名及所在地点上浦心雅、程本臧的呈》（1943年9月18日），重庆市档案馆藏，重庆电力股份有限公司档案，档案号：02190002000810000016。

重庆市斗量业职业工会、重庆市政府：《关于处理全国粮食管理局与重庆仓库发生纠纷调解条件不成熟并检送调整规则的呈、训令、公函（附规则等）》（1940年12月15日），重庆市档案馆藏，重庆市政府档案，档案号：0053—0015—00296—0000—016—000。

重庆市警察局、粮食部：《关于允许中国粮食工业公司员工缓役的公函》，重庆市档案馆藏，重庆市警察局档案，档案号：00610015044180100055000。

重庆市粮管会：《关于报送重庆市粮食管理委员会成立日期及委员名单的呈、公函（附名单）》（1941年10月1日），重庆市档案馆藏，重庆市政府档案，档案号：0053—0002—00254—0000—038—000。

重庆市粮管会：《关于请派员出席召开定期会商核定面粉价格问题致经济部、社会部、重庆市商会等的训令、函》（1940年12月20日），重庆市档案馆藏，重庆市粮政局档案，档案号：00700001000710000025。

重庆市粮管会、重庆市政府：《关于重庆市粮食管理委员会职员职位分类表的呈、指令（附职员职位分类表）》（1940年11月25日），重庆市档案馆藏，重庆市政府档案，档案号：0053—0001—00015—0100—163—000。

重庆市粮食管理委员会：《关于报送会议规则及办事细则上重庆市政府、全国粮食管理局的呈（附规则及细则）》（1940年10月2日），重庆市档案馆藏，重庆市粮政局档案，档案号：00700001000100000007。

重庆市粮食管理委员会：《关于报送重庆市面粉管理经过及现时缺乏原料情形上全国粮食管理局的呈》（1941年6月28日），重庆市档案馆藏，重庆市粮政局档案，档案号：00700001000710000068。

重庆市粮食管理委员会：《关于抄送成立日期及委员名单上重庆市政府全国粮食管理局的呈（附名单）》（1940年9月30日），重庆市档案馆藏，重庆市粮政局档案，档案号：00700001000110000011。

重庆市粮食管理委员会：《关于抄送重庆市公议公卖处售平价米暂行办法一案办理情形上重庆市政府、全国粮食管理局的呈（附情形）》（1940年10月26日），重庆市档案馆藏，重庆市粮政局档案，档案号：00700001000340000041。

重庆市粮食管理委员会：《关于饬更正重庆市米市场议价扯计办法条文给粮食业公会、粮管局、重庆市政府的训令、呈（附办法）》（1940年12月3日），重庆市档案馆藏，重庆市粮政局档案，档案号：00700001000340000004。

重庆市粮食管理委员会：《关于检送1941年2、3月份各县运渝食米比较表致全国粮食管理局函（附比较表）》（1941年4月5日），重庆市档案馆藏，重庆市粮政局档案，档案号：00700001000520000011。

重庆市粮食管理委员会：《关于另觅地址呈核给复兴、福新、福民、岁丰四厂联合办事处的批》（1941年5月7日），重庆市档案馆藏，重庆市粮政局档案，档案号：00700001000310000015。

重庆市粮食管理委员会：《关于令借给原料即开工上全国粮食管理局、复兴、福新、福民、岁丰公司的训令、呈》（1941年5月7日），重庆市档案馆藏，重庆市粮政局档案，档案号：00700001000310000016。

重庆市粮食管理委员会：《关于令知复兴、福新、福民、岁丰四厂联合办事处办理结束准予备查给该处的批》（1941年8月14日），重庆市档案馆藏，重庆市粮政局档案，档案号：00700001000310000053。

重庆市粮食管理委员会：《关于拟定增设联营米店办法致重庆市警察局的公函》（1940年10月），重庆市档案馆藏，重庆市警察局档案，档案号：00610015028320100076000。

重庆市粮食管理委员会：《关于请查明放行被阻麦子上全国粮食管理局、复兴面粉股份有限公司的批、呈》（1941年5月6日），重庆市档案馆藏，重庆市粮政局档案，档案号：00700001000310000011。

重庆市粮食管理委员会：《关于未能购得平价米者改依现金补助办理致市政府会计处的公函》（1941年1月24日），重庆市档案馆藏，重庆市政府档案，档案号：0053—0019—02347—0000—047—000。

重庆市粮食管理委员会：《重庆市粮食管理委员会第十三次委员会会议记录（放行重庆市粮商集团到古兰采购之食米及成立福新复兴福民岁丰四厂联合办事处等）》（1941年4月17日），重庆市档案馆藏，重庆市警察局档案，档案号：00610015039240300170000。

重庆市粮食管理委员会、山洞消费合作社、梁记米商：《关于请准予设立联营米店的批、呈（附简则）》（1940年9月21日），重庆市档案馆藏，重庆市粮政局档案，档案号：00700001000320000025。

重庆市粮食管理委员会、曾一波、谢子才等：《关于请在龙王庙镇组织联营米店的批、呈》（1940年10月），重庆市档案馆藏，重庆市粮政局档案，档案号：00700001000320000020。

重庆市粮食管理委员会、钟熙春、李贻渠：《关于请准予在黄沙溪镇设立的联营米店的批、呈》（1940年10月6日），重庆市档案馆藏，重庆市粮政局档案，档案号：00700001000320000022。

重庆市粮食管理委员会、重庆市警察局：《关于转饬各镇政府镇长依法充任临时联营米店及联合米市检查员的函》（1940年10月1日），重庆市档案馆藏，重庆市粮政局档案，档案号：00700001000320000012。

重庆市粮食管理委员会、重庆市政府：《关于粮食问题遵办情形的呈、指令》（1940年12月16日），重庆市档案馆藏，重庆市政府档案，档案号：0053—0004—00141—0000—024—000。

重庆市粮食管理委员会、重庆市政府：《关于拟定重庆市联营米店出售平价米暂行办法的呈、指令（附办法）》（1940年11月4日），重庆市档案馆藏，重庆市政府档案，档案号：0053—0025—00056—0100—214—000。

重庆市粮食管理委员会、朱恂如、孙德隆：《关于请在曾家岩设立联营米店的批、呈》（1940年10月17日），重庆市档案馆藏，重庆市粮政局档案，档案号：00700001000320000021。

重庆市社会局：《重庆市社会局关于设法增加粮食供给量致全国粮食管理委员会、经济部农本局、重庆卫戍总司令部办公室的公函》（1940年9月13日），重庆市档案馆藏，重庆市社会局档案，档案号：00600002009700000019。

重庆市社会局、重庆市政府：《关于报送联营米店米市组织办法奖励购运食米办法及发给购运食米证书办法的呈、指令（附办法）》（1940年9月18日），重庆市档案馆藏，重庆市政府档案，档案号：0053—0025—00056—01000—142—000。

重庆市社会局、重庆市政府：《关于检送处理斗量公会与粮管局工作争执经过情形的呈、训令公函（附纠纷会议笔录等）》（1940年12月9日），重庆市档案馆藏，重庆市政府档案，档案号：0053—0015—00296—0000—005—000。

重庆市社会局、重庆市政府：《关于检送全国粮食管理局与斗量工会工作争执详情的呈、指令、公函》（1941年1月16日），重庆市档案馆藏，重庆市政府档案，档案号：0053—0015—00296—0000—028—000。

重庆市政府：《关于抄发未能购得平价米请领补助费办法给会计处的训令（附行政院原训令）》（1941年1月29日），重庆市档案馆藏，重庆市政府档案，档案号：0053—0019—02347—0000—048—000。

重庆市政府：《关于抄发重庆市区中央各机关公务员役、各学校教、职员与眷属供给平价粮食办法纲要并制发调查表各重庆市粮食管理委员会的训令》（1940年11月19日），重庆市档案馆藏，重庆市粮政局档案，档案号：00700001001190000015。

重庆市政府：《关于请设法开辟小麦来源致全国粮食管理局、行政院经济会议秘书处的代电》（1941年6月7日），重庆市档案馆藏，重庆市粮政局档案，档案号：00700001000310000030。

重庆市政府：《关于未能购领平价米机关、团体自行购运食粮应先由粮食管理局为之介绍有组织之商人代办给会计处的训令》（1940年12月5日），重庆市档案馆藏，重庆市政府档案，档案号：0053—0019—02347—0000—026—000。

重庆市政府：《重庆市政府关于抄发全国粮食管理局召开四川省第三行政区粮食会议记录给社会局的训令（附记录）》（1940年9月27日），重庆市档案馆藏，重庆市社会局档案，档案号：00600002003080000004。

重庆市政府、行政院秘书处：《关于修正全国粮食管理局组织规程条文的训令、公函》（1940年9月12日），重庆市档案馆藏，重庆市粮政局档案，档案号：0053—0002—00255—0000—010—000。

杜茂苓：《杜茂苓关于请重庆市粮食管理委员会判定复兴面粉股份有限公司分销处所定面粉价格是否合理的呈》（1941年2月8日），重庆市档案馆藏，重庆市社会局档案，档案号：00600002009700000028。

福建省粮食管理委员会：《福建省粮食管理委员会关于本会成立开始办公的代电》（1940年），福建省档案馆藏，福建省银行档案，档案号：0024—002—000658。

福建省贸易公司：《福建省贸易公司邵武办事处关于本公司粮食部与邵武公沽局业务联系的来往函》（1940年），福建省档案馆藏，福建省建设厅档案，档案号：0036—011—001895。

福建省商会联合会：《福建省商会联合会关于专卖酿酒问题的呈、代电》（1941年—1946年），福建省档案馆藏，福建省商业联合会、福建省工业联合会档案，档案号：0009—001—000109。

福建省政府：《福建省粮食管理暂行办法及福建省各县（区）公沽局组织规则（草案）》（1940年），福建省档案馆藏，福建省政府暨省政府秘书处，档案号：0001—003—000642。

福建省政府：《福建省政府对顺昌、南平、邵武、建瓯、崇安、建阳、水吉、政和禁止酿酒、征收罚锾办理及呈请撤销禁酿的指令、代电、批》（1942年11月—1946年1月），福建省档案馆藏，福建省政府财政厅档案，档案号：0022—001—000174。

福建省政府：《福建省政府对尤溪、沙县、宁洋、永安、周墩、明溪、宁化、泰宁、将乐开征酒税、禁酿罚锾办理情形的代电、指令》（1942年10月—1945年12月），福建省档案馆藏，福建省政府财政厅档案，档案号：0022—001—000171。

福建省政府：《福建省政府关于任免本省粮政局人员的训、委令》（1941—1942年），福建省档案馆藏，福建省政府人事室档案，档案号：0004—002—001047。

福建省政府：《福建省政府关于战时禁酒暂行办法的训令及省财政厅关于南平、宁化、龙溪、上杭等县禁酿酒后是否征收酒消费特捐的代电、指令》（1941年5月—11月），福建省档案馆藏，福建省政府财政厅档案，档案号：0022—001—000157。

福建省政府、福建省粮食管理委员会：《福建省政府、福建省粮食管理委员会关于设立粮食管理委员会的训令、指令、呈、函、电》（1940年），福建省档案馆藏，福建省政府暨省政府秘书处，档案号：0001—003—000020。

福建省政府、金门县政府等：《省市（县）食粮酿酒调查表》（1937年12月—1938年1月），福建省档案馆藏，福建省政府暨省政府秘书处，档案号：0001—001—000542。

福生庄：《福生庄1938年度决算报告》，重庆市档案馆藏，中国银行重庆分行档案，档案号：02870001011960000040000。

复兴、福民、福新、岁丰：《关于报送组织复兴、福民、福新、岁丰四厂联合办事处文录及章程请备案上重庆市粮食管理委员会的呈（附章程）》（1941年3月17日），重庆市档案馆藏，重庆市粮政局档案，档案号：00700001000310000001。

复兴、福民、福新、岁丰：《关于请求增加面粉价格上重庆市粮食管理委员会的呈》（1940年12月10日），重庆市档案馆藏，重庆市粮政局档案，档案号：00700001000710000018。

复兴、福民、福新、岁丰四厂联合办事处：《关于改组成立重庆市机制面粉厂联合办事处致王守先的函》（1941年7月17日），重庆市档案馆藏，金城银行重庆分行档案，档案号：03040001025710000194000。

复兴公司：《复兴面粉股份有限公司关于规定各分销处面粉售价上重庆市社会局的呈》（1941年2月），重庆市档案馆藏，重庆市社会局档案，档案号：00600002009700000029。

复兴面粉厂、重庆市警察局：《关于缓役复兴面粉厂技术员工的批、函（附缓役员工名册）》（1943年3月24日），重庆市档案馆藏，重庆市警察局档案，档案号：00610015045540200119000。

国家粮食局：《全国粮管局关于四川各县粮管会委派第一股股长给省粮管局的训令及部分粮管会呈复各股股长到任情形》（1940—1941年），四川省档案馆藏，四川省政府粮政局档案，档案号：民092—01—0690。

国家粮食局、四川省粮食局：《全国粮管局四川省粮管局部分县粮委会关于办理粮食管理消费节约事项组织粮商同业会实行计口授粮的训令指令呈文》（1940年），四川省档案馆藏，四川省政府粮政局档案，档案号：民092—01—0392。

国家粮食局、四川省粮食局：《全国粮管局四川省政府粮管局部分市县粮管局关于设立粮食检查调节机构管理粮食办法市场检查以及政策宣传查处违法事件的指令公函、呈文》（1940年），四川省档案馆藏，四川省政府粮政局档案，档案号：民092—01—0391。

国民政府参军处典礼局：《关于举行外交部部长郭泰祺、粮食部部长徐堪、粮食部常务次长庞松舟等就职典礼致重庆市政府的函》（1941年6月29日），重庆市档案馆藏，重庆市政府档案，档案号：0053—0001—00024—0000—126—000。

国民政府军事委员会：《关于粮食来源缺乏已由粮食部规划筹办致重庆市政府的代电》（1941年6月13日），重庆市档案馆藏，重庆市政府档案，档案号：0053—0025—00050—0000—093—000。

嘉陵江三峡乡村建设实验区署、四川省政府：《关于发动地方人员捐献军粮运动的训令（附捐献军粮运动实施办法）》（1940年10月），重庆市档案馆藏，北碚管理局档案，档案号：00810004007470000019000。

经济部工矿调整处、经济部农本局：《关于发给福生庄免税证明的往来函》（1939年12月28日），重庆市档案馆藏，经济部工矿调整处档案，档案号：0020—0001—00064—0000—015—000。

经济部农本局：《关于全国粮食管理局急需储粮仓库及管理人员等情致重庆市政府的函》（1940年12月19日），重庆市档案馆藏，重庆市政府档案，档案号：0053—0019—02366—0800—100—000。

经济部农本局、经济部平价购销处：《关于全国粮食管理局承办平价粮食业务划分帐目结束的函、呈》（1941年1月24日），重庆市档案馆藏，经济部日用必需品管理处档案，档案号：00220001000790000099000。

经济部平价购销处、经济部：《关于办理全国粮食管理局成立后有关平价粮食供应事宜的呈、指令》（1940年8月24日），重庆市档案馆藏，经济部日用必需品管理处档案，档案号：00220001000790000070000。

经济部平价购销处、经济部：《关于由全国粮食管理局继续办理重庆食粮筹集事宜的函、训令、公告》（1940年9月23日），重庆市档案馆藏，经济部日用必需品管理处档案，档案号：00220001000790000077002。

粮食部：《关于抄送粮食部陪都粮政密查队组织办法给重庆市粮政局的密令（附办法）》（1942年4月16日），重庆市档案馆藏，重庆市粮政局档案，档案号：00700002001080000001。

粮食部管理局、重庆市政府：《关于洽办粮食部管理局交接事宜的代电、训令》（1941年6月17日），重庆市档案馆藏，重庆市政府档案，档案号：0053—0001—00024—0000—129—000。

粮食部陪都民食供应处：《关于抄送认商及采购民粮暂行办法致重庆市粮政局的函（附办法）》（1943年1月28日），重庆市档案馆藏，重庆市粮政局档案，档案号：00700002002130000044。

粮食部陪都民食供应处：《关于将指派粮政密查队队员姓名、职务报粮食部备查致重庆市粮政局的函》（1942年4月27日），重庆市档案馆藏，重庆市粮政局档案，档案号：00700002001080000002。

刘席泳：《关于报送核定面粉价格情形上周懋植的呈》（1940年12月28日），重庆市档案馆藏，重庆市商会档案，档案号：00840001003340000062。

全国粮食管理局：《关于报送全国粮食会议日程、出席人员注意事项及出入证致重庆市粮食管理委员会函（附表）》（1941年2月19日），重庆市档案馆藏，重庆市粮政局档案，档案号：00700001000260000008。

全国粮食管理局：《关于查禁川省各县驻军自行采购军粮由全国粮食管理局统筹办理致四川省第三区行政督察专员公署的代电》（1940年10月21日），重庆市档案馆藏，四川省第三区行政督察专员公署档案，档案号：00550005002590000078000。

全国粮食管理局：《关于改订1941年6月中旬重庆市面粉价格致重庆市政府的函（附计算书）》（1941年6月12日），重庆市档案馆藏，重庆市粮政局档案，档案号：00700001000710000064。

全国粮食管理局：《关于核准天厨味精制造厂股份有限公司加入重庆市复兴、福新、福民、岁丰四厂联合办事处统筹配购小麦的批》（1941年6月10日），重庆市档案馆藏，金城银行重庆分行档案，档案号：03040001025710000025000。

全国粮食管理局：《关于检发第47号全国粮食会议决议记录给重庆市粮食管理委员会的训令（附记录）》（1941年5月15日），重庆市档案馆藏，重庆市粮政局档案，档案号：00700001000280000001。

全国粮食管理局：《关于派员准时出席全国粮食会议第二次预备会议致重庆市粮食管理委员会的函》（1941年2月15日），重庆市档案馆藏，重庆市粮政局档案，档案号：00700001000260000007。

全国粮食管理局：《关于请派员出席全国粮食会议第一次预备会议致重庆市政府的函》（1941年2月4日），重庆市档案馆藏，重庆市粮政局档案，档案号：00700001000260000005。

全国粮食管理局：《关于自1941年6月9日增加重庆市米价致重庆市政府函（附米价表）》（1941年6月10日），重庆市档案馆藏，重庆市粮政局档案，档案号：00700001000690000046。

全国粮食管理局：《四川省粮食调查暂行办法大纲》（1940年9月7日），重庆市档案馆藏，三民主义青年团重庆支团档案，档案号：0052—0001—00004—0000—093—044。

全国粮食管理局：《四川省政府管理全省粮食暂行办法》（1940年9月6日），重庆市档案馆藏，三民主义青年团重庆支团档案，档案号：0052—0001—00004—0000—093—037。

全国粮食管理局、四川省第三区行政督察专员公署：《关于补发四川省第三区行政会议日程及粮食部分注意事项的代电（附日程、注意事项）》（1940年12月7日），重庆市档案馆藏，四川省第三区行政督察专员公署档案，档案号：00550005002260000032000。

全国粮食管理局、重庆市粮管会：《关于核定每袋面粉价格的训令、呈》（1941年6月12日），重庆市档案馆藏，重庆市粮政局档案，档案号：00700001000710000065。

全国粮食管理局、重庆市粮食管理委员会：《关于饬重庆统购统销处增加重庆市米价的训令、函》（1941年5月25日），重庆市档案馆藏，重庆市粮政局档案，档案号：00700001000700000038。

全国粮食管理局、重庆市粮食管理委员会：《关于自1941年5月18日起增加重庆市米价的训令、函》（1941年5月9日），重庆市档案馆藏，重庆市粮政局档案，档案号：00700001000700000037。

全国粮食管理局、重庆市政府：《关于办理重庆市粮食调查事宜的来往函（附办法、表格、规则、须知）》（1940年10月13日），重庆市档案馆藏，重庆市政府档案，档案号：0053—0025—00056—0100—167—002。

全国粮食管理局、重庆市政府：《关于抄发重庆市民食供应统购统销规则的公函、训令（附规则）》（1941年3月22日），重庆市档案馆藏，重庆市政府档案，档案号：0053—0002—01053—0000—001—000。

全国粮食管理局、重庆市政府：《关于承办平价食品办事处并核减配发联营米店平价米及提高米价的训令、函》（1940年10月），重庆市档案馆藏，重庆市政府档案，档案号：0053—0025—00056—0100—197—000。

全国粮食管理局、重庆市政府：《关于检送四川省各县购运粮食事务会计制度暂行办法致四川省第三区行政督察专员公署的代电（附暂行办法）》（1940年12月21日），重庆市档案馆藏，四川省第三区行政督察专员公署档案，档案号：0055000500253 0000041000。

全国粮食管理局、重庆市政府：《关于每月供给重庆市政府平价米六百市石的公函、训令》（1940年11月16日），重庆市档案馆藏，重庆市政府档案，档案号：0053—0025—00050—0000—004—000。

全国粮食管理局、重庆市政府：《关于派卢作孚为全国粮食管理局局长及何廉等为副局长的代电、训令》（1940年8月23日），重庆市档案馆藏，重庆市政府档案，档案号：0053—0001—00030—0000—008—000。

全国粮食管理局、重庆市政府：《关于派员协助筹备粮食调查事宜并出席军粮征购会议的函、训令（附工作纲要）》（1940年9月19日），重庆市档案馆藏，重庆市政府档案，档案号：0053—0025—00056—0100—154—000。

全国粮食管理局秘书处议事组：《全国粮食管理局秘书处议事组粮食行政提案》，重庆市档案馆藏，重庆市粮政局档案，档案号：00700001000260000011。

全国粮食管理局秘书处议事组：《全国粮食管理局秘书处议事组粮食运济组提案》，重庆市档案馆藏，重庆市粮政局档案，档案号：00700001000260000012。

全国粮食管理局秘书处议事组：《全国粮食管理局秘书处议事组有关粮食制度问题组提案》，重庆市档案馆藏，重庆市粮政局档案，档案号：00700001000260000014。

沈月皆：《关于呈报参加全国粮食会议第一次预备会议情形上重庆市吴市长呈》（1941年2月5日），重庆市档案馆藏，重庆市粮政局档案，档案号：00700001000260000006。

四厂联合办事处：《关于请照市价核议面粉价格上重庆市粮食管理委员会的呈》（1941年4月22日），重庆市档案馆藏，重庆市粮政局档案，档案号：00700001000710000051。

四川省第三区行政督察专员公署：《关于查办巴县一品乡乡长沈泽厚勒买军粮贪污案给巴县县政府的训令》（1941年1月4日），重庆市档案馆藏，四川省第三区行政督察专员公署档案，档案号：00550005003520000002000。

四川省第三区行政督察专员公署、四川省政府：《关于抄发省粮食管理局组织规程、县粮食管理委员会组织通则的训令（附规程、通则）》（1940年10月2日），重庆市档案馆藏，四川省第三区行政督察专员公署档案，档案号：00550005002570000022000。

四川省第三区行政督察专员公署、四川省政府：《关于检发征购军民粮食暂行办法大纲的训令》（1940年9月2日），重庆市档案馆藏，四川省第三区行政督察专员公署档案，档案号：00550005002570000005000。

四川省第三区行政督察专员公署、四川省政府：《关于派卢作孚任全国粮食管理局局长、何廉等任副局长的令》（1940年9月10日），重庆市档案馆藏，四川省第三区行政督察专员公署档案，档案号：00550001001280000006000。

四川省第三区行政督察专员公署、四川省政府：《关于实施四川省各县市整理仓储暂行办法的代电（附办法）》（1940年11月25日），重庆市档案馆藏，四川省第三区行政督察专员公署档案，档案号：00550002004520000105000。

四川省粮食管理局：《关于抄发四川省粮食管理局管理粮食业商人暂行办法大纲给四川省第三区行政督察专员公署的训令（附大纲）》（1940年10月9日），重庆市档案馆藏，四川省第三区行政督察专员公署档案，档案号：00550005000340000164000。

四川省粮食管理局：《关于抄发行政院令颁组织规程等致重庆市粮食管理委员会的公函》（1940年10月1日），重庆市档案馆藏，重庆市粮政局档案，档案号：00700001000110000010。

四川省粮食管理局：《关于检发管理粮食治本办法四川省实施暂行细则给嘉陵江三峡乡村建设实验区粮食管理委员会的训令（附细则）》（1941年4月），重庆市档案馆藏，北碚管理局档案，档案号：00810004008190000049000。

四川省粮食管理局：《关于派嵇祖佑、何乃仁为四川省粮食管理局局长、副局长并已开始办公致四川省第三行政区行政督察专员公署的代电》（1940年9月23日），重庆市档案馆藏，四川省第三区行政督察专员公署档案，档案号：00550001001280000005000。

四川省粮食管理局：《关于派嵇祖佑为四川省粮食管理局局长、何乃仁为副局长致重庆市政府的代电》，重庆市档案馆藏，重庆市政府档案，档案号：0053—0001—00030—0000—031—000。

四川省粮食管理局：《四川省粮食管理局成立裁撤情形局长与粮食购运物价平准处处长任免留办结束人员名册办公费预算表借支家属食米代金清册》（1940—1941年），四川省档案馆藏，四川省政府人事处档案，档案号：民042—02—2704。

四川省粮食管理局：《四川省粮食管理局购运粮食暂行办法大纲》，重庆市档案馆藏，北碚管理局档案，档案号：00810004008180000001000。

四川省粮食局：《四川粮管局奉发省府粮食治本办法实施暂行细则的训令及部分县府粮管会有关奉文日期办理情形的呈文》（1940—1941年），四川省档案馆藏，四川省政府粮政局档案，档案号：民092—01—1465。

四川省粮食局、四川省临时参议会：《四川粮管局部分行政区公署县政府关于召开农业粮食会议训令指令代电呈文各市县粮管会成立日期表会议记录及四川临时参议会决议执行情形一览表》（1940—1941年），四川省档案馆藏，四川省政府粮政局档案，档案号：民092—01—0477。

四川省粮食局、四川省政府：《四川省粮管局呈请任用本局各科股主管长官首要佐理人员粮管督导员造报荐派人员科秘书人员履历表主管长官调查表及全国粮管局省政府的训令、公函》（1940年），四川省档案馆藏，四川省政府粮政局档案，档案号：民092—01—0486。

四川省粮食局、四川省政府秘书处：《四川省粮食管理局呈报设置主任秘书一人秘书二人情形及省府秘书处指令》（1941年），四川省档案馆藏，四川省政府人事处档案，档案号：民042—02—2705。

四川省粮政局：《各区粮管处工作提要市场管理处设置地点及辖区重庆自贡统购统销规则办法各县市总户田地表及其他粮情储存表》（1940—1941年），四川省档案馆藏，四川省政府粮政局档案，档案号：民092—01—1462。

四川省粮政局：《四川部分县呈报粮食干事训练学员名册经费预算书及撤销粮管员造具粮食干事分配名册薪津公费数目标粮民登记表以及粮政局指令电令》（1941年），四川省档案馆藏，四川省政府粮政局档案，档案号：民092—01—0438。

四川省民政厅：《四川省仓储概况》（1941年），四川省档案馆藏，四川省民政厅档案，档案号：民054—04—11835。

四川省政府：《关于抄发四川省1940年征购军粮奖惩办法给四川省第三行政督察专员公署的训令（附办法）》，重庆市档案馆藏，四川省第三区行政督察专员公署档案，档案号：00550005002390000072000。

四川省政府：《关于抄发四川省公教人员食米发给办法给四川省第三区行政督察专员公署的训令（附办法）》，重庆市档案馆藏，四川省第三区行政督察专员公署档案，档案号：00550002004960000044000。

四川省政府：《关于检发四川省各县市粮食调剂及价格订定暂行办法、四川省粮食管理局训练粮食管理干部人员暂行办法大纲的训令（附办法、大纲）》（1940年11月），重庆市档案馆藏，四川省第三区行政督察专员公署档案，档案号：00550005002570000072000。

四川省政府：《关于检发四川省各县市统购统销处组织通则给四川省第三区行政督察专员公署的训令（附组织通则）》（1941年7月），重庆市档案馆藏，四川省第三区行政督察专员公署档案，档案号：00550005002410000080000。

四川省政府：《关于检发四川省粮食管理局购运粮食暂行办法大纲给四川省第三区行政督察专员公署的训令（附大纲）》（1940年10月），重庆市档案馆藏，四川省第三区行政督察专员公署档案，档案号：00550005002570000031000。

四川省政府：《关于检发四川省粮食管理局管理粮食仓库暂行办法给四川省第三区行政督察专员公署的训令（附暂行办法）》（1940年11月13日），重庆市档案馆藏，四川省第三区行政督察专员公署档案，档案号：00550005002570000069000。

四川省政府：《关于实施统购统销给四川省第三行政区行政督察专员公署的训令》（1942年1月20日），重庆市档案馆藏，四川省第三区行政督察专员公署档案，档案号：00550005002570000162000。

天城公司面粉厂：《关于核示天城公司面粉厂加入重庆复兴、福民、福新、岁丰四厂联合办事处应具备之手续、商办汇款事宜等致钱晓升的函》（1941年6月30日），重庆市档案馆藏，金城银行重庆分行档案，档案号：03040001025710000116000。

天城面粉工业股份有限公司：《关于天城公司更名为天城面粉工业股份有限公司致重庆市机制面粉厂联合办事处的函》（1942年5月25日），重庆市档案馆藏，金城银行重庆分行档案，档案号：03040001025800000033000。

潼南县粮食管理委员会、重庆市粮食管理委员会：《关于将潼南县食米由统购统销处运渝的训令、代电》（1941年5月13日），重庆市档案馆藏，重庆市粮政局档案，档案号：00700001000820000023。

王利川、王焕章、四川省第三区行政督察专员公署：《关于核办吴一鸣、王德超等借采购军粮贪污诈欺案的呈、批示》（1941年1月23日），重庆市档案馆藏，四川省第三区行政督察专员公署档案，档案号：00550005003510000056000。

西康省粮食局：《西康粮食局呈报粮政报告粮食管理计划调查登记办法及汉源县救济战时后方粮荒办法和全国粮食管理局电》（1940年），四川省档案馆藏，西康省粮食管理局档案，档案号：民224—01—0003。

向绩丹、何安民等：《关于查办向绩丹、何安民等控告璧山县大路镇副镇长刘子厚办理军粮征购舞弊案上四川省第三行政督察专员公署的呈》（1940年10月），重庆市档案馆藏，四川省第三区行政督察专员公署档案,档案号:0055000500359000000400。

行政院、重庆市政府:《关于抄发修正省粮食管理局组织规程、组织通则的训令(附组织规程、组织通则)》(1941年4月14日),重庆市档案馆藏,重庆市政府档案,档案号:0053—0002—00251—0000—001—000。

行政院、重庆市政府:《关于抄发重庆市粮食管理委员会组织规程的训令(附组织规程)》(1940年9月4日),重庆市档案馆藏,重庆市政府档案,档案号:0053—0002—00254—0000—001—000。

益济粮食商号:《关于报送取样办法上全国粮食管理局的呈(附办法)》(1941年2月28日),重庆市档案馆藏,重庆市粮政局档案,档案号:00700001000340000026。

中国粮食工业公司流动碾米厂:《中国粮食工业公司流动碾米厂职员名册》,重庆市档案馆藏,粮食部档案,档案号:0028—0002—00001—0000—029—000。

周汝南、重庆市临时参议会、全国粮食管理局:《关于办理粮管局重庆农业仓库侵夺斗工生活案呈、公函、通知》1940年11月20日0,重庆市档案馆藏,重庆市参议会档案,档案号:0054—0001—00367—0100—256—000。

(二)已刊档案

蔡盛琦编辑:《蒋中正总统档案:事略稿本》(45),台北:"国史馆"2010年版。

陈谦平编:《翁文灏与抗战档案史料汇编》(下册),社会科学文献出版社2017年版。

公安部档案馆编注:《在蒋介石身边八年——侍从室高级幕僚唐纵日记》,群众出版社1991年版。

四川省档案局(馆)编:《抗战时期的四川——档案史料汇编》(下),重庆出版社2014年版。

行政院秘书处撰:《行政院工作报告补编》,1941年12月,李强、黄萍选编:《行政院工作报告:一九三四——一九四七》第8册,国家图书馆出版社 2013 年版。

薛月顺编辑：《蒋中正总统档案：事略稿本》（44），台北："国史馆" 2010 年版。

叶惠芬主编：《蒋中正总统档案：事略稿本》（46），台北："国史馆" 2010 年版。

中国第二历史档案馆：《抗战初期国民党政府经济部农本局代购军米运川史料二则》，《民国档案》1987 年第 4 期。

中国第二历史档案馆编：《中华民国史档案资料汇编》第 5 辑第 1 编 "财政经济"（八），江苏古籍出版社 1994 年版。

中国第二历史档案馆编：《中华民国史档案资料汇编》第 5 辑第 2 编 "财政经济"（九），江苏古籍出版社 1997 年版。

重庆市档案馆、重庆市人民银行金融研究所编：《四联总处史料》（上下），档案出版社 1993 年版。

重庆市档案馆编：《抗日战争时期国民政府经济法规》（下册），中国档案出版社 1992 年版。

周美华编注：《蒋中正总统档案：事略稿本》（12），台北："国史馆" 2004 年版。

二　民国文献

（一）图书

《中国粮政概况》，著作者、出版者不详，1943 年。

《中华民国二十七年农本局业务报告》，著作者、出版者不详，1939 年。

《中华民国法规辑要》（第 2 册），著作者、出版者不详，1941 年。

《总理遗教中之粮食管理》，江西省政府经济委员会汇刊第一集《江西经济问题》，1934 年。

陈明鉴编：《田赋改征实物论集》，福建省银行经济研究室 1941 年版。

陈明璋：《福建粮食问题》，福建省研究院编译出版室 1943 年版。

陈正谟：《米谷生产成本调查及川粮管理问题》，中山文化教育馆1940年版。

陈正谟：《战时粮食问题的解决方法》，中山文化教育馆1937年版。

崔昌政：《川康建设问题》，国民图书出版社1941年版。

董时进、徐宗仁、徐征等：《抗战与消费统制》，独立出版社1939年版。

福建省粮食管理局研究室编印：《福建省粮食管理行政之机构》，1941年。

福建省农林处统计室编印：《福建省各县区农业概况》上册，福建省政府统计处1942年。

福建省政府秘书处统计室编印：《非常时期福建粮食统制方案》，1938年。

福建省政府秘书处统计室编印：《福建经济研究》上，1940年。

甘乃光编辑：《孙文主义讨论集》，孙文主义研究社1925年。

甘肃省粮食增产委员会编印：《甘肃省一年来之粮食增产》，1942年。

顾寿恩：《战时粮价问题》，国民图书出版社1942年版。

广西省政府总务处统计室编印：《广西粮食调查》，1938年。

国立武汉大学经济学会编印：《四川嘉定战时物价特刊》，1940年。

国民参政会秘书处编印：《国民参政会第五次大会纪录》，1940年。

国民党中央训练团编印：《最近之粮政》，1942年。

国民经济研究所编印：《四川食米调查报告》，1940年。

胡鸣龙：《非常时期之县政》，中华书局1936年版。

江西省粮食管理局编印：《江西省粮食管理概况》，1941年。

江西省政府秘书处法制室编印：《中央战时法规汇编》（下），1939年。

李超英编著：《抗战建国纲领研究·经济篇》，独立出版社1939年版。

立信会计师重庆事务所编：《工商业管制法规》，立信会计图书用品社1943年版。

粮食部编印：《粮食部报告》，1941年。

粮食部编印:《粮食部三十一年度工作计划》,1941年。
粮食部编印:《粮食管理法规》,1941年。
粮食部调查处第四科编:《粮食部三十年度工作检讨报告》,1942年。
吕登平:《四川农村经济》,商务印书馆1936年版。
罗敦伟:《中国统制经济论》,新生命书局1934年版。
农本局研究室编印:《经济部农本局概况》,1942年。
农本局研究室编印:《中华民国二十八年农本局业务报告》,1940年。
农林部粮食增产委员会编印:《十月来之粮食增产》,1941年。
潘鸿声编著:《成都市附近七县米谷生产与运销之调查》,四川省政府建设厅印发,时间不详。
濮孟九主编:《战时粮价特辑(粮情周报百期纪念特刊)》,粮食部调查处1943年版。
濮孟九主编:《中国各重要城市粮食价格及指数专刊》,粮食部调查处1945年版。
乔启明、蒋杰:《战时后方各省粮食增产问题》,农业促进委员会1942年版。
乔启明、蒋杰:《中国人口与食粮问题》,中华书局1937年版。
曲直生编:《农产品运销研究的方法》,京城印书局1933年版。
全国粮食管理局编印:《全国粮食会议报告》,1941年。
上海日本大使馆特别调查班编印:《四川省农村物价统计表》,1943年。
沈雷春、陈禾章编著:《中国战时经济建设》"农业",世界书局1940年版。
四川省政府建设厅秘书室编审股编印:《四川的驿运》,1943年。
四川驿运管理处编印:《四川驿运》,1941年7月,重庆市图书馆藏。
四联总处秘书处编印:《四联总处文献选辑》,1948年。
宋同福:《田赋征实概论》,中央银行经济研究处1942年版。
孙本文:《现代中国社会问题》第三册"农村问题",商务印书馆1947年版。
孙兆乾编著:《战时粮食生产统制》,独立出版社1939年版。

孙哲生：《孙哲生先生抗建七讲》，中山文化教育馆 1941 年版。

孙中山：《建国方略》，民智书局 1922 年版。

谭熙鸿主编：《十年来之中国经济》，中华书局 1948 年版。

王效文编著：《公司法》，商务印书馆 1938 年版。

巫宝三、张之毅：《福建省食粮之运销》，商务印书馆 1938 年版。

吴传钧：《中国粮食地理》，商务印书馆 1946 年版。

西康省地方行政干部训练团编印：《粮食管理概论》，1942 年。

夏炎德：《中国近百年经济思想》，商务印书馆 1948 年版。

行政院编印：《国民政府年鉴》，1943 年。

行政院粮食管理委员会编印：《行政院粮食管理委员会法规汇编》，1940 年。

徐堪：《粮食部报告》，粮食部 1944 年编印。

徐青甫：《粮食问题之研究》，1942 年。

许璇：《粮食问题》，商务印书馆 1938 年版。

许卓山：《中国抗战地理》，光明书局 1938 年版。

杨礼恭：《军粮管理之组织与实施》，青年书店 1940 年版。

杨礼恭编著：《粮食管理篇》，正中书局 1938 年版。

杨蔚主编：《战时物价特辑》，中央银行经济研究所 1942 年版。

叶乐群：《全国经济统制之情况及其效果》，新中国建设学会 1936 年版。

张桂编著：《我国战时粮食管理》，正中书局 1944 年版。

张俊玕编：《福建省的农业》，福建省政府教育厅 1943 年版。

张櫟任：《四川粮食问题》，振华印书馆 1941 年版。

张肖梅编著：《贵州经济》，中国国民经济研究所 1939 年版。

张肖梅主编：《中外经济年报》，中国国民经济研究所 1939 年版。

章柏雨、汪荫元：《各国农产物价统制实施》，商务印书馆 1946 年版。

浙江省粮食管理处编印：《浙江之粮食管理》，1940 年。

中国国民党浙江省党部编印：《中国国民党历届全国代表大会宣言集》，1938 年。

中国国民党执行委员会宣传部编印:《抗战第四周年纪念手册》,1941年。

中国国民党中央执行委员会编印:《国父关于粮食问题的遗教》,1941年。

中国国民党中央执行委员会宣传部编印:《抗战六年来之军事》,1943年。

中国国民党中央执行委员会训练委员会编印:《抗战以来中央各种会议宣言及重要决议案汇编》,1943年。

中国国民党中央执行委员会训练委员会编印:《五大建设述要》,1942年。

中国农民银行四川省农村经济调查委员会编印:《四川省农村经济调查调查报告第1号总报告》,1941年。

中国问题研究会编印:《中国战时经济问题》,1936年。

中央银行经济研究处编印:《经济讲座第一集》,1943年。

周宪文:《资本主义与统制经济》,中华书局1933年版。

朱子爽编著:《中国国民党粮食政策》,国民图书出版社1944年版。

主计部统计局编印:《中华民国统计年鉴》,1948年。

[日]森武夫:《非常时日本之国防经济》,张白衣译,正中书局1935年版。

(二) 报刊

S W:《论中国的统制经济》,《社会主义月刊》第1卷第9期,1933年11月1日。

《"北京特别市公署警察局"设置经济警察办法》,《市政公报》第56期,1939年7月中旬。

《安徽米照稽查处撤销,以前登记仍欲征收,禁运米粮出口,设粮食管理局》,《时报》1931年4月2日。

《八省粮食运销局股款不足成立难,所收款项不及原定半数》,《益世报》(天津)1934年3月13日。

《八省粮食运销局全部业务决归官办,中央认拨百万作为资本,各省所缴商股概行退还》,《新闻报》1934年5月21日。

《八省粮食运销局全部业务决归官办》,《合作月刊》第6卷第6期,1934年6月15日。

《八省市粮食运销局改归官办》,《中央银行月报》第3卷第6期,1934年6月。

《搬运粮食的战斗动员》,《红色中华》第202期,1934年6月14日。

《办理粮食购销近况》,《农本》第19期,1939年6月30日。

《本会纪略》,《西南实业通讯》创刊号,1940年1月。

《本会设立之经过》,《农村复兴委员会会报》第1号,1933年6月。

《本省粮食管理会成立》,《湖南农讯》第44期,1937年8月20日。

《本省政闻:省粮管局改为粮政局,各县粮食委员会改为粮管科》,《行政干部》第2卷第6期,1941年10月16日。

《本市囤积余粮者注意,自本日起至二十六日止为登记时间,逾限即以囤积居奇论罪照军法严惩》,《益世报》(重庆)1941年1月6日。

《本市粮食管理之意义及其计划书》,《中央日报》1929年6月26日。

《本所历年食粮作物推广事项》,《川农所简报》第3卷第5—6期合刊,1941年6月。

《表三:重庆生活费指数》《表四:重庆市一般生活费指数(食物类)》,1937年至1944年,《南开统计周报》第1卷第1期,1944年5月10日。

《不让敌人抢去一粒谷!宁化边区损失许多米谷,战区边区的同志们警觉起来!》,《红色中华》第202期,1934年6月14日。

《财部令撤皖粮食管理局》,《新闻报》1932年11月5日。

《财部主办粮食管理局》,《合作月刊》第7卷第12期,1935年12月15日。

《财部昨邀请关系各部开会,讨论应付粮食问题,均感有成立全国粮食运销局必要,禁粮出口将由财政部关署审核办理》,《时报》1936年11月1日。

《财长宋子文氏抵沪盛况》,《中央周报》第274期,1933年9月4日。

《财政部筹设全国食粮运销局》,《田家半月报》第2卷第24期,1935年12月15日。

《财政部粮食运销局,业已成立,局址在本市小沙渡路五三四号》,《立报》1936年12月29日。

《财政部粮食运销局宋科长订期邀集各米商谈话由》,《福建省闽侯县商务月刊》第3卷第3期,1937年4月。

《财政部粮食运销局已在本市成立》,《大公报》(上海)1936年12月29日。

《财政部拟在沪设立粮食管理局》,《益世报》(天津)1936年1月19日。

《财政部正积极筹设粮食运销局,沪设总局,各地设分局,内部人选现尚未定夺》,《上海商报》1934年11月30日。

《裁撤粮食管理所案》,《南京市政府公报》第109期,1932年6月15日。

《长江下游五大米市米谷供需之研究》,《中山文化教育馆季刊》第2卷第2期,1935年4月。

《撤销闽西南廿二县公沽局》,《闽政月刊》第9卷第1期,1941年7月。

《成立粮食管理局》,《闽政月刊》第3卷第6期,1939年2月28日。

《成立粮食评价委员会案》,《南京市政府公报》第101期,1932年2月15日。

《呈国民政府粮食管理法草案经决议无制定之必要录案呈请鉴核由》,1933年7月17日,《立法院公报》第51期,1933年7月。

《呈省政府准秘书处抄送商联会请撤米粮查禁处一案请查照核办呈复已改粮食管理局并请维持指充筑路经费原案》,1932年6月21日,《安徽建设公报》第40期,1932年6月30日。

《呈行政院:为转呈粮食委员会议决改订粮食进口税案请采择施行由》,《上海特别市政府市政公报》第30期,1929年9月10日。

《重庆区粮食会议于十一月十日在重庆举行三天》,《大公报》(重庆)1940年11月13日。

《筹设粮食管理局,实业征询米商意见》,《新闻报》1937年2月6日。

《筹组粮食运销局案》,1934年1月9日行政院第142次会议,《农村复兴委员会会报》第2卷第6号,1934年11月26日。

《筹组中国粮食运销局案》,《军政旬刊》第8期,1933年12月30日。

《川扩大冬耕,粮管局拟定办法》,《大公报》(重庆)1940年11月4日。

《川粮管局调查囤粮数量,登记三百石以上粮户》,《中央日报》(重庆)1941年1月5日。

《川省府制止米价黑市,社会局扩大公卖业务,渝市食米无虞》,《中央日报》(重庆)1940年8月3日。

《川省严禁粮食酿酒》,《大公报》(重庆)1941年1月31日。

《川省严禁粮食酿酒》,《中央日报》(重庆)1941年1月31日。

《代电行政院电请转饬财政部克速成立粮食运销局以维民食》,1934年9月18日,《军政旬刊》第35期,1934年9月30日。

《当代做大事的人——卢作孚先生》,《中外春秋》第2卷第2期,1944年2月1日。

《第二次全国内政会议开幕》,《中央时事周报》第1卷第7期,1932年12月17日。

《电全国经济委员会依据粮食会议决议案电请设立粮食统制委员会办理粮食统制及仓库等事项并祈电复》,1933年11月19日,《军政旬刊》第4期,1933年11月20日。

《调剂全国民食,将设粮食管理局》,《民国日报》1931年2月27日。

《调整全国食粮,卢郁文谈粮管局之工作,各省县将分设管理机关》,《农业院讯》第1卷第22期,1940年10月1日。

《调整全国食粮卢郁文谈粮管局之工作,各省县将分设管理机关》,《大公报》(重庆)1940年8月19日。

《对农村复兴委员会感言》,《经济旬刊》第1卷第1期,1933年6月1日。

《鄂本年各地丰收，粮食管理局今日成立》，《时报》1937年8月2日。

《鄂节省粮价粮食禁止酿酒》，《大公报》（桂林）1941年4月2日。

《鄂粮食管理局今开始办公》，《新闻报》1937年8月2日。

《鄂粮食管理局设立粮业公司》，《中央日报》1937年9月17日。

《鄂派员抵湘，接洽粮食管理事宜》，《中央日报》1937年9月6日。

《鄂缜密管理食粮，由生产到消费统由政府支配，集各机关首领组粮食管理局》，《大公报》（上海）1937年7月27日。

《二十九年农工工资调查》，《四川省农情报告》第3卷第11期，1940年11月15日。

《法规辑要：全国粮食管理局组织规程》，《经济汇报》第2卷第10期，1940年10月16日。

《防止川省米荒，农本局以款百万在芜湖一带囤米》，《阳春小报》1936年10月27日。

《废止前粮食管理所各项章则案》，《南京市政府公报》第173期，1937年1月。

《奉令召开抢购湘省滨湖粮食会议》，《战时经济》（衡阳）第1卷第9期，1941年9月1日。

《福建省印花烟酒税局稽征土酒定额税施行细则（附表）》，《税务公报》第2卷第6期，1933年12月。

《富华贸易公司组织规程》，《中央银行经济汇报》第2卷第11期，1940年12月1日。

《赣粮食管理局厉行封锁匪区》，《中央日报》1933年9月22日。

《赣省实行粮食管理，设江西粮食管理局通盘规划，疏通积滞、保障民食兼筹并顾，将从调查入手并组织运销公司》，《大公报》1933年11月2日。

《各地粮食管理局之联络》，《新闻报》1929年7月13日。

《各省粮食增产计划大纲》，《浙光》第8卷第5—6号合刊，1941年7月16日。

《各省县设立粮食管理局》，《中央日报》1930年7月17日。

《各县粮食管理局组织通则》,《新新新闻旬刊》第 3 卷第 7 期,1940 年 9 月 1 日。

《各战区粮食管理办法大纲》,武汉行营转电知照经本府于 5 月 13 日训令所属知照,《湖北省政府公报》第 361 期,1938 年 6 月 15 日。

《工商部咨知改并实业部》,《江苏省政府公报》第 621 期,1930 年 12 月 17 日。

《关于查明所属有无设立管理粮食机关案情形呈复省府文》,1930 年 8 月 29 日,《广东民政公报》第 69—70 期合刊,1930 年 9 月 30 日。

《关于粮食及社会救济事业应行报告各要点》,《绥远民政刊要》第 1 期,1933 年 3 月。

《管理粮食仓库暂行办法》,《政声》第 2 卷第 3—4 期合刊,1940 年 9 月 1 日。

《管理粮食治本办法四川省实施暂行细则》,《经济汇报》第 3 卷第 10 期,1941 年 5 月 16 日。

《管制民生必需粮物价格根本办法之实施纲领》,《训练月刊》第 2 卷第 2 期,1941 年 2 月 1 日。

《广州设立粮食管理所》,《时报》1930 年 5 月 12 日。

《国府公布战时粮食管理条例,将设立专局通盘统制》,《金融周报》第 4 卷第 7—8 期合刊,1937 年 8 月 25 日。

《国民经济会专委会粮食管理组开会,通过粮食统制办法纲要三种,将与以前通过各案送中政会》,《中央日报》1936 年 11 月 12 日。

《国民经济计划会粮食管理组开会,推员起草粮食管理法原则,由各委研究粮食统制问题》,《中央日报》1936 年 7 月 26 日。

《国民经济计划会讨论粮食管理法原则,经逐条修正通过》,《中央日报》1936 年 9 月 13 日。

《国民经济计划会专委会粮食管理组开会,通过粮食储备办法纲要》,《中央日报》1936 年 10 月 14 日。

《国民经济计委会粮食组首次会》,《新闻报》1936 年 6 月 25 日。

《国民政府军事委员会南昌行营江西省粮食统制暂行办法》,《江西省政府公报》第 65 期,1933 年 10 月 20 日。

《国民政府移驻重庆宣言》，《江西地方教育》第 100 期，1937 年 12 月 1 日。

《国内外经济大事记》，《中央银行经济汇报》第 2 卷第 11 期，1940 年 12 月 1 日。

《函安徽省政府为据阜阳水灾振济委员会呈请禁止酿酒以节民食等情抄件函请核办文》，《振务月刊》第 2 卷第 11 号，1931 年 12 月 11 日。

《汉口食粮问题，汉口市商之粮食会议》，《益世报》（天津）1927 年 6 月 8 日。

《杭州市粮食评议会请禁浙省米粮出境》，《时报》1928 年 8 月 26 日。

《杭州市粮食评议会章程》，《市政月刊》第 1 卷第 12 期，1928 年 12 月 1 日。

《何廉博士关于中国经济政策之讲演（续）》，《大公报》1927 年 5 月 22 日。

《何廉博士关于中国经济政策之讲演》，《大公报》1927 年 5 月 21 日。

《何廉讲演统制经济》，《中央日报》1933 年 12 月 18 日。

《何廉谈滇省民食问题》，《政治建设》第 2 卷第 5 期，1940 年 4 月。

《湖北省粮食管理局分局组织通则》，《湖北省政府公报》第 330 期，1937 年 8 月 23 日。

《沪市另设粮食登记机关》，《中央日报》1930 年 9 月 30 日。

《华北每周批发物价指数编制之说明》，《经济半月刊》第 2 卷第 9 期，1928 年 5 月 1 日。

《加紧封锁苏区经济，召集各省粮食会议》，《红色中华》第 117 期，1933 年 10 月 9 日。

《加派马寅初审议粮食管理法草案由》，《立法院公报》第 49 期，1933 年 5 月。

《监查物资动员的"经济警察官"》，《东方杂志》第 35 卷第 13 号，1938 年 7 月 1 日。

《检发四川省粮食管理局管理粮食仓库暂行办法》，《建设周讯》第 10 卷第 13—18 期合刊，1940 年 10 月 30 日。

《江苏省战时物产调整处农产品统制办法》,《江苏省政府公报》第 10 卷第 38 期, 1940 年 9 月 20 日。

《江西粮食管理局仓库保管暂行办法》, 1933 年 12 月 21 日核准,《军政旬刊》第 8 期, 1933 年 12 月 30 日。

《江西粮食管理局成立经过及工作概况》,《经济旬刊》第 1 卷第 12—14 期合刊, 1933 年 10 月 11 日。

《江西粮食管理局发给粮食运输证规则》,《经济旬刊》第 1 卷第 12—14 期合刊, 1933 年 10 月 11 日。

《江西粮食管理局粮商登记施行细则》, 1933 年 12 月 29 日核准,《军政旬刊》第 8 期, 1933 年 12 月 30 日。

《江西粮食管理局拟订各县区公正殷实绅商垫款协办平粜接济民食奖励办法》, 1934 年 4 月 19 日核准,《军政旬刊》第 19—20 期合刊, 1934 年 4 月 30 日。

《江西粮食管理局拟订各县区接济民食办理平粜人民奖惩办法》, 1934 年 4 月 19 日核准,《军政旬刊》第 19—20 期合刊, 1934 年 4 月 30 日。

《江西粮食管理局统制粮食计划》,《中行月刊》第 7 卷第 6 期, 1933 年 12 月。

《江西粮食管理局组织规程》,《经济旬刊》第 1 卷第 12—14 期合刊, 1933 年 10 月 11 日。

《江西省粮食管理处成立》,《建设》第 18 期, 1940 年 7 月 21 日。

《江西省粮食统制办法》, 1933 年 8 月 24 日南昌行营颁发,《陕西省地方政务研究会月刊》, 1934 年 11 月。

《江浙印花烟酒税收上年度短收千万》,《商业月报》第 18 卷第 8 号, 1938 年 8 月 31 日。

《蒋委员长手令:整理各县市仓储》,《教政旬刊》第 7 期, 1940 年 12 月 1 日。

《蒋召开粮食管理会,救济谷贱,流通农村金融》,《民报》1933 年 9 月 7 日。

《交核浙江平湖县代表大会建议设立粮食管理局一案拟照本部预定方

案进行请查照转陈由》，《内政公报》第 2 卷第 10 期，1929 年 11 月。

《今日西南各省之食的问题（附表）》，《时代精神》第 1 卷第 4 期，1939 年 11 月 10 日。

《京市粮食管理所撤销》，《新闻报》1932 年 6 月 16 日。

《京市粮食委员会成立，扶助粮食管理所解决民食问题》，《中央日报》1929 年 10 月 23 日。

《京市社会局各团体粮食会议》，《农业周报》第 3 号，1929 年 11 月 3 日。

《经济部常务次长何廉呈请辞职》，《经济部公报》第 2 卷第 4 期，1939 年 2 月 16 日。

《经济部时代之农业行政组织——农林司》，《世界农村月刊》第 2 卷第 1 期，1948 年 1 月 16 日。

《经济杂讯》，《经济汇报》第 4 卷第 1 期，1941 年 7 月 1 日。

《军委会筹设战时粮食管理处》，《银行周报》第 12 卷第 19 期，1938 年 5 月 17 日。

《军委会令筹设战时粮食管理处》，《新闻报》1938 年 5 月 13 日。

《军政部军粮总局组织规程》，军政部 1940 年 1 月公布，《江西省政府公报》第 1183 号，1940 年 10 月 15 日。

《军政部军需署条例》，《行政院公报》"特刊号"，1928 年 11 月。

《孔祥熙谈救灾，粮食运销局不日成立》，《新闻报》1934 年 8 月 1 日。

《立法委员庄崧甫明日赴京，奉蒋主席命规划首都之造林事业，拟向中央条陈办理全国粮食统计》，《新闻报》1928 年 11 月 26 日。

《立法院审议中之粮食管理法》，《盐政周刊》第 2 卷第 8 期，1933 年 5 月 13 日。

《粮管局办理结束》，《陕行汇刊》第 5 卷第 8—10 期合刊，1941 年 12 月。

《粮管局筹供渝市米粮，派员采购严禁各县阻米出境》，《益世报》（重庆）1940 年 11 月 22 日。

《粮管局鼓励面粉增产，协助购买原料，统购各厂出品》，《大公报》（桂林）1941年5月10日。

《粮管局准备全国粮食会议》，《徽州日报》1941年2月6日。

《粮食部施政方针，解放农民增加生产，控制余粮管理分配，徐部长昨在中枢纪念周报告》，《中央日报》（重庆）1941年7月22日。

《粮食调查》，《闽政月刊》第5卷第5期，1940年1月31日。

《粮食管理法草案》，《农业周报》第2卷第15期，1933年4月10日。

《粮食管理法草案审查报告》，《立法院公报》第51期，1933年7月。

《粮食管理法将由立法院通过》，《时报》1933年6月28日。

《粮食管理法审查完竣》，《民报》1933年4月19日。

《粮食管理会决在洛阳设立》，《大公报》（天津）1932年2月10日。

《粮食管理会注意充实战时粮食》，《湖南农讯》第53期，1937年11月12日。

《粮食管理局设立动机》，《新闻报》1930年7月19日。

《粮食管理局正进行筹备，下月可成立，将由俞飞鹏及何廉主持》，《大公报》（香港）1940年7月29日。

《粮食管理局组织成立案》，《市政公报》第356期，1930年6月20日。

《粮食管理所近讯：市政会议修改章程，附设粮食委员会》，《中央日报》1929年8月27日。

《粮食管理委员会撤销》，《农业周报》第2卷第42期，1933年10月16日。

《粮食管理委员会组织简章及分会大纲》，《经济动员》第3卷第11—12期合刊，1939年11月30日。

《粮食管理政策草案》，《中央日报》1933年2月9日。

《粮食管理政策草案全文》，《银行周报》第17卷第25期，1933年7月4日。

《粮食管理政策之商榷》，《经济旬刊》第1卷第12—14期合刊，1933年10月11日。

《粮食酿酒，行政院通令禁止》，《大公报》（天津）1931年10月23日。

《粮食统购统销在渝试办成绩良好》，《农业院讯》第2卷第10期，1941年6月1日。

《粮食问题严重化中米粮成本加重过程之研究（附表格）》，《中山文化教育馆季刊》第2卷第4期，1935年12月。

《粮食运销局，孔在沪积极筹设》，《中央日报》1934年8月3日。

《粮食运销局筹备处开始办公》，《夜报》1933年12月8日。

《粮食运销局改由财部主办》，《经济旬刊》第3卷第10期，1934年10月5日。

《粮食运销局股东会议延期》，《时报号外》1934年1月14日。

《粮食运销局将缓办》，《中行月刊》第11卷第3期，1935年9月。

《粮食运销局将在上海设立》，《中央日报》1934年7月28日。

《粮食运销局决定缓办，正在磋商另订办法》，《时报》1935年9月4日。

《粮食运销局明日开筹备会》，《民报》1934年7月23日。

《粮食运销局商股，蒋令各省筹缴》，《上海商报》1934年2月24日。

《粮食运销局在沪成立之经过，八省市粮食会议详记》，《大公报》（天津）1933年12月10日。

《粮食运销局在沪成立之经过，八省市粮食会议详记》，《益世报》1933年12月10日。

《粮食运销局在沪开始办公》，《中央日报》1936年12月29日。

《粮食运销局暂不开办之原由，经济人才尚未集中，委托中央银行筹备》，《民报》1935年3月11日。

《粮食运销局暂行章程》，1934年11月8日，《财政日刊》第2028号，1934年12月13日。

《粮食运销局暂行组织章程》，1934年12月8日财政部公布，《法令周刊》第243期，1935年2月27日。

《粮食运销局暂行组织章程》，1934年12月8日公布，《安徽民政公报》第32期，1934年1月20日。

《粮食运销局暂行组织章程》，《财政公报》第 82 期，1935 年 1 月 1 日。

《粮食运销之方法问题》，《国际贸易导报》第 8 卷第 6 号，1934 年 6 月 13 日。

《粮政大事记要表》，《粮政月刊》创刊号，1943 年 4 月 16 日。

《粮政局案呈奉粮食部电饬复查三百市石以上大粮户名册一案电仰遵照由》，四川省政府秘书处编印《四川省政府公报》原第 351 期，1942 年 12 月 11 日。

《两个政权—两个收成》，《斗争》第 72 期，1934 年 9 月 23 日。

《令安徽省政府：呈为民财两厅提议设立粮食管理局经提会通过请鉴核备案由》，《行政院公报》第 247 号，1931 年 4 月 25 日。

《令璧山县县政府：转内政部咨设立粮食管理局一案》，《璧山县县府公报》第 5—6 期合刊，1930 年 10 月。

《令福建印花烟酒税局：请准将泉州土酿番薯酒另列一类减轻税率等情除批驳外令仰知照》，1936 年 1 月 13 日，《财政公报》第 95 期，1936 年 2 月 1 日。

《令各省禁酿及禁种烟叶应根据粮食管委会之调查报告办理等因令仰遵照》，《江西省政府公报》第 1021 期，1938 年 4 月 11 日。

《令湖南、云南、绥远等各省民政厅：关于各省县设立粮食管理局一案令仰尅日查明具复由》，1931 年 3 月 27 日，《内政公报》第 4 卷第 3 期，1931 年 4 月。

《令上海特别市政府呈缴粮食委员会简章暨粮食业登记规则请鉴核由》，《行政院公报》1929 年第 42 号，1929 年 4 月 27 日。

《令行政院、监察院：据本府主计处呈核财政部以粮食运销局事务已移交农本局接收办理，拟将该局预算余额归还第一预备费之内俾资应用一案令仰转饬查照由》，《国民政府公报》渝字第 82 号，1938 年 9 月 10 日。

《卢作孚抱病》，《大公报》（重庆）1941 年 7 月 20 日。

《卢作孚等调查川粮》，《大公报》（重庆）1940 年 9 月 17 日。

《卢作孚等调查川粮产》，《新华日报》1940 年 9 月 17 日。

《卢作孚等调查四川粮产》,《新华日报》1940年9月17日。

《卢作孚赴成都》,《新闻报》1941年1月10日。

《卢作孚视察川康粮食状况》,《大公报》(重庆)1941年1月9日。

《鲁省府组织复兴农村委员会》,《安徽民政公报》第29期,1933年10月20日。

《陆军部队机关学校民国三十年度军粮经理实施办法》,《陆军经理杂志》第1卷第1期,1941年1月31日。

《民国二十五年份粮食论文索引》,《国民经济建设》第2卷第2期,1937年2月15日。

《民食问题与粮食管理局》,《新河南》第9期,1930年8月10日。

《民政厅呈复本市有无设立管理粮食机关及其组织之规定职权之限制遵查报请察核由》,1930年9月1日,《汕头市市政公报》第61期,1930年10月1日。

《南昌行营江西粮食管理局规定各县搬移米谷实施办法》,1933年12月15日呈准备案,《军政旬刊》第7期,1933年12月20日。

《南昌行营江西粮食管理局屯米永丰接济藤田特别区平粜办法》,1934年1月4日核准,《军政旬刊》第9—10期合刊,1934年1月20日。

《南大教授何廉博士谈国民政府之财政概况》,《益世报》1927年7月24日。

《南京粮食调查》,《粮食调查丛刊》第2期,1935年2月15日。

《南京粮食管理所化验谷类营养分量》,《工商半月刊》第1卷第17号,1929年9月1日。

《南京特别市粮食管理所章程》,《建国月刊》第2卷第2期,1929年12月。

《南京特别市粮食业登记规划》,《首都市政公报》第43期,1929年9月15日。

《内部咨查粮食管理机关》,《新闻报》1930年8月9日。

《内实两部及经委会修正粮食管理法》,《新闻报》1936年5月26日。

《内政部粮食运销局公告第一号》,《新闻报》1936年12月29日。

《内政会议昨晨通过卫生礼俗民政各案,促进卫生机关扑灭地方疾病,确定礼义廉耻保存善良风俗，厘定粮食状况完成各省公路》，《松报》1932年12月13日。

《拟请利用合作社增加粮食生产案》，《合作事业》第3卷第5—9期合刊，1941年9月30日。

《宁波请设粮食管理会》，《新闻报》1932年9月22日。

《农本局办法大纲》，《中行月刊》第12卷第6期，1936年6月。

《农本局筹备处成立，实部派刘维炽等为筹备委员，银行公会转函参加银行查照》，《金融周报》第2卷第2期，1936年7月8日。

《农本局改隶财部，即改为花纱布管制局》，《大公报》（重庆）1943年2月9日。

《农本局理事等人选国府发表》，《山东合作事业指导月刊》1936年8月号，出版时间不详。

《农本局理事会，九月十五日开首次会，推孔祥熙任理事长》，《山东合作事业指导月刊》1936年9—10月号合刊，出版时间不详。

《农本局理事会章程》，1936年10月1日部令公布，《实业部公报》第300期，1936年10月10日。

《农本局理事会章程》，1936年10月1日实业部公布，《法令周刊》第329期，1936年10月21日。

《农本局拟定推进工作计划纲要》，《社会经济月报》第3卷第12期，1936年12月。

《农本局农业仓库网之机构及其实施（一—六）》，上海《大公报》1935年12月17—22日连载。

《农本局收购川省食粮状况》，《经济汇报》第1卷第3期，1939年12月1日。

《农本局主管粮食业务下月移交粮管局，今后专营合作金库与仓库》，《大公报》（香港）1940年9月27日。

《农本局组织规程》，1936年6月16日提行政院通过，《中央周报》第427期，1936年8月10日。

《农本局组织规程》，《国闻周报》第13卷第25期，1936年6月29日。

《农本局组织规程》，《中央周报》第427期，1936年8月10日。

《农产调整委员会实施办法》,《会务旬报》第 50 期,1937 年 12 月 11 日。

《农村复兴委员会河北省分会成立》,《天津棉鉴》第 4 卷第 1—6 期合刊,1934 年 12 月 1 日。

《农村复兴委员会组设经过记事》,《农业周报》第 2 卷第 18 期,"农村复兴专号"上,1933 年 5 月 1 日。

《农林部粮产委员宣布全国丰收,各省收成均较去年激增》,《湖南农业》第 1 卷第 9 期,1941 年 9 月。

《农林部粮食增产委员会概况》,《中华农学会通讯》第 23 号,1942 年 10 月。

《农林部推行粮食增产概况(附表)》,《浙光》第 8 卷第 12 期,1941 年 10 月 16 日。

《黔省厉行节约粮食,禁止酿酒》,《新闻报》1941 年 6 月 24 日。

《黔珍惜粮食,对酿酒熬糖原料特拟定禁止办法》,《大公报》(香港)1939 年 11 月 27 日。

《青浦县开粮食管理委员会》,《江苏农矿》第 15 期,1931 年 8 月 10 日。

《请撤销皖粮食管理局》,《民报》1932 年 11 月 3 日。

《全国经济委员会实行粮食统制》,《外部周刊》第 24 期,1934 年 8 月 27 日。

《全国粮管局禁止以粮食煮酒熬糖》,《湖南省银行半月刊》第 1 卷第 13 期,1940 年 12 月 10 日。

《全国粮管局拟定本年度川粮增产计划》,《新闻报》1941 年 1 月 16 日。

《全国粮食管理法》,《中国农民银行月刊》第 1 卷第 7 期,1936 年 7 月 30 日。

《全国粮食管理局副局长何廉辞职,派赵炽为浙十区专员——国府十七日令》,《前线日报》1941 年 3 月 18 日。

《全国粮食管理局有无成立必要正会商中》,《时报》1936 年 10 月 29 日。

《全国粮食管理局组织规程》,《行政院公报》渝字第3卷第16—17号合刊,1940年9月1日。

《全国粮食会议,本市米商提出调节民食意见书,市府派吴桓如等出席参加,行政院令积谷防荒》,《沪农》第1卷第5期,1933年11月1日。

《全国粮食会议今晨开幕》,《中央日报》(重庆)1941年2月20日。

《全国粮食会议经过情形》,《金融周报》第11卷第10期,1941年3月5日。

《全国粮食会议开第一次预备会》,《宁夏民国日报》1941年2月6日。

《全国粮食会议昨晨开幕》,《陕行汇刊》第5卷第2期,1941年2月。

《全国粮食会议昨开二次预备会》,《西北文化日报》1941年2月18日。

《全国粮食增产百分之四》,《湖南省银行月刊》第1卷第5期,1941年11月1日。

《日本的经济警察制度》,《中国青年》第1卷第6期,1938年12月21日。

《三十年度食粮增产实施方案》,《川农所简报》第3卷第5—6期合刊,1941年6月。

《商讨组织粮食统制会》,《农业周报》第3卷第31期,1934年8月10日。

《上海粮食管理局现正草议设立办法》,《新闻报》1936年12月3日。

《上海社会局规划民食问题,举办粮食业登记,组织粮食委员会》,《工商半月刊》第1卷第6期,1929年3月15日。

《上海特别市粮食业登记规则》,《上海特别市政府市政公报》第20期,1929年3月。

《设立粮食管理局》,《闽政月刊》第4卷第1期,1939年3月31日。

《设立粮食运销局案》,《农村复兴委员会会报》第2卷第3期,1934年8月26日。

《设立中央粮食管理局以维民食而裕国库案》,1930年11月18日第七次会议通过,《浙江党务》第111—112期合刊,1930年12月30日。

《社论：粮食管理问题》，《中央日报》（重庆）1940年8月3日。

《社论：平定物价的根本观念》，《中央日报》（重庆）1940年8月10日。

《省府令饬全川各校组织学生代耕队协助农民耕作》，《江津县政府公报》第22期，1941年6月16日。

《省府通令各县良田禁种甘蔗以期增加粮食生产》，《湖南农业》第1卷第9期，1941年9月。

《省府组设粮食管理处》，《江西农业》第1卷第2期，1938年7月1日。

《省粮管局规定出省粮食每人准携二十市斤》，《建国通讯社稿》第358期，1941年4月28日。

《省粮食管理局组织规程》（二十九年九月四日行政院公布施行），《行政院公报》第3卷第19—20期合刊，1940年10月15日。

《省粮食管理局组织规程由》（三十年四月十二日行政院修正公布施行），《行政院公报》第4卷第8期，1941年4月15日。

《省粮政局组织大纲》，1941年8月8日，《行政院公报》渝字第4卷第17号，1941年8月15日。

《省贸易公司扩展业务增设粮食部》，《省行通讯》第3卷第8期，1939年10月30日。

《省市政府等机关合组之粮食维持会简章》，《湖北省政府公报》第99期，1930年6月16日。

《省讯：省粮管局正式成立》，《永康县政》第8期，1940年12月8日。

《时事评述——七中全会》，《华侨先锋》第2卷第2期，1940年7月16日。

《实部令农本局拟具调节粮食方案》，《行政研究》第1卷第3期，1936年12月5日。

《实部组粮食管理署》，《钱业月报》第13卷第9号，1933年9月15日。

《实业部筹设农本局》，《申报每周增刊》第1卷第17期，1936年5月3日。

《实业部筹设农本局》,《实业部月刊》第 1 卷第 2 期,1936 年 5 月 31 日。

《实业部令农本局调节粮食》,《社会经济月报》第 3 卷第 12 期,1936 年 12 月。

《实业部农本局与财政部粮食运销局,奉命采购白糙米粮,运重庆救济平籴川省灾民》,《上海报》1937 年 3 月 23 日。

《实业部组织法》,《立法院公报》第 26 期,1931 年 2 月。

《实业家消息:卢作孚何北衡》,《西南实业通讯》第 2 卷第 5 期,1940 年 11 月。

《市立粮食管理所设置粮食委员会,聘定专家十一人》,《民国日报》1929 年 10 月 21 日。

《市粮食管理所发起全国粮食管理协会,上海市社会局首先赞同,开行政合作上的新纪元》,《中央日报》1929 年 9 月 19 日。

《首都成立粮食委员会,解决民食恐慌并辅助粮食管理所》,《大公报》(天津)1929 年 10 月 26 日。

《首都米市设计委员会组织规则》,1936 年 3 月 3 日核准施行,《南京市政府公报》第 166 期,1936 年 6 月。

《四川各县市粮食调剂及价格订定暂行办法》,《政声》第 2 卷第 3—4 期合刊,1940 年 9 月 1 日。

《四川粮食增产运动》,《农贷通讯》(重庆)第 3 期,1942 年 4 月 30 日。

《四川省各供销区粮食市场管理处设置地点及管辖区域》,《四川省政府公报》第 9 期,1941 年 2 月。

《四川省各供销区粮食市场管理处组织通则》,《四川省政府公报》第 9 期,1941 年 2 月。

《四川省各县市粮食业商人登记暂行办法》,《四川省政府公报》第 206—208 期合刊,1940 年 11 月。

《四川省粮管局粮食采购证运输证实施办法》,《政声》第 2 卷第 3—4 期合刊,1940 年 9 月 1 日。

《四川省粮食调查暂行办法大纲》,《四川省银行行务月刊》第 1 卷第

5 期，1940 年 9 月。

《四川省粮食购运处督察人员服务规程》，《新新新闻每旬增刊》第 3 卷第 7 期，1940 年 9 月 1 日。

《四川省粮食管理局购运粮食暂行办法大纲》，《四川省政府公报》第 202 期，1940 年 9 月 30 日。

《四川省粮食管理局粮食业商人暂行办法大纲》，《四川省政府公报》第 202 期，1940 年 9 月 30 日。

《四川省粮食管理局训练粮食管理干部人员暂行办法大纲》，《四川省政府公报》第 206—208 期合刊，1940 年 11 月。

《四川省粮食管理局征购军民粮食暂行办法大纲》，粮食部编印《粮食管理法规》，1941 年 7 月。

《四川省粮食问题——蒋委员长为彻底实施粮食管理告川民众书》，《财政评论》第 4 卷第 4 期，1940 年 10 月。

《四年来之四川驿运业务》，《交通建设》第 3 卷第 2 期，1945 年 2 月。

《四年来之四川驿运运价》，《交通建设》第 3 卷第 2 期，1945 年 2 月。

《宋子文欧美归来》，《社会新闻》第 4 卷第 21 期，1933 年 9 月 3 日。

《苏北行政专员公署训令：令各市县、维持会添设经济警察之件》，《苏北公报》第 11 期，1940 年 5 月 1 日。

《特任蒋廷黻、王正廷为驻俄美大使，何廉为政院政务处长，梁龙升任驻捷克公使》，《中央日报》1936 年 8 月 26 日。

《通饬各县禁止酿酒》，《浙江省行政报告》，1931 年 11 月。

《皖各界电商会反对皖省米照捐，誓死力争撤销粮食管理局，请沪银行勿受押路路债》，《上海商报》1932 年 11 月 17 日。

《皖省府在芜组织粮食管理会》，《中央日报》1937 年 8 月 21 日。

《皖省各公团请停征米捐，撤销粮食管理局，组织扩大请愿团》，《中央日报》1932 年 12 月 8 日。

《万泰的小脚妇女也动员起来了》，《红色中华》第 202 期，1934 年 6 月 14 日。

《汪院长邀请各委员来京开会电》,《农村复兴委员会会报》第 1 号,1933 年 6 月。

《为抄发四川省廿九年度捐献军粮运动实施办法及四川省廿九年度捐献军粮奖惩办法各一份令仰遵照由》,《四川省政府公报》第 203—205 期合刊,1940 年 10 月。

《为公布全国粮食管理局组织规程由》,《行政院公报》第 3 卷第 16—17 期合刊,1940 年 9 月 1 日。

《为转发各战区粮食管理办法大纲及战时粮食管理处组织规程仰知照》,《湖北省政府公报》第 361 期,1938 年 6 月 15 日。

《我国米谷生产统计之检讨(附表)》,《社会经济月报》第 2 卷第 3 期,1935 年 3 月。

《芜湖米市调查》,《粮食调查丛刊》第 2 期,1935 年 2 月 15 日

《五届七中全会》,《前线日报》1940 年 7 月 11 日。

《武汉粮食维持会》,《大公报》(天津)1929 年 9 月 26 日。

《县粮食管理委员会组织通则》,1940 年 9 月 4 日,《行政院公报》第 3 卷第 19—20 期合刊,1940 年 10 月 15 日。

《湘省水灾与救济计划,禁止酿酒熬糖,并种杂粮补救》,《新闻报》1931 年 8 月 7 日。

《萧山县执委会请设立粮食管理局》,《浙江党务》第 104 期,1929 年 10 月 10 日。

《新任全国粮食管理局局长:卢作孚何廉》,《东方日报》1940 年 8 月 7 日。

《行政院会议派定农本局理事,陈振先为该局总经理,钱永铭、邹秉文为协理》,《金融周报》第 2 卷第 8 期,1936 年 8 月 19 日。

《行政院令禁以粮食酿酒,节约之粮可全活千八百万众》,《民国日报》1931 年 10 月 24 日。

《行政院农村复兴委员会廿二年度工作报告》,《农村复兴委员会会报》第 2 卷第 2 期,1934 年 7 月 26 日。

《行政院通令禁止酿酒,准江苏省所请,以节食粮而济灾民》,《农业周报》第 1 卷第 30 期,1931 年 11 月 20 日。

《行政院昨决议，梁敬錞錞为甘财厅长，周雍能升沪市府秘书长，何廉兼任农本局总经理》，《时报》1937年10月20日。

《行政院昨决议：蒋廷黻、王正廷任驻苏美大使，何廉继任行政院政务处长，派余汉谋兼中央军校校长》，《立报》1936年8月26日。

《行政院昨日决议，设全国粮食管理局，卢作孚任局长，何廉等副之，核拨工程费改善重要公路》，《中央日报》（重庆）1940年7月31日。

《修改粮食管理所章程》，《首都市政公报》第43期，1929年9月15日。

《修正粮食管理法，内实两部及经委会拟定》，《银行周报》第20卷第21期，1936年6月2日。

《修正上海特别市粮食委员会简章》，《上海特别市政府市政公报》第22期，1929年5月。

《训令江西粮食管理局，令为该局亟应裁撤仰予七月三十一日办理结束具报》，《军政旬刊》第28—29期合刊，1934年7月31日。

《训令江西省政府，令为江西粮食管理局现已定期结束仰转饬所属知照》，《军政旬刊》第28—29期合刊，1934年7月31日。

《训令六十一县政府：奉省政府转行粮食会议关于组织粮食统制机关各案决议纪录一案仰即遵照切实办理仓储具报由》，《安徽民政公报》第32期，1934年1月20日。

《严惩囤积居奇者》，《后方勤务》第2卷第23—24期合刊，1940年。

《一年来之江西粮食管理》，《中央周报》第321期，1934年7月30日。

《以合作为中心之农业仓库网》，《合作事业》第2卷第1—2期合刊，1940年2月1日。

《渝食米供需办法昨实施统购统销》，《益世报》（重庆）1941年3月26日。

《渝市简讯》，《中央日报》（重庆）1940年8月3日。

《预防粮食恐慌举行粮食总调查》，《江西农业》第1卷第1期，1938年6月1日。

《粤定明年为农业增产年》,《湖南农业》第 1 卷第 9 期,1941 年 9 月。

《粤粮管局定六日正式成立》,《中央日报》(重庆)1940 年 11 月 4 日。

《云南粮食管理处正式成立》,《经济动员》第 3 卷第 2—3 期合刊,1939 年 7 月 15 日。

《战时广东的粮食管理》,《广东一月间》12 月号,1941 年 1 月 15 日。

《浙江拟设粮食管理局》,《工商半月刊》第 3 卷第 22 号,1931 年 11 月 15 日。

《浙将设全省粮食管理局》,《中央日报》1934 年 5 月 31 日。

《浙粮食管理局中旬成立》,《民报》1934 年 9 月 1 日。

《浙省府议决组设粮食管理局》,《中央日报》1934 年 8 月 18 日。

《浙省执委会议决呈请中央设立粮食管理局》,《民国日报》1929 年 9 月 23 日。

《政院后日开会商粮食问题,实部昨令农本局迅拟方案并调查》,《民报》1936 年 11 月 17 日。

《指令浏阳县县长柏式诺呈报设立粮食管理局由》,《湖南民政刊要》第 22 期,1931 年 7 月。

《中国国民党第五届中央执行委员会第七次全体会议纪要》,《中央党务公报》第 2 卷第 28 期,1940 年 7 月 20 日。

《中国粮食工业公司》,《工商调查通讯》第 438 号,1944 年 6 月 17 日。

《中国粮食工业公司由粮食部与中央信托局合组》,《湖南省银行月刊》第 1 卷第 4 期,1941 年 10 月 1 日。

《中央国民经济会粮食管理组开会》,《时报》1936 年 11 月 12 日。

《中央国民经济会专委粮食管理组昨开二次研究会》,《民报》1936 年 7 月 26 日。

《中央国民经济计划委员会》,《国民经济建设》第 1 卷第 1 期,1936 年 9 月 15 日。

《中央粮食管理局》,《农业周报》第 2 卷第 27 期,1933 年 7 月 3 日。

《中央政府工作人员节省粮食帮助红军》，《红色中华》第 14 期，1932 年 3 月 16 日。

《中央政会通过民食委员会组织条例》，《湖北省政府公报》第 72 期，1929 年 11 月 24 日。

《庄崧甫调查临黄温三县民食，着手组设粮食统计局》，《新闻报》1928 年 10 月 29 日。

《准粮食部咨奉行政院令为粮食行政中央业已设部主管各省粮政机构并将省粮管局即行改为粮政局一案令仰知照》，云南省政府训令秘内字第 1157 号，《云南省政府公报》第 13 卷第 64 期，1941 年 8 月 20 日。

《咨各省、市政府：内政会议决议关于民食事项各案请查照办理》，1933 年 1 月 24 日，《内政公报》第 6 卷第 4 期，1933 年 1 月 27 日。

《组织中国粮食运销局，八省粮食会议之决议》，《银行周报》第 17 卷第 48 期，1933 年 12 月 12 日。

贝幼强：《重庆市之粮食管理》，《财政评论》第 5 卷第 6 期，1941 年 6 月。

产：《减糯改籼之计划》，《科学》第 25 卷第 5—6 期合刊，1941 年。

陈彩章：《战时四川粮食管理概况》，《经济汇报》第 5 卷第 6 期，1942 年 3 月 16 日。

陈长蘅：《民生主义之计划经济及统制经济》，《经济学季刊》第 5 卷第 4 期，1935 年 3 月。

陈大维：《抗战以来四川粮食之回顾》，《中国行政》第 1 卷第 4—5 期合刊，1941 年 5 月 30 日。

陈公博：《序四年实业计划初稿》，《国际贸易导报》第 5 卷第 8 期，1933 年 8 月 31 日。

程元斟：《农本局计划与其效果之预测》，《明日之中国》第 1 卷第 3 期，1936 年 6 月 16 日。

丁文江：《实行统制经济的条件》，《独立评论》第 108 号，1934 年 7 月 8 日。

定一：《两个政权—两个收成》，《斗争》第 72 期，1934 年 9 月 23 日。

东林：《粮食管理机关之商榷》，《中央日报》1929 年 10 月 3 日。

冯瑜文：《"统制经济"在中国》，《抗争》第 2 卷第 21 期，1933 年 9 月 30 日。

顾寿恩：《粮食调剂与运销统制》，《革命理论》第 10—12 期合刊，1942 年 9 月 25 日。

关吉玉：《粮食库券与购粮问题》，《经济汇报》第 6 卷第 1—2 期合刊，1942 年 7 月 16 日。

郭敏学：《农业贷款与农民贫富之关系》，《农业推广通讯》第 2 卷第 12 期，1940 年 12 月。

哈承恩、崔鼎、陈家瑶：《成都市粮食运销概况调查》，《建设周讯》第 8 卷第 10 期，1939 年 5 月 8 日。

何廉：《二十余年来我国已编之物价指数》，《银行月刊》第 7 卷第 2 号，1927 年 2 月 25 日。

何廉：《计划经济》，《中央日报》1933 年 12 月 20 日。

何廉：《计划经济（续）》，《中央日报》1933 年 12 月 21、22、23、24 日。

何廉：《劳工统计统制方法之研究》，《银行月刊》第 6 卷第 9 号，1926 年 9 月 25 日。

何廉：《三十年天津外汇指数及外汇循环》，《清华学报》第 4 卷第 2 期，1927 年 12 月。

何应钦：《军粮经理会议开幕训词》，《陆军经理杂志》第 1 卷第 2 期，1941 年 2 月 28 日。

贺耀组：《八中全会关于经济的指示》，《中央周刊》第 3 卷第 37 期，1941 年 4 月 17 日。

衡夫：《粮食商人对粮食管理局之意见》，《福尔摩斯》1937 年 2 月 7 日。

洪瑞坚：《全国粮食运销局之使命》，《是非公论》第 28 期，1937 年 1 月 5 日。

胡道：《粮食部沧桑录：徐堪为什么要离开粮食部》，《自由天地》第

2卷第7—8期合刊，1947年10月30日。

胡汉民：《怎样解决民食问题》，《农声》第128期，1929年12月31日。

胡馨芳：《解决低级公务员生活问题》，《胜利》第107期，1940年11月30日。

虎头：《官商合办粮食管理局，米商因利害关系分成两派》，《上海报》1937年1月19日。

黄方刚：《战时后方的家庭经济》，《星期评论》（重庆）第41期，1942年2月14日。

黄霖生：《抗战三年之粮食行政》，《东方杂志》第37卷第14期，1940年7月15日。

黄元彬：《我对国父生平与思想的认识：计划经济的鼻祖》，《满地红》第3卷第4期，1941年3月10日。

剑琴：《第一次督粮座谈会剪影》，《督导通讯》第1卷第2期，1942年2月1日。

蒋介石：《管理粮食应注意之事项》，《训练月刊》第3卷第4期，1941年10月1日。

克己：《风靡世界的经济统制论》，《东方杂志》第30卷第9号，第1933年5月1日。

林熙春：《设置粮食管理局刍议》，《中央日报》1937年1月3日。

林熙春：《设置粮食管理局刍议（二）》，《中央日报》1937年1月4日。

林熙春：《设置粮食管理局刍议（三）》，《中央日报》1937年1月5日。

刘大钧：《中国今后应采之经济统制政策》，《经济学季刊》第7卷第1期，1936年6月。

刘谷侯：《中国粮食问题》，《建国月刊》第2卷第2期，1929年12月。

刘航琛：《一年来之四川粮政概况》，财政部四川省田赋管理处编印《四川田赋改制专刊》，1941年11月15日。

庞松舟讲、谢森中记：《粮食政策》，《粮政月刊》第 1 卷第 2—3 期合刊，1943 年 7 月 16 日。

漆琪生：《由农本局之创立论我国农村金融问题》，《文化建设》第 2 卷第 10 期，1936 年 7 月 10 日。

钱端升：《救灾与粮食运销局》，《益世报》1934 年 8 月 30 日。

全国粮食管理局：《全国粮食管理局粮食管理纲要》，《国际劳工通讯》第 8 卷第 10—11 期合刊，1941 年 11 月。

任扶善：《战时农工问题》，《新经济半月刊》第 5 卷第 6 期，1941 年 6 月 16 日。

任显群：《川湘川陕货运业务及川湘鄂区旅客联运概况》，《交通建设》第 1 卷第 10 期，1943 年 10 月。

莎零：《大众之声：改善教师生活》，《大众生活》第 23 期，1941 年 10 月 18 日。

尚义：《如何解决粮食问题》，《东南经济》第 3 期，1941 年 3 月。

沈松林：《金华城区试办计口授粮的经过》，《闽政月刊》第 7 卷第 3 期，1940 年 11 月 30 日。

沈松林：《浙江粮食管理政策与试办计口授粮经过》，《财政评论》第 4 卷第 2 期，1940 年 8 月。

沈松林：《中央设立农本局之检讨》，《晨光周刊》第 5 卷第 21 期，1936 年 6 月 7 日。

省粮管局作词、省音教会制谱：《粮食节约歌》，《江西地方教育》第 2 卷第 219—220 期合刊，1941 年 6 月 16 日。

师连舫：《希望于第二次全国内政会议者》，《时代公论》第 37 号，1932 年 12 月 9 日。

斯琴：《浙江的民食》，《中央日报》（重庆）1940 年 8 月 4 日。

四川省政府秘书处统计室编印：《四川统计简讯》第 2 期，1939 年 5 月 1 日。

唐庆增：《中国生产之现代化应采个人主义》，《申报月刊》第 2 卷第 7 期，1933 年 7 月 15 日。

田：《全省粮食管理局》，《方面军》第 1 卷第 4 期，1939 年 3 月 25 日。

王伯天：《三年来之中国粮食公司》，《粮政季刊》第 2—3 期合刊，1945 年 12 月。

王洸：《战时长江航业与航政（下）》，《世界交通月刊》第 1 卷第 3 期，1947 年 9 月 28 日。

王泰管：《当前粮价问题概观（附表）》，《粮食问题》第 1 卷第 3 期，1944 年 12 月 25 日。

王玮：《裁撤农村复兴委员会感言》，《合作月刊》第 8 卷第 1 期，1936 年 1 月 15 日。

蔚然：《航业界后起之秀——卢作孚先生与其事业》，《交通职工月报》第 2 卷第 9 期，1934 年 11 月。

文石：《航业巨子卢作孚》，《人物杂志》创刊号，1946 年 8 月 10 日。

翁文灏：《在本局总理纪念周训话》，《农本月刊》第 56 期，1942 年 1 月。

吴承洛：《全国粮食管理局成立》，《时事月报》第 23 卷第 3 期，1940 年 9 月。

吴德培：《统制计划技术三种经济与中国》，《银行周报》第 17 卷第 48 期，1933 年 12 月 12 日。

吴鼎昌：《统制经济问题》，《银行周报》第 17 卷第 37 期，1933 年 9 月 26 日。

冼荣熙：《统制经济之艰难与阻力》，《时代公论》第 92—93 期合刊，1934 年 1 月 1 日。

向荣：《以确切需要调剂盈虚，粮食管理局不久将成立》，《福尔摩斯》1936 年 12 月 17 日。

谢文炳：《大学教授的悲哀》，《星期评论》（重庆）第 41 期，1942 年 2 月 14 日。

徐堪：《当前之粮食问题》，《江西粮政》第 1 卷第 8 期，1942 年 10 月 1 日。

徐堪：《粮食部施政方针》，《四川财政季刊》第 3 期，1941 年 9 月 30 日。

徐堪：《我国当前粮政之概述》，《粮政月刊》第 1 卷第 2—3 期合刊，1943 年 7 月 16 日。

徐堪：《中国战时的粮政》，《经济汇报》第 6 卷第 1—2 期合刊，1942 年 7 月 16 日。

徐盈：《当代中国实业人物志——卢作孚》，《新中华》复刊第 2 卷第 6 期，1944 年 6 月。

徐元长：《统制经济与中国》，《求实月刊》第 1 卷第 1 期，1933 年 10 月 15 日。

许廷星：《四川粮食管理机构合理化问题》，《四川经济季刊》第 1 卷第 2 期，1944 年 3 月 15 日。

旭光：《农村复兴委员会之组织与工作》，《力行》第 2 卷第 6—7 期合刊，1933 年 7 月 1 日。

严宽：《军粮总局成立二周年纪念勉所属同人书》，《陆军经理杂志》第 3 卷第 1 期，1942 年 1 月 31 日。

杨蔚：《粮价与粮食问题》，《经济汇报》第 4 卷第 7 期，1941 年 10 月 1 日。

姚公振：《农业贷款与粮食增产之配合问题》，《中农月刊》第 4 卷第 3 期，1943 年 3 月 30 日。

姚国栋：《广西粮食产区调查——柳州与象县》，《农本》第 13—14 期合刊，1939 年 4 月 15 日。

一之：《粮食部的成立》，《大众生活》新 3 号，1941 年 5 月 31 日。

因铭：《统制经济与中国经济的出路》，《平明杂志》第 2 卷第 19 期，1933 年 10 月 1 日。

英：《农本局之前途成败论》，《农业周报》第 5 卷第 18 期，1936 年 5 月 15 日。

有斐：《〈粮食管理篇〉中等学校特种教材》，《战时中学生》第 1 卷第 7—8 期合刊，1939 年 8 月 1 日。

于登斌：《战时粮食管理政策与重庆粮食管制》，《四川经济季刊》第 1 卷第 4 期，1944 年 9 月 15 日。

余醒民：《农本局能胜任救济农村之责乎？》，《经济评论》第 3 卷第 6 期，1936 年 6 月 30 日。

俞飞鹏：《历年来之粮政措施——三十七年四月十三日在首届国民大

会报告词》,《粮政季刊》第 8 期,1948 年 3 月。

俞洽成:《卢作孚先生访问记》,《长城》第 1 卷第 7 期,1934 年 4 月 1 日。

张华一:《改善小学教师生活之具体方案》,《上海周报》第 3 卷第 9 期,1941 年 2 月 22 日。

张素民:《统制经济与计划经济》,《复兴月刊》第 1 卷第 12 期,1933 年 8 月 1 日。

张心一:《今年粮食问题的一种研究》,《统计月报》第 1 卷第 9 期,1929 年 11 月。

张柱:《我国战时实施粮食分配之经过及今后之展望》,《经济建设季刊》第 1 卷第 4 期,1943 年 4 月。

肇民:《实业部筹设农本局》,《汉口商业月刊》新第 1 卷第 2 期,1936 年 7 月 10 日。

浙江省政府秘书处编印:《浙江省政府公报·法规》第 3300 期,1941 年 6 月 11 日。

郑林庄:《论农本局》,《独立评论》第 206 期,1936 年 6 月 21 日。

中央国民经济计划委员会粮食管理组:《粮食管理法原则(草案)》,《国民经济建设》第 2 卷第 2 期,1937 年 2 月 15 日。

周焕:《论农本局的工作》,《政问周刊》第 36 号,1936 年 9 月 2 日。

朱通九:《评计划设立中之农本局》,《政问周刊》第 25 号,1936 年 6 月 17 日。

朱印邺:《实施实业部"实业四年计划"的管见》,《政治评论》第 81 期,1933 年 12 月 14 日。

邹明初:《粮政之回顾与展望》,《督导通讯》创刊号,1942 年 1 月 1 日。

祖晖:《现代驿运网》,《中央日报》(重庆)1940 年 8 月 8 日。

三　资料汇编、文史资料

《江西省人物志》编纂委员会编:《江西省人物志》,方志出版社 2007 年版。

《四川省志·粮食志》编辑室编：《四川粮食工作大事记（1840—1990）》，四川科学技术出版社1992年版。

《重庆百科全书》编纂委员会编：《重庆百科全书》，重庆出版社1999年版。

成都市委党史研究室编：《抢米事件》，成都出版社1991年版。

成都市政协文史学习委员会编：《成都文史资料选编——蓉城杂俎卷》，四川人民出版社2007年版。

德阳市地方志编纂委员会编纂：《德阳市志》（下），四川人民出版社2003年版。

德阳市市中区政协文史资料委员会：《德阳市市中区文史资料选辑》第5辑，1989年。

福建省地方志编纂委员会编：《福建省志·粮食志》，福建人民出版社1993年版。

甘肃省地方史志编纂委员会、甘肃省粮食局编纂：《甘肃省志·粮食志》，甘肃文化出版社1995年版。

侯坤宏主编：《粮政史料》（第五册），台北："国史馆"1990年版。

江西省粮食志编纂委员会编：《江西省粮食志》，中共中央党校出版社1993年版。

瞿韶华主编：《粮政史料》（第六册），台北："国史馆"1992年版。

孔敏主编：《南开经济指数资料汇编》，中国社会科学出版社1988年版。

泸州市地方志编纂委员会编：《泸州市志》，方志出版社1988年版。

南京市地方志编纂委员会、南京粮食志编纂委员会：《南京粮食志》，中国城市出版社1993年版。

秦孝仪主编：《抗战建国史料——粮政方面》（一、二、四），台北："中央"文物供应社1987—1988年版。

秦孝仪主编：《抗战建国史料——田赋征实》（一），台北："中央"文物供应社1988年版。

秦孝仪主编：《全国农业推广实施计划纲要》，《抗战建国史料——农林建设》（二），台北："中央"文物供应社1985年版。

秦孝仪主编：《先总统蒋公思想言论总集》卷17，台北："中央"文物经销社1984年版。

秦孝仪主编：《中华民国重要史料初编——对日抗战时期》第4编"战时建设"（二、三），台北：中国国民党中央委员会党史委员会1988年版。

日本防卫厅防卫研究所战史室：《中国事变陆军作战史》第3卷第2分册，田琪之、齐福霖译，宋绍柏校，中华书局1983年版。

荣孟源主编：《中国国民党历次代表大会及中央全会资料》（下），光明日报出版社1985年版。

商水县粮食志编辑室编印：《商水县粮食志》，1991年。

四川大学马列教研室编：《国民参政会资料》，四川人民出版社1984年版。

四川省地方志编纂委员会编纂：《四川省志·粮食志》，四川科学技术出版社1995年版。

四联总处秘书处编：《四联总处重要文献汇编》），台北：学海出版社1970年版。

王文俊主编：《国立西南联合大学史料》（四）"教职员卷"，云南教育出版社1998年版。

浙江省中共党史学会编印：《中国国民党历次会议宣言决议案汇编》（第二、三分册），1985年。

政协湖南省邵阳市委员会文史资料研究委员会编印：《邵阳市文史资料》第10辑，1988年。

政协陕西省委员会文史资料委员会编：《陕西文史资料》第23辑，陕西人民出版社1990年版。

政协四川省垫江县委员会文史资料委员会编印：《垫江县文史资料选辑》第3辑，1992年。

政协四川省广元市委员会文史资料委员会编印：《广元市文史资料》第8辑，1995年。

政协四川省合江县委员会、合江县县志编纂委员会编印：《合江县文史资料选辑》第4辑，1985年。

政协四川省委员会、四川省省志编辑委员会编印：《四川文史资料选辑》第 4 辑，1962 年。

政协四川省委员会、四川省志编辑委员会编印：《四川文史资料选辑》第 13 辑，1964 年。

政协四川省委员会文史资料委员会编：《四川文史资料选辑》第 44 辑，四川人民出版社 1995 年版。

政协四川省西充县委员会文史资料研究委员会编印：《西充文史资料选辑》第 7 辑，1988 年。

政协云南省昆明市委员会文史资料研究委员会编印：《昆明文史资料选辑》第 6 辑，1985 年。

政协浙江省委员会文史资料研究委员会编印：《浙江文史资料选辑》第 4 辑，1962 年。

政协重庆市北碚区委员会文史资料委员会编印：《北碚文史资料》第 3 辑，1988 年。

政协重庆市中区委员会文史资料委员会编印：《重庆市中区文史资料》第 5 辑，1993 年。

重庆市地方志编纂委员会编著：《重庆市志》（第 3 卷），西南师范大学出版社 2004 年版。

朱汇森主编：《粮政史料》（第一、四册），台北："国史馆"1988—1989 年版。

四　今人论著

（一）图书

《西南师范大学史稿》，西南师范大学出版社 1990 年版。

安尊华等：《抗战时期贵州田赋研究》，知识产权出版社 2015 年版。

卞修跃：《侵华日军反人道罪行研究》，团结出版社 2015 年版。

陈布雷著，博瀚整理：《陈布雷自述》，华文出版社 2013 年版。

陈达：《我国抗日战争时期市镇工人生活》，中国劳动出版社 1993 年版。

陈雷：《经济与战争：抗日战争时期的统制经济》，合肥工业大学出版社2008年版。
陈莲芬编著：《陈仪军政生涯》，浙江人民出版社2005年版。
陈明远：《文化人的经济生活》，文汇出版社2005年版。
陈宁骏、欣辰：《蒋介石在大陆的那些事儿》，东南大学出版社2012年版。
陈鹏仁主编：《百年忆述——先进先贤百年诞辰口述历史合辑》（一），台北：近代中国出版社1996年版。
陈应明、廖新华编著：《浴血长空：中国空军抗日战史》，航空工业出版社2006年版。
成都市群众艺术馆编：《成都掌故》，四川大学出版社1998年版。
邓纯东、冯秋婷：《中华精神》（上），中央文献出版社2012年版。
董长芝、马东玉主编：《民国财政经济史》，辽宁师范大学出版社1997年版。
段渝：《抗战时期的四川》，巴蜀书社2005年版。
方勇：《蒋介石与战时经济研究（1931—1945）》，浙江大学出版社2013年版。
高德步：《百年经济衰荣》，中国经济出版社2000年版。
耿守玄、庞镜塘等：《亲历者讲述：国民党内幕》，中国文史出版社2009年版。
广西壮族自治区地方志编纂委员会编：《广西通志·粮食志》，广西人民出版社1994年版。
贵州省地方志编纂委员会编：《贵州省志·粮食志》，贵州人民出版社1992年版。
韩淑芳、张建安主编：《民国经济犯罪案》，群众出版社2006年版。
郝银侠：《社会变动中的制度变迁——抗战时期国民政府粮政研究》，中国社会科学出版社2013年版。
何虎生：《蒋介石传》，中国工人出版社2015年版。
何廉：《何廉回忆录》，朱佑慈等译，中国文史出版社2012年版。
何应钦：《八年抗战》，台北："国防部"史政编译局1982年版。

侯坤宏：《抗日战争时期粮食供求问题研究》，团结出版社 2015 年版。

黄立人主编：《卢作孚书信集》，四川人民出版社 2003 年版。

黄炎培著，中国社会科学院近代史研究所整理：《黄炎培日记》（第 6 卷：1938.8—1940.8），华文出版社 2008 年版。

贾树枚主编：《上海新闻志》，上海社会科学院出版社 2000 年版。

贾廷诗、陈三井等记录，郭廷以校阅：《白崇禧口述自传》上，中国大百科全书出版社 2008 年版。

抗日战争时期国民政府财政经济战略措施研究课题组编著：《抗日战争时期国民政府财政经济战略措施研究》，西南财经大学出版社 1988 年版。

李敖：《李敖新语》，中国友谊出版公司 2010 年版。

李凤琴：《黄郛与近代中国政治》，南开大学出版社 2017 年版。

李珪主编：《云南近代经济史》，云南民族出版社 1995 年版。

李浩文编著：《民国四大特务秘史》，九州出版社 2013 年版。

李平民、汪堂峰主编：《走出"亚细亚"，回归"亚细亚"——中国经济社会发展研究》，上海财经大学出版社 2010 年版。

李仕根：《四川抗战档案研究》，西南交通大学出版社 2005 年版。

李文海等主编：《近代中国灾荒纪年续编（1919—1949）》，湖南教育出版社 1993 年版。

李学通：《抗日战争时期后方工业建设研究》，团结出版社 2015 年版。

李学通：《翁文灏年谱》，山东教育出版社 2005 年版。

良雄：《戴笠传》，传记文学杂志社 1980 年版。

凌耀伦、熊甫编：《卢作孚文集》，北京大学出版社 1999 年版。

凌耀伦、周永林编：《卢作孚研究文集》，北京大学出版社 2000 年版。

凌耀伦主编：《民生公司史》，人民交通出版社 1990 年版。

刘兵：《多视角下的科学传播研究》，金城出版社 2015 年版。

刘国铭主编：《中国国民党百年人物全书》（下），团结出版社 2005 年版。

刘荣志、向朝阳、王思明主编：《当代中国农学家学术谱系》，上海交通大学出版社2016年版。

刘绍唐主编：《民国人物小传》（第十八册），上海三联书店2016年版。

刘寿林等编：《民国职官年表》，中华书局1995年版。

刘维瑶主编：《古今中外宝庆人》（上），岳麓书社2005年版。

卢国纪：《我的父亲卢作孚》，四川人民出版社2003年版。

罗中福等编：《卢作孚文选》，西南师范大学出版社1989年版。

马寅初：《马寅初全集》（第5卷），浙江人民出版社1999年版。

马振犊、邢烨：《军统特务活动史》，金城出版社2016年版。

戚厚杰：《谍影：日本侵华中的间谍秘档》，台海出版社2013年版。

齐海鹏、孙文学、张军编著：《中国财政史》（第3版），东北财经大学出版社2015年版。

全国政协文化文史和学习委员会编：《孔祥熙其人其事》，中国文史出版社2017年版。

陕西省地方志编纂委员会编：《陕西省志·粮食志》，陕西旅游出版社1995年版。

上海市粮食局、上海市工商行政管理局、上海社会科学院经济研究所经济史研究室编：《中国近代面粉工业史》，中华书局1987年版。

上海市政协文史资料委员会编：《上海文史资料存稿汇编》第4—5辑"经济金融"，上海古籍出版社2001年版。

沈云龙、张朋园、刘凤翰访问，张朋园、刘凤翰纪录：《刘航琛先生访问纪录》，九州出版社2012年版。

沈醉、康泽等：《军统内幕》，中国文史出版社2009年版。

寿充一：《孔祥熙其人其事》，中国文史出版社1987年版。

四川省档案馆编：《川魂——四川抗战档案史料选编》，西南交通大学出版社2005年版。

四川省档案馆编：《抗日战争时期四川省各类情况统计》，西南交通大学出版社2015年版。

苏智良：《中国抗战内迁实录》，上海人民出版社2015年版。

遂宁市志编纂委员会编纂：《遂宁市志》（上），方志出版社2006年版。

孙彩霞：《新旧政学系》，香港：华夏文化出版社 1997 年版。

孙大权：《中国经济学的成长：中国经济学社研究（1923—1953）》，上海三联书店 2006 年版。

唐国良主编：《穆藕初：中国现代企业管理的先驱》，上海社会科学院出版社 2006 年版。

万仁元、方庆秋、王奇生编：《中国抗日战争大辞典》，湖北教育出版社 1995 年版。

王洪峻：《抗战时期国统区的粮食价格》，四川省社会科学院出版社 1985 年版。

王桧林主编：《中国现代史参考资料》，高等教育出版社 1988 年版。

王荣华：《危机下的融合与发展：抗战时期后方机制面粉工业研究》，商务印书馆 2019 年版。

王世杰：《王世杰日记》手稿本，第 2 册，台北："中央研究院"近代史研究所 1990 年版。

王松：《孔祥熙大传》，团结出版社 2011 年版。

王玉娟：《民国川省县长的铨选与考绩》，四川大学出版社 2014 年版。

王子壮：《王子壮日记（1937—1952）》（第六册），台北："中央研究院"近代史研究所 2001 年版。

魏宏运主编：《华北抗日根据地纪事》，天津人民出版社 1986 年版。

翁文灏著，李学通、刘萍、翁心钧整理：《翁文灏日记》（下），中华书局 2014 年版。

吴宓著，吴学昭整理注释：《吴宓日记》（第七册），生活·读书·新知三联书店 1998 年版。

熊式辉：《海桑集——熊式辉回忆录（1907—1949）》，台北：明镜出版社 2008 年版。

徐建生：《民国时期经济政策的沿袭与变异（1912—1937）》，福建人民出版社 2006 年版。

徐可亭先生文存编印委员会编印：《徐可亭先生文存》，1970 年。

许涤新主编：《中国企业家列传》（2），经济日报出版社 1988 年版。

许宗仁主编：《中国近代粮食经济史》，中国商业出版社1996年版。
严如平、宗志文主编：《民国人物传》第9卷，中华书局1997年版。
杨培新：《中国通货膨胀论》，山西人民出版社2015年版。
杨荫溥：《民国财政史》，中国财政经济出版社1985年版。
杨者圣：《国民党教父陈果夫》，上海人民出版社2017年版。
杨者圣：《未加冕的女王宋蔼龄》，上海人民出版社2017年版。
易仲芳：《南开经济研究所"经济学中国化"研究（1927—1949年）》，华中师范大学出版社2015年版。
袁远福、缪明杨编著：《中国金融简史》，中国金融出版社2001年版。
张守广：《卢作孚年谱长编》（下），中国社会科学出版社2014年版。
张树军主编：《中国抗日战争全景录》（江西卷），江西人民出版社2015年版。
张铁柱、曹智、陶德言主编：《父辈的抗战》，长江文艺出版社2015年版。
张跃庆等主编：《经济百科辞典》，中国工人出版社1989年版。
中国通商银行编：《五十年来之中国经济：1896—1947》，台北：文海出版社1983年版。
周谷城主编：《民国丛书》第2编（32），上海书店1990年版。
［美］阿瑟·杨格：《一九二七至一九三七年中国财政经济情况》，陈泽宪、陈霞飞译，中国社会科学出版社1981年版。

（二）论文

陈雷：《抗战时期国民政府的粮食统制》，《抗日战争研究》2010年第1期。
陈雷、戴建兵：《统制经济与抗日战争》，《抗日战争研究》2007年第2期。
傅亮：《抗战时期的"平价大案"始末：以农本局改组为中心》，《江苏社会科学》2015年第1期。
简笙簧：《卢作孚对重庆大轰炸粮价高涨的因应措施（1940—1941

年)》,《中国经济史研究》2009 年第 4 期。

金普森、李分建:《论抗日战争时期国民政府的粮食管理政策》,《抗日战争研究》1996 年第 2 期。

陆大钺:《抗战时期国统区的粮食问题及国民党政府的战时粮食政策》,《民国档案》1989 年第 4 期。

谭刚:《抗战时期四川的粮食运输管理》,《抗日战争研究》2012 年第 4 期。

王荣华:《危机下的转机——抗战时期的陕西机制面粉业》,《抗日战争研究》2014 年第 1 期。

徐德刚:《训政初期国民政府的民食调控机制》《历史教学》(下半月刊)2011 年第 12 期。

徐新吾、杨淦、袁叔慎:《中国近代面粉工业历史概况与特点》,《上海社会科学院学术季刊》1987 年第 2 期。

叶宁:《四川省物价平准处与抗战时期四川的米价平准》,《西南民族大学学报》(人文社会科学版)2014 年第 4 期。

张华:《浅析刘大钧的统制经济思想》,《中外企业家》2011 年第 15 期。

张连国:《20 世纪 30 年代中国统制经济思潮与自由主义者的反应》,《历史教学》2006 年第 2 期。

张燕萍:《抗战时期国民政府军粮供应评析》,《江苏社会科学》2007 年第 4 期。

郑会欣:《战前"统制经济"学说的讨论及其实践》,《南京大学学报》(哲学·人文科学·社会科学)2006 年第 1 期。

后　　记

　　国民政府时期的粮食问题是我 2011 年尤其是 2014 年以来着力较多的一个领域，在尝试研究全面抗战时期后方机制面粉工业这项课题的过程中，一系列与面粉、粮食有关的机构如全国粮管局、粮食部在各种资料中反复出现，但查阅当时学界的相关研究成果时，尽管零星提及者有之，却少有关于此类机构的系统性专题研究成果，以至于有些问题解决起来缺乏上层视角，如国民政府特别是中央层级的粮食机构，其制度架构是如何设计的，其与地方粮食管理机构之间的关系如何，又是怎样影响地方粮政体系的，等等。同时，为了从制度层面探究这些问题，深感国民政府时期的粮食机构更有进一步研究的必要，而且最好能够先行研究，以明了机构、制度的来龙去脉。于是，我稍微调整了方向，将全国粮管局、粮食部及与之相关的其他机构纳入优先研究视野，以期解释心中疑惑。现在呈现在读者面前的这项成果就是此次尝试的结果，也是本人与研究生郑王荟共同完成的成果。

　　就中央层面而言，粮食管理机构有二，一是全国粮管局，一是粮食部，这两个机构也是国民政府在 1927 年至 1949 年间仅设的两个中央层级的专门粮食管理机构，其重要性可想而知。从两个机构设立的时间与二者关系来看，全国粮管局是 1940 年 8 月设立，粮食部是在次年 7 月全国粮管局裁撤后成立，尽管时间上"无缝衔接"，但二者并非简单的接续关系。一来行政级别有所提升，"部"明显高于"局"；二来全国粮管局的一些政策也影响到了粮食部后来的决策，甚至"反面案例"也成了前车之鉴，从而使得粮食部的粮政举措及效果也空前加强；三来"部""局"高层核心人员构成方面，二者几无交集，粮食部是"重打锣鼓另开张"。另外，"部""局"之间还夹杂着复杂的派系斗争、个人恩怨与利益纠葛，这也是在研究中颇费考量之事。

在确定了逐步研究全国粮管局与粮食部这两个粮食机构的目标后，恰逢中国留学基金委公派留学项目的指标分配下来，同时我也收到了美国亚利桑那大学历史系主任 Kavin Gosner 教授的邀请函，遂于 2017 年 9 月赴美访学，研究全国粮管局的计划暂时搁置下来。不过，在我出国的前一天，王荟同学选择我作为硕士指导老师，我也萌生了请她来参与这项研究的想法。王荟对此一新的题目也很有兴趣，并将之作为学位论文选题，开始搜集资料。2018 年 9 月回国后，我与王荟就此项研究反复讨论，交流次数不知凡几，除了提供手头的档案资料及探讨心得观点，也先后两次资助她去重庆、成都、南京等地档案馆查阅未刊档案资料。王荟从湖州师范学院历史系考到自己家乡大学的历史系，学习勤奋努力，有悟性、能吃苦，对待学术研究的严谨态度令人赞赏。经过三年的学习，王荟不但考上了选调生，写出了一篇近 10 万字的论文，顺利通过了答辩，毕业论文还得到了答辩主席的高度评价与肯定，同时也为此项研究奠定了良好的基础。在此基础上，我利用后来查找到的台北"国史馆"、中国第二历史档案馆档案及其他资料，将之扩充至 40 万字，书稿规模初具，算是对国民政府粮食机构研究的一个交代。在书稿资料核对过程中，王荟也极其认真，全书统稿则是由本人完成的。

从全国粮管局到粮食部，从面粉到粮食，从后方到全国，从全面抗战时期到整个 20 世纪三四十年代，无论时间、空间及研究内容等均有不小扩展，这也对我提出了更大的挑战，常有研究视野狭窄、理论深度不够等方面之声声叹息，敬希各位读者海涵。

王荣华
2023 年 3 月